J. F. Thiel, Grundbegriffe der Ethnologie

COLLECTANEA INSTITUTI ANTHROPOS

VOL. 16

Herausgegeben von
Haus Völker und Kulturen
Steyler Missionare

St. Augustin

Redakteur: J. F. Thiel

JOSEF FRANZ THIEL

Grundbegriffe der Ethnologie

Vorlesungen zur Einführung

Vierte, erweiterte und überarbeitete Auflage

DIETRICH REIMER VERLAG · BERLIN

CIP-Kurztitelaufnahme der Deutschen Bibliothek

Thiel, Josef Franz:
Grundbegriffe der Ethnologie : Vorlesungen zur Einführung / Josef Franz Thiel. — 4, erw. u. überarb. Aufl. / Berlin: Reimer 1983.

(Collectanea Instituti Anthropos ; Vol. 16)
ISBN 3 – 496 – 00679 – X

NE: GT
Anthropos-Institut ‹Sankt Augustin›

© Dietrich Reimer Verlag 1983
Dr. Friedrich Kaufmann
Unter den Eichen 57
1000 Berlin 45

Printed in Germany

Vorwort

Ziel dieses Buches — wie schon in der ersten Auflage — ist es, den Studienanfängern einige Grundkenntnisse im Fache Ethnologie zu vermitteln. Die Neuauflage weitet allerdings dieses Grundwissen stark aus. Seit der ersten Auflage vor gut fünf Jahren habe ich den Einführungsstoff in Bonn wiederholt vorgetragen; auch am Institut für Afrikanistik zu Köln und in Münster. Von Mal zu Mal erschien mir eine Überarbeitung und Erweiterung des Stoffes nötiger zu sein. Da nun die dritte Auflage vergriffen ist und ich zu einer Neufassung von verschiedener Seite ermuntert wurde, entschloß ich mich, dies gründlich zu tun. Über weite Teile ist daraus ein neues Buch geworden.

Am augenfälligsten ist die Veränderung bezüglich der Geschichte der Ethnologie. Ich legte auf sie, zumal auf die deutschsprachige, besonderes Gewicht, weil ich bei Prüfungen häufig festgestellt habe, daß Kandidaten auch über namhafte Ethnologen kaum mehr als ein bis zwei Sätze zu sagen wissen. Man wird vielleicht einwenden, es genüge, wenn die Studenten die großen Ideen der Ethnologie kennen, die Personen können darob in den Hintergrund treten. — Dem stimme ich prinzipiell zu; die Erfahrung lehrt aber, daß gerade bei Anfängern (aber nicht nur bei ihnen) Ideen umso besser aufgenommen und verarbeitet werden, je mehr sie mit lebendigen Personen verbunden werden können. Ich habe deshalb in einem Anhang von allen im Buch genannten und nicht mehr lebenden (mit wenigen Ausnahmen) Autoren Kurzbiographien zusammengestellt. Sie sollen, wie ich hoffe, die Studenten anregen, sich mit den Autoren und ihren Ideen zu befassen. Vielleicht ist es allein die Neugierde, die zum Lesen verleitet, so daß dann doch das eine oder andere geschichtliche Faktum hängenbleibt.

Die Arbeit des Zusammensuchens war mühselig. Dabei wurde mir eigentlich erst bewußt, daß es über zahlreiche deutschsprachige Ethnologen kaum publiziertes Material gibt. Eine Ethnologiegeschichte fehlt, obgleich die deutschsprachige Ethnologie sich vorrangig mit historischen Fragen befaßt. Die historisch weniger interessierten Engländer, Amerikaner und Franzosen tun für die Ideengeschichte ihrer Wissenschaft viel mehr. Es ist viel leichter, sich über britische Funktionalisten oder Vertreter der amerikanischen Cultural Anthropology zu informieren als über die meisten deutschsprachigen Ethnologen, wenn es sich nicht gerade um Frobenius oder W. Schmidt handelt. Eine Ideengeschichte der deutschsprachigen Ethnologie wäre ein wichtiges Desiderat, damit wir überhaupt von einer eigenständigen Ethnologie reden können.

Ich habe zwar der Geschichte breiten Raum gegeben, dennoch wollte ich nicht nur die Ideen der Vergangenheit um ihrer selbst willen darstellen. Ich könnte mir allerdings vorstellen, daß manche Kollegen meine 'Grundbegriffe' in ihrer Konzeption zu traditionell finden. Themen wie 'Kognitive Anthropologie', 'Action Anthropology', 'Entwicklungsethnologie', 'Tourismusethnologie' usw. scheinen in meinem Buch nicht auf. Auch in der Religionsethnologie habe ich so wichtige Fragen wie Missionierung oder die Messianismen nicht aufgegriffen. — Ich lasse diese Themen nicht aus, weil sie mir unwichtig erscheinen, sondern weil ich andere Fragestellungen für Anfänger zunächst für wichtiger halte. Ich habe allerdings lange geschwankt, ob ich nicht je ein Kapitel über Feldforschung, Entwicklungsethnologie und die religiös-politischen Bewegungen der letzten Jahrzehnte aufnehmen soll. Ich habe sie wegen des Umfanges des Buches zurückgestellt.

Ein anderes Problem erscheint mir nicht weniger wichtig als die oben angeschnittenen Fragen, nämlich das Problem der Quellenkritik. Wenn man unsere ethnologischen Informationen kritisch überprüft, stellt man in den allermeisten Fällen fest, daß sie in verschiedener Hinsicht einseitig sind: sei es durch den Ethnologen (auch den autochthonen), weil er seine persönliche Situation in die Information miteinbringt, sei es durch den Informanten, weil er nicht die Meinung der ganzen Ethnie wiedergibt, sondern die seiner Gruppe oder seines Standes. Untersucht man aber, welchem Stand die Informanten zumeist angehören, dann sind sie Männer, die der herrschenden Schicht zugehören. — Doch ich glaubte nicht, den Anfänger mit dieser komplizierten wissenssoziologischen Frage konfrontieren zu sollen. In einem späteren Stadium aber wäre es wünschenswert, die Studenten mit diesen Problemen vertraut zu machen.

Am meisten jedoch werden einige Kollegen kritisieren, daß ich noch immer den Ausdruck 'Naturvölker' und seine Derivate verwende. Ich bin mir dieser inadäquaten Ausdrucksweise sehr wohl bewußt. Ich habe viele Autoren – deutsch- wie fremdsprachige – konsultiert; ich habe aber für jene Ethnien, welche ich weltweit meine, keinen besseren, weniger kompromittierenden und ebenso prägnanten Ausdruck gefunden. — Die Angelsachsen gebrauchen nach wie vor, wenn sie nicht gerade über eine einzelne Region, eine Wirtschaftsstufe oder eine Zeit sprechen, das Wort 'primitiv'. Die Franzosen reden gerne von 'archaischen' Völkern. Bei uns ist unlängst ein Werk über die 'Völker der Vierten Welt' erschienen; wir sprechen inzwischen auch von 'Ethnohistorie' und von 'Ethnokunst'. Ich hätte mich natürlich auch dieser Sprachtendenz anschließen können und von 'Ethno-Ethnien' oder 'Ethno-Völkern' reden können; wäre es vorteilhafter?

Auf Verbesserungsvorschläge meiner Rezensenten kann ich leider kaum eingehen, weil kaum Detail-Kritik geäußert wurde. Eine Ausnahme bildet mein Bonner Kollege H.-J. Paproth, welcher mich freundlicherweise auf einige

Unstimmigkeiten aufmerksam machte. — Ein anderer Kollege sagte mir, daß er eine ganz andere Auffassung von Ethnologie habe und seit über einem Jahrzehnt an einer Einführung in die Ethnologie arbeite. Leider ist diese Einführung noch immer nicht erschienen, so daß ich darauf hätte eingehen können.

Ich habe bereits im Vorwort zur ersten Auflage dargetan, daß meine Grundbegriffe kein Standardrezept sein wollen, sondern nur *eine* der vielen Möglichkeiten, wie man Studienanfänger mit dem Grundwissen unseres Faches vertraut machen kann. Dies ist auch heute meine Meinung.

Vielleicht finden einige es vermessen, daß ein einzelner in das ganze Fach einführen will. Ich will jedoch kein Lehrbuch mit Spezialwissen für das Hauptstudium, sondern mit Grundwissen für die Studienanfänger schreiben. Mehrere Autoren bieten sicher zahlreichere Informationen; die geschlossenere Sicht mit allen ihren Vor- und Nachteilen leistet wahrscheinlich ein einzelner.

Zum Schluß möchte ich mich noch in ganz besonderer Weise bei meinem Freund Dr. Peter Wanko bedanken: Er hat nicht nur das Buch sorgfältig gesetzt, sondern er hat auch das Manuskript kritisch durchgelesen und mich auf Unstimmigkeiten hingewiesen. Meinen Sekretärinnen, den Damen E. Anderson, I. Fox und E. Schumacher, danke ich für viele Dienste. Frau Dr. U. Hahn von der Anthropos-Bibliothek hat mich beim Erstellen der Bibliographie unterstützt. Ich danke allen, die am Zustandekommen dieser Neuauflage beteiligt sind.

Inhaltsverzeichnis

Vorwort	V
Inhaltsverzeichnis	IX
1. Die Ethnologie als Wissenschaft vom Menschen und seiner Kultur	1
I. Zum Begriff 'Ethnologie'	2
1. Die Vielfalt der Namen	2
2. Der Gegenstand der Ethnologie	7
II. Die der Ethnologie verwandten Disziplinen	9
1. Ethnographie	10
2. Anthropologie	11
3. Sozialanthropologie	11
4. Kulturanthropologie	11
5. Ethnosoziologie	11
2. Geschichte der Ethnologie	17
I. Der Evolutionismus	18
II. Der Funktionalismus	21
III. Die kulturhistorische Ethnologie	24
1. Berlin	24
2. Wien	27
3. Diachronie versus Synchronie	31
IV. Die Anfänge der Ethnologie in Amerika	32
1. Franz Boas	32
2. Alfred Kroeber	33
3. Paul Radin	34
4. Alexander Goldenweiser	34
5. Ruth Benedict	34
V. Ethnologische Richtung Frankreichs	35
1. Emile Durkheim	36
2. Marcel Mauss	36
3. Lucien Lévy-Bruhl	37
4. Marcel Griaule	38
5. Claude Lévi-Strauss und der Strukturalismus	39
3. Die Wirtschaft der Wildbeuter, Jäger und Pflanzer	44
I. Die Wirtschaft der Wildbeuter	45
1. Beschreibung des Wildbeutertums	45
2. Die Bambuti-Pygmäen des Ituri-Waldes (Zaïre)	48
3. Andere Wildbeuter-Ethnien	50

II.	Zur Weltanschauung der Jäger	53
1.	Der Jagdtrieb	53
2.	Die eurafrikanische Jägerkultur	54
3.	Der Herr der Tiere	55
4.	Die Tierverwandlung	56
5.	Jägertum und Totemismus	57
III.	Wirtschaft und Weltanschauung der Pflanzer	58
1.	Die ökonomische Neuerung	58
2.	Die soziale Neuerung	60
3.	Die mythisch-religiöse Neuerung	61

4. Ackerbauer und Hirten — 65

I.	Die Ackerbauer	65
1.	Pflanzer – Ackerbauer	66
2.	Grundzüge der Ackerbaukultur	67
3.	Tyiwara	69
4.	Die Rolle der Frau in der Ackerbaukultur	70
II.	Die Hirten	71
1.	Begriffsklärung	72
2.	Zur Entstehung der Hirtenkulturen	73
3.	Typische Formen der Hirtenkultur	75
4.	Die Kasachen als Vertreter des Nomadismus	76

5. Das Individuum in seinen Verwandtschaftsbeziehungen — 78

I.	Individuum und Gruppe	78
II.	Symbol- und Begriffserklärung	79
1.	Der Beziehungspunkt	79
2.	Die Kernfamilie und die zeichnerischen Grundsymbole	80
3.	Die Großfamilie	80
4.	Der Klan	81
5.	Die Lineage	82
6.	Die Sippe	83
7.	Weitere Gruppierungen	84
III.	Verwandtschaftsdiagramm	87
1.	Unilineare Filiation	88
2.	Patrilineare Filiation	89
3.	Matrilineare Filiation	89

6. Das Verwandtschaftssystem der Bayansi — 91

I.	Vorbemerkungen	91
II.	Die wichtigsten Termini	94
1.	Verwandtschaftswörter in Kiyansi	94
2.	Klassifikatorische Verwandtschaftsbezeichnung	94
3.	Denotative Verwandtschaftsbezeichnung	95

    4. Alternierende Generationen 96
    5. Scherzbeziehungen (joking relationships) 97
    6. Allianzverwandtschaft 99
    7. Inzest 100

7. Ehe und Familie   103
    I. Allgemeine Vorfragen 103
    II. Zum Wesen der naturvölkischen Ehe 105
    III. Der eheliche Alltag 107
        1. Die Stellung der Frau 108
        2. Das Verhältnis Kernfamilie – Lineage 114
        3. Der sogenannte Brautpreis 114
        4. Die Ehescheidung 116
    IV. Wandel der Eheschließungsformen im modernen Afrika.... 117

8. Gruppenbildungen nicht-verwandtschaftlichen und nicht-politischen Charakters   119
    I. Das Dorf 119
    II. Jugend- und Männervereinigungen 122
        1. Jugendvereinigungen 122
        2. Männervereinigungen 124
    III. Altersklassen 125
    IV. Das Bundwesen 128

9. Politische Organisationsformen   131
    I. Die politische Macht 131
    II. Das Häuptlingstum 134
    III. Das Königtum 136
        1. Die Reichsgründung 136
        2. Die Macht des Herrschers 136
        3. Die Persönlichkeit des Herrschers 137
    IV. Das sakrale Königtum 138
        1. Verschiedene Arten von sakralem Königtum 138
        2. Zur Sakralität des Königtums 139
    V. Das Beispiel des Kongoreiches 142
        1. Die Entstehung des Reiches 142
        2. Die Erdherren 143
        3. Die Reinkarnation des Reichsgründers 144

10. Grundfragen der Religionsethnologie   146
    I. Vorbemerkungen 146
    II. Vom Wesen der Naturreligion 147
        1. Der Glaubensakt 148
        2. Die Offenbarungsreligion 149
        3. Die Erlösungsreligion 149

    III. Theoriegeschichte 151
       1. Der Animismus...................................... 151
       2. Der Totemismus..................................... 153
       3. Der Kraftglaube oder Dynamismus..................... 156
    IV. Zusammenfassung 158

11. Mythus und Kult 160
    I. Der Mythus... 160
       1. Die Wechselbeziehung von Mythus und Kult............. 160
       2. Die Mythische Zeit................................. 161
       3. Zum Wesen des Mythus............................... 161
       4. Die Vielfalt der Mythen............................ 164
    II. Der Kult.. 165
       1. Der Sinn des Kultes................................ 166
       2. Das Opfer... 167
       3. Der Kult als sakrale Eroberung von Zeit und Raum..... 171
    III. Der Kultdiener..................................... 173
       1. Zur Person des Kultdieners......................... 173
       2. Verschiedene Namen................................ 174
       3. Die Berufung zum Amt............................... 175
    IV. Der Schamane als Sonderform des Kultdieners........... 176
       1. Die Ekstase....................................... 176
       2. Schutzgeist....................................... 178
       3. Die Berufung...................................... 178
       4. Die Eingebundenheit in die Gesellschaft.............. 179
       5. Die Formgebundenheit............................... 179

12. Die übermenschlichen Wesen 181
    I. Die Rolle der Wesen im Gesamt der Religion............. 181
    II. Beschreibung der übermenschlichen Wesen............... 184
       1. Die Grundlegung des Ahnenkults...................... 184
       2. Fetische und Geister............................... 186
    III. Höchste Wesen oder der Hochgott...................... 189
       1. Begriffserklärung.................................. 190
       2. Merkmale der Höchsten Wesen........................ 191
       3. Aufgaben der Höchsten Wesen........................ 192

13. Das Kunstschaffen 194
    I. Kunstgattungen....................................... 195
       1. Die Malerei....................................... 195
       2. Musik und Tanz.................................... 199
       3. Die Wortkunst..................................... 200
       4. Weitere Kunstgattungen............................. 201
       5. Die Plastik....................................... 201

II.	Die Weltanschauung der naturvolklichen Plastik...	203
1.	Der Ahn...	203
2.	Der Tod als Übergangsritus........................	204
3.	Die Funktionen der Plastik........................	205
4.	Kurze Zusammenfassung.............................	207

ANHANG I: Ethnologische Zeitschriften — 209
    I. Vorbemerkungen... 209
    II. Zeitschriften allgemein-ethnologischen Inhalts............. 209
    III. Zeitschriften regionalen Inhalts........................ 212
    IV. Zeitschriften des deutschen Sprachraumes................. 214

ANHANG II: Biographien der im Text genannten Autoren — 217

Bibliographie 243
Index 259

1. Kapitel
Die Ethnologie als Wissenschaft vom Menschen und seiner Kultur

Wie der Untertitel des Buches angibt, richtet es sich an die Studienanfänger im Fache Ethnologie. Es will dem Studierenden das Grundwissen vermitteln; man wird daher Spezialwissen hier vergeblich suchen. Ich habe mich auch bemüht, ungesicherte Thesen und Theorien möglichst wegzulassen, um den Studierenden nicht zu verwirren.

Was aber ist nun das Grundwissen der Ethnologie? Darüber gibt es sicher viele Meinungen. Ich habe folgende Fragenkomplexe aus einer Vielzahl von ethnologischen Problemen für den Einstieg ausgewählt:
- Die Ethnologie als Wissenschaft,
- die Geschichte der Ethnologie,
- die Wirtschaftsformen der Naturvölker,
- die sozialen Organisationsformen,
- Religion und Kult,
- das Kunstschaffen.
- Anhang:
  - Wichtige ethnologische Zeitschriften,
  - Verzeichnis wichtiger Ethnologen.

Die Ethnologie versteht sich gerne als die Wissenschaft vom Menschen und seinen Kulturen. Man wird sich demnach fragen: Warum fehlen dann die physische Anthropologie mit der Rassenlehre oder so wichtige Kulturleistungen wie Sprache und Musik? Noch vor einigen Jahrzehnten umfaßte das Ethnologiestudium auch Linguistik, physische Anthropologie und bisweilen sogar Vor- und Frühgeschichte. Doch gerade weil Sprache und Musik so hohe Kulturleistungen darstellen, haben sie sich zu selbständigen Disziplinen entwickelt und werden deshalb nicht mehr im Rahmen der Ethnologie gelehrt.

Die physische Anthropologie ist nicht nur durch ihre ideologische Anwendung im Dritten Reich in Mißkredit geraten, sondern ihre Verbindung mit der Ethnologie hat die erwarteten Resultate nicht erbracht. Nicht als ob die Rassenlehre in sich etwas Negatives wäre, sondern die Koppelung von Wertaussagen mit einer Rasse ist irrig. Herren- und Sklavenrassen oder hochbegabte und primitive Rassen gibt es nach unseren heutigen Erkenntnissen nicht. Die physische Anthropologie wird deshalb heute in der Ethnologie meistens nicht mehr gelehrt. Sie gilt praktisch nicht mehr als engere Hilfswissenschaft der Ethnologie.

Von allen Hilfswissenschaften der Ethnologie scheint mir die Sprachwissenschaft die wichtigste zu sein. Subtile Analysen, z. B. die Religion betreffend, lassen sich nur mit genauen Sprachkenntnissen machen. — Eine weitere Forderung an jeden Ethnologie-Studenten ist, daß er Englisch und Französisch so weit beherrscht, daß er die Fachliteratur lesen kann. Wer sich mit Lateinamerika befaßt, muß Spanisch, wer sich auf Indonesien spezialisiert, Niederländisch können usw. Ohne die Kenntnis dieser Sprachen kann man niemals echter Vollethnologe werden. Viele Umwege in der ethnologischen Forschung blieben erspart, würde man mehr fremdsprachige Fachliteratur lesen! Dies gilt in noch stärkerem Maße für Angelsachsen und Franzosen als für die Deutschsprachigen!

I. Zum Begriff 'Ethnologie'

Der Name Ethnologie kommt aus dem Griechischen; er setzt sich zusammen aus *ethnos* (Volk) und *logos* (Wort, Wissenschaft). Man könnte also die Ethnologie als die Wissenschaft von den Völkern bzw. Menschen bezeichnen. Im Deutschen — besonders in früherer Zeit — gebrauchte man gerne den Ausdruck 'Völkerkunde'. In der Gegenwart spricht man häufig, in Anlehnung an den angelsächsischen Sprachgebrauch, von 'Anthropologie', abgeleitet vom griechischen *anthropos* (Mensch) und *logos*. In Nachahmung des amerikanischen Sprachgebrauchs spricht man auch gerne von 'Kulturanthropologie' (dort heißt es 'cultural anthropology').

1. Die Vielfalt der Namen

Die Namen 'Ethnologie' bzw. 'Völkerkunde' werden heute von vielen Ethnologen als veraltet empfunden; sie ziehen es daher vor, sich als Anthropologen, Kulturanthropologen, auch als Ethnosoziologen oder wie immer zu bezeichnen. Es herrscht heute ein Kunterbunt von Namen vor; der Anfänger tut gut daran, sich den Bedeutungsinhalt der einzelnen Ausdrücke einzuprägen, damit er bei der Lektüre oder bei der Vorlesung genau weiß, worum es geht.

Prinzipiell muß man zwischen dem kontinental-europäischen und dem angelsächsischen Sprachgebrauch unterscheiden. Wir im deutschen Sprachraum verwenden *Ethnologie* und *Völkerkunde* als Synonyma und verstehen traditionellerweise darunter die Wissenschaft von den außereuropäischen Völkern und ihren Kulturen.

Die Ethnologie beschäftigt sich jedoch nicht mit *allen* außereuropäischen Völkern, sondern fast ausschließlich mit den sogenannten 'Naturvölkern', die wir pauschal als 'Völker ohne eigene Schrift' definieren können. Völker mit eigener Schrift werden gerne zu den 'Hochkulturvölkern' gezählt und ihre Kulturen als 'komplexe' Kulturen oder 'Hochkulturen' bezeichnet. Da es für diese Kulturen an unseren Universitäten Spezialdisziplinen gibt, denken wir etwa an Iranistik, Indologie, Sinologie etc., werden sie ausschließlich *aus praktischen Gründen* aus der Ethnologie ausgeklammert. Die marginalen Kulturen und Volkskulturen dieser Hochkulturvölker sind jedoch häufig wiederum Gegenstand der Ethnologie (denken wir an Alt-, Misch- und Randvölker Indiens oder Chinas).

Zur Zeit des Kolonialismus — er beginnt praktisch mit der Entdeckung Amerikas und erreicht seinen Höhepunkt um die letzte Jahrhundertwende — war es recht einfach, den Gegenstand der Ethnologie festzulegen: Die Kolonialherren rechneten ihre Kulturen zu den Hochkulturen, die der schriftlosen Völker zu den Primitivkulturen, und als solche waren sie Gegenstand der Ethnologie. Die alten Schriftkulturen Nordafrikas und Asiens nahmen eine Mittelstellung ein.

Als Zurechnungskriterium dienten natürlich nicht Wert und Höhe einer Kultur, sondern praktisch der Besitz der Macht. Dabei spielten unterschwellige Rassenideologien ebenfalls eine Rolle: Bestimmte Rassen galten als dumm und für eine höhere Kultur unfähig. — Heute können wir derartige Voreingenommenheiten nicht mehr tolerieren, geschweige denn akzeptieren. Wir benötigen andere Unterscheidungskriterien, denn es ist unmöglich, daß sich die Ethnologie für alle Völker und Kulturen dieser Erde zuständig erklärt. Sie würde bei einem derartigen Unterfangen kaum von jemandem in ihrer Wissenschaftlichkeit ernstgenommen werden.

Es gibt eine Reihe von Einteilungen, die das Objekt der Ethnologie näherhin zu bestimmen suchen. Befriedigend ist keine, aber jede hebt einen wichtigen Zug am Objekt der Ethnologie hervor.

a) Naturvölker — Kulturvölker

Der Ausdruck 'Naturvolk' ist falsch, versteht man darunter ein Volk, das nur Natur, aber keine Kultur hat. Ein Volk als Ganzes ist niemals ohne jede Kultur. Wenn wir 'Naturvolk' dennoch verwenden, so wollen wir damit sagen, daß ein Naturvolk in einem graduell stärkeren Maße von der Natur abhängig ist als ein Hochkulturvolk. Letzteres verfügt über viele technische, aber auch organisatorische Hilfsmittel, um die Natur auf diversen Gebieten zu beherrschen. Ein Naturvolk zeichnet gerade aus, daß es sich weitgehend an die Natur anzupassen versteht. Die Trennungslinie zwischen beiden Polen allerdings ist fließend.

Richard Thurnwald (1869—1954), der führende Ethnosoziologe Deutschlands, sprach daher statt von 'Naturvölkern' gerne von 'Völkern geringer Naturbeherrschung'.

b) Primitivkulturen – Hochkulturen

Das Wort 'primitiv', bezogen auf sogenannte Naturvölker, wirkt im deutschen Sprachgebrauch heute immer pejorativ, wenn es auch ursprünglich 'unentfaltet', 'wenig entwickelt' bedeutete. Im angelsächsischen Bereich wird der Ausdruck auch heute noch viel verwendet, so z. B. in Lucy Mairs bekanntem Büchlein 'Primitive Government' von 1962, das von den politischen Organisationsformen Schwarzafrikas handelt.[1] Im Deutschen vermeidet man tunlichst diesen Ausdruck. 'Naturvolk' wirkt da weniger pejorativ.

c) Marginale Kulturen – komplexe Kulturen

Der Ausdruck 'komplexe Kulturen' trifft relativ gut die Situation der sogenannten Hochkulturen: Es sind zusammengesetzte Kulturkonglomerate, die ein einzelner nicht mehr richtig überschauen kann. Das Individuum kennt im besten Falle einen Sektor 'seiner' komplexen Kultur. — Es ist durchaus möglich, daß der Vertreter einer komplexen Kultur weniger 'aktive' Kultur besitzt als der Vertreter einer marginalen Kultur. Der Vertreter der marginalen Kultur überschaut die Kultur als Gesamtgebilde, jener der komplexen nur einen Sektor; der eine setzt aktive Kulturleistungen, der andere ist passiver Kulturkonsument usw. Man sieht, daß der Vertreter einer marginalen Kultur nicht auch ein 'Primitiver' im pejorativen Sinne sein muß.

Das Wort 'marginal' in Verbindung mit Kultur will besagen, daß es sich um eine Randkultur handelt. Aber worauf bezogen ist sie Randkultur? Offensichtlich setzt sich hier der westliche Mensch wiederum als Mittelpunkt und betrachtet die übrigen Völker und ihre Kulturen als 'marginal' zu sich. Kommt hier nicht ebenfalls Ethnozentrismus zum Vorschein? Er ist übrigens kein Privileg der abendländischen Völker. Denken wir nur daran: Wie viele Völker und Religionen wähnen sich Mittelpunkt der Welt zu sein! China nannte sich das 'Reich der Mitte', und auf dem Forum Romanum befand sich der Nabel der Welt. Marginal sind also immer die andern!

d) Dritte und Vierte Welt – Erste und Zweite Welt

Seit Georges Balandier in Anlehnung an den 'Tiers état', den Dritten Stand der großen Französischen Revolution, den Ausdruck 'Tiers monde' (Dritte Welt) geprägt hat – Adel und Klerus bildeten dort den Ersten und Zweiten Stand –, sprechen wir heute gerne von den Völkern der 'Dritten Welt'.

---

1. Das 'Handbuch für Kulturanthropologie' (1981) des Amerikaners F.R. Vivelo schlägt sich mit ähnlichen Problemen herum wie wir. Vivelo schreibt: „Um Vorurteile zu vermeiden, haben sich die Anthropologen schreckliche Mühe gegeben, einen Begriff zur Bezeichnung der nichtwestlichen, nichtstaatlichen, nichtindustriellen Gesellschaften zu finden, in denen sie den Großteil ihrer Forschungen durchgeführt haben. Kein völlig befriedigender Terminus hat sich durchsetzen können. Ich werde in diesem Handbuch die Ausdrücke 'primitiv' und 'schriftlos' verwenden" (1981: 42, n.3).

Seit einigen Jahren wird auch von einer 'Vierten Welt' gesprochen, um die ganz armen von den reicheren Entwicklungsländern (Rohstoffbesitzer!) zu unterscheiden. — Balandiers Unterscheidungskriterium ist jedoch mehr an sozio-politischen und ökonomischen Gegebenheiten ausgerichtet als an kulturellen. Es können also durchaus alte Hochkulturen Nordafrikas und Asiens zur Dritten bzw. Vierten Welt gehören und dennoch nicht Gegenstand der Ethnologie sein.

e) Die Schrift

Sie galt und gilt auch heute noch als das wichtigste Unterscheidungskriterium. Aufgrund dessen sind schriftlose Völker und ihre Kulturen Gegenstand der Ethnologie, solche mit Schrift werden von Spezialdisziplinen erfaßt. Doch abgesehen davon, daß viele Völker heute schreiben gelernt haben, und wir von 'ehemals schriftlosen Völkern' sprechen müssen, tendieren immer mehr Ethnologen dahin, Volkskulturen oder Kulturen von Minoritäten als Forschungsobjekt der Ethnologie anzusehen, auch wenn diese Minoritäten Hochkulturen angehören (so etwa wenn von Kölner Ethnologen Fragen türkischer Gruppen in der Bundesrepublik untersucht werden).

f) Geschichte

Mein Lehrer, der Pygmäenforscher Paul Schebesta, zählte gerne jene Ethnien zu den Naturvölkern, die ihre Arbeit noch ganz nach dem natürlichen Tag-Nacht-Rhythmus verrichten. Jene, die die Nacht zum Tag machten, gehörten nicht mehr zu den Naturvölkern. Dieses Kriterium ist zwar brauchbar in technisch sehr armen Kulturen, aber es gibt auch Hochkulturvölker, die praktisch ebenfalls nach dem natürlichen Tag-Nacht-Rhythmus arbeiten. Das Kriterium ist hier also unbrauchbar.

Früher hat man schriftlose Völker gerne als *geschichtslos* bezeichnet. Man sprach von ihnen als von 'Menschen ohne Geschichte'. Heute wissen wir, daß jedes Volk, auch die einfachste Wildbeuterethnie, immer in einem dynamischen Prozeß lebt und somit Veränderungen unterworfen ist. Mit anderen Worten: Sie hat Geschichte, auch wenn sie darin keinen linearen Prozeß sieht wie wir. Wie eine derartige, rein orale Geschichte geschrieben werden kann, ist ein anderes Problem, auf das noch zurückzukommen sein wird.

g) Kriterien

E.E. Evans-Pritchard (1902—1973), ehemaliger Professor in Oxford und einer der führenden Vertreter der britischen Social Anthropology, allerdings mit starkem historischem Interesse, zählte als Kriterien eines Naturvolkes auf:

> ...small in scale with regard to numbers, territory and range of social contacts, and which have by comparison with more advanced societies

a simple technology and economy and little specialization of social function. Some anthropologists [gemeint ist unter anderen Robert Redfield] would add further criteria, particularly the absence of literature, and hence of any systematic art, science or theology ([6]1964: 8).

Ähnliche Kriterien für die Charakterisierung primitiver Ethnien ('primitive tribes') hat schon der Amerikaner Alexander Goldenweiser, ein Boas-Schüler, in 'Early Civilization' (1922: 117-118) aufgestellt. Unter anderen zählt er auf:

... tribes are small ...
... local groups are relatively isolated ...
... local cultures are relatively peculiar into themselves, much more individual and specialized ...
... written language is unknown ...
... groups represent characteristic folk civilizations ...[d.h. Wissen, Verhalten und Funktionen sind relativ homogen verteilt]
There is the esoteric knowledge of the religious society member ...
... the sex division in industry and art and other forms of division of labor.

Robert Redfield hat in seinem berühmt gewordenen Vortrag über die 'folk society' die Goldenweiserschen Kriterien übernommen, um die Folk-Gesellschaft im Gegensatz zur Stadt-Gesellschaft zu charakterisieren (siehe Mühlmann 1966: 327).

Wilhelm E. Mühlmann zählt in seinem Werk 'Homo creator' (1962: 272) vier Wesensmerkmale der Naturvölker auf. Wie jedoch weiter unten zu zeigen sein wird, differiert Mühlmanns Naturvolkbegriff von dem unseren. Mühlmann scheint nur Wildbeuter, also primitive Jäger und Sammler, wie etwa Pygmäen oder in kleinen Gruppen im Urwald lebende Indianer dazuzurechnen. — Dieser eingeengte Naturvolkbegriff ist ungewöhnlich und hilft uns in unserer Analyse nicht viel weiter, da wir diese nicht auf einige in Rückzugsgebieten lebende Restvölker beschränken können.

Eine besondere Bemerkung verdient das zweite Mühlmannsche Kriterium: Dort heißt es von den Naturvölkern, sie seien „Träger psychologisch primitiver, 'archaischer', 'urtümlicher' Züge." Wer längere Zeit mit Naturvölkern — auch im Mühlmannschen Sinne — zusammengelebt hat, wird sich fragen, worin sich denn 'archaische' und 'urtümliche' psychologische Züge äußern oder woran man erkennt, daß sie archaisch und/oder primitiv sind. Mir scheint, so pauschal gemachte Äußerungen sind nichts als ein Etikettenkleben. Ein 'psychologisches Archaikum' (Werner Müller 1964: 10) müßte erst einmal erwiesen werden! Sicher lassen sich viele psychologische Unterschiede zwischen Naturvölkern und uns feststellen, aber läßt sich erweisen, daß diese Verschiedenheit aus der Urtümlichkeit dieser Ethnien herrührt oder nicht vielmehr aus der Verschiedenheit der Umwelt, der Sozialstruktur, der Wirtschaft, der Religion etc.? Doch sehen wir zunächst Mühlmanns Kriterien zur Bestimmung von Naturvölkern:

... Menschen mit 'armer Technik' ...
... Träger *psychologisch* primitiver, 'archaischer', 'urtümlicher' Züge ...
Kleingruppen von Sippenverbänden, Klans, Stämmen, Klientelen, aber gerade nicht *Völker* im europäischen Sinne.
Sie leben meist in ausgesparten Peripher- und Randgebieten, oft in Rückzugs- und Fluchträumen ...

h) Definition

Vergleicht man die Kriterien der verschiedenen Autoren miteinander, so lassen sich Schwerpunkte ausmachen, die zum Wesen von Naturvölkern gehören. Eine Definition könnte daher folgendermaßen aussehen:
— Naturvölker sind solidarische Kleingruppen mit relativ geringer geographischer Ausdehnung.
— Sie leben in sozialer Isolation mit wenigen Kontakten nach außen.
— Ihre Technik ist arm und auf wenige, dem Lebensunterhalt dienende Tätigkeiten spezialisiert.
— Die Gruppe ist homogen; ihre Gliederung erfolgt nach den biologischen Kriterien Alter und Geschlecht.
— Wissen und Fertigkeiten sind noch nicht spezialisiert und systematisiert, sondern im Prinzip allen Mitgliedern zugänglich.

2. Der Gegenstand der Ethnologie

Im Laufe der Jahrzehnte sind zahlreiche ethnologische Richtungen entstanden, die jeweils das Objekt der Ethnologie anders faßten, ja man kann sagen, daß sie als Objekt der Ethnologie etwas anderes ansahen. So legten die einen den Nachdruck auf die Institutionen, andere auf Geschichte, wieder andere auf die Sozialstrukturen usw. Von diesen verschiedenen Richtungen wird gleich zu sprechen sein. In einem Punkt scheinen sie aber alle übereinzustimmen, daß es nämlich in der Ethnologie um die *Kultur* im weitesten Sinne geht. Da bei allen Richtungen Kultur der gemeinsame Nenner ist, soll hier auf Kultur kurz eingegangen werden.

Kultur

Kultur ist ein unendlich weiter und vielstrapazierter Begriff, ähnlich wie Religion. Da sich jeder, wenn es um Kultur geht, angesprochen fühlt, hält er wie bei Religion in der Diskussion mit. Davon zeugen die zahlreichen Definitionen von Kultur. Sucht man sie zu ordnen, kann man sie auf zwei Hauptrichtungen zurückführen. Die eine — sie findet vor allem in der Ethnologie Anwendung — betrachtet alle menschlichen Tätigkeiten und geistigen Prozesse als Kulturleistungen. Man könnte auch sagen, nach dieser Auffassung sei in einem weiten Sinne all das Kultur, was den Menschen neben dem Biologischen vom Tier unterscheidet. In diesem Sinne hat Tylor bereits 1871 Kultur definiert als „jenes komplexe Ganze, welches Wissen, Glauben, Kunst, Moral, Recht, Sitte und Brauch und alle anderen Fähigkeiten und Gewohnheiten einschließt, welche der Mensch als Mitglied der Gesellschaft erworben hat" (zitiert nach Vivelo 1981: 50).

Kultur in einem engeren Sinn schließt nicht alle menschlichen Leistungen ein, sondern ist jenes gedanklich-geistige System, das ein Volk sich erarbeitet und wodurch es sich von allen anderen unterscheidet. Die Mitglieder einer Gesellschaft fühlen sich diesem System verpflichtet und richten danach ihr Denken und Handeln. Man könnte in gewisser Weise in diesem System jene Regeln und Normen sehen, die das Verhalten der Menschen bestimmen. Es ist dann 'stammeskonform' und als kulturell wertvoll anerkannt. — Diese Definition rezipiert also nur einen Teilaspekt der vorhergehenden. Wie gesagt, für die Ethnologie ist sie von geringerem Interesse.

Wilhelm Mühlmann, der sich in seinen Werken wiederholt mit dem Kulturbegriff auseinandersetzt, definiert Kultur als „die Gesamtheit der typischen Lebensformen einer Bevölkerung, einschließlich der sie tragenden Geistesverfassung, insbesondere der Werteinstellungen" (Bernsdorf 1972 s. v. 'Kultur'). Der Autor fährt dann fort und erklärt, was er unter den 'typischen Lebensformen' versteht. Danach „umfassen [sie] auch die technischen Grundlagen des Daseins samt ihren materiellen Substraten (Kleidung, Obdach, Werkzeuge und Geräte usw.) und dem gestalteten Naturraum als 'Kulturlandschaft'" (ibid.).

Derart ganzheitliche Kulturdefinitionen werden deshalb von der Ethnologie bevorzugt, weil sie aufzeigen, daß alle Völker Kulturvölker sind, also daß auch hinter der Ergologie eminent geistige Prozesse stehen. Man kann mit Recht sagen, daß auch der 'primitivste' Wildbeuterstamm ein 'Kulturvolk' ist. Ein kulturloses Volk – oder wie immer wir jene Gruppe nennen mögen, die die Kultur trägt: Ethnie, Stamm, Klan, Sippe, Schicht usw. – kann es im Grunde genommen gar nicht geben.

In den letzten zehn bis zwanzig Jahren gab es in der Ethnologie die Tendenz – und dies nicht nur in der deutschsprachigen –, die sogenannte materielle Kultur der Ethnien geringzuachten: Man wollte sich nur den 'hochgeistigen Problemen und Prozessen' zuwenden. Wahrscheinlich trugen zu diesem Verhalten auch die älteren Ethnologen bei, die nicht selten in Monographien 'materielle' und 'geistige' Kultur einander gegenüberstellten, so als ob materielle Kultur etwas ganz Ungeistiges wäre. Dennoch verrät ein derart geringschätziges Verhalten nicht nur, wie wenig Sinn jemand für die Geschichte der

Kultur hat, sondern auch seine Ignoranz bezüglich der geistigen Kraft, die für die Erfindung der materiellen Kulturgüter notwendig war.

Diese Überheblichkeit der materiellen Kultur gegenüber ist typisch für jene, die ihre Existenz auf vielerlei Weise abgesichert haben, also für Vertreter von komplexen Hochkulturen, wo der einzelne nur mehr einen kleinen Kultursektor überschaut. Hier gestaltet er vielleicht noch aktiv Kultur mit, aber auf allen anderen Sektoren ist er nur noch passiver Kulturkonsument. Anders in sogenannten Primitivkulturen, da bilden materielle und geistige Kultur eine Einheit. Der Weise, der Alte ist Experte für alle Bereiche. Da der Alte über das meiste Erfahrungswissen verfügt, ist seine Position auch besonders angesehen; er ist durchwegs identisch mit dem Weisen. Sprichwörter, Sentenzen, Fabeln etc. rechtfertigen deshalb auch immer seine Position, wenn sie im Widerstreit zu der der Jugend oder der der Frauen steht.

Man muß sich freilich davor hüten, die Kulturen der Naturvölker so aufzufassen, als wären sie in sich selbst ruhende holistische Gebilde, wo alle Teile aufeinander abgestimmt wären, so daß sie einen Wandel in keiner Weise nötig hätten. Eine derartige Kultur wäre ein statisches Gebilde und somit geschichtslos. Da man traditionelle Gesellschaften früher gerne statisch darstellte, war es auch nur mehr ein Schritt bis dahin, sie 'Menschen ohne Geschichte' zu nennen.

Nicht wenige unserer Studenten fühlen sich heute in dem Maße zu der Ethnologie hingezogen, als sie ihrer westlichen Kultur überdrüssig werden. Man gewinnt den Eindruck, daß es ihnen nicht mehr um eine kritische Haltung der eigenen Kultur gegenüber geht, sondern ihre Haltung ist bereits Ausdruck eines tiefsitzenden Kulturpessimismus. Dieses Phänomen ist nicht neu in der Kulturgeschichte. Bereits Tacitus hat den hochzivilisierten Römern die 'urigen' Germanen als Vorbild hingestellt. Seit Jahrtausenden verfallen Überzivilisierte in den Ruf 'zurück zur Natur', aber nur selten sind sie wirklich geneigt, das einfache, natürliche und harte Leben der Naturvölker wirklich und auf längere Zeit zu teilen. In Wirklichkeit erstrebt man meist beides: das Angenehme der Zivilisation und das Einfache der Natur. Die Schäferspiele geben beredtes Zeugnis von dieser Haltung. Eine Hochschätzung der einfachen Kulturen ist damit nicht gegeben. Im Gegenteil, man verniedlicht und verfälscht sie. Auf diese Weise werden sie unglaubwürdig. Eine solche Haltung erreicht meist das Gegenteil von dem, was ursprünglich intendiert war.

II. Die der Ethnologie verwandten Disziplinen

Es sprechen rein praktische Gründe dafür, daß sich die Ethnologie nur mit schriftlosen Völkern außerhalb Europas befaßt. Auch in Europa und Nordamerika gibt es Subkulturen, die wie naturvolkliche Kulturen funktionieren.

Sie können mit gutem Recht Forschungsgegenstand der Ethnologen sein. In Ländern Osteuropas und Skandinaviens sind denn auch vielfach Volkskunde und Völkerkunde nicht mehr getrennte Wissenschaften wie bei uns. Wahrscheinlich wird auch bei uns die künftige Entwicklung dahin gehen, daß sich unsere Völkerkunde immer stärker mit den Volkskulturen befassen wird.

Wenn die Ethnologie die Wissenschaft von den Völkern und ihren Kulturen ist, dann sollte auch darauf hingewiesen werden, daß es sich vorzugsweise um *lebende* Völker und ihre Kulturen handeln soll. Ethnologen, die sich ausschließlich mit bereits ausgestorbenen Völkern befassen, sind prinzipiell nicht mehr als Ethnologen, sondern als Vorgeschichtler, Historiker oder sonstwie zu bezeichnen.

Da sich die Ethnologie mit einem lebenden Objekt befaßt, ist ihre Arbeitsweise auch einem starken Wandel unterworfen. Nicht nur, daß sich unsere abendländische Einstellung den Naturvölkern gegenüber in den letzten Jahrzehnten grundlegend gewandelt hat, auch die Völker selbst haben sich wesentlich verändert. Oft ist der Ethnologe durch jahrelange Forschungsaufenthalte der beste Kenner und nicht selten auch ein Vertrauensmann dieses Volkes. Dies bringt in der schwierigen Umbruchsituation, in der sich eine Ethnie befinden kann, auch Verantwortung mit sich. Ein lebendes Volk ist eben nicht nur Studienobjekt! Es gibt und gab vor allem Ethnologen, bei denen hatte man den Eindruck, daß 'ihr' Volk nur für ihre wissenschaftliche Ausbeute existierte. Sie schrieben Bücher über diese Menschen und ihre Kulturen und merkten gar nicht, daß sie mit der Zeit ausgerottet worden waren. — Man kann verstehen, daß Ethnologen nicht immer und überall gern gesehene Gäste sind.

1. Ethnographie

Unter Ethnographie — entstanden aus den beiden griechischen Wörtern: *ethnos* (Volk, Ethnie) und *graphein* (schreiben) — verstehen wir die einfache Beschreibung fremder Völker und ihrer Kulturen. Im Gegensatz zum Ethnologen betreibt der Ethnograph nicht so sehr wissenschaftliche Analyse als vielmehr die geordnete Darstellung von Kulturen, wie er sie selbst erforscht hat. Unter Ethnographie versteht man in etwa das, was die Amerikaner mit 'ethnology' bezeichnen. — Theoretiker blicken gerne etwas hochmütig auf die Ethnographen herab. Doch auch Ethnographie kann sehr anspruchsvoll sein; jedenfalls hat eine gute Monographie wesentlich länger Bestand als die meisten theoretischen Werke.[2]

---

2. Wilhelm Mühlmann gibt in seiner Kulturanthropologie von 1966 eine andere Einteilung und Benennung der folgenden Disziplinen; sie fand aber bisher keine allgemeine Zustimmung. Der Student sollte sie für die Lektüre dennoch kennen. Er definiert:

„Kulturanthropologie als eine Disziplin, die aus dem empirischen Pluralismus und der
    Formenmannigfaltigkeit der Kulturen typische Chancen menschenmöglichen Verhaltens abzulösen sucht.

2. Anthropologie

Heute hört es sich modern an, wenn man statt Ethnologie oder Völkerkunde Anthropologie sagt. Traditionellerweise wird im deutschsprachigen wie im französischsprachigen Raum unter 'Anthropologie' die Wissenschaft vom Menschen als biologischem Wesen verstanden, also die 'physische Anthropologie'. Seit dem Zweiten Weltkrieg aber bürgern sich mehr und mehr aus dem angelsächsischen Raum, besonders den USA, die Ausdrücke 'Kulturanthropologie' und kurz 'Anthropologie' für Ethnologie ein. Ich ziehe die Ausdrücke Ethnologie und Völkerkunde vor; der Ausdruck 'Kulturanthropologie' kann jedoch durchaus Verwendung finden, da er keine Unklarheiten schafft.

3. Sozialanthropologie

Dieser Ausdruck ist von der 'Social Anthropology' wie von der Ethnosoziologie zu unterscheiden. Die Sozialanthropologie untersucht die sozialen Gegebenheiten innerhalb der physischen Anthropologie, so z. B. welche sozialen Beziehungen zwischen Rasse und sozialem Status bestehen. Denken wir etwa an das alte Ruanda oder an Amerika oder auch an Südafrika, wo mit einer bestimmten Rasse auch ein bestimmter sozialer Status gegeben ist.

4. Kulturanthropologie

Wie 'Kulturanthropologie' heute bei uns gebraucht wird, ist dieser Ausdruck durchweg als Synonym zu Ethnologie bzw. Völkerkunde anzusehen. Er wird auch dazu verwendet, die amerikanische Richtung 'Cultural Anthropology' wiederzugeben. Justin Stagl sagt: „Das Wort Kulturanthropologie verbreitet sich heute in Europa auf Kosten eines langsam aus der Mode kommenden Begriffes: Ethnologie oder Völkerkunde" (1974: 11).

5. Ethnosoziologie

Die Ethnosoziologie nimmt in der heutigen Vorlesungspraxis an den deutschsprachigen Universitäten einen sehr breiten Raum ein. Es gibt zwar nicht viele Kollegen, die als 'Ethnosoziologen' firmieren, dennoch gehört ihr Stoff eher in die Ethnosoziologie als in die traditionelle Ethnologie. Wir wollen deshalb dieser Richtung mehr Aufmerksamkeit widmen.

Ethnographie (im deutschen Sprachraum = Völkerkunde) behandelt die marginalen Gesellschaften, die Träger schriftloser Kulturen sind und gewöhnlich als Naturvölker bezeichnet werden.

Ethnologie verstehen wir als eine soziologische Disziplin, die sich mit den interethnischen Zusammenhängen und Systemen befaßt und daraus typische Situationen und Prozesse zu abstrahieren sucht. Sie ist zu definieren als 'soziologische Theorie der interethnischen Systeme' und bildet somit einen Zweig der Geschichts- und Kultursoziologie" (1966: 11-12).

a) Abgrenzung und Beschreibung

Der Begriff 'Ethnosoziologie' hängt eng mit Richard Thurnwald (1869—1954), seinerzeit Professor in Berlin, zusammen. Seine 'Ethnosoziologie' wurde zu einer deutschsprachigen Entsprechung der britischen 'Social Anthropology'. Heute werden im landläufigen Sprachgebrauch diese beiden Begriffe synonym verwendet, wenn auch nicht ganz zu Recht. Wenn nämlich von einer 'Entsprechung' beider die Rede ist, sollte dennoch der Unterschied zwischen beiden Disziplinen nicht übersehen werden. W.E. Mühlmann, einer der bekanntesten Schüler Thurnwalds, führt aus: „'Social anthropology' meint dagegen Studien über die soziale Organisation in primitiven Gesellschaften; also ungefähr (aber nicht ganz) das, was Thurnwald unter 'Ethnosoziologie' verstand" (1966: 10).

Anders als bei uns in Deutschland, wo sich Ethnologen und Ethnosoziologen unterscheiden und die Ethnosoziologen immer eine Minderheit bildeten, zählte man in Großbritannien alle jene Wissenschaftler zu den 'social anthropologists', die sich mit den sogenannten 'primitive peoples' oder den 'peoples of simple technology' (Lucy Mair) befaßten, auch wenn wir im Deutschen von ihnen eher als von Ethnologen oder Ethnographen sprechen würden. Dieser Umstand ist wichtig zu vermerken, da hier der eigentliche Unterschied zwischen der deutschen Ethnosoziologie und der britischen Social Anthropology liegt. Vereinfachend könnte man die Social Anthropology als ethnologische Disziplin mit soziologischer Präferenz und Ausrichtung bezeichnen. Die Soziologie wurde sozusagen in die Ethnologie eingebaut. Anders dagegen in der deutschen Ethnosoziologie: Hier war die Grundtendenz soziologisch, und in diese Soziologie wurde die Ethnologie eingebaut. Die Soziologie sollte den theoretischen Rahmen abgeben, durch den das ethnologische Material geordnet, analysiert und miteinander verglichen werden sollte. Mühlmann spricht daher von einer „differentiellen und vergleichenden Soziologie der 'ethnischen' Gebilde". — Hier wird auch klar, weshalb sich der deutsche Ethnologe nicht als Ethnosoziologe betrachtet. Ja im Gegenteil: Ethnologen und Ethnosoziologen haben sich durch Jahrzehnte hin befehdet. Oft allerdings scheinen nicht nur sachliche, sondern auch weltanschauliche Gesichtspunkte — religiöser und politischer Art — entscheidend mitgespielt zu haben.

Auf diesem knapp skizzierten Hintergrund sollte man die folgenden Ausführungen über Ethnosoziologie sehen. Wenn heute von 'Ethnosoziologie' die Rede ist — zumal bei jüngeren Kollegen —, denkt man weniger an die Ethnosoziologie der Altmeister Thurnwald, Mühlmann und ihrer Schüler als vielmehr an die britische Social Anthropology. Diese britische Schule war aber durch Jahrzehnte hin übermächtig und war international gesehen omnipräsent. Die deutsche Ethnosoziologie nimmt sich im Vergleich dazu recht bescheiden aus. Jüngere Vertreter der Ethnosoziologie kennen kaum einen

Unterschied zwischen Social Anthropology und Ethnosoziologie; sie orientieren sich mit Vorliebe an britischen und amerikanischen, seltener an französischen Vorbildern.

b) Sinn und Zweck der Ethnosoziologie

Wenn Ethnosoziologie per definitionem eine soziologische Disziplin ist, die sich mit den sozialen Strukturen und Prozessen der Naturvölker befaßt, dann tauchen dem fachlich unbelasteten Leser wahrscheinlich zwei Fragen auf, die da lauten könnten:
— Was für einen Sinn und Zweck hat es, sich gerade mit der Soziologie der Naturvölker zu befassen?
— Gibt es nicht schon andere Wissenschaften, wie etwa die Völkerkunde (= Ethnologie), die sich mit den Naturvölkern und auch ihrer Soziologie befassen?

In diesen beiden Fragen geht es einmal um die Existenzberechtigung und zweitens um die Eigenständigkeit der Ethnosoziologie als Wissenschaft. Ich möchte mit der Beantwortung der zweiten Frage beginnen, da dadurch der Sinngehalt der Ethnosoziologie leichter herausgestellt werden kann.

Das Verhältnis von Ethnosoziologie und Ethnologie

Es wurde bereits darauf hingewiesen, daß in England mit dem Beginn dieses Jahrhunderts die Social Anthropology die eigentliche Disziplin wurde, die sich mit den Naturvölkern befaßte. Alle anderen Disziplinen, die sich ebenfalls mit den Naturvölkern beschäftigten, wie 'ethnology', 'physical anthropology' etc., verloren an Bedeutung. Im Jahre 1908 wurde in Liverpool sogar der erste Lehrstuhl für Social Anthropology eingerichtet. Anders als in Deutschland, gab es in Großbritannien eine alte Tradition der Beschäftigung mit soziologischen Problemen; zum andern fußte man auf französischen Vorbildern von Saint-Simon (1760—1825) über A. Comte (1798—1857) bis E. Durkheim (1858—1917) und L. Lévy-Bruhl (1857—1939). In den zwanziger und dreißiger Jahren dieses Jahrhunderts, der Blütezeit der Social Anthropology, waren es vor allem Reginald Radcliffe-Brown (1881—1955) und Bronislaw Malinowski (1884—1947), die die britische Social Anthropology ausschließlich auf soziologisch-synchronische Fragestellungen festlegten und sich der Geschichte gegenüber, wenn schon nicht feindlich, so doch ablehnend verhielten. Es ist jedoch falsch, wie neuere Forschungen aufweisen, daß Radcliffe-Brown und Malinowski die eigentlichen Begründer der Social Anthropology sind (siehe Kap. II.).

Durch diese fast ausschließliche Festlegung der britischen Social Anthropology auf soziologische Probleme hat die allgemeine Soziologie in England vielfach keine so rechte Eigenentwicklung genommen wie etwa in Deutschland oder Frankreich. Man könnte natürlich auch argumentieren, die englischen Soziologen hätten sich sehr im Unterschied zu ihren Kollegen auf dem Festland mit den Sozialstrukturen der Naturvölker befaßt.

Auf dem Festland hingegen, und zumal im deutschprachigen Raum, haben sich Ethnologie und Soziologie nie so recht durchdrungen: Es blieben immer zwei getrennte Wissenschaften. Die Soziologen blieben Dilettanten, wenn sie sich an ethnologisches Material wagten, zumal was die Auswahl der Fachliteratur angeht, und die meisten Ethnologen kamen in ihren Monographien über laienhafte Sozialanalysen nicht hinaus. Ein Blick in die ethnologische Literatur der letzten Jahrzehnte wird einen in diesem Urteil bestärken.

Die Dichotomie dieser beiden jungen Wissenschaften rührt im deutschen Sprachraum aus ihrem Werdegang. Die Ethnologie in Deutschland war von Anfang an stärker mit Geschichte als mit Soziologie liiert. Adolf Bastian (1826—1905), der erste deutsche Gelehrte, der Ethnologie mit wissenschaftlichen Prinzipien betrieb, war auch der Begründer des Berliner völkerkundlichen Museums. Dies deutet bereits an, daß die deutsche Ethnologie um die Jahrhundertwende sehr stark auf das Museumsobjekt gerichtet war. Von R. Thurnwald, dem ersten Ethnosoziologen Deutschlands, wird von seiner Frau berichtet, daß es ihm, als er 1906 seine erste große Forschungsreise im Auftrage des Berliner Museums für Völkerkunde in das Gebiet der mikronesischen Inselwelt unternahm, nicht um museale Sammlungen ging, wie sie damals noch im Mittelpunkt der meisten wissenschaftlichen Reiseaufträge standen und worauf auch sein Auftrag lautete, sondern um die Erforschung der tatsächlichen Lebensverhältnisse verschiedener Stämme, um den sozialen und politischen Aufbau ihrer Gesellungen (Thurnwald).

Anhand der gesammelten Museumsobjekte wurden auch die ersten diffusionistischen Theorien ausgearbeitet, die später zur im deutschsprachigen Raum typischen Kulturhistorischen Schule führten. Damit sind die beiden Hauptakzente der deutschsprachigen Ethnologie gesetzt: Sie arbeitete historisch, also diachronisch, und ihr Objekt war die materielle Kultur der Naturvölker und nicht so sehr ihre Sozialstrukturen. Thurnwald und seine Schule nahmen in der deutschsprachigen Ethnologie mehr eine Ausnahme- und Außenseiterposition ein.

Warum Ethnosoziologie?

In Deutschland war die Notwendigkeit, Ethnosoziologie zu betreiben, nie so gespürt worden wie in England. Das lag einmal an der erwähnten historischen Arbeitsweise der deutschen Ethnologen und später dann am Verlust der Kolonien und an dem Ausfall zahlreicher, gerade junger Wissenschaftler durch den Krieg. Der Praxisbezug, den die Ethnologie in Ländern mit Kolonien erhielt, fehlte ihr in Deutschland; sie blieb daher bei vielen Wissenschaftlern eine rein akademische Disziplin, die sich nicht um Wohl und Wehe der untersuchten Völker kümmerte. Dieses Degradieren der Ethnien zu reinen 'Forschungsobjekten' bzw. 'Materiallieferanten' läßt nicht selten die Ethnologie heute in den unabhängigen Staaten in einem ungünstigen Licht erscheinen. Man wirft ihr vor — und nicht ganz zu Unrecht —, sie fördere das alte Stammesdenken ('Tribalismus'), da sie sich in ihren Untersuchungen fast ausschließlich auf die koloniale bzw. vorkoloniale Zeit beziehe. Sie helfe aber nicht den jungen Staaten, brennende soziale Probleme zu erfassen, geschweige denn zu lösen — darin sieht die Ethnologie auch gar nicht ihre Aufgabe —, noch fördere sie die Nationwerdung. Aus vielen häufig untereinander verfeindeten Stämmen eine Nation zu machen, ist eines der Hauptanliegen der jungen unabhängigen Staaten.

Die Ethnosoziologie dagegen mutet in ihrer soziologischen Fragestellung moderner an; sie greift mit Vorliebe auch Gegenwartsprobleme auf; jedenfalls sollte sie es. Die Social Anthropology hat sich seinerzeit bewußt von den Ursprungsfragen des Positivismus und Evolutionismus und deren Folgeerscheinungen abgekehrt und den aktuellen Problemen der Kolonialvölker zugewandt. Die historische Ethnologie wurde von ihr vielfach mit Spott bedacht. Zahlreiche Forscher sind denn auch aus den Reihen der Kolonialbeamten hervorgegangen. Für sie wie für die Missionare war das Studium der Ethnien, ihrer Sozialstrukturen und ihrer Kultur häufig eine handfeste Notwendigkeit: Sie mußten die Völker und ihre Sozialstruktur kennen, wollten sie mit ihrer Arbeit bei ihnen Erfolg haben.

Bisweilen wurden von der Kolonialregierung auch sogenannte 'government anthropologists' eingesetzt, wie in Indien für den 'Census', 1908 in Südnigerien nach lokalen Schwierigkeiten; 1920 wurde an der Goldküste (heute Ghana) R.S. Rattray, der Erforscher der Ashanti, von der Regierung beauftragt, denn man hatte mit den Ashanti große Schwierigkeiten etc.

Ein heute immer wieder gehörter Vorwurf, den man der Ethnologie wie der Ethnosoziologie macht, ist, daß diese Wissenschaften mit den Kolonialherren kollaborierten, um das Kolonialregime zu stützen. Sicherlich hatte die Kenntnis der Ethnien und ihrer Kulturen nicht nur Vorteile für die Kolonisierten, sondern auch Nachteile. So wurden z. B. alte politische Stammesrivalitäten geschickt von der Kolonialregierung ausgenützt, so daß sich die Stämme gegenseitig in Schach hielten und die Oppositionskräfte auf diese Weise aufgerieben wurden. Insgesamt gesehen haben sich jedoch die Kolonialregierungen recht wenig um die Forschungsergebnisse der Anthropologen gekümmert. E.E. Evans-Pritchard schreibt von Professor C.G. Seligman (1873—1940), einem der führenden englischen Anthropologen der älteren Generation, der unter anderem ein guter Kenner des anglo-ägyptischen Sudan war: „He was never once asked his advice" — und von sich sagt er: „During the fifteen years in which I worked on sociological problems in the same region I was never once asked my advice on any question at all" (1946: 97).

Bedenkt man, daß heute alle westlichen Industrienationen mehr oder weniger in der Entwicklungshilfe tätig sind, könnte man glauben, daß sich für die Ethnosoziologie ungeahnte Möglichkeiten auftun: So könnten von ihr für größere Projekte Grundlagenforschungen betrieben, die Durchführung von Unternehmen von ihr fachlich geleitet, Entwicklungshelfer von erfahrenen Ethnosoziologen ausgebildet werden etc. Doch eine derart fruchtbare Zusammenarbeit von Wissenschaft und Praxis findet nur vereinzelt statt. Aus meiner persönlichen Erfahrung mit Experten der Entwicklungshilfe gewann ich den Eindruck, daß man bei Projekten die Ethnosoziologie oder Ethnologie nur sporadisch bemüht. Bei einem mehrere Millionen umfassenden Projekt in Westafrika fragte ich den Leiter des Projektes in Bonn nach der ethnischen, sozialen und religiösen Beschaffenheit und Zusammensetzung der Ethnien. Ich erfuhr, daß man vor Anlauf des Projektes gar keine Ethnosoziologen konsultiert hatte, da an Ort und Stelle bereits Entwicklungshelfer vorhanden waren und man sich auf diese Weise 'Ausgaben' sparen konnte. Natürlich hatte man dadurch auch nur sehr vage Vorstellungen über die ethnische Zusammensetzung dieses Gebietes; man wußte, daß einige Moslems und einige Christen waren; daß es in der Geschichte immer wieder mal feindliche Auseinandersetzungen gab usw. Aber genaue, auch statistische Angaben hat man nie eingeholt. Wer weiß, wie viele Entwicklungsprojekte an solchen ethnischen, religiösen, geschichtlichen etc. Unzulänglichkeiten scheitern, muß sich über soviel Naivität wundern.

Spricht man Fachleute der Entwicklungshilfe auf diese Diskrepanz an, bekommt man immer wieder zu hören, daß die Ethnosoziologie zu wenig praxisbezogen sei. Da sie sich als akademische Disziplin versteht, fehlt ihr meist die Umsetzung der Forschungsergebnisse auf die Reichweite der Praktiker.

Mit dieser Kritik berührt man aber kein spezifisch ethnosoziologisches Problem, sondern eines, das jeder Wissenschaft anhaftet: Wie weit kann eine Wissenschaft bis zur Allgemeinverständlichkeit simplifiziert werden und dennoch Wissenschaft bleiben?

2. Kapitel
Geschichte der Ethnologie

Die Ethnologie ist eine junge Disziplin. Als Wissenschaft beginnt sie an den deutschen Universitäten erst zu Anfang dieses Jahrhunderts Fuß zu fassen. In England und Frankreich reicht zwar auf Grund der Kolonien die Beschäftigung mit fremden Völkern und Kulturen etwas weiter zurück als in Deutschland, aber als akademische Disziplin ist Ethnologie bzw. Social Anthropology an den Universitäten nur wenig länger etabliert als bei uns. James Frazer erhielt als erster einen Lehrstuhl für Social Anthropology, dies war 1908 in Liverpool.

Natürlich gab es auch schon vorher Wissenschaftler, die sich mit fremden Völkern und ihren Kulturen befaßten, teilweise auch Forschungsreisen machten – denken wir an den Deutschen Adolf Bastian –, aber von einem methodischen ethnologischen Forschen kann, wenn überhaupt, nur bei wenigen die Rede sein. Nehmen wir doch einmal die Dekade von 1861 bis 1871, in der, wie Evans-Pritchard sagt, Bücher erschienen sind, „die wir als unsere Frühklassiker betrachten" (1962: 15)[1]; nur einige Teile dieser Werke basieren auf eigenen Feldforschungen. Den meisten Autoren jener Zeit war es auch gar nicht darum zu tun, die Institutionen der Naturvölker um ihrer selbst willen zu studieren und zu beschreiben; sie zielten vielmehr mit ihren Beschreibungen jener 'exotischen' Strukturen fast immer darauf ab, die Entwicklung der Strukturen der eigenen Gesellschaft zu verdeutlichen. Ihre Beweise gründeten sich deshalb auch mehr auf philosophische Überlegungen als auf Feldforschungen. Selbst ein so angesehener Wissenschaftler wie James Frazer soll auf die Frage, ob er noch niemals mit Eingeborenen zusammengetroffen sei, gesagt haben: „Gott behüte!"

Die meisten Gelehrten des vergangenen Jahrhunderts, sofern sie sich mit fremden Völkern befaßten, wollten Universalgeschichte der Menschheit schreiben und darin den Entwicklungsgang ihrer eigenen Institutionen einsichtig machen. Die These stand meist bereits von vornherein fest; man brauchte dann nur mehr im Eiltempo über die ganze Welt zu hüpfen und wahllos geeignetes Beweismaterial zusammenzusuchen, ungeachtet aus welcher Wirtschaftsstufe oder aus welchem Sozialsystem usw. es stammte. J. Frazers berühmtes Werk 'The Golden Bough' (Der Goldene Zweig) ist vielfach noch nach diesem Muster gearbeitet.

---

1. H. Maine, Ancient Law, 1861; J.J. Bachofen, Das Mutterrecht, 1861; N.D. Fustel de Coulanges, La cité antique, 1864; J. McLennan, Primitive Marriage, 1865; E. Tylor, Researches into the Early History of Mankind, 1865; L.H. Morgan, Systems of Consanguinity and Affinity of the Human Family, 1870.

I. Der Evolutionismus

Der Entwicklungsgedanke feierte in der zweiten Hälfte des vergangenen Jahrhunderts in den Naturwissenschaften, vornehmlich in der Biologie, große Erfolge. So suchte man diese Gesetzmäßigkeiten auch auf die Geisteswissenschaften zu übertragen. Man war der Meinung, daß das Menschengeschlecht eine Einheit bilde und alle Völker eine unilineare und gleiche Entwicklung durchmachen mußten, und zwar immer vom Primitiven zum Komplizierten, wie dies auch in der Biologie der Fall war. Die Naturvölker galten deshalb als eines unserer Frühstadien, das wir bereits durchlaufen hätten.

Große Mühe haben sich die Evolutionisten allerdings nicht gemacht, um die Naturvölker und ihre Kulturen zu verstehen. Selbst ein Charles Darwin hat auf seiner Feuerland-Reise, wobei er für kurze Zeit Indianer zu Gesicht bekam, wie alle Reisenden seiner Zeit über diese 'Wilden' abfällig geurteilt:

> Diese Menschen waren ganz nackt, beschmiert mit Farbe, ihr langes Haar verfilzt, ihre Münder waren vor Erregung mit Schaum bedeckt und ihre Miene wild, aufgeschreckt und mißtrauisch. Sie besaßen kaum einige Kunstfertigkeiten und lebten wie wilde Tiere von dem, das sie erbeuten konnten. Sie hatten keine Herrschaft und waren erbarmungslos gegen jeden, der nicht ihrem kleinen Stamm angehörte (zitiert nach Lienhardt 1964: 13).

Godfrey Lienhardt bemerkt in seiner 'Social Anthropology' zum britischen Evolutionismus:

> So wurde es zur typischen theoretischen Beschäftigung der Anthropologen des Jahrhunderts, die Völker der Welt und ihre sozialen Institutionen in eine Entwicklungskette zu bringen, angefangen bei einem theoretischen Urmenschen bis hin zum zivilisierten menschlichen Wesen Europas Mitte des 19. Jahrhunderts, 'vom Affen bis Annie Besant'[2]. Die unkritischen Vorgehensweisen, die dabei im Spiele waren, riefen bei vielen Sozialanthropologen dieses Jahrhunderts eine Reaktion gegen die Geschichte hervor (1964: 10).

Die Evolutionisten des vergangenen Jahrhunderts suchten ihre Gegenwartsprobleme durch einen pseudohistorischen Rückgriff auf die Vergangenheit zu lösen: Gesetz, Staat, Ehe, Religion usw. suchte man zu erklären, indem man ihre vermeintlichen Urspünge aufdeckte. Die Ursprungsfrage wurde deshalb zu einem zentralen Problem des Evolutionismus. Der französische Mediävist *Marc Bloch* (1886—1944) spricht daher von 'la hantise des origines' (der fixen Idee von den Ursprüngen) — es können nämlich in dieser zentralen Frage die wahren Ursprünge praktisch niemals aufgedeckt werden.

---

2. Englische Theosophin (1847—1933); als Präsidentin der Theosophischen Gesellschaft seit 1907 in Indien, wo sie für die Selbstregierung der Inder kämpfte.

Dies führte dazu, wie schon Lienhardt oben andeutete, daß sich die englischen Ethnologen in diesem Jahrhundert praktisch ganz von geschichtlichen Fragestellungen abwandten und sich synchronen Problemen, vor allem dem sogenannten Funktionalismus, zuwandten.

Die ausgefallensten Ideen zeitigte der Evolutionismus in der Religionsethnologie. Es galt den Evolutionisten als ungeschriebenes Gesetz, daß sich alle jetzigen Hochreligionen aus einem Primitivstadium entwickelt hatten. Dieses 'Urstadium', aus dem sich Religion entwickelt hatte, wurde von Autor zu Autor verschieden definiert: bald war es der Fetischismus, dann der Animismus, der Präanimismus, der Manismus oder die totale Religionslosigkeit.

Den Evolutionisten ist nicht deshalb ein Vorwurf zu machen, weil sie annahmen, Religion und Gottesglaube hätten sich entwickelt – dies leugnet heute kein vernünftiger Religionsethnologe mehr –, sondern weil nach ihnen die Religion bestimmte Entwicklungsstadien scheinbar zwangsweise durchlaufen mußte, als ob es nur eine unilineare Entwicklung für Religion und Gottesglauben gäbe.

Hinzu kam, daß sie viel zu leichtfertig mit 'religionslosen Völkern' operierten. Da man die religionslosen Völker für die Entwicklungskette benötigte, wurden sie dann auch in allen Erdteilen gefunden. Es gibt kaum ein Altvolk, etwa Pygmäen, Semang, Feuerländer, Wedda etc. etc., das nicht einmal als religionslos galt. Es gibt Beispiele, daß Feldforscher mit bis zu drei Dolmetschern arbeiten mußten, um mit dem Volk verkehren zu können, und dann Religionslosigkeit festgestellt haben.

Der herausragendste evolutionistische Vertreter in der Religionsethnologie war *John Lubbock* (später Lord Avebury, gestorben 1913). Er stellte folgende Entwicklungsstadien für die Religion auf:

    1. Atheismus (er verstand darunter aber nicht die Verneinung der Existenz Gottes, sondern jegliches Fehlen einer Gottesidee),
    2. Fetischismus,
    3. Naturanbetung oder Totemismus,
    4. Schamanismus,
    5. Idolatrie oder Anthropomorphismus,
    6. Gott als Urheber, ohne ein Teil der Natur zu sein,
    7. Religion mit moralischen Verpflichtungen.

Es ist müßig darauf hinzuweisen, daß sein vorgelegtes Material – Lubbock verwendet bereits reichlich Forschungsergebnisse von Reisenden und Missionaren – in keiner Weise diese Entwicklungskette programmiert. Man könnte auf Grund des Materials auch ein ganz anderes Entwicklungsschema aufstellen.

Einer der prominentesten Evolutionisten Großbritanniens war *Edward Tylor* (1832—1917). Er propagierte als das Urstadium der Religion den Animismus.

Charles Darwin war von seinem Werk 'Primitive Culture' (1871) entzückt; er schrieb ihm dazu: „Es ist großartig, wie Sie die Entwicklung vom Animismus der niederen Rassen bis zum religiösen Glauben der höchsten Rassen aufzeigen" (zitiert nach Lienhardt 1964: 13). Wir werden in den Kapiteln über Religion auf Tylors Animismus-These näher einzugehen haben.

John Ferguson *McLennan* (1827—1881) beschäftigte sich mit den Heiratssitten der Völker. Er stellte fest, daß bei den meisten Völkern der Partner bzw. die Partnerin von außerhalb der eigenen Gruppe genommen werden muß. Er nannte diesen Vorgang 'Exogamie', den wir bis heute verwenden. Die Erklärung der Exogamie von McLennan ist aber typisch für den Evolutionismus: Die weiblichen Nachkommen seien für die primitiven Stämme eine Last gewesen, so haben sie sie getötet. Auf diese Weise mußten sie ihre Frauen von anderswoher holen. — In seinem Studium der Heiratsregeln fand er auch den Zusammenhang von Exogamie und Totemismus heraus, den vor allem sein Schüler Robertson *Smith* (1846—1894) — er befaßte sich vornehmlich mit der Religion der Semiten (1889) — weiterverfolgte. Er sah in der Religion eine Ausweitung des sozialen Feldes; nach ihm ist das Opfer ein Festmahl zwischen den Gläubigen und ihren Göttern.

Sir *James Frazer* (1854—1941) ist vor allem bekannt als der Verfasser des 'Goldenen Zweiges' (The Golden Bough). Dieses zwölfbändige Werk fügt in vergleichender Methode ein schier unübersehbares Tatsachenmaterial aneinander, vornehmlich zwar aus der alten Welt, aber auch aus der Welt der Naturvölker. Lucy Mair schreibt dazu: „... es reißt die Sitten aus ihrem Kontext; Frazer war sicher zu sehr geneigt anzunehmen, daß ein komposites Bild aus verschiedenen Bestandteilen diverser Gesellschaften erstellt werden könnte und dann typisch sei für die naturvolkliche Gesellschaft im allgemeinen. Diese [komparative] Methode ist ganz auf die Ähnlichkeiten und in keiner Weise auf die Unterschiede und ihre Ursachen festgelegt. Dennoch, sie war nicht unfruchtbar" (1977: 48-49).

In den Vereinigten Staaten von Amerika war es vor allem *Lewis Henry Morgan* (1818—1881), der den Evolutionismus vertrat und der Ethnologie seines Landes zu internationalem Ansehen verhalf. Morgan war Rechtsanwalt und Unternehmer. In seinen beiden Hauptwerken[3] stellte er progressive Entwicklungsreihen für die gesamte Menschheit auf; sein Forschungsmaterial bezog er jedoch fast ausschließlich von nordamerikanischen Indianern. Da 'Ancient Society' auch von F. Engels rezipiert wurde, wird es bis heute diskutiert. Unter dem Titel 'Die Urgesellschaft' erlebte es mehrere deutsche Auflagen. Um die Jahrhundertwende löste sich die amerikanische Ethnologie unter dem Einfluß von Franz Boas von der britischen und wurde selbständig.

---

3. Systems of Consanguinity and Affinity of the Human Family (1870) und Ancient Society (1877).

Unter den deutschsprachigen Autoren des Evolutionismus wäre vor allem der Schweizer Jurist *Johann Jakob Bachofen* (aus Basel, 1815—1887) zu nennen. Er befaßte sich vor allem mit der sozialen Vorrangstellung der Frau in den vorklassischen Kulturen des östlichen Mittelmeeres. Er propagierte das Entwicklungsschema Hetärismus - Mutterrecht - Vaterrecht. Niedergelegt sind diese inzwischen unhaltbar gewordenen Thesen in seinem Werk 'Das Mutterrecht. Eine Untersuchung über die Gynaikokratie der Alten Welt nach ihrer religiösen und rechtlichen Natur' (1861). L.H. Morgan hat diese Ideen aufgegriffen und weiterentwickelt. Heute gehört die These von einem allgemeinen Mutterrecht ausschließlich der Geschichte der Ethnologie an.

Unter den angelsächsischen Ethnologen machte sich aber mehr und mehr eine Aversion gegen den Evolutionismus mit seinen dauernden Ursprungsfragen bemerkbar. Was als Geschichte ausgegeben wurde, erwies sich als Pseudohistorie und subjektive Spekulation. So wurden der Evolutionismus und seine Ursprungsfragen von der Fachwelt immer mehr abgelehnt, man wandte sich neuen Methoden zu. — Auf diesem geistigen Hintergrund wird der Funktionalismus von Radcliffe-Brown und B. Malinowski verständlich. Er stand in diametralem Gegensatz zum Evolutionismus.

II. Der Funktionalismus

Wenn wir hier von 'Funktionalismus' reden, müssen wir uns bewußt sein, daß dies zunächst nur ein Etikett ist, das wir einigen Gelehrten, vorwiegend britischen, vorläufig anheften. Ob sie sich je als Funktionalisten gesehen und bezeichnet haben, ist zweifelhaft. Einer ihrer beiden Hauptvertreter, A.R. Radcliffe-Brown, wies es in einer Erklärung von 1940 sogar kategorisch zurück, Funktionalist zu sein. Er sagte unter anderem: „Man hat wiederholt behauptet, ich gehöre der sogenannten 'funktionellen Schule der Sozialanthropologie' (Functional School of Social Anthropology) an und sei sogar ihr Führer oder einer ihrer Führer. Diese funktionelle Schule existiert in Wirklichkeit nicht; sie ist eine von Professor Malinowski erfundene Mythe. Er hat dargelegt, wie – um seine eigenen Worte zu gebrauchen – 'der großartige Titel der funktionellen Schule der Anthropologie von mir vergeben worden sei, in gewisser Weise mir selbst, und weitgehend durch mein eigenes mangelndes Verantwortungsbewußtsein'. Professor Malinowskis Verantwortungslosigkeit hat unglückliche Folgen gezeigt, denn über die Anthropologie wurde ein dichter Nebel von Diskussionen über 'Funktionalismus' gebreitet ... Die Behauptung, ich sei ein Funktionalist, wie die, ich sei keiner, scheinen mir keinen genauen Sinn zu geben" (1940: 1). Und etwas weiter in seiner Erklärung sagt er: „Ich zögere, den Ausdruck 'Funktion' zu verwenden, der in den letzten Jahren so oft genannt und in zahlreichen, meist vagen Bedeutungen mißbraucht wurde" (1940: 9).

Trotz dieser klaren Absage Radcliffe-Browns an Funktion und Funktionalismus wird doch das Gros der britischen Sozialanthropologen zwischen den beiden Weltkriegen unter diesem Etikett beschrieben.

Als die beiden Hauptvertreter dieser Richtung gelten allgemein B. *Malinowski* (1884—1947) und A.R. *Radcliffe-Brown* (1881—1955). Bronislaw Malinowski lehrte seit 1913 mit Unterbrechungen an der London School of Economics. 1923 erhielt er eine Dauerstellung und sein Lehrstuhl hieß offiziell 'Readership in Social Anthropology'. Radcliffe-Brown war an mehreren Universitäten Professor, so in Kapstadt, Sydney, Chicago und zuletzt in Oxford.

Häufig kann man lesen, daß Malinowski der Begründer des Funktionalismus sei, so noch zuletzt bei Raymond Firth („Malinowski originated a functionalist approach to the study of culture" 1981: 103). Es gibt aber auch andere Aussagen. So sagte der amerikanische Ethnologe und Professor in Berkeley Robert H. *Lowie* (1883—1957), daß im 19. Jahrhundert der führende, wenn auch nicht der einzige, Exponent des Funktionalismus Professor *Franz Boas* (1858—1942) gewesen sei (siehe Radcliffe-Brown 1940: 1). Und Wilhelm Mühlmann schreibt im Jahre 1938: „Der deutsche Funktionalismus, wie er sich vor allem in den Arbeiten Thurnwalds (seit 1916) ausprägt, ist älter als der englische, und Malinowski ist davon beeinflußt worden" (1938: 298).

Wer die Theorie des Funktionalismus begründete, darüber herrscht unter den Autoren keine Einheit. Michel Panoff (1972) und Adam Kuper (1973) nennen Malinowski einen mittelmäßigen und naiven Theoretiker, wenn man ihm auch zugesteht, daß er die Feldforschung in wissenschaftliche Bahnen lenkte, indem er lange Feldaufenthalte, Erlernung der Lokalsprache und teilnehmende Beobachtung verlangte. Die Feldforschung erhielt also in Malinowskis System eine zentrale Stellung. Er strebte eine ganzheitliche Erforschung der Kultur wie der Sozialstruktur eines Volkes an. Jedes Kulturelement wie jede soziale Institution erhält ihren Sinn erst in bezug auf das Ganze. Es ist also nötig, die Funktion eines jeden Elementes in der Gesamtheit zu erfassen, um den Sinn des Ganzen zu verstehen. Wenn aber alle Teile derart harmonisch auf ein Ganzes hingeordnet sind, bleibt kein Raum mehr, Veränderung sinnvoll zu erklären. A. Kuper schreibt denn auch: „Malinowskis Ansicht von der Gesellschaft ist im Utilitarismus verwurzelt ..." (1973: 49).

Es gibt aber auch Autoren, die Malinowskis Feldforschungen nicht so hoch veranschlagen, jedenfalls in ihm nicht den Begründer der modernen Feldforschung sehen. Ian Langham schreibt: „Lange bevor Malinowskis Einfluß spürbar wurde, galt Rivers als der Apostel der neuen Feldforschungs-Methode und als der größte Ethnograph, der je gelebt hat" (1981: 50). — Langham sieht denn auch in Rivers das 'missing link' zwischen Evolutionismus und Social Anthropology. Nach ihm hätten Rivers und seine Kollegen

A.C. Haddon und C.G. Seligman den Durchbruch vom Sozialevolutionismus des 19. Jahrhunderts zum Stil des 'Struktural-Funktionalismus' des 20. Jahrhunderts geschafft. „Eine Anzahl der wichtigsten Punkte, die gewöhnlich Malinowski und Radcliffe-Brown zugeschrieben werden, können ganz klar und wiederholt in Rivers Werk festgestellt werden und vieles, was übrigbleibt von dem behaupteten Beitrag Malinowskis und Radcliffe-Browns, kann als eine direkte Reaktion gegen die Lehren ihres hervorragenden Vorgängers interpretiert werden" (Langham 1981: 50).

Im Unterschied zu Malinowski, der im damals zu Österreich gehörenden Krakau und in Leipzig bei Wilhelm Wundt studiert hatte, war Radcliffe-Brown stark vom Soziologismus Emile Durkheims beeinflußt. Er befaßte sich denn auch mit Vorliebe mit den Sozialstrukturen der Völker und mit Problemen der Verwandtschaftsethnologie. Aber auch Radcliffe-Brown soll sehr stark auf Rivers aufgebaut haben. „Lange bevor Radcliffe-Brown sich für Verwandtschaftsstudien interessierte, galt Rivers als der anerkannte Meister in der schwierigen Aufgabe, Verwicklungen einheimischer Sozialorganisationen zu entwirren" (Langham 1981: 50).

William Halse *Rivers* (1864—1922) hat sicher großen Einfluß auf die britische Social Anthropology gehabt, aber man muß ihn doch mehr als Vorläufer denn als Vertreter des Funktionalismus sehen. Ende des vergangenen Jahrhunderts machte er mit fünf Kollegen seine berühmt gewordene Expedition in die Torresstraße und nach Neuguinea. Später machte er Forschungen unter den Toda in Madras (Indien).

Wie schon erwähnt, gab es auch einen deutschen Zweig des Funktionalismus. Die beiden namhaftesten Vertreter sind Richard *Thurnwald* (Wien 1869—1954 Berlin) und sein Schüler Wilhelm *Mühlmann* (1904). Die wichtigsten Unterschiede zwischen ihrer Lehre und jener ihrer britischen Kollegen habe ich bereits im ersten Kapitel erwähnt, wo ich die Ethnosoziologie darstellte. Justin Stagl beschreibt die Richtung Thurnwalds treffend, wenn er sagt: „Während der Funktionalismus Malinowskis und besonders Radcliffe-Browns, als Fortsetzung des Durkheimschen Organizismus, modellhaft und ahistorisch ist, ist für den Funktionalismus Thurnwalds die Kategorie des Prozesses wichtiger als die der Struktur" (1974: 53).

Da die meisten Ethnologen im deutschsprachigen Raum historisch arbeiteten, gab es Spannungen zwischen beiden Richtungen, die zu unerquicklichen Auseinandersetzungen zwischen beiden Lagern führten. Man machte damals aus Arbeitsmethoden Weltanschauungsfragen. Man beachtete viel zu wenig, daß die historische und die soziologische Methode keine Gegensätze, sondern sich ergänzende Arbeitsweisen sind. — Richard Thurnwald war einer der Ersten, der sich mit der Wirtschaft der Naturvölker befaßte. Er gilt auch als Pionier der wissenschaftlichen Feldforschung. Seit 1906 hat er wiederholt größere Forschungsreisen unternommen.

III. Die kulturhistorische Ethnologie

Man sollte sich bewußt sein, daß unter dem Etikett 'kulturhistorischer Ethnologie' zahlreiche, vor allem deutsche Wissenschaftler vereinigt werden, deren Methoden und Lehren voneinander doch sehr verschieden sein können. Man denke nur etwa an die Arbeiten von Leo Frobenius und Wilhelm Schmidt! Weiter möchte ich betonen, daß Kulturhistorie und Kulturkreislehre nicht nur nicht identisch sind, sondern auch nicht notwendigerweise miteinander gekoppelt sind. Die Kulturkreislehre wurde nur von einem Teil der Kulturhistoriker vertreten. Doch beginnen wir zunächst mit der Geschichte dieser Richtung.

1. Berlin

Begonnen hat die kulturhistorische Ethnologie in Berlin, ihre stärkste Ausprägung erfuhr sie in Wien. Anhänger hatte sie an zahlreichen Universitäten und Museen.

Adolf *Bastian* (1826—1905), der Begründer des Berliner Völkerkundemuseums, war Schiffsarzt und ein großer Reisender. Ihm fielen Ähnlichkeiten unter diversen Kulturen auf. Er suchte sie psychologisch zu erklären, indem er den Ausdruck des 'Elementargedankens' prägte; damit wollte er sagen, daß die menschliche Psyche im Grunde genommen bei den Völkern gleich ist und deshalb auch überall gleiche oder ähnliche Kulturelemente auftauchen können. Dieser Erklärungsversuch ist eine Idee des Evolutionismus. — Bastian prägte auch den Begriff der 'geographischen Provinz'. Damit näherte er sich den späteren diffusionistischen Ideen und vor allem den Kulturkreisen, die gerade am Berliner Museum ihren Anfang nehmen sollten.

Ein Zeitgenosse Bastians war Friedrich *Ratzel* (1844—1904). Er war Humangeograph. Zusammen mit Bastian gründete er die 'Zeitschrift für Ethnologie', die bis heute erscheint. Er entwickelte, von der Humangeographie herkommend, den Migrationsgedanken, den sein Schüler Leo Frobenius weiter ausbaute. Nach Paul *Leser* (einem Graebner-Schüler, geb. 1899 in Frankfurt) hat bereits Ratzel wiederholt den Ausdruck 'Kulturkreis' verwandt[4]. „Aber Kulturkreis ist bei Ratzel kein Fachausdruck, bestimmt kein völkerkundlicher Fachausdruck. Frobenius, und nicht Ratzel, hat Kulturkreis zu einem Bestandteil des völkerkundlichen Wortschatzes gemacht. Erst durch Graebner und Ankermann wurde das Wort in der Völkerkunde allgemein" (1963: 2, n.3).

---

[4]. Das Wort kann wenigstens seit 1857 nachgewiesen werden, und zwar zuerst bei Heinrich Rückert, dem Sohn des Dichters Friedrich Rückert (Leser 1963: 2, n.5).

Bernhard *Ankermann* (1859—1943), Leiter der Afrika-Abteilung am Berliner Museum, und sein Kollege Fritz *Graebner* (1877—1934), zuständig für Ozeanien am gleichen Museum, später Direktor am Rautenstrauch-Joest-Museum zu Köln, können als die eigentlichen Begründer der Kulturkreislehre angesehen werden, obgleich, wie oben erwähnt, Frobenius den Begriff in die Ethnologie einführte, und zwar in seiner Schrift 'Der Ursprung der afrikanischen Kulturen' von 1898. Graebner und Ankermann hatten diese Idee aufgegriffen und weiterentwickelt. Auf der Sitzung der Berliner Anthropologischen Gesellschaft am 19. November 1904 hielt jeder ein Referat, Ankermann über Kulturkreise und Kulturgeschichte in Afrika und Graebner über Ozeanien.

Frobenius distanzierte sich bei der Aussprache von dieser Methode, weil sie zu statistisch sei und verwarf eigene frühere Arbeiten. Er verlangte „biologische Beweise für den organischen Zusammenhang der Kulturformen" (1905: 88). Dieser Vorwurf von Frobenius bestand zu Recht und wurde später noch oft gegenüber der Kulturkreislehre erhoben. Doch auch Frobenius verstieg sich mit seinem Kulturbegriff, wie noch zu zeigen sein wird, in irrationale Bereiche, wo handfeste Beweise nicht mehr nötig sind.

Fritz Graebner wurde der eigentliche Theoretiker der kulturhistorischen Ethnologie. 1911 erschien seine 'Methode der Ethnologie'; sie ist das grundlegende Werk dieser Richtung. Es war für die damalige Zeit in vieler Hinsicht weitblickend, so etwa was die Quellenkritik betrifft. Hätten die Kulturhistoriker Graebners Theorie genauer befolgt, wäre ihnen manche Kritik erspart geblieben. — Graebner wurde der erste Professor für Ethnologie an der Universität Bonn. Seine Schaffenskraft war jedoch von relativ kurzer Dauer, da ihn schon bald eine schwere unheilbare Krankheit am weiteren Arbeiten hinderte.

Leo Frobenius (1873—1938)

Von Kindheit an begeisterte sich Frobenius für Afrika. Er las und schrieb viel; Studienabschluß machte er keinen. Dies hinderte ihn nicht, bereits mit zwanzig Jahren über den Kongostaat zu publizieren. Frobenius hat ein großes theoretisches Werk hinterlassen, dieses aber wird an Wichtigkeit von seinen Feldforschungen übertroffen. Von 1904 bis 1935 hat Frobenius ein Dutzend Afrika-Expeditionen gemacht – damals wurden Forschungsreisen so genannt –, sie dauerten bisweilen mehrere Jahre. Er brachte neben wissenschaftlichen Ergebnissen auch zahlreiche Museumsobjekte, Felsbildkopien und eine große afrikanische Märchensammlung (publiziert als 'Atlantis' in zwölf Bänden) mit. Er war nicht zuletzt ein großer Anreger. Menschen, die Frobenius gekannt haben, betonen immer wieder, daß er zu begeistern und zu faszinieren verstand. Frobenius war zu seiner Zeit der bekannteste Ethnologe Deutschlands; er verkehrte mit den Großen seiner Zeit.

Obgleich sich Frobenius von der Kulturkreislehre abwandte, blieb er doch überzeugter Kulturhistoriker. Er war einer der ersten Ethnologen, die den Afrikanern echte Geschichte zuerkannten. Auf seiner Reise 1910—1912 nach Nigeria hat er sich gerade um geschichtliche Probleme der Yoruba bemüht und alte Terrakotten in Ife ausgegraben.

In seiner Kulturphilosophie aber hatte Frobenius keine glückliche Hand. Kultur war für ihn ein 'selbständiges organisches Wesen'. Nach Frobenius existiert Kultur unabhängig vom Menschen, sie 'durchlebt' den Menschen. Er schlug vor, „die Kultur ihren menschlichen Trägern gegenüber als selbständige Organismen aufzufassen, jede Kulturform als ein eigenes Lebewesen zu betrachten, das eine Geburt, ein Kindes-, Mannes- und ein Greisenalter erlebt" (1925: 40). Diese wirkende Kraft, die Kultur, prägt den Menschen, bildet und erzieht ihn. Er nennt deshalb diese Kultur-Kraft 'Paideuma' (im Griechischen bedeutet *paideuein* lehren). Nicht also der Mensch macht die Kultur, sondern das Paideuma macht den Menschen zum Kulturwesen.

Vieles in Frobenius' Kulturphilosophie kann rational nicht begriffen werden. Man gewinnt den Eindruck, daß Frobenius philosophierte, ohne Philosoph zu sein. László Vajda sprach 1973 in der Festrede zum 100. Geburtstag von Frobenius von seinen „Sonntagsausflügen in die Kulturphilosophie" (1973: 21). Vajda ging nicht darauf ein und würdigte ausschließlich sein ethnographisches Werk.

Frobenius' Lebenswerk wurde einige Jahre vor seinem Tod dadurch gekrönt, daß er 1934 Direktor des Frankfurter ethnologischen Museums wurde und die Stadt Frankfurt sein Forschungsinstitut für Kulturmorphologie (das heutige 'Frobenius-Institut') finanziell absicherte. Er erlebte auch noch das Erscheinen des ersten Heftes seiner Zeitschrift 'Paideuma'.

Frobenius hat zahlreiche Schüler um sich gesammelt. Am bekanntesten wurde Adolf Ellegard *Jensen* (Kiel 1899—1965 Frankfurt); 1923 kam er zu Frobenius als wissenschaftlicher Assistent. Seine Studien machte er in Frankfurt; er wurde Kustos am dortigen Museum. Als Frobenius 1938 starb, wurde Jensen zum Nachfolger gewählt; er war aber den damaligen Machthabern nicht genehm. 1945 wurde er Direktor am Frankfurter Museum und 1946 Ordinarius für Völkerkunde. Damit ist in Frankfurt auch die Leitung des Frobenius-Instituts verbunden. — Jensen ist sowohl als Feldforscher wie als Theoretiker hervorgetreten. Seine Forschungen auf der Molukkeninsel Ceram und in Äthiopien hat er in zahlreichen Publikationen niedergelegt. Sein Werk 'Mythos und Kult bei Naturvölkern' (1951, ²1960) gilt bis heute als Meilenstein der Religionsethnologie.

2. Wien

Wilhelm Schmidt (1868—1954) und die Wiener Schule

Ähnlich wie Frobenius hat Wilhelm Schmidt keinen Studienabschluß gemacht. Er hatte einige Semester als freier Hörer in Berlin orientalische Sprachen studiert. Er gehörte dem katholischen Orden der Steyler Missionare an und war Priester. Aus einer neuen Publikation über 'Die Anfänge des Anthropos'[5], die sich in der Hauptsache auf Schmidts Briefwechsel stützt, geht hervor, daß Schmidt vor allem wollte, daß die Katholiken Deutschlands in der Wissenschaft Fuß faßten.

Angeregt durch die Berichte der Missionare, begann er sich mit Ethnologie, Linguistik und Religionswissenschaft zu befassen. Er griff die Ideen von Frobenius, Graebner und Ankermann auf und bildete sie konsequent weiter. Er versuchte mit seinem Schüler Wilhelm Koppers, die ganze Welt in Kulturkreise aufzuteilen.

In der Religionsethnologie stellte er die damals gängige Meinung auf den Kopf: am Anfang der Menschheit stünde nicht der Atheismus oder irgend ein primitives Stadium der Religion, sondern die ältesten lebenden Völker — Schmidt nannte sie 'Urvölker' — hätten einen Eingottglauben. Diese Lehre wird allgemein, nicht aber von W. Schmidt, als 'Urmonotheismus' bezeichnet. Schmidt legte diese Lehre in seinem zwölfbändigen Werk 'Ursprung der Gottesidee' (1926—1955, Münster) nieder. Die Hauptidee zu diesem Werk übernahm er von dem Schotten Andrew *Lang* (1844—1912) und seinem Hauptwerk 'The Making of Religion' (1898).

Schmidt verstand es, innerhalb seiner Ordensgemeinschaft zahlreiche Schüler um sich zu scharen, die in seinem Sinn arbeiteten. Schmidt ging niemals auf Feldforschung, deshalb schickte er seine Schüler möglichst zu sogenannten Urvölkern, um neue Forschungsmaterialien zu erhalten. Auch zahlreiche Missionare, die nicht Berufsethnologen wurden, hat er angeleitet, ihre Beobachtungen aufzuzeichnen und an ihn zu schicken. Von Schmidts Schülern, die im Sinne der Wiener Schule arbeiteten, wären folgende Ethnologen zu nennen:
— Wilhelm *Koppers* (1886—1961)
Er wurde Schmidts Nachfolger an der Wiener Universität und für Jahrzehnte der Theoretiker der Ethnologen in Wien (Schmidt und das Anthropos-Institut sind 1938 vor dem Nationalsozialismus nach Freiburg in der Schweiz geflohen). Koppers machte Feldforschungen bei den Feuerland-Indianern und bei den Bhil in Indien.

---
[5]. 1981, von Karl Rivinius SVD, St. Augustin.

— Paul *Schebesta* (1887—1967)
Er hat sich vor allem als Erforscher der Zwergvölker einen Namen gemacht. Zwei längere Reisen führten ihn zu den Zwergvölkern Ostasiens, vor allem zu den Semang und den Senoi auf Malakka und den Aëta auf den Philippinen. Vier Reisen machte er zu den zentralafrikanischen Pygmäen, und zwar vor allem zu den Bambuti am Ituri (Nord-Zaïre).

— Martin *Gusinde* (1888—1970)
Er wurde vor allem durch seine wiederholten Forschungsaufenthalte bei den Feuerland-Indianern bekannt. Er machte auch Reisen zu den Buschmännern, mit Schebesta zu den Pygmäen und zu den Zwergwüchsigen in den Bergen Neuguineas, doch die Berichte über diese Völker haben nicht mehr das Ansehen seiner Feuerlandstudien gefunden.

Weitere Schüler Schmidts, die in seinem Sinne arbeiteten, waren Paul *Arndt* (Missionar auf Flores, gest. 1962), Georg *Höltker* (Neuguinea, gest. 1976), Michael *Schulien* (gest. 1968) und Matthias *Hermanns* (Westchina und Tibet, gest. 1972).

1906 gründete Schmidt die 'Internationale Zeitschrift für Völker- und Sprachenkunde *Anthropos*'. Sie diente fortan als Sprachrohr der Wiener Schule. 1931 gründete er das Anthropos-Institut, in dem aber bis heute ausschließlich Steyler Missionare Mitglieder sein können. Seit 1962 ist es in St. Augustin bei Bonn beheimatet.

— — —

Schmidts Name ist eng wie kein anderer mit der *Kulturkreislehre* verknüpft. Wie schon die genannten Autoren vor ihm, so suchte auch Schmidt zu erklären, wie es möglich sei, daß bei verschiedenen Ethnien gleiche oder ähnliche Kulturelemente auftreten können.

Im Unterschied zu Bastian suchten die Anhänger der Kulturkreislehre Ähnlichkeiten in den Kulturen durch Migration zu erklären. Man stellte zwei Kriterien und ein Zusatzkriterium auf, mit deren Hilfe man glaubte, die Wanderung von Kulturen bzw. Kulturelementen möglichst objektiv beurteilen zu können. Einen Komplex von strukturell miteinander in Raum und Zeit verbundenen Kulturelementen nannte man *Kulturkreis*. Solche Kulturelemente können sein: materielle Objekte, Sitten und Gebräuche, Mythenmotive, religiös-magische Zeremonien etc. Wichtig ist bei ähnlichen oder gleichen Elementen, daß die Ähnlichkeit nicht aus der Natur der Sache erklärt werden kann. Wenn es bei mehreren Ethnien Messer mit Heft, Metallklinge und Schneide gibt, kann nicht auf deren Migration geschlossen werden, weil es in der Natur des Messers liegt, daß es Griff und Schneide hat.

Die zur Beurteilung aufgestellten Kriterien sind folgende:
Quantitätskriterium: Je größer die Zahl ähnlicher Kulturelemente in einer Kultur ist, desto wahrscheinlicher hat eine Migration stattgefunden.

Qualitätskriterium: Je qualitätvoller die ähnlichen Elemente sind, desto wahrscheinlicher ist ihre innere Verwandtschaft. Wenn z. B. in zwei Sprachen sich nur vereinzelte Wörter gleichen, braucht noch nicht auf Migration geschlossen zu werden. Sind aber wichtige religiöse Zeremonien und Gebete gleich, ist eine Migration sehr wahrscheinlich.

Zusatzkriterium der 'geographischen Kontinuität': Es besagt, daß die Migration sich in geographisch benachbarten Räumen abspielt. In einen von Wilhelm Schmidt konstruierten Kulturkreis gehörten z. B. sowohl die Pygmäen Afrikas wie die Zwergvölker Südostasiens. Wie aber sollte auf diese Distanz und bei dieser Ortsgebundenheit beider Ethnien eine Migration stattgefunden haben?!

Schmidt war bemüht, die kulturhistorische Arbeitsmethode auch in die Nachbarwissenschaften einzuführen, so in die Religions- und Sprachwissenschaft wie in die Ur- und Frühgeschichte. Als 'annus mirabilis' der kulturhistorischen Wiener Schule kann deshalb das Jahr 1931 angesehen werden, in dem Oswald *Menghins* 'Weltgeschichte der Steinzeit' erschien. Es war eine großangelegte Deutung der Ur- und Frühgeschichte mit Hilfe der kulturhistorischen Methode. Die Wiener Schule befand sich auf dem Gipfel ihrer Ausstrahlung.

Ihre Kritiker waren zwar nie verstummt, aber jetzt mehrten sie sich zusehends. Sogar aus den eigenen Reihen wurden die Kulturkreise kritisiert (F. Bornemann 1938). — Zu den Punkten, die wiederholt kritisiert wurden, gehörten zunächst die Verstöße gegen die geographische Kontinuität. Man nahm Wanderungen und Einflüsse von außen an und konnte nicht erklären, wie sie zustande gekommen sein konnten. Des weiteren wurde kritisiert, daß man die Kulturelemente von den Kulturen als Ganzem loslöste und mit ihnen quasi jonglierte. Wir wissen heute, daß man Religion, Gottesvorstellungen, Sozialstruktur etc. nicht als Einzelelemente loslösen und miteinander vergleichen kann; denn zentrale Kulturelemente hängen mit dem Ganzen zusammen und werden von ihm geprägt. Noch negativer wirkte sich aus, daß manche Kulturhistoriker die Kultur quasi im luftleeren Raum konstruierten, d. h. losgelöst vom Volk, das sie hervorbrachte. Auf diese Weise konnte man natürlich statische Strukturen erarbeiten, die, weil abgehoben vom Volk, sich auch nicht mehr änderten.

— — —

Heute gibt es keinen Ethnologen mehr, der den Kulturkreisen anhinge. Aufgrund der wesentlich reicheren Materiallage als zu Beginn des Jahrhunderts wissen wir, daß die Kulturräume sehr viel komplizierter in ihrem Aufbau und ihrer Schichtung sind, als man zu Beginn des Jahrhunderts annahm. Vielleicht konnte man damals auch nur so große kulturell zusammenhängende Kulturkreise konstruieren, weil man so wenig Forschungsmaterial besaß. In dem Maße als dieses anwuchs, fielen die Kulturkreise in sich zusammen.

Hermann *Baumann* (1902—1972), neben Frobenius einer der großen Afrika-Forscher Deutschlands, hat die Idee der Klassifizierung der afrikanischen Kulturen aufrechterhalten. Er versuchte, kleine, auf intensiven Feldforschungen basierende Kulturkreise zu erstellen. Später benannte er diese Kulturareale in 'Kulturprovinzen' um. Je gründlicher man aber benachbarte Kulturprovinzen von Baumann studiert, fragt man sich, warum es sich um verschiedene Provinzen handeln solle; ein andermal wieder ist die Unterscheidung sinnvoll und einleuchtend (siehe Thiel 1977a). Die Klassifizierung der Kulturen ist ein legitimes Desiderat, doch die Kulturkreise waren in ihrer Konzeption oberflächlich und kein geeignetes Klassifikationsschema. Sicher aber wird man an der Klassifizierung der Kulturen noch weiterarbeiten.

Wie bereits vorhin erwähnt, ist es verkehrt, die kulturhistorische Ethnologie mit der Kulturkreislehre zu identifizieren. Diese war aufs Ganze gesehen eine Randerscheinung, und wie wir dargetan haben, keine positive.

Im Zentrum der kulturhistorischen Ethnologie steht die diachronische Betrachtungsweise der Kultur, d. h. man sucht Kultur im weitesten Sinne — also Objekte, Institutionen, Sprache, Religion etc. — in ihrer historischen Tiefe zu studieren, um ihr Wesen darstellen zu können. Man beachte, daß diese diachronische Fragestellung der Kulturhistorie nicht notwendigerweise die Ursprungsfrage ist, wie sie vor allem der Evolutionismus stellte. Prinzip der Kulturhistorie ist es auch, die Diachronie auf positive, jederzeit beweisbare Fakten zu gründen. Wenn dies in früheren Jahrzehnten nicht immer geschah, dann lag es an der schlechten Anwendung der kulturhistorischen Methode, nicht aber an der Kulturhistorie selbst.

Da sich aber die Ethnologie vor allem mit Völkern befaßt, die noch keine eigene Schrift besitzen und über deren Kultur es auch nur wenige schriftliche Dokumente gibt, ist die Kulturhistorie vielfach gezwungen, aus Objekten, oralen Traditionen und zahlreichen anderen Quellen relative Chronologien zu erstellen, die das Vorher und Nachher auseinanderhalten, aber keine absolute Datierung erlauben.

C.A. Schmitz beschreibt die Aufgabe der Kulturhistorie so: „Die historische Völkerkunde steht also vor der Aufgabe, aus der rezenten Verbreitung der Kulturerscheinungen im Raum historische Schichtungen in der Zeit herauszuarbeiten." Etwas weiter führt er dann aus: „Heute gelten die Kulturkreise nicht mehr, und es spricht für die Dynamik dieser Forschungen, daß sie von den wichtigsten Vertretern dieser Schule selbst widerrufen wurden. Das darf aber nicht darüber hinwegtäuschen, daß der Grundgedanke — der Versuch nämlich, von der rezenten Verbreitung im Raum zur Schichtung in der Zeit zu gelangen — nach wie vor richtig und berechtigt ist" (1967: 4-5).

In Wien, wo die Kulturhistorie zwischen den beiden Weltkriegen besonders blühte – neben Schmidt und Koppers gehörten noch Robert Heine-Geldern (1885–1968) und Josef Haekel (1907–1973), der Koppers' Nachfolger wurde, dazu –, bildete sich unter Führung von Walter Hirschberg (1904), ganz offensichtlich in Opposition zur Schmidt-Schule, die sogenannte *Ethnohistorie* aus. Sie verlegte ihr Hauptaugenmerk auf schriftliche Dokumente, um eben im europäischen Sinne echte Geschichte schreiben zu können. Da frühe Dokumente fast ausschließlich von Reisenden, Missionaren und Kolonialbeamten stammen, dazu regional sehr unterschiedlich existieren, ist natürlich auch die Ethnohistorie allen diesen Unzulänglichkeiten unterworfen.

3. Diachronie versus Synchronie

Betrachtet man die heutige deutschsprachige Ethnologie, so ist das auffallendste Merkmal, daß es zur Zeit keine Schulenbildung gibt. Der größere Teil unter den Ethnologen, besonders unter den jüngeren, bevorzugt die synchronische Arbeitsweise. Man legt also quasi einen Querschnitt in die zu analysierende Gesellschaft und beschreibt dann mit Vorliebe soziologische und strukturale Fragestellungen. Typische Themen dieser Richtung sind: Verwandtschaftsfragen, politische und soziale Strukturen, Entwicklungsprobleme, Messianismen etc.

Ein kleinerer Teil der Ethnologen, es sind vor allem die älteren, bevorzugt weiterhin die historische Arbeitsweise und Fragestellung. Einen Gegensatz aber sehen wir heute in diesen beiden Arbeitsweisen nicht mehr.

Wollte man zwischen beiden Methoden einen Vergleich ziehen, also auf der einen Seite Kulturhistorie, Ethnohistorie und auf der anderen Seite Funktionalismus, Ethnosoziologie, Strukturalismus, so ließen sich vielleicht folgende Punkte hervorheben:
- Daß sich beide Arbeitsweisen ergänzen (und nicht konkurrieren), dafür kann als Beispiel Ruanda angeführt werden. Die Tutsi stellten bis vor wenigen Jahrzehnten die Herrenschicht dar, die Hutu die Feldarbeiter, die Twa die unterprivilegierten pygmoiden Töpfer. Jacques Maquet (1961) beschrieb wunderbar, wie diese Gesellschaft funktionierte, aber ohne die Geschichte dieses Königreiches ist das Funktionieren dieses Staates nicht verständlich. Vor allem bleibt unmotiviert, weshalb nach der Unabhängigkeit Ruandas 1962 mehrere Zehntausende Tutsi von den Hutu umgebracht wurden.
- Klassischen Synchronikern – etwa Funktionalisten – genügt es, die Funktionen von Kulturelementen in der Globalkultur aufzuweisen. Weshalb und auf welche Weise einem bestimmten Element diese Funktionen beigeordnet sind, liegt häufig außerhalb ihres Interesses oder aber sie müßten die Diachronie bemühen. So z. B. geht ein Munda in Nordost-Indien, wenn er in einem bestimmten Dorf Anspruch auf Land erheben will, in den Friedhof an die Grabsteine (*Sasandiri*) seiner Vorväter. Er umfaßt die Sasandiri und

weist sich in einem diachronischen Rückblick als legitimer Nachkomme des Erdherrenklans aus. Das Land gehört somit ihm und seinem Klan.

● Große Kulturkomplexe können weder a-historisch noch a-soziologisch in ihrem Wesen erfaßt werden. So hat z. B. eine politische Dynastie bei Naturvölkern die Funktion der Ordnung und der Sicherheit. Ihre Legitimation aber bezieht sie aus der Geschichte. D. h. der jetzige Herrscher ist legitim, weil er der legitime Nachkomme des Gründers der Dynastie ist (das will nicht heißen, daß er auch der biologische Nachkomme des Reichsgründers ist). Die Legitimation der Macht aus der Diachronie ist das mit Abstand am weitesten verbreitete und seit längster Zeit angewandte Kriterium für rechtmäßigen Machtbesitz.

● Wenn Ethnologie die Wissenschaft von lebenden Menschen und ihren Kulturen ist, muß sie sich auf dynamische Prozesse einstellen. Strukturen können deshalb nur Vorläufigkeitscharakter haben. Struktur ist ein Produkt der Geschichte und als solche wiederum selbst Ausgangspunkt für eine neue Struktur. Ethnologie kann sich deshalb nicht ausschließlich auf die Diachronie beziehen, d. h. auf bereits untergegangene Völker und ihre Kulturen, denn dann wäre sie ja Geschichte; sie muß notwendigerweise auch die dynamischen Prozesse der Gegenwart miteinschließen.

Aus Synchronie und Diachronie sollte man keine Gegensätze machen, sondern je nach Thema und Aufgabe der einen oder der anderen Methode den Vorzug geben. In den allermeisten Fällen werden wir aber beide Methoden anzuwenden haben. Die Freiheit der nicht-schulischen Bindung sollte uns heute eine Selbstverständlichkeit sein.

IV. Die Anfänge der Ethnologie in Amerika

Obgleich Lewis H. Morgan bereits Mitte des 19. Jahrhunderts ethnologische Fragen in der Art des Evolutionismus behandelte, ist es doch nicht übertrieben zu sagen, daß erst mit Franz Boas die Ethnologie als seriöse Wissenschaft in den Vereinigten Staaten beginnt. Die amerikanischen Ethnologen waren Ende des vergangenen und Anfang dieses Jahrhunderts — wahrscheinlich noch ein Erbe aus ihrer Verbindung zu Deutschland — sehr stark historisch ausgerichtet. Sie machten allerdings den Historizismus und die Kulturkreislehre ihrer deutschen Kollegen nicht mit; diffusionistische Ideen sind ihnen aber nicht fremd.

1. Franz Boas (1858—1942)

Er wurde in Minden (Westfalen) von jüdischen Eltern geboren. Er studierte Geographie und nahm 1883/84 als Geograph an einer Baffinland-Expedition teil. Bereits auf dieser Reise begann er, die Kultur der Eskimo zu studieren.

Die Kulturgeschichte wurde fortan seine Hauptbeschäftigung. Zurückgekehrt nach Deutschland, arbeitete er am Berliner Museum, doch 1886 machte er wieder eine Forschungsreise nach Nordamerika, diesmal zu Indianern; er blieb für immer in den Staaten.

Boas hatte zunächst eine Reihe von Beschäftigungen: er war Lehrer und Museumsmann, bis er 1896 an der Columbia-Universität Lecturer in physischer Anthropologie und 1899 Professor für Anthropologie an der gleichen Anstalt wurde. Hier arbeitete er bis zu seiner Emeritierung 1936.

Boas machte in den Staaten aus der Ethnologie eine Wissenschaft. Er hat zwei Generationen von Ethnologen herangebildet. Schüler von ihm wurden später Professoren an führenden Universitäten: Alfred Kroeber und Robert Lowie in Berkeley, Frank Speck in Pennsylvania, Fay-Cooper Cole und Edward Sapir in Chicago, Melville Herskovits an der Northwestern, Ruth Benedict an der Columbia, Alexander Goldenweiser in Oregon usw.

Boas verfaßte keine großen theoretischen Werke, dennoch hat er die amerikanische Ethnologie auf Generationen festgelegt. Alexander Lesser nannte ihn unlängst: „... den großen Theoretiker der modernen Anthropologie, der das Innerste der anthropologischen Theorie begründete, auf der die Wissenschaft basiert" (1981: 4). Um dem Evolutionismus und seinen Spekulationen entgegenzutreten, forderte er von seinen Schülern ins Detail gehende Feldforschung in einer übersichtlichen Region. Da er auch die Bezogenheit der Kulturelemente aufeinander betonte, kommt es nicht von ungefähr, daß Lowie ihn als führenden Funktionalisten bezeichnet. Auch die Priorität der streng wissenschaftlichen Feldforschung scheint nicht Malinowskis Werk zu sein, jedenfalls darf in ihm nicht der einzige Begründer der modernen Feldforschung gesehen werden. Boas hatte auch, im Unterschied zu den britischen Funktionalisten, ein ungebrochenes Verhältnis zur Geschichte. Er und besonders seine Schüler bezeichneten denn auch ihre Wissenschaft als Kulturanthropologie ('Cultural Anthropology').

2. Alfred Kroeber (1876—1960 Paris)

Kroeber war Boas' erster Schüler. Gleich nach seiner Promotion im Jahre 1901 (die erste an Boas' Institut) wurde er an die Universität von Kalifornien berufen. Er wurde neben Boas die eigentliche Führerpersönlichkeit der amerikanischen Ethnologie.

Kroebers Vater, ein deutscher Jude, war in jungen Jahren nach Amerika gekommen. Seine Mutter war bereits in den Staaten geboren. Seine Muttersprache war aber Deutsch. Er blieb auch zeit seines Lebens der deutschen Kultur sehr verbunden.

Kroeber hat noch mehr als Boas die Geschichte in den Mittelpunkt seiner

Forschungen gestellt. Er entwickelte auch die diffusionistischen Ideen weiter. Seine Feldforschungen führte er vor allem bei nordamerikanischen Indianern durch.

3. Paul Radin (1883—1959 New York)

Radin wurde in Lodsch von deutschrussischen jüdischen Eltern geboren. Sein Vater war Rabbiner. Er kam bereits im Kindesalter nach Amerika, er hörte aber niemals auf, Europäer zu bleiben. Er lehrte an vielen Universitäten, wurde aber niemals Haupt einer Schule wie andere Boas-Schüler. Er hat von allen Boas-Schülern am getreuesten die Feldforschungsdevise seines Meisters befolgt: Fast ein halbes Jahrhundert lang besuchte er die Winnebago-Indianer von Wisconsin. Aus dieser tiefen Einzelkenntnis einer Ethnie resultierten seine Ansichten über Religion und Weltanschauung der Naturvölker. Er studierte auch bei dem Amerikanisten und Mythologen Paul *Ehrenreich* (1855—1914) in Berlin und kam durch ihn zur Hochgotthese A. Langs. Ehrenreich hatte sich nämlich bereits 1906 in seinem Artikel 'Götter und Heilbringer' der Langschen These angeschlossen.

So wie Boas und Kroeber sah sich auch Radin der historischen Arbeitsweise verpflichtet, jedoch betonte er in seinen Forschungen immer wieder auch das psychologische und individuelle Element. So war er z. B. der erste, der die Autobiographie eines Informanten veröffentlichte.

Radin widmete sein Hauptinteresse der Religion und Mythologie der Naturvölker. Wie sehr er das Individuum beachtete, zeigt z. B. seine These vom Monotheismus unter den Primitiven. Er gibt zu, daß Monotheismus bei den einfachsten Völkern äußerst selten ist; dann aber fährt er fort: „Ich neige zu der Annahme, daß es in jedem primitiven Stamme eine begrenzte Anzahl von echten Monotheisten gibt ..." (1954: 29).

4. Alexander Goldenweiser (1880—1940)

Goldenweiser entstammt einer deutschrussischen Familie jüdischer Abkunft. Er wurde in Kiew geboren und kam mit zwanzig Jahren nach den USA. Er war Schüler von Boas. Sein berühmtester Schüler war Leslie A. White. Goldenweiser war Diffusionist. Er hat sich eingehend mit dem Totemismus und der Religion der Primitiven befaßt. In seinem Werk 'Early Civilization' (1923) nimmt er ausführlich Stellung zu Durkheims Religions-These.

5. Ruth Benedict (1887—1948)

Margaret Mead beschreibt ihre Lehrerin Ruth Benedict als „eine der ersten Frauen, die ein hohes Format als Sozialwissenschaftlerin erreichte" (Silverman 1981: 142). Ruth Benedict kam spät zur Ethnologie. Erst nach ihrer Heirat im Jahre 1914 erwarb sie 1923 bei Boas ihren Ph.D. Bei ihren Feldforschungen unter den Indianern kamen ihr grundlegende Gedanken zu ihrem Hauptwerk 'Patterns of Culture' (1934).

Ausgehend von verschiedenen Kulturen sucht sie deren Einwirken auf die Persönlichkeit herauszustellen. Besonderes Gewicht wird hierbei auf die Erziehungsphase gelegt; dabei berücksichtigt sie die psychische Konstitution des Individuums wie die Eigenarten der jeweiligen Kulturen.

— — —

Die amerikanische Ethnologie hat zahlreiche hervorragende Forscher und eine Reihe neuer Denkansätze hervorgebracht, die hier nicht alle aufgezählt werden können. Man denke nur etwa an Margaret *Mead* (1901—1978), die durch ihre Schriften großen Einfluß auf die amerikanische Erziehungswissenschaft und auf die Frauenbewegung ausübte. Fachkollegen haben schon lange weniger ihre wissenschaftlichen Leistungen als die Art ihrer Darstellung bewundert und respektiert.

Robert *Redfield* (1897—1958) ist berühmt geworden durch seine Untersuchungen in Mittelamerika. Sein Interesse galt der Kultur, besonders der 'folk culture' bzw. der 'folk society', später 'peasant society' genannt (deutsch bei Mühlmann 1966: 327-355). Andere bekannte Ethnologen sind Leslie A. *White* (1900), Melville Jean *Herskovits* (1895—1963) und George Peter *Murdock* (1897).

In Amerika hat die Ethnologie viel anders als bei uns in Europa in die gebildete Schicht hineingewirkt; sie ist ein Bestandteil der Allgemeinbildung geworden. Daß man das 'Forschungsobjekt', die Indianer, im eigenen Land hatte, hat sicher zu dieser Entwicklung beigetragen. Zugleich hat dieser 'Heimvorteil' Amerika auch isoliert; man hat sich auf die eigenen Leute und auf die eigene Sprache zurückgezogen. Heute hat es eher Seltenheitswert, wenn ein amerikanischer Ethnologe einen europäischen Kollegen liest, zumal wenn er nicht in Englisch schreibt oder übersetzt ist.

V. Ethnologische Richtung Frankreichs

Die Ethnologie als Universitätsdisziplin hat in Frankreich erst um 1930 so richtig begonnen. Es gab natürlich auch schon früher ethnologisch interessierte Forscher, aber sie waren Soziologen (Durkheim, Mauss), Philosophen (Comte, Lévy-Bruhl), Kolonialbeamte (Delafosse, Monteil, Labouret) oder Missionare (Le Roy, Trilles, Foucauld).

Sieht man von Auguste *Comte* (1798—1857) ab — seine Aussagen über die Naturvölker hatten mit der Wirklichkeit praktisch nichts zu tun, sie waren reine Spekulation —, so ist sicher Durkheim der international bekannteste Ethnologe Frankreichs zu Beginn dieses Jahrhunderts.

1. Emile Durkheim (1858—1917)

Durkheim war Soziologe wie Ethnologe; er hat aber – sicher zu seinem Nachteil – niemals eine Primitivkultur in vivo kennengelernt. Er war überzeugter Evolutionist und hat die archaischen Kulturen – es waren praktisch ausschließlich australische – nur insofern analysiert, als er die eigene These von Sozialstruktur und Religion zu beweisen suchte. Die Institutionen der Naturvölker an sich interessierten ihn kaum.

Eine Großtat Durkheims war, daß er die quantitative Methode in die Soziologie einführte (in seiner Arbeit über den Selbstmord) und in seiner 1895 gegründeten Zeitschrift 'Année sociologique' dieser Arbeitsweise weiten Publikationsraum bot. Er wurde auf diese Weise der geistige Vater des britischen Funktionalismus. Radcliffe-Brown war in starkem Maße von Durkheims Ideen beeinflußt und selbst *Evans-Pritchard* (1902—1973), der später den Funktionalismus wiederholt kritisierte, bekannte, von Durkheims und Lévy-Bruhls Ideen stark beeinflußt worden zu sein.

Ein anderer Meilenstein in Durkheims Schaffen ist sein Werk 'Les formes élémentaires de la vie religieuse' (1912). Es ist, trotz aller Kritik, eines der wichtigsten religionsethnologischen Bücher bis in unsere Zeit geblieben. Durkheim interpretiert hier Religion mit Hilfe des Totemismus der Aranda Zentralaustraliens als eine menschliche und nicht göttliche Angelegenheit. Gott ist im Endeffekt niemand anderer als die menschliche Gesellschaft selbst. Georges Gurvitch (1897—1965), Soziologe an der Sorbonne, macht sich Durkheims Standpunkt zu eigen und definiert: „Religion ist eine Selbstvergöttlichung der Gesellschaft" (1958—60: 49). Neben Religion hat sich Durkheim unter anderem auch mit dem Inzest (1897), dem Totemismus (1900) und der Verwandtschaft (1904) befaßt.

Es gab eine ganze Gruppe von Wissenschaftlern, die in Durkheims Geist arbeiteten. Sehr versprechend war Robert Hertz, der aber noch sehr jung im Jahre 1915 ein Opfer des Krieges wurde. Neben Henri Hubert (1872—1927) war es vor allem Marcel Mauss, der Durkheims Werk weiterführte.

2. Marcel Mauss (1872—1950)

Wie sein Onkel Durkheim war auch Mauss in Epinal in Lothringen geboren. Mauss hat kaum größere Werke publiziert, aber sehr viele Artikel in 'Année sociologique', welche Zeitschrift er redigierte, sowie zahlreiche Kritiken und Rezensionen; vor allem aber hat er eine ganze Generation von französischen Berufsethnologen herangebildet. Seine Vorlesungen aber hat nicht er, sondern seine Schülerin Denise Paulme (1909) nach einem Stenogramm unter dem Titel 'Manuel d'ethnographie' 1947 bei Payot herausgegeben.

In ihren Erinnerungen[6] erzählt D. Paulme, wie sie als junge Studentin zu Mauss kam: „Ich erlebte ohne weitere Vorbereitung den Schock einer großen Persönlichkeit. Viele Anspielungen, mit denen Mauss seine Vorlesungen spickte, blieben mir unverständlich, vor allem jene, die sich auf P. W. Schmidt, sein schwarzes Schaf, bezogen."

Wenn man bei Mauss überhaupt von einem Hauptwerk sprechen kann, dann würde man dies in seinem 'Essai sur le don, forme archaïque de l'échange'[7] sehen müssen. Darin zeigt Mauss auf, daß der ökonomische Güteraustausch niemals ein Einweg-Tausch ist, sondern ein Gegengeschenk erfordert und so soziale Wechselbeziehungen entstehen.

Das Ökonomische ist also nicht nur ökonomisch, wie das Religiöse nicht nur religiös ist, sondern alles ist gleichzeitig auch sozial. Man spricht daher vom „*fait social total* als der einzigen Realität" (Poirier 1974: 115). Es ist dies die typische Überschätzung des Sozialen in der Durkheim-Schule.

3. Lucien Lévy-Bruhl (1857—1939)

Der neben Mauss einflußreichste Theoretiker zwischen den beiden Kriegen war in Frankreich Lévy-Bruhl. Er war seit 1904 Professor für Philosophiegeschichte. Er beschäftigte sich in seinen Werken mit Ethik und vor allem mit dem archaischen Denken, das er 'mentalité primitive' nannte. Er widmete diesem Thema sechs Bücher. Am besten bekannt, aber auch im Wesen verkannt, ist sein 'prälogisches Denken', das er den Naturvölkern zuweist. Es wird häufig so getan, als habe Lévy-Bruhl den Naturvölkern Unfähigkeit zu logischem Denken unterstellen wollen. Lévy-Bruhl wollte vielmehr auf die Verschiedenartigkeit der Denkmodelle in den einzelnen Kulturen hinweisen. Beispielhaft, weil voneinander am entferntesten, griff er die europäisch-cartesianische und die archaische Denkweise heraus. Er setzte das 'mystische und prälogische Denken' unserem europäisch-diskursiven Denken entgegen. Statt 'mystisch' und 'prälogisch' hätte er besser 'mythisch' und 'analog' sagen sollen. So jedenfalls ist es aus seiner Beschreibung heraus zu verstehen.

In einer Weiterentwicklung sagte er dann, daß mythisches und rationales Denken in jedem Menschen und in jeder Kultur koexistieren, aber je nach Kulturtyp überwiege die eine oder die andere Denkweise. Evans-Pritchard hat Lévy-Bruhl zu der Einsicht gebracht, daß er manchmal die Primitiven irrationaler gemacht habe, als sie wirklich seien. Schließlich hat Lévy-Bruhl seine dualistische Hypothese in seinen 'Carnets', die erst nach seinem Tod erschienen sind, widerrufen. Er betont darin die psychische und geistige Einheit des Menschengeschlechts. — Trotz dieses ehrlichen Ringens um wissenschaftliche Erkenntnis wird die eigentliche Absicht Lévy-Bruhls bis heute

---
6. 'Quelques souvenirs', in Cahiers d'Etudes africaines, XIX, 1973—76: 10.
7. Erschienen in Année sociologique (1923—24).

vielfach verkannt. Die meisten Ethnologen kennen ihn leider nur als den Autor des 'prälogischen Denkens'.

4. Marcel Griaule (1898—1956)

Im französischen Kolonialreich gab es viele Beamte und Missionare, die großartige Forschungen machten, ohne ausgebildete Berufsethnologen zu sein. Die drei eben Genannten: Durkheim, Mauss und Lévy-Bruhl waren Theoretiker, ohne je im Feld gewesen zu sein; das Material wurde ihnen von den 'coloniaux', wie man im Französischen abschätzig die Kolonialleute nennt, geliefert. Mit der berühmt gewordenen Dakar-Djibouti-Expedition von 1931 bis 1933 beginnt die fachwissenschaftliche ethnologische Forschung in Frankreich.

Leiter der Expedition war Marcel Griaule. Er hatte bereits vorher zwei Jahre in Äthiopien gearbeitet. Dr. Paul *Rivet*, am Musée du Trocadéro und am neugegründeten Institut d'ethnologie tätig, später der Gründer des Musée de l'Homme, hat viel für diese wie auch für spätere Expeditionen getan. Griaules Name ist vor allem mit der Erforschung der Dogon in Mali verknüpft. Es war hauptsächlich der alte, blinde Ogotemmeli, der Griaule in die bis dato in Schwarzafrika unbekannte reiche Religion, Mythologie und Weltanschauung der Dogon einführte.

Griaules engste Mitarbeiterin wurde Germaine *Dieterlen*; sie brachte 1965 das gemeinsame Werk 'Le renard pâle' heraus. Es behandelt die kosmogonischen Mythen der Dogon. Weitere bekannte Werke von Griaule sind 'Dieux d'eau' (1948) und 'Masques Dogons' (1938). Weitere Mitarbeiter von Griaule waren der Musikethnologe André *Schaeffner* und seine Frau, die bereits erwähnte Denise *Paulme*.

Da Griaule Professor für Ethnologie an der Sorbonne war, pilgerten nach dem Krieg zahlreiche Schüler zu den Dogon und den benachbarten Bambara, sodaß böse Zungen bereits vom 'französischen Dogonismus' sprachen.

— — —

Eine mehr soziologisch arbeitende Gruppe etablierte sich in den fünfziger Jahren in Paris. Zu ihr kann man Roger *Bastide* (1898—1974) zählen. Er war vor allem Religionssoziologe und studierte die Schwarzen Südamerikas, besonders jene von Brasilien. Ferner sind Georges *Balandier* und sein bereits verstorbener Freund Paul *Mercier* zu nennen; sie betrieben politische Soziologie Afrikas. In den sechziger Jahren stand diese 'afrikanische Soziologie' auf dem Gipfel ihres Ansehens. Sie rieb sich mit dem Strukturalismus und mit Lévi-Strauss im besonderen.

5. Claude Lévi-Strauss (1908) und der Strukturalismus

Es ist schwer zu sagen, ob man Lévi-Strauss einen Philosophen, einen Ethnologen oder einen Schriftsteller nennen soll. Er besitzt alle drei Gaben und obendrein kann er sein Publikum faszinieren. Wer in den sechziger Jahren seine Seminaristen oder Hörer am Collège de France beobachtete, gewann den Eindruck, daß dort mehr als nur Wissenschaft geboten wurde. Am Eingang standen Torhüter und, wenn man nicht zur Zunft gehörte und keine Unterschrift des Meisters beibringen konnte, wurde man am Betreten des Hauptseminars gehindert.

Lévi-Strauss studierte zunächst Rechtswissenschaft und Philosophie an der Ecole Normale Supérieure. Er meldete sich für den Unterricht in Brasilien, lehrte an der Universität in Sao Paulo (1934—1837) und kam in den Ferien mit Indianern in Berührung, besonders mit dem kleinen Stamm der Nambikwara. Diese Feldforschungen in Brasilien dienten ihm als Ausgangspunkt für seinen Strukturalismus.

Strukturen in der Ethnologie herauszustellen, ist nichts Neues. Vor Lévi-Strauss arbeiteten bereits die britischen Funktionalisten, besonders Radcliffe-Brown, und der deutsche Fritz Krause mit dem Strukturbegriff. Doch der Lévi-Strauss'sche Strukturbegriff ist etwas ganz anderes als der seiner Vorgänger. Sie gelangten quasi in einem Induktionsbeweis, gestützt auf die empirischen Erfahrungen, zu ihren Strukturen. Wir werden gleich sehen, daß Lévi-Strauss gerade unter Ausschaltung der konkreten Fakten seine Strukturen findet.

Obgleich Lévi-Strauss kein Schüler von Durkheim war, ist er ihm methodisch doch sehr verbunden. In der Widmung seiner 'Anthropologie structurale', die er Durkheim zueignet, nennt er sich seinen 'unbeständigen Schüler'. Eine zweite wichtige Quelle für seine Theoriebildung wurde die strukturale Linguistik von Ferdinand de Saussure und auch von Roman Jakobson. Da Lévi-Strauss von 1941 bis 1945 in New York als Gastprofessor lehrte, kam er über Lowie auch in näheren Kontakt mit dem dortigen Kulturbegriff.

Anders als bei Lévy-Bruhl ist die Grundthese von Lévi-Strauss, daß das menschliche Denken und die menschliche Psyche immer und überall gleich sind und gleich waren. Die Kulturen, die der menschliche Geist hervorbringt, sind deshalb im Prinzip identisch. Sie lösen den Naturzustand ab, wodurch sich der Mensch von den anderen Lebewesen unterscheidet. Die Kultur steht deshalb im Gegensatz zur Natur, wo eben nicht die menschliche Geisttätigkeit herrscht. Wenn die Kulturen im Prinzip gleich sind, kann man auch ohne Rücksicht auf ihre diversen Determinanten (Wirtschaft, Sozialstruktur, Religion etc.) Kulturelemente wie Verwandtschaft, Mythologeme etc. kunterbunt mischen und Ketten bilden. Was man seinerzeit Frazer vorgeworfen hat, wird von Lévi-Strauss – freilich unter einer anderen Prämisse – wiederholt. Lévi-Strauss (1963: 630) sieht nun seine Aufgabe darin, „das Willkürliche auf eine Ordnung zurückzuführen, um die Notwendigkeit aufzudecken, die in der Illusion der Freiheit steckt".

Nach Lévi-Strauss' Ansicht kann aus den kulturellen Manifestationen das ursprüngliche Denken aufgedeckt werden. Da ja Denken und Fühlen überall gleich sind, versteht sich der Strukturalismus als Überwinder des Ethnozentrismus. Rolf Eickelpasch, der sich eingehend mit den Lévi-Strauss'schen Strukturen auseinandersetzt, schreibt: „Es geht Lévi-Strauss ähnlich wie der strukturalen Linguistik um die Erforschung der logischen Struktur, die *hinter* den empirischen Tatsachen liegt. Letztlich handelt es sich nach seiner Überzeugung bei dieser ursprünglichen Logik, die allen Erscheinungen einer Kultur (Verwandtschaftsorganisation, Sozialordnung, Mythologie etc.) zugrundeliegt, um den 'direkten Ausdruck der Struktur des Geistes (und hinter dem Geist zweifellos des Gehirns)' [Lévi-Strauss]" (1972: 19).

Lévi-Strauss zielt darauf ab, die ewigen Strukturen des menschlichen Geistes zu erfassen. Um aber dauerhafte und allumfassende Strukturen zu erhalten, muß er alles Menschlich-Individuelle, alles Erlebte und Geschichtliche eliminieren. Das heißt, daß Lévi-Strauss nicht in erster Linie am geistigen Inhalt der Strukturen interessiert ist. Die englische Anthropologin Mary Douglas hat dies in bezug auf die strukturalistische Mythenanalyse folgendermaßen ausgedrückt: „Eine Sprachgrammatik gibt die Bedingungen an, unter welchen eine irgendwie geartete Mitteilung zustande kommen kann. Sie gibt aber nicht die Mitteilung selbst" (1967: 64). Die Struktur wird also ein Selbstwert; die sinnentleerte Form wird über den Inhalt gestellt.

Die Bewegung, die Diachronie, die Geschichte ist natürlich der Struktur entgegengesetzt, deshalb kann Strukturalismus im Grunde auch nur mit Synchronie arbeiten. Der französische Philosoph Paul Ricoeur sagt: „Die strukturalistische Ausdeutung triumphiert in der Synchronie ('Das System ist gegeben in der Synchronie...' [Das Wilde Denken]). Deshalb ist diese Ausdeutung auch am erfolgreichsten bei solchen Gesellschaften, bei denen die Synchronie stark und die Diachronie verwirrend ist, wie dies auch in der Linguistik der Fall ist" (1963: 614). Marc Gaboriau schreibt im Beitrag 'Anthropologie structurale et histoire' (1963: 592): „Die zentrale Idee, die Lévi-Strauss bei seinen Überlegungen zur Geschichte wie auch anderswo leitet, ist die Eliminierung der Illusionen der Subjektivität: 'Man muß ein Wesen in bezug auf sich selbst und nicht in bezug zu mir verstehen' [Tristes tropiques, Kap.V]." Deutlich wird dieses Diktum in der Antrittsvorlesung von Lévi-Strauss, wo er „l'histoire structurale" der „histoire des historiens" (ibid. 593) entgegensetzt. Der Geschichtler setzt die Geschichte eines Individuums zu sich in Bezug. Eine derartige Diachronie ist aber Illusion. Der Strukturalist setzt die Geschichte eines Individuums zu diesem selbst in Bezug. Dies ist zwar keine Diachronie mehr in unserem Sinne, aber strukturale Geschichte, d. h. wahres Sein ohne Illusion.

Gerade bei diesem Punkt der Eliminierung der Diachronie muß man Lévi-Strauss' Feldforschung mit den Indianern des Mato-Grosso einbringen. Es waren kleine, vom Aussterben bedrohte Gruppen, ohne große sozialpolitische Schichtung. Ähnliche Gruppen sind nicht nur Lévi-Strauss als 'geschichtslos' vorgekommen oder genauer: sie erschienen den Forschern, als hätte Geschichte für sie keine Bedeutung. Das alte Vorurteil den Naturvölkern gegenüber wird von Lévi-Strauss nur neu gefaßt.

Der Strukturalismus konstruiert also theoretische Modelle und gibt vor, sie seien die Urform des menschlichen Geistes. Sie basieren nicht wie jene von Radcliffe-Brown auf den empirisch beobachteten Tatsachen, vielmehr werden sie durch Abstraktion gewonnen. Die eigentliche Schwierigkeit, man könnte auch sagen wissenschaftliche Unredlichkeit, beginnt dann, wenn mit Hilfe dieser Modelle die Wirklichkeit wiederum geordnet und beurteilt wird, d. h. man dreht sich im Kreis. Das hat aber auch zur Folge, daß, solange man im System bleibt, kein Widerspruch auftauchen kann. Es können auf diese Weise auch disparateste Elemente integriert und harmonisiert werden.

Rolf Eikelpasch, der diesen Zirkelschluß besonders hervorhebt, schreibt: „Da das theoretisch konstruierte Modell gleichzeitig das Selektionsprinzip für die Erfassung des ethnographischen Materials ist, verifiziert es sich notwendigerweise stets selbst. Mit anderen Worten: Das Modell stellt eine 'self-fulfilling prophecy' dar, die qua definitione nicht falsifizierbar ist ... und folglich analytisch wertlos [ist]" (1972: 31).

Das erste große wissenschaftliche Werk Lévi-Strauss' war 'Les structures élémentaires de la parenté' (1949). Doch hier bei den Verwandtschaftstermini und -beziehungen könnte man noch Zweifel haben, ob der Geist wirklich frei und ungehemmt agieren kann. Lévi-Strauss sagt: „Was die Verwandtschaft und die Heiratsregeln angeht, könnte man sich noch die Frage stellen, ob die Zwänge von außerhalb kommen oder inhärent sind" (1963: 630).

Um aber der Urstrukturen des Denkens habhaft zu werden, bedurfte er eines Gebietes, wo der Geist ursprünglich und ungehemmt operieren konnte. Dieses bevorzugte Feld wurde für Lévi-Strauss die Mythologie. Er sagt in der Diskussion mit Paul Ricoeur hierzu: „Mir scheint, daß der Geist gerade in der Domäne der Mythologie frei ist, sich seiner kreativen Spontaneität zu überlassen, und es interessant zu prüfen ist, ob er den Gesetzen gehorcht" (1963: 630). Gemeint sind hier die inneren Denkstrukturen, in denen der Geist operiert. Etwas weiter heißt es: „Wenn dann in dieser Domäne [der

Mythologie] der Geist angekettet und in allen seinen Operationen festgelegt ist, dann muß er es a fortiori überall sein" (ibid.). In diesem Zusammenhang wird dann auch das Diktum von der 'illusion de la liberté' verständlich.

Ein typisches Merkmal der Lévi-Strauss'schen Mythenanalyse ist das Zurückführen des Stoffes auf binäre Oppositionen. Dieses Mittel hat er von der strukturalen Linguistik übernommen, wo de Saussure mit der Opposition 'langue' und 'parole' operierte. Die Übernahme war recht unkritisch, denn binäre Oppositionen haben ja nur dann heuristischen Wert, wenn feststeht 'tertium non datur'. Die Strukturalisten setzen aber gerade diesen Punkt als erwiesen voraus. So tauchen in den Mythologiques-Bänden immer wieder die Oppositionen 'roh - gekocht', 'männlich - weiblich', 'Feuer - Wasser' etc. auf, aber gibt es beispielsweise beim Oppositionspaar 'männlich - weiblich' wirklich kein Drittes? Für große Teile Schwarzafrikas z. B. läßt sich nachweisen, daß gerade in der Mythologie nicht das Männliche noch das Weibliche für sich allein das Ideal ist, sondern das Androgyne. Damit soll nicht gesagt werden, daß nur die Vereinigung von Mann und Frau mehr ist als Mann und Frau für sich genommen, sondern häufig ist das Größte und Vollkommenste männlich und weiblich zugleich: Bei großen, wichtigen Zeremonien müssen männliche und weibliche Masken zusammen auftreten; die weibliche Erde und der männliche Himmel ergeben erst zusammen das vollkommene Universum; beim Gottesnamen Nzambi läßt sich von den Herero bis zum Kamerunberg ein zweigeteilter Gottesbegriff nachweisen. Diese Idee saß bei den alten Bakongo so tief, daß sie in der frühen Missionsperiode (ab 1482) den Gekreuzigten doppelgeschlechtlich dargestellt haben. Ähnliche kritische Überlegungen ließen sich auch an anderen binären Oppositionen anstellen.

— — —

In Deutschland hat der Strukturalismus von Lévi-Strauss nur zögernd Eingang gefunden und dazu erst Anfang der siebziger Jahre, als er in Frankreich seinen Zenit bereits überschritten hatte. Da der Strukturalismus nicht nur eine ethnologische Arbeitsweise und Methode ist, hat er auch in anderen Wissenschaften in Deutschland vielleicht mehr Anhänger gefunden als unter den Ethnologen. Diese haben sich in den letzten Jahrzehnten mehr dem britischen Funktionalismus (oder was sie dafür hielten) und in letzter Zeit der amerikanischen Cultural Anthropology zugewandt, sofern sie überhaupt ihre traditionell deutsche (d. h. die historische) Arbeitsweise aufgegeben haben. Man hat den Eindruck, daß die geistreiche Art des französischen Rationalismus in Form des Strukturalismus der deutschen Ethnologie wenig zusagt. Doch die deutschen Ethnologen sind da nicht allein. Edmund Leach sagt in seinem Büchlein über Lévi-Strauss: „Die Kritiker unter seinen Fachkollegen sind selbst jetzt, trotz seines immensen Prestiges, bei weitem zahlreicher als seine Schüler. Seine akademische Bedeutung jedoch steht außer Frage. Lévi-Strauss wird nicht so sehr wegen der Neuheit seiner Ideen bewundert als vielmehr wegen der neuartigen Originalität, mit der er sie anzuwenden sucht. Er hat neue Wege gewiesen, alltägliche Dinge zu sehen; es ist mehr die Methode, die interessiert, als die praktischen Konsequenzen aus ihrer Anwendung" (1970: 8).

— — —

Ich möchte mit diesen Ausführungen über den Strukturalismus dieses Kapitel beschließen, wohlwissend, daß es 'ethnozentrisch' ausgefallen ist. Viele große Forscher und Ethnologen sind nicht aufgezählt worden, vor allem jene kleinerer Länder und wenig verbreiteter Sprachen. Dieses Kapitel sollte aber auch weniger einzelne Personen hervorheben als vielmehr Ethnologenschulen und die sie tragenden Persönlichkeiten. Dabei wollte ich auch besonders solche Schulen hervorheben, die mit der deutschsprachigen Ethnologie in enger Verbindung standen oder auch heute noch stehen.

3. Kapitel
Die Wirtschaft der Wildbeuter, Jäger und Pflanzer

Wenn es stimmt, daß sich der Mensch aus dem Tier entwickelt hat und wir seit etwa zwei Millionen Jahren auf Erden von Menschen sprechen können, muß dieser Mensch zahlreiche Wirtschaftsstadien durchlaufen haben bis zu unserem heutigen technischen Zeitalter. Doch unsere Aufgabe ist es nicht, hier hypothetische Entwicklungsstufen aufzuzeigen, sondern uns geht es darum – wenigstens in diesem Kapitel –, die einfachsten Wirtschaftsformen, wie sie bis heute noch von Ethnien praktiziert werden, zu beschreiben. Die meiner Meinung nach drei einfachsten sollen dargestellt werden; es sind dies die Wirtschaft:

- der Wildbeuter,
- der Jäger,
- der einfachen Pflanzer.

Im nächsten Kapitel sollen der höhere Bodenbau und das Hirtentum zur Darstellung kommen.

Die Wirtschaft der Wildbeuter und die der einfachen Pflanzer sind relativ leicht voneinander zu unterscheiden; die der Wildbeuter und jene der Jäger aber – oder die der Jäger und die der Pflanzer – nicht, denn fast immer sind Jägervölker auch Sammler oder gar Pflanzer. Ich werde mich deshalb, was die Jäger angeht, mehr auf die arktischen Völker beziehen, wo es neben der Jagd – aus klimatischen Gründen – kaum einmal etwas zu sammeln gibt.

Wir werden die drei Wirtschaftsstufen als Idealtypen darstellen, mit anderen Worten: Wir tun so, als ließen sich diese drei Wirtschaftsformen als selbständige, voneinander abgegrenzte Größen fassen.

Doch die Wirtschaft steht nicht allein und unabhängig da. Mit einer bestimmten Wirtschaftsform ist ein ganzes Bündel von Kulturelementen im weitesten Sinne gegeben. Weltanschauung, Kunst, Religion, Verhalten – um nur einige dieser Elemente aufzuzählen – sind in engster Weise mit dem Wirtschaftssystem gekoppelt. Da es uns bei der Beschreibung der Wirtschaftssysteme weniger um ökonomische Probleme als vielmehr um Fragen der Kultur geht, werden wir auf diese mit der Wirtschaft gekoppelten Elemente ganz besonders hinweisen.

In diesem Zusammenhang muß auch darauf aufmerksam gemacht werden, daß es Ethnien gibt, die das Verhalten eines bestimmten Wirtschaftssystems an den Tag legen oder eine bestimmte Wirtschaftsform valorisieren, ohne diese Wirtschaft wirklich zu betreiben. Ein typisches Beispiel sind die Tutsi in Ruanda; sie reklamierten die Weltanschauung der Hirten für sich, aber die Hutu, die Bauern, versorgten fast allein die Rinder. Ähnlich valorisieren in Zentralafrika eine Reihe von Planzerethnien die Jagd über alles, aber für die allermeisten Männer bedeutet die Jagd nichts anderes mehr, als die Waffen spazierenzuführen. — Man sieht: Die Wirtschaft hat sich gewandelt, aber die Weltanschauung hat noch nicht mitgezogen. Die Wirtschaft kann sich ja durch äußere Einflüsse sehr abrupt ändern müssen, Religion und Weltanschauung benötigen aber viele Jahrzehnte, um den Wandel nachzuvollziehen. Eike Haberland macht auf einige solche abrupte Wirtschaftsveränderungen in Ostafrika aufmerksam: so z. B. verloren freie Masai durch eine Epidemie ihre Rinder und wurden verachtete Jäger - Töpfer; Isansu wurden zu wildbeuterischen Tindiga; freien Falascha-Bauern nahmen christliche Äthiopier das Land weg und sie mußten verachtete Wanderarbeiter werden usw. (Haberland 1962—64: 136-137).

Man wird also vorsichtig sein müssen, will man einer Ethnie auf Grund des Wirtschaftssystems eine bestimmte Weltanschauung zuordnen. Es ist eine große Variationsbreite gegeben und nicht immer verläuft die wirtschaftliche Entwicklung einer Ethnie nach evolutionistischem Muster, d. h. vom Primitiven zum Komplexen. — Doch sehen wir die Wirtschaftsformen im einzelnen.

I. Die Wirtschaft der Wildbeuter

Von allen Wirtschaftsformen ist sicher das Wildbeutertum der älteste Typus, den es heute noch gibt. Dies heißt natürlich nicht, daß jede wildbeuterische Ethnie zu den ältesten lebenden Völkern zu zählen ist. Wir haben gerade gesehen, daß es gar nicht so selten ist, daß eine Ethnie in ein sekundärprimitives Stadium gedrängt wird. Auch ist das heutige Wildbeutertum bereits eine hochgradige Spezialisierung, die natürlich mit der Frühzeit der Menschheit nichts zu tun hat.

1. Beschreibung des Wildbeutertums

Das Wildbeutertum ist eine rein aneignende Wirtschaftsform ohne Vorratshaltung. Wildbeuter pflegen die Natur noch in keiner Weise, um ihre Nahrung zu gewinnen. Allerdings ist bei fast allen Wildbeutern der Gedanke verbreitet, daß immer nur so viel Nahrung erbeutet werden darf, wie zum Lebensunterhalt nötig ist. Da die Nahrungsmittel praktisch immer einem jenseitigen Wesen gehören, gibt oder opfert man gerne die Erstlinge jener Macht, damit sie sie den Menschen wieder als Nahrung zuführen möge.

Wildbeuter beobachten immer und überall eine strenge *Arbeitsteilung* nach den Geschlechtern, d. h. der Mann ist Jäger, die Frau Sammlerin. Obgleich die Frau durch ihre Sammeltätigkeit weit mehr zum Unterhalt der Familie beisteuert als der Mann, wird doch die Jagd valorisiert.

Wildbeuter leben in kleinen Verbänden oder *Horden*. Sie müssen um so kleiner sein, je unergiebiger die Gegend an Nahrungsmitteln ist. Ist nämlich die Gruppe groß, muß sie um so häufiger wandern, um an genügend Nahrungsmittel heranzukommen. Wildbeuterhorden umfassen selten mehr als fünfzig Personen. *H. Baldus* (1899—1970) berichtet von den wildbeuterischen Guayakí (auch Aché genannt) Paraguays, daß eine Horde etwa sieben bis neun Feuerstellen habe, d. h. Kernfamilien; jede Kernfamilie kocht nämlich für sich und hat ihre eigene Hütte. Setzt man eine Kernfamilie mit vier Personen an (so rechnet auch Baldus), so kommt eine Horde auf etwa dreißig Personen.

Wildbeuter ziehen nicht ins Uferlose umher, sondern jeder Horde kommt ein fixiertes *Schweifgebiet* zu. Jede Wildbeuter-Horde ist somit eine lokalisierte Gruppe. Wenn eine andere Horde in dieses Gebiet eindringt, kommt es zu Spannungen oder auch zu Krieg. Es ist also nicht so, daß die Territorialität bei Wildbeutern nicht untereinander verteidigt würde oder, wie Schmidbauer (1973: 552ff.) meint, nur vage existiert[1]. Auch die Jagdhorde ist nicht so lose gefügt — Schmidbauer führt auch die Pygmäen dafür an —, daß sie kaum als Einheit zu fassen wäre. Bei den Pygmäen ist es allerdings nach Schebesta möglich, daß ein Jäger die Horde verläßt, wenn er sich nicht mehr gut in ihr aufgehoben fühlt, und sich einer anderen anschließt, ohne dadurch irgendeinen Nachteil zu erfahren. Doch solche Hordenwechsel sind die Ausnahme.

Da aber die Frauen immer außerhalb der eigenen Horde genommen werden müssen, hat man mit einigen *Nachbarhorden* freundschaftliche Beziehungen (weil sie Frauentauschpartner sind) und mit anderen nicht. Baldus sagt von den Guayakí, daß es zwischen zwei Horden zum Kampf kommen kann, wenn sie sich treffen. Die Hordenführer kämpfen dann um die Macht. Sie schlagen mit langen Stöcken so lange aufeinander ein, bis einer liegenbleibt. Das Stockduell findet aber auch sonst bei vielen Gelegenheiten statt, so z. B. pflegt der Hordenführer „auch gegen Menschenfresser und Blutschänder" aus der eigenen Gruppe zu kämpfen und sie auch zu erschlagen (1972: 500-501; siehe auch Münzel 1983).

Die heute noch lebenden Wildbeuter sind alle in *Rückzugsgebiete* gedrängt; sie können nur durch eine optimale Anpassung an Klima und Umwelt überleben. Es ist deshalb Vorsicht geboten, wenn von heutigen Wildbeuterverhältnissen in einem Analogieschluß auf die frühe Menschheit geschlossen wird. In fruchtbaren, wild- und fischreichen Gegenden muß der Frühmensch viel leichter seinen Lebensunterhalt erworben haben als die Wildbeuter heute.

---

1. In den siebziger Jahren fand eine Diskussion zwischen Wolfgang Schmidbauer und Irenäus Eibl-Eibesfeldt über 'Territorialität und Aggression bei Wildbeutern' statt (Anthropos 1973: 548-558; 1974: 272-278 und 1975: 265-269). Schmidbauer ist Psychologe und Eibl-Eibesfeldt Verhaltensforscher. Wertvoll sind die Beiträge der beiden Ethnologen Helmut Schindler und Hans-Joachim Heinz (ibid.).

Größere *Wirtschaftsplanungen* können Wildbeuter nicht machen, da sie immer auf das angewiesen sind, was die Natur ihnen bietet, und weil ihnen eine Vorratshaltung fremd ist. Doch ganz ohne Wirtschaftsplanung sind auch die Wildbeuter nicht. Die Jagdhorde durchkämmt ja periodisch ihr ganzes Schweifgebiet. Schebesta sagt von den Pygmäen des Ituri-Regenwaldes: „Die Bambuti wandern weder wahl- noch ziellos im Wald umher. Ihr Schweifgebiet ist so groß, daß sie das ganze Jahr hindurch kreuz und quer herumziehen können, wie es die Ernährungsbedürfnisse und Ernährungsmöglichkeiten gerade fordern. Man zieht den Nahrungspflanzen und dem Wild nach, die, den Jahreszeiten entsprechend, auch ihre Standorte wechseln. Dabei behält man die mit Fruchtbäumen, Knollengewächsen und Termitennestern gesegneten Örtlichkeiten und die vom Wild bevorzugten Plätze im Auge und kehrt periodisch zu ihnen zurück, wie es die Vegetationsverhältnisse, die der Wildbeuter genau kennt, nahelegen. So werden sich für die einzelnen Gruppen ihre genau umgrenzten Schweifgebiete herausgebildet haben, die sich von einer Generation auf die andere vererben und die man als Heimat lieben lernte" (1941: 289).

Von den Buschmännern der Kalahari-Wüste ist bekannt, daß sie bisweilen Wasser auf *Vorrat* anlegen: Sie füllen Wasser in Straußeneierschalen, verschließen und vergraben sie. Wenn beim nächsten Besuch Wassermangel herrscht, graben sie die Vorräte aus.

Eine ganz besondere Vorratswirtschaft beschreibt Julius *Lips* (1895—1950). Er stellt fest, daß es in allen Erdteilen Wildbeuter-Ethnien gibt, die die Samen wilder Pflanzen ernten und speichern oder aber auch vorher verarbeiten und sie dann speichern. Genauerhin definiert er: „Ihre Nahrungsbeschaffung beruht auf dem Einernten einer oder weniger wildwachsender Pflanzenarten, die ihren Hauptunterhalt während des gesamten Jahres darstellen" (1953: 11). Diese Völker nennt Lips *Erntevölker* (so 1928, 1953 etc.). Sie sind seiner Meinung nach das Bindeglied zwischen Wildbeutern und Pflanzern. Die Annahme, daß sich das Pflanzertum direkt aus dem Wildbeutertum entwickelt habe, sei eine psychologische Erklärung ohne Beweise. Wörtlich sagt er: „Das Material läßt zweifelsfrei erkennen, daß nur *Erntevölker als Erfinder des Bodenbaues und der Viehzucht* in Frage kommen können, weil nur ihre ökonomische Struktur ihnen die Vorbedingung zu jenen Erfindungen gab" (1928: 493).

Lips zählt eine Reihe solcher Erntevölker in allen Erdteilen auf (1953: 11-13), ebenso die von ihnen eingebrachten Pflanzen und Früchte. Nicht alle Beispiele überzeugen (so z. B. die über Afrika), aber dennoch muß man Lips zugestehen, daß vom Sammlertum bis zum Pflanzertum eine lange Übergangsphase nötig war und man sicher die Pflanzen wild erntete, bis man sie auszusäen begann. Beim Pflanzenbau scheint mir allerdings der Begriff 'Erntevölker' nicht sehr hilfreich zu sein, denn in den Tropen sind ja die Knollen praktisch nicht lagerfähig. Für das Pflanzertum scheint deshalb doch ein direkter Übergang aus dem Wildbeutertum angemessen zu sein.

Die *Arbeitsteilung* existiert bei den Wildbeutern fast ausschließlich zwischen den Geschlechtern. Alle Mitglieder des gleichen Geschlechtes gehen der gleichen Beschäftigung nach. Irgendwelche Handwerker, Priester oder Häuptlinge gibt es noch nicht. Bisweilen gibt es bereits Kultoffizianten und auch Hordenführer, aber noch können sie nicht von ihrer Spezialaufgabe leben; sie gehen wie alle anderen Männer auf die Jagd.

Ein anderer Ausdruck für Wildbeuter ist *Jäger und Sammler*; er beschreibt die Arbeitsteilung der beiden Geschlechter: Die Männer jagen, die Frauen sammeln Wildpflanzen, Früchte, Kleintiere. Das Honig-Einsammeln scheint aber bei allen Wildbeutern Männersache zu sein. Überdies obliegt der Frau noch der Hütten- bzw. Windschirmbau, das Einsammeln von Brennholz, die Küche und die Aufzucht der Kleinkinder.

Selbst die einfachsten Wildbeuter, wie etwa die Guayakí, kennen *Privateigentum*: Waffen, Töpfe, Grabstock, Schmuck, Kleidung gehören dem einzelnen. Das Schweifgebiet aber gehört der ganzen Gruppe. Jedes Mitglied der Gruppe darf zwar uneingeschränkt seinen Nahrungsbedarf decken, aber der Boden oder eine Wasserstelle gehören niemals einem Individuum. Wer aber z. B. einen Baum mit Früchten oder einem Bienennest entdeckt, macht ein Zeichen am Baum, und die anderen respektieren dies als Eigentum des Finders.

Da die Unterschiede in der Wirtschaft von einer Wildbeuter-Ethnie zur anderen sehr groß sein können, sei hier eine Ethnie und ihre Wirtschaft etwas eingehender vorgeführt.

2. Die Bambuti-Pygmäen des Ituri-Waldes (Zaïre)

Die Bambuti sind *eine* Gruppe der zahlreichen Pygmäen-Gruppen Zentralafrikas. Paul Schebesta und viele Forscher nach ihm waren und sind auch heute noch der Ansicht, daß die Bambuti die reinrassigsten Pygmäen sind. Sie wurden auf diese Weise zum Idealtypus der Pygmäen überhaupt. Da sie *Urwaldjäger* sind, wurde auch darin die eigentliche Wirtschaftsform der Pygmäen gesehen. Stefan Seitz weist in seinem Werk 'Die zentralafrikanischen Wildbeuterkulturen' (1977) nach, daß eine Reihe anderer Pygmäen-Gruppen gar nicht im immerfeuchten Urwald leben. Dennoch, die Forschungen von Paul Schebesta und Colin Turnbull bei den Bambuti – um nur die beiden bekanntesten zu nennen – haben derart gewirkt, daß man bis heute, wenn von Pygmäen gesprochen wird, zunächst an die Bambuti denkt.

Heute sind die Bambuti auf den Ituri-Wald beschränkt. Es gibt aber zahlreiche Überlieferungen – Hubert Van Roy hat sie gesammelt und veröffentlicht (1973) –, daß früher auch in den Wäldern von Loango und in den Galeriewäldern der Flüsse Kwango und Kwilu Pygmäen lebten, die von den heutigen Bewohnern dieser Regionen *Bambwiiti* genannt werden. Es gibt auch die Varianten *Bambúudi, Bambúuti* und noch andere (1973: 819). Man könnte also annehmen, daß die Bambuti bis vor etwa 250–300 Jahren bis in die südlichen Galeriewälder der großen Hyläa siedelten. — Die zahlenmäßig stärkste Gruppe scheinen aber bis heute die Bambuti des Ituri zu sein. Schebesta schätzte sie auf etwa 40.000 Seelen.

Die Pygmäen (vom Griechischen *pygmaios*, daumenlang) gehören zu den *Zwergwüchsigen*. Von Zwergwüchsigen sprechen wir, wenn die Körpergröße 1,50 Meter nicht übersteigt. Die Bambuti sind die kleinsten Menschen der Erde. Nach Schebesta erreichen die Männer eine durchschnittliche Größe von 1,43 Meter und die Frauen von 1,36 Meter. Die Pygmäen bilden eine eigene Rasse. Mit den Buschmännern und anderen Zwergwüchsigen haben sie keine rassischen Gemeinsamkeiten.

Alle afrikanischen Pygmäen leben in *Symbiose* mit seßhaften Negervölkern. Gegen Jagdwild tauschen sie Pfeil- und Speerspitzen aus Eisen sowie Tuch, Töpfe, Bananen usw. Pygmäen-Männer heiraten praktisch niemals Neger-Frauen, wohl aber Neger Pygmäen-Frauen. Alle Pygmäen haben die Sprache ihrer negerischen Wirtsherren übernommen.

Einer Jagdschar gehören dreißig bis fünfzig Personen an. Die meisten Männer einer Jagdschar sind untereinander verwandt. Von der Jagdform her lassen sich zwei Gruppen von Bambuti unterscheiden: die *Bogen-Jäger* und die *Netzjäger*. Jeder gesunde erwachsene Mann ist zur gemeinsamen Jagd verpflichtet. Die erlegten Tiere werden unter alle Teilnehmer aufgeteilt. Wer aus Faulheit an der Jagd nicht teilnimmt, geht leer aus. Gute Jäger besitzen ein hohes Sozialprestige, haben aber keine weitere Autorität. Auch der Älteste und Hordenführer ist nach Schebesta nur ein primus inter pares.

Bei den *Netzjägern* besitzt jeder verheiratete Mann ein Jagdnetz. Seitz, der die Angaben der Autoren zusammenfaßt, schreibt: „Das einzelne Jagdnetz ist zwischen drei und dreizehn Meter lang und etwa 1,20 bis 1,50 Meter hoch. Die Netze werden zu einem Halbkreis zusammengeschlossen, im Minimum sieben Netze, die etwa eine Länge von hundert Meter ergeben. Eine geringere Ausdehnung wäre unwirtschaftlich. Das Maximum beträgt dreißig Netze nach Turnbull" (1977: 63). — Netzjäger veranstalten also Treibjagden, wobei auch Frauen und Kinder als Treiber mithelfen. An einem Tag werden bis zu siebenmal die Netze gestellt. An so einem Tag werden zwei bis vier Antilopen und einige andere Tiere erlegt.

Jagdbar sind für die Bambuti alle Tiere; am meisten schätzen sie aber Antilopen. Einige Pygmäen spezialisieren sich auf Großwild: Elefanten, Waldbüffel, Löwen; es sind gute Einzeljäger.

Wenn sich der Mombuti (Singular von Bambuti) einmal einen *Überfluß* an Wildfleisch verschafft, tauscht er es bei seinen negerischen Wirtsleuten gegen Gegenstände des täglichen Gebrauchs ein, die wiederum sein Wildbeutertum fördern, verbessern, den Mombuti aber immer weiter abhängig machen von den pflanzerischen Bantuethnien.

Die *materiellen Güter* der Bambuti sind dürftig: Die Männer besitzen Pfeil und Bogen bzw. Jagdnetz, Lanze und Keule. Die Frauen haben einen Grabstock, Schmuck, einen Tragkorb und ein, zwei eingehandelte Töpfe. Die Hütten werden jeweils nur für wenige Tage bis höchstens fünf bis sechs Wochen errichtet. Wenn man unterwegs ist, wird für die Nacht sogar nur ein Windschirm errichtet. Bei einer materiell derart armen Kultur, dazu noch alles in vergänglichem Material, besteht keine Hoffnung, daß die Archäologie einmal alte pygmäische Kulturgüter ans Licht bringen könnte. König Pepi II. aus Ägypten berichtet bereits 2360 v. Chr. von einem 'echten Rassezwerg' aus dem 'Baumlande'. Und bereits hundert Jahre früher (also 2460) soll es in Ägypten einen solchen Zwerg gegeben haben. — Die Pygmäen leben also seit über 4000 Jahren im Urwald, aber aller Wahrscheinlichkeit nach werden sie ihre angestammte Wirtschaftsweise nicht mehr lange wie bisher durchführen können.

3. Andere Wildbeuter-Ethnien

Man könnte jetzt natürlich noch die Wirtschaft einer ganzen Reihe von Wildbeuter-Ethnien aufführen; sie wäre auch jedesmal anders, dennoch würde das Wildbeutertum wahrscheinlich doch nicht deutlicher werden als durch das bisher Gesagte. Einige typische Wildbeuter sollte man wenigstens kennen. (Man konsultiere zu weiteren Informationen über die einzelnen Ethnien das hervorragende, von W. Lindig herausgegebene Lexikon 'Völker der Vierten Welt', 1981.)

a. Buschmänner[2]

Früher haben sie das ganze südliche Afrika bewohnt. Weiße und Bantu haben sie in Rückzugsgebiete gedrängt. Einiges spricht dafür, daß wenigstens einige Buschmann-Ethnien sekundär primitiv sind; sie scheinen nämlich früher Rinder besessen zu haben. Heute leben sie hauptsächlich in den Steppen der Kalahari. Sie haben im Unterschied zu den Pygmäen ihre eigene Sprache,

---

2. Der Name wurde von den holländischen Einwanderern gebildet. Er wird bisweilen als pejorativ bezeichnet; man schlägt deshalb die Bezeichnung *San* vor (von Khoisan). Die Hottentotten nennen sich *Khoi-Khoin*, d. h. Menschen, und sie bezeichnen die Buschmänner als *San*. San ist also ebenfalls eine Fremdbezeichnung.

das Khoisan, bis heute bewahrt. Sie sind zwergwüchsig, aber im Durchschnitt wenige Zentimeter größer als die Pygmäen. — Eine sehr instruktive Detailstudie über die Wirtschaft der Kxoe-Buschmänner bietet die Arbeit 'Die rituelle Jagd bei den Kxoe-Buschmännern von Mutsiku' (1973) von Oswin Köhler.

b. Tindiga (oder Hadza)

Sie leben als Jäger und Sammler in den Steppen Ostafrikas (südöstlich der Serengeti). Sie jagen mit Pfeil und Bogen und kennen auch Pfeilgift. Man glaubte sie früher mit den Buschmännern in Zusammenhang bringen zu können (so H. Baumann 1940: 202 und Kohl-Larsen 1958: 39), doch neuere Forschungen verneinen dies. James Woodburn schreibt: „my own and some other recent work do not provide any support for this claim; in my opinion there is no adequate evidence at present for a linguistic, a cultural or a physical tie with the Bushmen" (1970: 11).

c. Chenchu

Sie sind eine Wildbeuter-Ethnie des Dekkan-Plateaus. Sie besitzen aber auch schon Haustiere und bisweilen permanente Dörfer. Dennoch sagt Fürer-Haimendorf: „Von allen Eingeborenen-Stämmen des Dekkan sind die Chenchu rassisch und kulturell die primitivsten, und obgleich sie nur eine kleine Gruppe bilden, können sie als repräsentativ für jene größeren Jäger- und Sammler-Völker angesehen werden, die den Dschungel durchstreiften, als die ersten hochkulturlichen Eroberer in das Land eindrangen ..." (1941: 175). Neun Zehntel ihres Unterhalts bestreiten die Chenchu aus Jagd und Sammeln. Einige wenige Familien sind aber bereits seßhaft geworden; sie haben Haustiere und pflanzen Tabak, Tomaten, Paprika und einige sogar Hirse an. — Wir hätten statt der Chenchu auch zwanzig andere Ethnien Indiens auswählen können. Sie sollen aber als Beispiel dafür dienen, daß sich Wildbeuter auch heute noch in die nächste Wirtschaftsstufe, das Pflanzertum, entwickeln.

d. Negrito

In Südostasien leben mehrere kleinwüchsige Ethnien; die Reinrassigen messen unter 1,50 Meter, die alle mehr oder weniger reine Wildbeuter sind. Ob sie alle Primärprimitive sind, so z. B. die Semang, sei dahingestellt. Die Spanier nannten diese Zwergwüchsigen 'Negrito' (Negerchen) wegen ihrer schwarzen Hautfarbe. Sie haben aber mit den Negern Afrikas nichts zu tun.
— *Andamaner*. Sie sind die bekannteste Ethnie der Negrito; sie jagen und fischen mit Pfeil und Bogen. Nach Heinrich Harrer (1977: 14), der die Andamanen 1974 besuchte, gab es auf Großandaman noch dreiundzwanzig Andamaner. Sie haben ihre Sprache bewahrt.

- *Onge*. Sie leben auf Kleinandaman und auf den Nikobaren. Harrer berichtet, daß es bei seinem Besuch auf Kleinandaman noch 112 Onge gab. Auf den Nikobaren soll es aber noch 13.000 geben. Der Fischfang spielt bei ihnen eine große Rolle.
- *Semang*. Sie leben in den Bergwäldern der Halbinsel Malakka. Ihre Waffe ist das Blasrohr. Paul Schebesta hat auf zwei längeren Forschungsreisen in den zwanziger und dreißiger Jahren ihre Wirtschaft und Kultur erforscht und seine Ergebnisse veröffentlicht (1952—1957).
- *Aëta* und *Mamanua*. Auf den Philippinen leben mehrere zwergwüchsige Wildbeuterethnien, wobei die Aëta von der Nordinsel Luzon am bekanntesten sein dürften. Auf der Südinsel Mindanao leben bis heute die Mamanua. Die Erforscher der Aëta sind zahlreich. Einen Überblick gibt Schebesta in seinem eben genannten Negrito-Werk. Aber auch auf anderen philippinischen Inseln leben noch Wildbeuter, so z. B. die Mangyanen auf Mindoro.

e. Australier

Unter den Wildbeutern dürfen die Australier nicht vergessen werden. Auch die heute bereits ausgestorbenen *Tasmanier* gehören dazu. Zu Beginn der Kolonisation lebten etwa 300.000 Australier, in etwa fünfhundert Stämme und Sprachen aufgeteilt. Heute sollen es nur mehr weniger als 50.000, nach anderen auch nur mehr 20.000 reinrassige Australier sein. Ihre Hauptwaffen waren der Bumerang und Speer, Pfeil und Bogen waren unbekannt.

f. Wildbeuter Feuerlands

Von den zahlreichen Wildbeuter-Ethnien Nord- und Südamerikas seien hier nur mehr drei Ethnien von Feuerland genannt. Es sind dies die *Selknam* oder *Ona* (sie wurden von den Schafzüchtern in den letzten Jahrzehnten praktisch ausgerottet), die *Halakwulup* und die *Yamana*. Wenn es sie heute überhaupt noch gibt, dann leben nur mehr wenige Personen. Martin Gusinde hat sie in den ersten Jahrzehnten dieses Jahrhunderts eingehend erforscht und beschrieben (1931: Selknam, 1937: Yamana, 1974: Halakwulup).

— — —

Alle Wildbeuter haben dies gemeinsam: Ihre Zahlen sind überall rückläufig. Wenn sie nicht direkt ausgerottet werden, werden ihnen die Schweifgebiete verkleinert oder ganz weggenommen, d. h. ihre ökonomische Grundlage wird ihnen zerstört.

Es gibt nur wenige Beispiele dafür, daß Wildbeuter es in geschichtlicher Zeit verstanden hätten, sich in ihrer Wirtschaft nach den Erfordernissen der Zeit umzustellen und anzupassen. Fast überall gehen sie unter, und einige wenige vermischen sich mit den dynamischeren Ethnien, von denen sie verdrängt werden. Offensichtlich ist das Wildbeutertum derart eng mit ihrer Kultur, ja man könnte sagen mit der Existenz der Ethnie verknüpft, daß sie untergehen, wenn ihre Wirtschaft angetastet wird. War es die jahrtausendealte Spezialisierung, die sie so unbeweglich machte?

II. Zur Weltanschauung der Jäger

Ernst Grosse hat in seinem Werk 'Die Formen der Familie und die Formen der Wirtschaft' (1896) die Unterscheidung 'niedere' und 'höhere Jäger' in die Ethnologie eingeführt. Eine genaue Definition der beiden Gruppen liefert er nicht. Aus dem Kontext aber geht hervor, daß er mit den niederen Jägern unsere vorhin behandelten Wildbeuter meint. Hierher zählt er auch die Eskimo und die Aleuten, da sie nur mühsam ihren Lebensunterhalt erwerben. Er fügt aber hinzu: „Freilich führen diese arktischen Jägervölker den Kampf um das Dasein mit Mitteln, welche denen der übrigen erheblich überlegen sind" (1896: 31). — Die höheren Jäger bewohnen vor allem den Norden Amerikas und Asiens.

Ich erwähne diese alte Arbeit deshalb, weil viele Ethnologen die Unterscheidung in niedere und höhere Jäger übernehmen, aber nicht angeben, wodurch sich denn höhere von niederen Jägern unterscheiden. Ist die These vielleicht evolutionistisch gemeint; besitzt der höhere Jäger vielleicht bessere Waffen, vor allem Feuerwaffen; ist er auf Großwild spezialisiert; ißt er ausschließlich Fleischnahrung usw.? Vielleicht geht man nicht fehl, wenn man alle Kriterien zusammennimmt. Mir scheint es aber sinnvoller zu sein, dann von höheren Jägern zu sprechen — so man diesen Terminus beibehalten will —, wenn bei der betreffenden Ethnie eine echte jägerische Weltanschauung vorliegt. Ansonsten müßte man ja Pygmäen oder Wedda (ihr Name bedeutet im Sanskrit sogar 'Jäger') zu den niederen Jägern rechnen, und sie sind doch Jäger par excellence, auch wenn sie nur relativ wenige und kleine Tiere erlegen, also mehr von der Sammelwirtschaft als von der Jagd leben. Die Wedda schreiben Pfeil und Bogen sogar einen kultischen Wert und eine schützende Kraft zu.

1. Der Jagdtrieb

Wenn der Mensch vor gut zwei Millionen Jahren entstanden ist, hat er seine ganze psychische und kulturelle Ausbildung in der Zeit des Jägertums erhalten, denn wir wissen ja, daß die ersten Bodenbaukulturen erst vor 10.000 bis 15.000 Jahren entstanden sind. Die Jahrhunderttausende lange Hinwendung auf das Tier als Feind, aber auch als Existenzsicherung, hat dem Menschen sicher eine ganz bestimmte Mensch - Tier - Beziehung verliehen. Ake Hultkrantz, der dieses Frühstadium des Menschen im Sinne hat, schreibt: „Wir wurden auf einen Verhaltensweg programmiert, der noch andauert. In diesem Frühstadium entstanden die ersten Instrumente, um unsere kulturellen Bedürfnisse zu befriedigen, die ersten technologischen Errungenschaften, die ersten Sozialorganisationen, die ersten künstlerischen Ideen, die ersten religiösen Reaktionen. In einer großen entwicklungsgeschichtlichen Perspektive sind alle späteren menschlichen Aktivitäten eine schrittweise Weiterführung dieser Anfänge" (1982: 12). Man könnte also sagen, der Mensch ist auf das Tier als Jagdtier hin programmiert. Jedenfalls scheint dieses jägerische Raster im Menschen so tief zu sitzen, daß Otto Zerries in seiner Arbeit über 'Wild- und Buschgeister in Südamerika' zu Recht bemerkt: „Das wichtigste Moment in der kulturellen Entwicklung Südamerikas ist in dem Umstand begründet, daß die Ablösung des Jägertums durch den Bodenbau vielfach nur wirtschaftlich, nicht aber auch weltanschaulich erfolgte" (1954: 1). Der Trieb zu jagen ist auch bei uns bis heute lebendig. Er wird in der Gegenwart nur vielfach umgeformt. Man sucht das Töten von Robbenjungen zu verhindern, Großjagden unmöglich zu machen, aus Mitleid mit den Tieren; aber an der modernen grausamen Stallviehhaltung stört man sich nicht, und in die Schlachthöfe schaut man lieber nicht hinein, damit einem ja das Steak noch schmeckt! Diese Mentalität gleicht in etwa jener der Völker Sibiriens, die den Bären töten und sich dann dafür entschuldigen oder so tun, als seien sie es nicht gewesen.

2. Die eurafrikanische Jägerkultur

Die große Zeit des Jägertums war das Neolithikum: Damals reichte das Jägertum vom Norden Europas bis nach Afrika (siehe das neue Werk von Bailey 1983). Neben zahlreichen Felsbildern – am bekanntesten sind die von Südfrankreich, Nordspanien und der Zentralen Sahara (letztere sind später entstanden) – gibt es auch reiches archäologisches Material, das die Ausdehnung und Intensität dieser Jägerkultur bezeugt. Gerade die Bilder in den Höhlen geben uns bisweilen bis ins Detail Aufschluß über bestimmte Zeremonien. Echte Jagdszenen, bei denen das Tier getötet wird, sind selten. Man muß annehmen, daß diese Bilder mehr einen magisch-religiösen Zweck verfolgten, als daß sie das Amusement der Jagd darstellen wollten. Unter den vielen Tausenden von Felsbildern des Tassili-Gebirges in der Zentralsahara sind nur sehr wenige Bilder, auf denen zu sehen ist, wie ein Tier gerade gejagt wird, obgleich Mensch und Tier immer zusammen auftreten.

Daß es bei diesen Bildern nicht einfach um profane Jagddarstellungen geht, kann man auch daraus ersehen, daß im Tassili-Gebirge über Jahrtausende hin in einer Höhle Bilder übereinandergemalt wurden. Wenige Schritte daneben ist eine andere Höhle mit ebenso glatten Wänden, aber auf sie wurde niemals ein Bild gemalt. Muß man nicht annehmen, daß die eine Höhle ein sakraler Ort war und die andere nicht?

Im Alpengebiet gibt es auch zahlreiche Höhlenfunde mit Bärenschädeln aus der Steinzeit, die dartun, daß der Bär nicht nur Jagdtier war, sondern auch kultisch verehrt wurde; wahrscheinlich ähnlich wie in den arktischen Kulturen bis in jüngste Zeit. Friedrich sagt: „Bedenken wir, daß sich bis in römische Zeit hinein Spuren der Bärenverehrung in Gallien und Helvetien nachweisen lassen ..., so können wir uns der Wahrscheinlichkeit einer Blüte der Jägerkultur und des Bärenkultes im steinzeitlichen Europa nicht verschließen" (1941: 22).

3. Der Herr der Tiere

In jägerischen, aber auch in pflanzerischen (ein Nachwirken der Jägerzeit?) Kulturen kennt man ein Wesen, dem alle Wildtiere gehören. Friedrich sagt von ihm: Der „Herr des Waldes und der Tiere" leitet und schützt das Jagdwild. Er ist es, „in dessen Hürden die Antilopen, 'das Geistervieh', 'die Ziegen der Gottheit', wie das Vieh in den Herden der Menschen leben, zu dem sie 'vom Jäger verfolgt', ihre Zuflucht nehmen. Von ihm sprechen die Tiere als von ihrem Vater ..." (1941—43: 27).

Wer der Herr der Tiere im einzelnen ist, muß von Fall zu Fall geklärt werden. Er kann ein einfacher Buschgeist, aber auch das Höchste Wesen sein. Nicht selten ist er teilweise oder auch ganz tiergestaltig (so ein tiergestaltiger Herr der Tiere ist uns z. B. aus der Höhle von 'Les Trois-Frères' aus dem Ariège bekannt). Bei den Efe-Pygmäen, einem Unterstamm der Bambuti, ist die Gottheit *Tore* der Gott des Waldes und des Wildes. Er läßt es zu, daß die Pygmäen seine Kinder einfangen. Wenn sie das Wild schlachten, werfen sie ihm auch einen Leckerbissen zu und bitten ihn, er möge das Tier wieder zurückschicken zu ihnen (Schebesta 1947).

Die Idee des Zurückschickens der Jagdtiere ist in den Jägerkulturen sehr verbreitet. So z. B. stellen Ainu, Giljaken, Oroken und Orocen auf der Insel Sachalin auf dem Platz, wo der Bär getötet wird, eine Astgabel auf, die sie 'Pfahl der Absendung des Bären' nennen. „Nach den übereinstimmenden mythologischen Vorstellungen der Ainu und Giljaken beginnt die Seele des Bären von hier aus ihren Weg zum Herrn der Wälder. Ein Stamm dieses gespaltenen Baumes dient als Weg für den 'abgeschickten' Bären des laufenden Jahres, der andere als Weg, auf dem das Bärenjunge des neuen Jahres zu den Menschen zurückkehrt" (Vasilev 1948: 97-98, zitiert nach Obayashi 1966: 219). — Nach H.-J. Paproth fangen die Ainu auf Hokkaido junge Bären ein, „um bei einem großangelegten Feste ... 'fortgesandt', d. h. zu einem 'Herrn der Berge', der als Oberhaupt der Bären aufgefaßt wird, mit Gaben und Botschaften versehen, zurückgeschickt zu werden" (1976: 14).

Bei den Eskimo gibt es eine Herrin der Tiere. Sie hat verschiedene Namen, aber einer der verbreitetsten ist Sedna. Knud Rasmussen berichtet folgende

Mythe über sie von den Iglulik Eskimo (ich resümiere):
Es war einmal ein Mädchen, das wollte keinen Mann heiraten, weil ihm keiner gut genug war. Der Vater wurde zornig und sagte, es müsse seinen Hund heiraten. So geschah's. Der Hund nahm sie auf eine Insel; sie gebar einen Wurf Hündchen und Menschen. Den Vater reute sein Entschluß. Er beschloß, seine Tochter zurückzuholen. Als der Schwiegersohn nicht anwesend war, nahm er seine Tochter in den Kajak und ruderte fort.
Als der Schwiegersohn zurückkam, verfolgte er das Boot in Gestalt einer Sturmschwalbe. Es entstand ein Sturm. Um sich zu retten, warf der Vater seine Tochter in die See. Sie klammerte sich am Boot fest. Der Vater hackte die Fingerspitzen ab und daraus wurden die Robben. Sie klammerte sich weiter an, und er hackte die Mittelglieder ab, daraus wurden die Bartrobben. Sie hielt sich weiter am Kajak fest, und er hackte die letzten Glieder ab, daraus wurden die Walrosse.
Das Mädchen konnte sich nicht mehr halten, glitt in die See auf den Grund. Dort wurde es zu einem Geist. Wir nennen es *Takárnâluk arnâluk*, die Mutter der Seetiere. Der Vater ruderte traurig an Land, legte sich nieder und wurde von einer Welle in die See gespült. Jetzt wohnt er bei ihr als ihr gefürchteter Wächter.
Die Schamanen besuchen die Meerfrau, um von ihr Tiere für die Jagd zu erbitten (Rasmussen 1929: 63-68).

In Nordostasien ist auch die Idee verbreitet, daß bestimmte Tiere wie Bär oder Seehund nicht einem Herrn der Tiere unterstehen, sondern selbst göttliche Wesen sind. „Seehund, Bär und Vögel sind die Götter, die auf diese Weise verkleidet auf der irdischen Welt erscheinen. Durch das Abnehmen und Verbrauchen der Haut und des Fleisches schickt man die Seelen des Wildes wieder in die göttliche Welt zurück. Aus diesem Grunde stellt die Jagd eine heilige Tätigkeit dar" (Taniuchi 1944: 98-99, zitiert nach Obayashi 1966: 215).

Ähnliches sagt Paproth über den Bären bei den Tungusen: Er sei ein „geachtetes und gefürchtetes Wesen", „sehe und höre alles"; zuweilen ist er Ahn, der zu Besuch komme, dann ist er wieder Sohn oder Tochter des Himmelsgottes (1976: 12).

4. Die Tierverwandlung

Es ist ein häufiger Topos in Jägerkulturen, daß Tier und Mensch ihre Wesenheiten austauschen können. Wenn wir bei den Eskimo und Sedna bleiben, über sie heißt es bei Hultkrantz: „Bei den Kupfereskimo sucht nicht der Schamane die Göttin der Seetiere auf, sondern er ruft sie zu sich. Die im Tanzhause versammelten Schamanen geben vor, einen Strick mit einer Schlinge an einem Ende durch eine fiktive Öffnung im Fußboden herunterzulassen und, während sie einen magischen Gesang singen ('das Weib dort unten, sie will sich fortbegeben'), die Göttin an ihren Handgelenken zu fassen und sie so zu sich nach oben zu ziehen, bis sie, unsichtbar, direkt unter den Fußboden kommt. Darauf erklären sie ihr ihre Not und lassen sie erst dann frei, wenn sie verspricht, wieder Seehunde auszusenden. — In diesem Ritus wird die Göttin in einer Art und Weise behandelt, als ob sie selber ein Seehund wäre" (1962: 396).

Bei den Ewenken an der unteren Tunguska ruft eine alte Frau, wenn der erlegte Bär ins Lager gebracht wird: „Warum hat man den Großvater erschlagen?!" (Paproth 1976: 122).

Aber auch in Afrika sind die Tierverwandlungen sehr zahlreich (hierzu: H. Baumann 1950—54). Wenn wir es bisweilen auch nicht mit einer direkten Verwandlung eines Tieres in einen Menschen bzw. umgekehrt zu tun haben, so haben wir doch wenigstens das Tier als Symbol für den Menschen gegeben. So z. B. sind in Zentralafrika bei zahlreichen Ethnien Leopard und Häuptling austauschbare Begriffe. Wenn der Häuptling stirbt, wird er ein Leopard; wenn ein Leopard erlegt wird, gibt es ein großartiges Fest. Fortan sitzt der Häuptling auf dem Leopardenfell, d. h. er hat Kontakt mit seinem unmittelbaren Vorgänger in Form eines Leoparden. Ähnlich hat auch der Python seine Bedeutung: Er ist allerdings das Tier der Ahnen, ja der Ahn selbst. Die Riesenschlange als Alter-ego-Tier des Ahns ist ein weltweit verbreitetes Motiv. Ich habe an anderer Stelle darauf ausführlich hingewiesen (1981). Besonders das vorhellenische Griechenland, das alte Palästina und das vorarische Indien identifizierten Schlange und Ahn.

5. Jägertum und Totemismus

Aus der engen Beziehung des Menschen zum Tier in der Jägerkultur kann ein festes, eine Art verwandtschaftliches Verhältnis werden. Jedenfalls läßt sich aus dieser Haltung dem Tier gegenüber die totemistische Idee verstehen. Hermann Baumann meint: „Dieser [Jäger]Kultur nun sind auch mit größter Wahrscheinlichkeit zwar nicht der gesamte Totemismus, aber doch seine älteren Formen zuzusprechen. Tatsächlich ist der Totemismus nur aus der Jägermentalität zu begreifen" (1938: 209). Ein bestimmtes Tier wird einem Jäger mit der Zeit nicht nur zum Glückstier, sondern es hilft ihm auch in der Not, oder wenn das Tier selbst als gefährlich gilt, tut es seinem Verbündeten nichts. Dafür darf der Verbündete dieses Tier weder töten noch essen.

Es ist sicher nur ein Schritt von diesem Individual-Prototototemismus bis zum Gruppentotemismus: Der Jäger braucht nur sein Totemtier an seine Nachkommen weiterzugeben. Gleichzeitig dient dieses Tier dann zur Kennzeichnung der Gruppe. Das Totemtier der Gruppe ist dann zwar nicht der Urahn selbst, aber doch dessen Alter ego und irgendwo in der mythischen Zeit verschmelzen sie. — Zum großen Komplex des Totemismus gehört natürlich noch viel mehr als diese ursprüngliche Tier - Mensch - Beziehung, aber sie gibt uns immerhin die Möglichkeit zu begreifen, wie diese Beziehung geworden sein könnte.

III. Wirtschaft und Weltanschauung der Pflanzer

Es war wohl die größte Revolution in der Geistesgeschichte der Menschheit, als der Wildbeuter die Erde als Quelle der Fruchtbarkeit kennenlernte und zu verehren begann. Wie bis dahin dem Tier die intimsten und heiligsten Gefühle galten, so rückte jetzt die 'Mutter Erde' in den Mittelpunkt seines Interesses. Diese geistesgeschichtliche Neuerung vollzieht sich natürlich im ökonomischen, aber auch im sozialen und vor allem im religiösen Bereich. Ich möchte kurz auf diese drei Bereiche eingehen.

1. Die ökonomische Neuerung

Die Wildbeuter machten irgendwann und irgendwo die Entdeckung, daß man die Wildpflanzen, die sie sammelten, auch wieder stecken bzw. aussäen kann, so daß der Mensch nicht mehr der Pflanze nachlaufen muß, sondern daß die Pflanze zum Menschen kommt.

Der Frühgeschichtler Karl Narr, der sich wiederholt zum Problem des ältesten Bodenbaus äußerte (z. B. in Paideuma 1954—58: 244-250), ist der Meinung: „Es hat sich gezeigt, daß die ältesten Nachweise für den Bodenbau nicht in den großen Stromgebieten des 'Fertile Crescent' [fruchtbaren Halbmonds] liegen, sondern auf den angrenzenden Stufenplateaus und am Rande der Gebirge, wo zwar großenteils ausreichende Niederschläge vorhanden, neben dem Regenfeldbau aber auch schon Oasenwirtschaft und vielleicht Anfänge der Bewässerung anzunehmen sind" (ibid. 244-245). Die ältesten Funde zeigen auch, daß die bäuerliche Bevölkerung neolithische Sichelklingen und eine grobe, einfache Keramik besaß. Sie pflegte den Getreideanbau und betrieb bereits Hornviehzucht, und zwar sind Schafe und Ziegen etwas älter als das Rind.

Die älteste Schicht in diesem Komplex scheinen aber die Erntevölker zu bilden, d. h. mit ihren Sichelklingen haben sie wildwachsende Getreidearten geschnitten und eingeerntet. Den Hund hatte man bereits als Haustier, vereinzelt auch die Ziege; Rind und Schwein sind fraglich. — Man kann aber mit Recht zweifeln, ob diese Erntevölker in der Lage waren, die Getreidepflanzen zu domestizieren und ob dann daraus der Getreidebau sich entwickelte. Was hätte sie dazu bewegen sollen, sie hatten doch ihr Getreide, es wuchs ja von allein. Betont nicht auch Lips, daß die Ojibwa-Indianer bis in die Gegenwart ihren wilden Sumpfreis geerntet, aber keinen angebaut haben?

Zwischen den beiden großen deutschen Ethnologen Hermann Baumann und Adolf Jensen kam es zu einer Diskussion wegen des Ursprungs des Bodenbaus (siehe Paideuma 1954—58: 169-180). Baumann nämlich vertritt in seinem Werk 'Das doppelte Geschlecht' (²1980) die These, daß der Feldbau mit der Körnerfrucht zuerst gewesen sei, und der primitive Bodenbau in Analogie zum Körnerbau sich davon entwickelt habe. Baumann beruft sich für seine These auf die vorhin genannten Funde der Archäologen. — Archäologische Funde in Nordost-Afrika, welche Hirse (ob wild oder domestiziert läßt sich nicht sagen) an den Tag brachten, scheinen der These Baumanns ebenfalls Recht zu geben, daß also der Körnerbau zuerst gewesen sei.

Dieser These aber widerspricht Jensen. Nur weil die Archäologie an einer Stelle der Welt eine hohe Datierung für den Körnerbau erreicht hat und die darunterliegenden Schichten wildbeuterisch sind, kann man den Knollenbau noch nicht vom Körnerbau ableiten. Dazu sei die Archäologie noch weit davon entfernt, „die vor-hochkulturlichen Perioden vollständig erfaßt zu haben" (1954—58: 171). Auch in Süd-Äthiopien, wo die Archäologie Hirse fand, gibt es auch Knollen, von denen aber die Bewohner der Gegend der Meinung sind, sie waren immer schon da. Die Hirse aber gab es früher nicht auf der Erde. So kletterte die Maus an einem Spinnfaden in den Himmel und stahl die Körner. Dies ist das berühmte *Saatraubmotiv*, das in vielen Mythen, die über die Entstehung der Landwirtschaft berichten, wiederkehrt.

Dem entgegengesetzt ist das Zerstückelungsmythologem, wonach die Knollenpflanzen aus den Leichenteilen eines getöteten Kulturheros entstehen. Weiters führt Jensen an, daß die Körner, ihr Anbau und ihre Speicherung Angelegenheit der Männer, die Knollen aber Sache der Frauen sind. Man kann sich also kaum vorstellen, wie aus dem Saatraubmotiv das *Zerstückelungsmotiv* hätte hervorgehen können. Hinzu kommt, daß in den meisten tropischen Gebieten die Knollenpflanzen die Grundnahrung abgeben und Körner überhaupt nicht vorhanden sind oder erst später (so der Mais und Reis) eingeführt wurden.

Zu dieser Diskussion ist zu sagen, daß beide Autoren gute Gründe für ihre These anführen können und wahrscheinlich auch beide Recht haben. Es gibt sicher Gegenden, und zwar vor allem in subtropischen, relativ ariden Zonen, wo man ganz offensichtlich direkt vom Wildbeutertum zum Körnerbau überging. In solchen Trockensavannen gibt es ja die Wildgräser in Fülle, und somit kann der Übergang zum Körnerbau recht leicht erklärt werden.

Man muß aber auch sehen, daß die Archäologie nur in solchen trockenen Gebieten Pflanzen ausgraben kann: In feuchten Tropenzonen — und zumal von Knollen — bleibt im Boden einfach nichts erhalten. Das Argument überzeugt deshalb nicht, wenn gesagt wird: Die ältesten Funde bringen Körner an den Tag, also ist der Körnerbau älter als der Knollenbau. Letzterer geschieht vor allem in den feuchten Tropen; deshalb ist er archäologisch viel schwerer nachzuweisen.

Überzeugend ist Jensens Argumentation, daß der Knollenbau nicht aus dem Körnerbau ableitbar ist: Nicht nur ökonomisch ist ein großer Unterschied zwischen Säen und Stecken, Körnern und Setzlingen, sondern auch das mythologisch-religiöse Umfeld ist jeweils ganz anders.

Doch die Frage der absoluten universalen Priorität ist relativ uninteressant. Viel wichtiger erscheint mir, daß man regional die phaseologische Entwicklung herausarbeitet. Sie kann dann für jene Region bestimmte Sequenzen in der Sozialstruktur, der Mythologie und Religion erklären.

2. Die soziale Neuerung

Die Wildbeuterkulturen sind bezüglich Mann und Frau relativ ausgeglichen organisiert. Beide Seiten tragen zum Lebensunterhalt bei; beiden kommt auch in etwa, sieht man von den Australiern ab, eine gewisse Unabhängigkeit zu. In den höheren Jägerkulturen aber tritt die Frau zurück. Da der Mann allein Jäger ist, hat die Frau nur wenig an Nahrungsmitteln beizutragen. Ihre Arbeit (z. B. bei den Eskimo) wird zwar unerläßlich für die Familie, aber da die Jagd valorisiert wird, werden die Frau und ihre Arbeit nicht hoch eingeschätzt (obgleich die Eskimowirtschaft ohne die Frau nicht existieren könnte).

In den Pflanzerkulturen aber wird die Frau wiederum Hauptwirtschafterin, denn nur sie pflanzt, erntet und verarbeitet die Knollenpflanzen (Yams, Taro, Süßkartoffeln, Maniok etc.). Die Frau wird Haupternährerin der Familie, und so hat sie im Vergleich zur Jägerkultur viel zu sagen. In Afrika sind viele Pflanzervölker sogar matrilinear organisiert.

Die meisten Pflanzerkulturen werden im tropischen Urwald oder in seiner Nähe angetroffen. Der Mann schlägt den Urwald um und brennt das Holz ab – die Asche dient zur Düngung, da jede andere Düngewirtschaft bei Pflanzern noch unbekannt ist. Alle übrigen Arbeiten aber bis zum fertigen Essen verrichtet die Frau.

Bei einfachen Pflanzern bleibt der Mann meist noch Jäger. Die Jagd wird zwar noch valorisiert; doch in Schwarzafrika sind die Frauen in vielen Regionen den Männern in Handel (Marktwesen) und landwirtschaftlicher Produktion überlegen. In den ländlichen Gebieten Schwarzafrikas sind es gerade sehr oft Frauen und Mütter, die die Familie finanziell aushalten. — In Neuguinea, wo wir fast ausschließlich Pflanzerkulturen antreffen, die auch in großem Ausmaß von den Frauen versorgt werden, sind die Frauen doch vielfach stärker unter die Vorherrschaft der Männer geraten. Durch eine ganze Reihe von mehr oder weniger geheimen Institutionen – hierzu rechne ich das

Männerhaus, die sakralen Geisterflöten, geheime Kopfjagdzeremonien etc. – haben es die Männer verstanden, die Frauen immer auf Distanz und in Abhängigkeit zu halten.

Daß die Frau die Pflanzerin geworden ist, kommt nicht von ungefähr: In der Wildbeuterkultur war sie die Sammlerin der Knollen. Mit einem Grabstock grub sie diese aus. Den Stock hat sie auch in die Pflanzerkultur mitgenommen. Wenn sie ihre Pflanzung im niedergebrannten Urwald anlegt, wird der alte Grabstock zum Pflanzstock. Damit macht sie die Löcher, in die die Setzlinge gesteckt werden. — Es war gerade diese Tätigkeit des Pflanzens, die die Mythenbildung in ganz besonderem Maße anregte. Ein anderer Topos der Mythenbildung wurde, wie bereits angedeutet, das Woher der Knollenpflanzen. Sehen wir diese beiden Mytheme.

3. Die mythisch-religiöse Neuerung

Als der Mensch die Erde zu bepflanzen begann, bekam die Erde für ihn eine neue Dimension: Sie wurde für ihn zur Lebensquelle. Sah er bisher seine Existenz vorwiegend – in der Mentalität sogar ausschließlich – durch das Jagdtier abgesichert, so übernahm nun diese Rolle die Erde als Quelle der Fruchtbarkeit.

Ein anderes Moment kam zur Entwicklung hinzu: Der Mensch, d. h. wahrscheinlich zuerst nur die Frau und die Kinder, ist gegen Ende der Wildbeuterzeit seßhaft geworden. Der Mann blieb wahrscheinlich noch längere Zeit herumziehender Jäger und besuchte nur in Intervallen seine Familie, um sie mit Fleisch zu versorgen. Aber durch das Seßhaftwerden blieb der Mensch bei den Gräbern seiner verstorbenen Sippengenossen wohnen. Er blieb also in innigem Kontakt mit seinen Verstorbenen. Da ja der Tod nur ein 'rite de passage', ein Übergangsritus ist, besteht auch keine absolute Trennung zwischen Diesseits und Jenseits. Die Verstorbenen gehören weiterhin zur Familie der Lebenden, nehmen an deren Sorgen teil und können deshalb auch leicht zur Hilfeleistung für ihre Nachkommen animiert und gewonnen werden, zumal, da das Leben der Jenseitigen vom Wohlergehen ihrer Familien auf Erden abhängt. Man lebt nämlich bei sehr vielen Ethnien im Jenseits nur so lange, als jemand auf Erden das Ahnenopfer darbringt. Stirbt die Sippe auf Erden aus, sterben die Ahnen auch im Jenseits. Die im anderen Dorf Wohnenden, das sich zumeist in der Erde oder im Wasser befindet, sind also schon aus eigenem Interesse am Gedeihen ihrer Nachkommen auf Erden interessiert.

Da der Sippenälteste schon zu seinen Lebzeiten über Wohl und Wehe seiner Nachkommen entscheiden konnte, kommt ihm diese Macht in noch viel größerem Maße zu, wenn er im Jenseits lebt. Die Lebenden bekommen also durch den Tod im anderen Dorf Verbündete und Helfer, die man in bestimmten Notsituationen angehen kann. Die sicher häufigsten Notsituationen sind Hunger, Krankheit und Tod[3].

Die Pflanzervölker kennen fast alle ein Schöpferwesen, das für die Ausgestaltung der Welt mit Menschen, Tieren und Pflanzen zuständig ist. Es ist jedoch meist ein otioses Himmelswesen, das sich um das Alltagsleben der Menschen nur wenig kümmert.

Da sehr wahrscheinlich die Frau zuerst seßhaft wurde und anpflanzte, hat auch die ganze Pflanzerkultur eine sehr starke weibliche Note. Ein Indiz ist wohl auch dafür, daß viele Pflanzerkulturen in Zentralafrika matrilinear sind. Doch das Weibliche drückt sich weniger in der Sozialorganisation als vielmehr im mythologischen Bereich aus.

Die weibliche Erde wird gerne als Pendant zum männlichen Himmel gesehen. Der Regen ist dann der Samen des Mannes, der die Mutter Erde befruchtet. — Im menschlichen Bereich ist es die Frau, welche die Setzlinge anpflanzt. Frau und Mond stehen aber in enger Beziehung: Mondzyklus und weiblicher Fruchtbarkeitszyklus entsprechen sich. Das Monatsblut der Frau entspricht dem roten Mond. Wie die Frau, so hat auch der Mond fruchtbare und unfruchtbare Tage, d. h. man kann Setzlinge nur an bestimmten Tagen stecken. Bei Neumond schießen sie ins Kraut, ohne Frucht zu tragen (diese Idee findet sich übrigens auch bis heute in vielen europäischen Bauernkulturen). Eine weitere Analogie zwischen Frau und Pflanzung ist die Art des Pflanzens. Die Frau macht mit dem Pflanzstock ein Loch in den Boden und gibt den Setzling hinein. Es ist, als ob er in den weiblichen Schoß gelegt würde, denn Pflanzloch und Vagina entsprechen sich.

In Pflanzerkulturen läßt sich häufig die Dichotomie 'Kultur – Unkultur' finden, mit der Strukturalisten immer wieder arbeiten. Jedem dieser beiden Bereiche sind entsprechende Elemente zugeordnet:

Kultur	–	Unkultur
Frau	–	*Mann*
Feuer	–	Wasser
Dorf	–	Wald
Feld	–	Savanne
rot	–	weiß
gekocht	–	roh

Man könnte noch sehr viele solcher Dichotomien aufstellen. Ich bin oft skeptisch darüber, ob diese Dichotomien wohl auch stimmen. Hier interessieren mich nur die Elemente, die die Frau betreffen (linke Spalte): Ihr werden

---

3. Adolf Jensen ist allerdings der Meinung, daß die Ahnen und ihre Verehrung erst ein zweiter Schritt in der pflanzerischen Weltanschauung sind. Er schreibt: „Geister und Ahnen sollen uns hier zunächst nicht beschäftigen. Nur soviel sei erwähnt, daß sie ganz offensichtlich nicht die primären Gestaltungen dieser Religionsform sind ..." (1960: 104). Auf Jensens primäre Wesen kommen wir gleich zu sprechen.

Kultur, Feuer, Dorf, Feld (Pflanzung), rote Farbe (Blut, Leben), gekochte Speisen etc. zugeschrieben. In Pflanzerkulturen ist die Frau das Kulturelement. Der Mann ist der Unkultivierte: Er ist der Jäger, der draußen in Wald und Savanne lebt, der Tiere und Menschen im Krieg und auf der Kopfjagd tötet; er lebt im Bereich des Wassers und ißt oft rohe Speisen usw.

Hier läßt sich sehr gut sehen, wie sich die jägerischen Ideale gewandelt haben. Wie oft kann man bei Pflanzern Mythen hören, die erzählen, daß der Mensch dadurch zur Kultur kam, daß ihm ein Kulturheros beibrachte, wie man die Nahrung kocht. Es wird aber auch die Kultur mit der Seßhaftigkeit und dem Bebauen der Erde identifiziert. Bei Nicht-Seßhaften wären solche Gedankengänge unmöglich, vor allem wäre nicht die Frau die Symbolfigur der Kultur.

Der zweite Mythenkomplex betrifft das *Woher der Knollenpflanzen*. Es hat sich wohl kein Autor so viele und so tiefe Gedanken über die Weltanschauung der Pflanzerkultur gemacht wie Adolf E. Jensen. Ausgangspunkt seiner Überlegungen war die Feststellung eines einheitlichen Weltbildes bei den Wemale auf der Molukken-Insel Ceram bei Neuguinea. Die mythische, paradiesische Urzeit wird dort von drei Mädchen beherrscht. Satene „ist in der Urzeit die Beherrscherin der Menschen". Als der paradiesische Zustand durch die Untat der Menschen beendet wird, sterben fortan die Menschen und Satene wird Herrscherin im Totenreich. Die zweite heißt Hainuwele, von ihr handelt folgende Mythe:

Hainuwele „bedeutet Kokospalmzweig, denn sie ist aus der ersten Kokospalme entstanden, die es auf Erden gab. Ihr Vater war ein unverheirateter Mann mit Namen Ameta (der Name leitet sich von *meten*, Nacht, dunkel, schwarz ab), der an den Hauern eines Schweines die erste Kokosnuß findet, aus der die erste Palme entsteht. Beim Schneiden der Blüten verletzt er sich den Finger und sein Blut tropft auf die Palme. Aus der Vermischung seines Blutes mit dem Blütensaft entsteht in dreimal drei Tagen das Mädchen Hainuwele. In diese Zeit fällt das große neuntägige Fest, an dessen Ende Hainuwele ermordet wird. Alle Menschen vereinigen sich zu einem feierlichen Tanz, dem Maro, der in einer Spiralform getanzt wird. In der Mitte des Platzes steht das Mädchen Hainuwele und beschenkt neun Nächte lang die Tanzenden mit kostbaren Gaben, die es vordem noch nicht gab. Sie ist die Urheberin des Reichtums, und es bleibt völlig unklar, warum die Menschen sich unmittelbar darauf zu der grausigen Tat des Mordes entschließen.

Hainuwele wird während des Tanzes lebendig in eine Grube gestoßen. Die Tänzer werfen Erde auf sie und tanzen das zugeschüttete Loch mit ihren stampfenden Schritten fest. Der Vater des Mädchens gräbt den Leichnam aus, schneidet ihn in Stücke und vergräbt diese aufs neue. Aus den Leichenteilen entstehen die verschiedenen Arten der Nutzpflanzen. Nur die toten

Arme des Mädchens vergräbt er nicht, sondern bringt sie als eine Anklage gegen die Menschen zu der Herrscherin Satene" (Jensen 1944: 3-4).

Hainuwele ist nach Jensen eine typische Gottheit der alten primitiven Pflanzer der tropischen Gebiete. Sie ist ein Wesen der mythischen Urzeit, das die Kultur bringt, aber strenggenommen nicht das, was wir unter einer Gottheit verstehen. Da die Marind-anim auf Neuguinea einen gemeinsamen Namen für diese Urzeitwesen oder Kulturheroen haben, schlägt Jensen vor, diesen Namen *Dema* für alle derartigen Wesen der Pflanzervölker zu verwenden.

Die *Dema*-Gottheiten sind nicht allgegenwärtig oder im Himmel. „Ihre einzige aktive Wirksamkeit liegt in der längst vergangenen Urzeit – oder besser am Ende der Urzeit" (1960: 106). Durch ihr schöpferisches Wirken beschließen die *Dema* gleichzeitig die Urzeit.

Ein anderer wichtiger Unterschied zu unserem Gottesverständnis ist, daß die *Dema* nicht durch handwerkliche Arbeit schaffen, sondern durch Tötung der *Dema*-Gottheit durch die *Dema*. Jensen führt aus:

> Wichtig für diesen Gedankengang ist ferner, daß das Mythologem von der Tötung der Dema-Gottheit eine echt religiöse, d. h. auf göttlich-schöpferische Wirksamkeit zurückgeführte Beschreibung der Lebenssituation von Mensch, Tier und Pflanze ist. Mit dem Ende der Urzeit hört das Dema-Dasein auf. An Stelle der Unsterblichkeit tritt sterbliches irdisches Leben, aber auch die Fortpflanzungsfähigkeit, die Nahrungsbedürftigkeit und die lebenvernichtende Seinsform. Die getötete Dema-Gottheit verwandelt sich selbst in die Nutzpflanzen, aber sie tritt auch die erste Totenreise an ... (1960: 107).

— — —

Im Grunde genommen wird hier das Mythologem vom Sterben und Auferstehen des Lebens bzw. der Fruchtbarkeit dargestellt, das uns im nächsten Kapitel über die Ackerbaukultur noch eingehend beschäftigen soll. Natürlich haben die Jäger Sibiriens an nichts anderes gedacht als an diese Uridee des 'Stirb und werde', wenn sie den Bären getötet haben, seine Seele zurückschickten und wiederum die verwandelte Bärenseele zurückerwarteten. Der letzte Grund dafür, daß die *Dema* Hainuwele in den Rang der Gottheiten tritt, ist doch der, daß aus ihrem Tod Leben entsteht. Diese Idee weist weit über die pflanzerische Weltanschauung hinaus. Es ist eine Grundidee der Religion überhaupt. Hier bei den Pflanzern wird sie nur sehr drastisch-bildhaft vorgetragen. Je weiter sich Religionen entwickeln und verfeinern, desto sublimierter wird diese Idee; aber in ihrem Wesen ändert sich nichts: Aus dem Tode Gottes entsteht neues Leben.

4. Kapitel
Ackerbauer und Hirten

Wenn wir uns anschicken, von 'Ackerbauern' und 'Hirten' zu schreiben, verallgemeinern wir diese Begriffe derart, daß sie in der Praxis kaum von großem Nutzen sein können. Die Kultur eines Ackerbauers in China ist von der eines Ackerbauers in Westafrika derart verschieden, daß man es nicht wagt, beide miteinander zu vergleichen: Es bleibt kaum viel mehr Gemeinsames, als daß beide den Boden bearbeiten. Der Sinologe Wolfram Eberhard schreibt im Zusammenhang über die Eigenständigkeit von Kulturen: „Solche Allgemeinbegriffe, die die ältere Ethnologie geschaffen hatte, wie 'Hirtenvölker', 'Ackerbauer' usw. sind Begriffe, die so vage und allgemein gehalten sein müssen, daß man praktisch mit ihnen nichts anfangen kann. Man kann sie höchstens benutzen, wenn man schnell einen ganz allgemeinen Tatbestand skizzieren will" (1942: 6). Eberhard fährt dann fort und betont, daß jede Kultur das Ergebnis tausender Einzelbedingungen und somit ein unwiederholbares Unikat darstellt. Dann wörtlich: „Der Ausdruck 'Ergebnis' ist nicht gut, denn eine Kultur ist ein Zustand dauernden Werdens, nicht des Seins. Nur für Unterrichts- und allgemeine Informationszwecke ist es berechtigt, einzelne Kulturen zu großen Gruppen zusammenzufassen ..." (ibid., 6-7).

Genau dieses Ziel soll mit unserer Darstellung verfolgt werden. Wir müssen in diesem Einführungsbuch grobmaschige Raster bilden, um einen Überblick und einen ersten Eindruck zu vermitteln. Im Laufe des Studiums allerdings sollten die Raster immer feiner und präziser werden. Je mehr man aber ins Detail von Kulturen geht, desto unähnlicher werden sie sich.

I. Die Ackerbauer

Innerhalb der Gruppe der Bodenbauer gibt es eine Reihe verschiedener Kategorien. Helmut Straube unterscheidet vier:
 1. der Knollenfruchtbau,
 2. der Körnerfruchtbau mit Großviehhaltung,
 3. der Körnerfruchtbau mit Großviehhaltung, Dauerfeldbau mit Düngung, Terrassenanlagen und künstliche Bewässerung,
 4. der Ackerbau mit Pflug.

Straube schreibt zur vierten Gruppe: „Die jüngste und letzte Gruppe umfaßt die Hochkulturvölker, die die Schöpfer eines neuen und bei allen Naturvölkern unbekannten Arbeitsgerätes – nämlich des Pfluges – sind, der die Epoche des Ackerbaus einleitet ..." (1960: 42).

Wenn Straube den Pflugbesitz als Kriterium für die Hochkultur ansetzt, stimmt natürlich seine Aussage, ansonsten muß man doch Zweifel an der Universalität der Aussage anmelden, daß ausschließlich Hochkulturvölker den Pflug besitzen. In Nordost-Indien z. B. gibt es eine Reihe von Ethnien (etwa die Munda und Oraon), die den Pflug kennen und doch nirgendwo zu den Hochkulturvölkern zählen. Die Munda haben z. B. den Pflug nicht erst in letzter Zeit übernommen, sondern er spielt bereits in den Urstandsmythen eine wichtige Rolle (siehe Ponette 1978: 90-92).

1. Pflanzer — Ackerbauer

Mein Ziel ist es hier jedoch nicht, eine neue Einteilung der Agrarkulturen vorzunehmen; ich möchte vielmehr die Gruppen 2, 3 und 4 von Straube unter dem Etikett 'Ackerbauer' zusammenfassen. Ich bin nämlich der Meinung, daß sich diese drei Gruppen in einigen wesentlichen Punkten von den im letzten Kapitel behandelten Pflanzern unterscheiden. Diese unterscheidenden Merkmale möchte ich hier herausstellen:

— Die Ackerbauer kultivieren statt Knollen speicherbare Körnerfrüchte. Der Speicher erscheint mir als unterscheidendes Merkmal, denn er setzt Getreidepflanzen im Unterschied zu Knollenpflanzen voraus; Knollen werden nicht gespeichert und das daraus gewonnene Mehl nur auf kurze Zeit.

— Der Speicher wird bei Ackerbauern zum zentralen Punkt des Gehöftes; nur der Lineage-Älteste darf über den Speicher verfügen. Der Körnerbau ist also fest in der Hand der Männer. Jensen berichtet von den Derassa in Süd-Äthiopien: „Die Gehöfte besitzen zweierlei Speicherhütten, eine Pfahlhütte für das Getreide, die der Verwaltung der Männer untersteht, und eine ebenerdige für das aus der Knolle der Ensete gewonnene Mehl, die von den Frauen verwaltet wird" (1954—58: 173).

— War die Frau im Pflanzertum die ökonomisch tragende Kraft, so tritt sie beim Körnerbau diesen Vorrang an den Mann ab: Der Mann wird Bauer, und die Jagd wird sein Hobby. Sie wird nicht mehr in dem Maße valorisiert wie bei den Pflanzern.

— Bei den Ackerbauern wird der Acker nicht mehr als kleine Pflanzung betrieben, gerade so groß, daß er für die Subsistenz der Familie ausreicht, sondern der Ackerbauer verläßt den Urwald und legt in der Savanne ein großes, oft ein größeres Feld an, als er für seine Familie benötigt; er ist nämlich bereits darauf eingestellt, einen Überschuß zu produzieren.

— Waren die Pflanzer häufig matrilinear organisiert, so sind die Ackerbauer patrilinear; sie beobachten durchaus auch patrilokale Residenz. Man residiert also als Großfamilie der Patrilinie.

- Im Unterschied zu den Pflanzern, bei denen es nur einige wenige und kleine Haustiere gibt (Hund, Huhn, Ziege, Schaf, vielleicht noch Schwein), werden von den Ackerbauern bereits Großtiere je nach Region gezüchtet. Diese Tiere dienen nicht nur dem Prestige, sondern teilweise auch als Zug- und Tragtiere!
- Die Arbeitsteilung findet nicht mehr nur zwischen den Geschlechtern statt, sondern auch innerhalb desselben Geschlechts und der gleichen Altersklasse; es gibt also bereits Spezialisten.
- Im mythisch-religiösen Bereich tritt der Kulturheros oder die *Dema*-Gottheit zurück, dafür treten Himmel und Erde als männliche und weibliche Gottheiten in den Vordergrund.

2. Grundzüge der Ackerbaukultur

Jacques Maquet teilt die Kulturen Afrikas in sechs Kategorien ein. Eine davon, die Ackerbaukultur, nennt er 'la civilisation des greniers'. Er sieht in der Speicherwirtschaft das tragende Element der Ackerbaukulturen Afrikas (1962). Was aber ist es, das den Speicher so wichtig erscheinen läßt, was kann daraus für die Gesamtkultur abgeleitet werden? Hier folgen einige typische Elemente, die mit der Speicherwirtschaft gegeben sind.

a) Arbeitsteilung

Daß es überhaupt zu einer Überproduktion kommen kann, liegt darin begründet, daß jetzt auch der Mann, und zwar vornehmlich er, den Boden bebaut. Dadurch, daß er mit seinem ganzen Haushalt mehr produziert, als er mit seiner ganzen Familie benötigt, kann er sich bestimmte Geräte (z. B. Metallwerkzeuge) von einem Spezialisten herstellen lassen, die wiederum seine Arbeit erleichtern und den Ertrag erhöhen. Das Handwerkertum entsteht vornehmlich auf dieser Wirtschaftsstufe. Der Schmied taucht fast überall als der erste Handwerker auf.

b) Politische Organisationsform

Durch eine Überproduktion an Nahrungsmitteln wird auch der 'Berufspolitiker' ermöglicht. Politische Macht kann jemand aber nur dann ausüben, wenn er seine Befehle, wenn nötig, auch mit Gewalt durchsetzen kann, d. h. ein Politiker benötigt Polizisten und/oder Soldaten. Alle diese Personen aber produzieren keine Nahrungsmittel mehr. Sie müssen von den Ackerbauern unterhalten werden.

Dadurch aber, daß der Bauer in einer politischen Struktur lebt, muß er zwar die Politiker und ihren Anhang unterhalten, aber er hat auch Vorteile:
- Er kann in Ruhe sein Feld bestellen und braucht keinen Militärdienst zu machen.

— Durch die politische Organisation entsteht eine größere befriedete Gesellschaft. Es entstehen Handelsbeziehungen innerhalb und außerhalb des Territoriums. Die Märkte werden zu Umschlagplätzen von Waren und Nachrichten. Der Bauer kann also seine Güter absetzen.

Obgleich Schwarzafrika den Pflug bis zur Ankunft der Weißen nicht kannte und ihn auch heute in der traditionellen Landwirtschaft nicht einsetzt, konnten aufgrund von Menschenkraft erstaunliche Überflüsse erzielt werden. Das alte Afrika kannte Großreiche mit großen stehenden Heeren mit mehreren zehntausenden Soldaten.

c) Zahlungsmittel

Ein echter, gewinnbringender Handel konnte aber erst getrieben werden, als er den Charakter des Naturalientausches verließ, d. h. als bestimmte 'Währungen' anerkannt wurden. In einem Großreich kann eine Währung natürlich viel leichter durchgesetzt werden als in einer akephalen (eigentlich 'kopflos', bedeutet 'ohne zentrale politische Struktur') Gesellschaft. Die Währungen sind vielfältig. Sehr weite Anerkennung hatten die im Indischen Ozean geschürften Kaurischnecken. In höheren Gesellschaften gab es aber auch schon Metallgeld. Große Anerkennung fanden auch Eisenarbeiten (Pfeil- und Lanzenspitzen, Messer und Äxte), Baumwoll- und Raphia-Gewebe, Kupferbarren und Kupferringe, Salz. In europäischer Zeit dann Gewehre, Pulver, Sklaven und Schnaps. In Zentral- und Westafrika war die Kolanuß ein beliebtes Tauschmittel, das über viele hunderte Kilometer aus den Waldgebieten, wo sie wächst, in die Savanne transportiert wurde. Edelmetalle, Seide und Elfenbein, Kunsterzeugnisse etc. hatten auf Inlandmärkten eine relativ geringe Bedeutung, dafür um so mehr mit auswärtigen Großmächten.

d) Bodenverteilung

Durch das Entstehen größerer Siedlungen und durch die Vergrößerung der Anbauflächen wurde der fruchtbare Boden im Nahbereich der Orte vielfach knapp. Man kann in Ackerbaukulturen bereits an der Art und Weise, wie die Felder aufgeteilt sind, erkennen, wie die Gesellschaft geschichtet ist. Im Prinzip ist in Stammesgesellschaften das Land noch Gemeineigentum (Afrika, Stammesindien und -indonesien sind sich hier gleich). Doch je knapper der Boden wird, desto mehr zeigt sich die Tendenz, ihn in der eigenen Familie zu vererben, d. h. er geht allmählich in Privateigentum über.

Eine statistische Untersuchung über Landverteilung und Landrechte bei den Mossi in Westafrika zeigt folgendes Bild:
— Die Felder in der Nähe der Siedlung gehören vornehmlich den Alten und den politisch Mächtigen.
— Männer unter vierzig Jahren müssen sich 41 Prozent ihrer Felder leihen, pachten; dagegen Männer über sechzig Jahre nur 26 Prozent

(sie besitzen bereits genügend eigene Felder).
 — Die Leihgeber sind zu 48 Prozent Verwandte, zu 31 Prozent Politiker und zu 21 Prozent Freunde.

In der Theorie gibt es aber noch kein Privateigentum an Grund und Boden im Mossiland (so bei Boutiller 1964 und Kohler 1967).

e) Großvieh

Die Domestikation und Züchtung von Großvieh geschieht auf dieser Wirtschaftsstufe. Die einfachen Pflanzer hatten noch keinen Bedarf an Trag-, Zug- und Reittieren, wie sie in der Ackerbaukultur benötigt werden.

f) Körnerfrüchte

Daß es aber überhaupt zu einer Speicherwirtschaft kommen konnte, ist das Verdienst der Domestikation von Körnerfrüchten. Wie der Mensch in den Besitz von Körnerfrüchten kam, haben wir bereits im vorhergehenden Kapitel angedeutet. Die verbreitetste Auffassung ist, daß ein Kulturheros, meist in tierischer Gestalt, die Körner im Himmel gestohlen hat. Die Körnerfrucht Schwarzafrikas ist die Hirse. Es gab aber auch im alten Afrika einige wenige einheimische Reissorten. Für die Ernährung aber waren sie ohne größere Bedeutung. Die Körnerfrucht Asiens und der Inselwelt ist vor allem der Reis. In Vorderasien, den Mittelmeergebieten und in Europa sind es Emmer, Weizen, Gerste, Roggen und Hafer. Unsere heutigen Sorten sind aber das Produkt sehr langer Züchtungen. Der Emmer (*Triticum dicoccum*) ist die älteste europäische Getreideart. Die Körnerfrucht Amerikas ist der Mais.

Das Zerstückelungsmythologem, wie es Jensen für alle tropischen Pflanzerkulturen universal nachweisen will, ist in Schwarzafrika, aber auch in Südamerika kaum vertreten, wenn auch zugegeben werden muß, daß Grundzüge seines pflanzerischen Weltbildes durchaus auszumachen sind. Das Saatraubmotiv dagegen findet sich bei zahlreichen Ethnien.

3. Tyiwara

Eine der bekanntesten Saatraubmythen ist die der Bambara in Mali (Westafrika). Die Bambara sind ein Hackbauernvolk mit Speicherwirtschaft. Sie bauen verschiedene Hirsearten, Mais und Knollenfrüchte an. Himmel und Erde gelten als Paar: Der Himmel ist männlich, die Erde weiblich. Der Regen gilt als der Samen des Himmels, der die Mutter Erde befruchtet. Die bekannteste Maske der Bambara, ja vielleicht ganz Afrikas, ist die *Tyiwara*-Maske. Mit ihr hat es folgende Bewandtnis:

Bei den Bambara gibt es die Bruderschaft *Tyiwara* zur Promotion der Feldarbeit. Die Maske dieser Gesellschaft stellt oben auf dem Kamm eine Antilope dar, die männlich oder weiblich ist. Der Name des Kulturheros besteht aus den Wörtern *tyi* (Arbeit) und *wara* (Tier). Die Gesellschaft steht beiden Geschlechtern offen. Sie bemüht sich um alles, was Nahrung, Wohnung, Kleidung, Kulturpflanzen betrifft, kurz: alles, was mit der Kultur zu tun hat. *Tyiwara* ist die Synthese vom Menschen als Handarbeiter, dem Hirsekorn und der Nahrung. Die *Tyiwara*-Mythe erzählt folgendes:

In der Urzeit hatten die Menschen Hunger. Da sie aber noch keine Körner kannten, mußten sie darben. Der Urahn ging in Form einer Pferdeantilope in den Himmel, stahl Gott Hirsekörner und brachte sie auf die Erde. Er scharrte mit seinen Hufen den Boden auf, legte die Körner hinein und verschwand in der Erde. Seither besitzen die Menschen die Hirse und brauchen nicht mehr zu hungern, denn der Urahn Tyiwara hat sich für die Menschen geopfert. — Nun aber ist es Aufgabe der Menschen, vor jeder neuen Aussaat der Hirse das mythisch zu wiederholen, was der Urahn in illo tempore tat. Bei der Aussaat und bei der Ernte der Hirse wiederholen die Bambara das Urgeschehen und tanzen mit den Antilopen-Masken, und zwar mit der männlichen und mit der weiblichen. Die Tänzer stampfen dabei die Erde, wie dies ihr Urahn seinerzeit tat. Auf diese Weise gibt er seinen Nachkommen Fruchtbarkeit und eine gute Ernte.

4. Die Rolle der Frau in der Ackerbaukultur

Der Mann wird zwar in der Ackerbaukultur der Bauer, aber dennoch kommt der Frau ein bedeutender Platz in der Weltanschauung zu. Es wurde bereits wiederholt erwähnt, daß die Erde noch stärker als bei den Pflanzern in den Mittelpunkt des Interesses rückt und mit wenigen Ausnahmen bei allen Völkern auch weiblich ist, der Himmel dagegen männlich (im Alten Ägypten ist *Nut*, das Himmelsgewölbe, weiblich und *Geb*, die Erde, männlich).

Die Erde jedoch hat diverse Aspekte, und sie ist weder immer sakrales Wesen noch immer weiblich. Als kultiviertes Land ist sie weiblich, als Busch männlich. Die alten Hebräer unterschieden die Erde als fruchtbaren Boden = Humus = *adamah* (der Name Adam) und die Erde als Dimensionsbegriff = Territorium = Land = *eres*. Ursprünglich waren Himmel und Erde vereinigt. Da es aber auf Erden dunkel war, wurden sie getrennt.

Im vorhellenischen Griechenland nehmen die Erde und das auf ihr wachsende Korn eine ganz besondere Position ein. Ein weiterer Zug des vorhellenischen Griechenland ist, daß die Schlangen eine wichtige Rolle spielen: Es gibt Schlangenorakel, Schlangengöttinnen, in Delphi den zusammengeringelten Python, Kychreus etc. – alles Indizien von Agrarkulturen, besonders auf Kreta war dieser Kult ausgeprägt. — Auch Griechenland kennt das Urpaar Uranos (Himmel) und Gaia (Erde).

Doch für unsere Zwecke am interessantesten ist der Demeter-Mythos. Demeter (Mutter Erde) hat eine Tochter namens Kore (Mädchen). Kore, auch Persephone genannt, wird von Hades (Unterwelt) geraubt. Demeter weigert sich, zum Olymp zu gehen. Die gesamte Vegetation droht zu vergehen. Helios (Sonnengott) hat gesehen, wer Kore geraubt hat. Es kommt zu einem Vergleich: Kore bleibt neun Monate über der Erde (das Getreide) und drei Monate unter der Erde (das gedroschene Korn wird in einer Miete gespeichert). — In diesem Mythos wäre noch auf viele Details einzugehen, die alle die zentrale Idee von der Erde als weiblichem Wesen unterstreichen, aus deren Schoß das Korn wächst (von Ranke-Graves 1974: 77-83).

Der Religionsgeschichtler Pettazzoni sagt: „Die Erde ist die große Mutter der Erzeugung und Erschaffung. All das spiegelt sich im religiösen Denken wider. Das höchste Wesen echter Ackerbaukulturen ist nicht der Vater im Himmel, sondern die Mutter Erde" (1960: 83). Was aber der großen Mutter Erde abgeht, ist die Allwissenheit, denn als tellurische (erdhafte) Gottheit ist sie nicht allwissend. Nur die zölaren (Himmels-)Gottheiten sind nach Pettazzoni allwissend. Deshalb mußte Demeter auch Helios fragen, wer ihre Tochter Kore geraubt habe.

Demeter (wahrscheinlich aus *ge - mater*, Erde - Mutter) ist die Personifizierung der Fruchtbarkeit der Erde und ihre Tochter Kore bzw. Persephone die Personifizierung des Kornes. Durch die Einwanderung der indoarischen Hellenen ist vieles von dieser alten Weltanschauung verdrängt worden. Wahrscheinlich hat einiges in den Mysterienkulten weitergelebt.

In den Mittelmeerkulturen gibt es eine ganze Reihe solcher Gestalten, die die Fruchtbarkeit der Erde bzw. den Vegetationswechsel personifizieren. Man denke etwa an Namen wie Ceres oder Isis oder Osiris usw.

II. Die Hirten

Ziel dieses Abschnittes ist es, einige allgemeine Züge der Hirtenkulturen herauszustellen. Dabei bin ich mir wohl bewußt, daß es wenigstens so schwer ist, von einer Hirtenkultur zu sprechen wie von einer Ackerbaukultur, denn die Wirtschaftsformen, die sich alle mit Viehzucht befassen, weisen eine sehr starke Variationsbreite auf.

László Vajda zeigt in seinem Werk 'Untersuchungen zur Geschichte der Hirtenkulturen' (1968) sehr gut die Klischeevorstellungen aller seßhaften Hochkulturvölker gegenüber den Hirten auf. Das alte China, das islamische Arabien, das mittelalterliche Europa, um nur einige zu nennen, sahen in den Hirten kriegerische, schnelle Horden mit unersättlicher Beutegier (1968: 19-26). Vajda weist aber auch auf, daß die Hirten nicht selten bestimmte Züge des Hirtentums als Idealvorstellungen ihrer Kultur ausgaben und auf diese Weise auch einer Klischeevorstellung Vorschub leisteten. „Nicht nur die Vorstellungen der Fremdvölker zeigen nämlich eine oft beträchtliche Diskrepanz zur Wirklichkeit und werden in dieser Form tradiert. Auch das eigene Volksbewußtsein, ganz besonders aber das Selbstbewußtsein der führenden Schichten ... lassen ... gewisse idealisiert-typisierte Vorstellungen entstehen ..., was in dem eigenen kulturellen Wesen besonders wertvoll und erstrebenswert erscheint, wird dabei besonders hervorgehoben" (1968: 32).

Bevor wir uns jedoch an die Beschreibung der Hirtenkultur begeben, sollten wir uns um eine Begriffsklärung bemühen, weil die Autoren die Begriffe verschieden gebrauchen. Ich folge hier den Vorschlägen von L. Vajda.

1. Begriffsklärung

a) Nomadismus

Das griechische Wort *nomas* bedeutet 'Hirt, der mit seinen Viehherden umherzieht, Wanderhirt'. Das Verb *nemein* bedeutet 'weiden'. Bereits aus der Grundbedeutung des Wortes heraus, neben einer Reihe anderer Gründe, sollte man das Wort 'Nomadismus' und seine Ableitungen für eine bestimmte Art von Hirtenkultur reservieren. Das Wort 'nomadisieren' in der Bedeutung 'umherziehen', ohne es mit den Hirten zu verbinden, sollte man unterlassen, da es dadurch zu Unklarheiten kommt. 'Nomadisierende Wildbeuter' oder 'nomadische Zigeuner' sind deshalb in der Fachsprache unkorrekt.

Vajda schlägt eine 'doppelte Interpretation des Nomadismusbegriffs' vor:
– „Einerseits sind unter Nomadismus die *empirisch feststellbaren Extremformen der Hirtenkulturen* zu verstehen. ... Wir haben es hier mit ethnographischen Fällen zu tun, in denen sich die Hirten-Merkmale – und zwar alle Merkmale des Hirtentums – in besonderer Klarheit und äußerst entwickelt zeigen."
Nach Vajda ist die extreme Form des Nomadismus eine „ausgesprochen ephemere Anpassungsform einzelner Hirtenkulturen". Bei den meisten Hirtenvölkern könne man nur von 'nomadischen Abschnitten' in ihrer Geschichte sprechen und es sei fraglich, ob man dann diese meist kurze Zeitspanne als ihre 'Blütezeit der Hirtenkultur' bezeichnen könne (1968: 30).
– „In seinem zweiten Aspekt erscheint der Nomadismus nicht als empirisch belegbarer wirtschaftlich-kultureller Zustand, sondern *als Idee* ...; während aber die nomadische Extremform meist ... ein Zustand von relativ kurzer geschichtlicher Dauer ist, sind die verschiedenen Formen der Nomadismus-Idee äußerst zählebig ..." (ibid., 30-31).

Durch das Zusammenspiel verschiedener Faktoren kann es passieren, daß eine Hirtenkultur in die Extremform des Nomadismus gedrängt wird, vielleicht auch freiwillig geht; die einzelnen Gründe dafür, warum die eine Hirtenkultur zum Nomadismus übergeht, die andere nicht, wissen wir kaum einmal.

b) Hirtenkultur

Welche Merkmale bei den Hirtenkulturen schlechthin konstant sind, also zum Wesen einer Hirtenkultur gehören, ist schwer auszumachen. Besitz von Großvieh kann nicht das gemeinsame Merkmal sein, denn es gibt Ackerbaukulturen, die ebenfalls Großvieh besitzen und züchten. Es gibt auch bewegliche Ackerbauer mit Sommer- und Winterfeldern, Berg- und Talfeldern. Nur in seltenen Fällen haben Hirtenkulturen überhaupt keinen Bodenbau irgendwelcher Art. Worauf es bei der Definition der Hirtenkultur vor allem ankommt, scheint das psychische Moment der Gruppe zu sein: sie muß sich als dem Hirtentum verpflichtet fühlen und dieses muß auf alle Bereiche des Lebens einwirken. L. Vajda definiert daher:

> Hirtenkulturen sind jene Kulturen, deren Gesamtbestand (Ergologie, Wirtschaft, soziale Ordnung, Institutionen, Religion, Kunst, Weltbild) einen erkennbarerweise durch das Hirtentum geprägten Charakter hat (1968: 34).

2. Zur Entstehung der Hirtenkulturen

In der älteren Ethnologie galt die These, daß im Wildbeutertum und Jägertum zwei große Entdeckungen gemacht wurden:
- Die Frau als Sammlerin lernte, die Pflanzen zu domestizieren, und dadurch entstand das Pflanzertum.
- Der Mann als Jäger domestizierte die Wildtiere; so entstand das Hirtentum.

Man stufte also Pflanzertum und Hirtentum mehr oder weniger als gleich alt ein. Aus den archäologischen Funden, besonders aus dem Süden der Sowjetunion, geht aber klar hervor, daß das Hirtentum erst aus den Ackerbaukulturen hervorgegangen ist. Der Sowjetrusse G.E. Markov schreibt: „Das archäologische Material weist aus, daß in den Wüsten, Steppen und Vorgebirgen — dort, wo zu Beginn des ersten Jahrtausends v. d. Z. die beweglichen Viehzüchter auftraten —, im dritten und zweiten Jahrtausend v. d. Z. relativ seßhafte Stämme siedelten, die eine komplexe Bodenbau-Viehzuchtwirtschaft ausübten" (1973: 17). Weshalb diese Ethnien „allmählich zu einer beweglichen und später zu einer nomadischen Viehzuchtwirtschaft" (ibid.) übergingen, darüber gibt es verschiedene Meinungen.

Man weiß, daß traditionelle Kulturen nur auf großen Druck hin ihr Wirtschaftssystem ändern. Es kann also nicht nur das Anwachsen der Herden für die Veränderung entscheidend gewesen sein. Markov betont nämlich, daß jene Ethnien, die an sicheren Wasserquellen siedelten, keine Nomaden wurden. Es scheint also, daß, wo genügend Wasser und fruchtbarer Boden vorhanden waren, weiterhin die Komplexwirtschaft betrieben wurde, d. h. Ackerbau und Großviehzucht. — Die Herden wachsen zwar sehr schnell an — in wenigen Jahrzehnten können sie sich verdoppeln —, aber insgesamt entwickeln sich Viehherden nicht linear, sondern periodisch: mal wachsen sie an, dann gibt es Epidemien, dann geht es wieder aufwärts, bis sie in einem Krieg dezimiert werden usw.

Damit Viehzüchter zu beweglichen und schließlich zu nomadischen Viehzüchtern werden, dafür können viele Faktoren in Frage kommen und zweifellos muß auch ein ganzes Bündel zusammen auftreten, damit der ökonomische Wechsel vollzogen wird. Es sind sozio-ökonomische Entwicklungen und Bedingungen, wie das Verhältnis zu Nachbarethnien, Klima, geschichtliche Faktoren, Bodenverhältnisse usw. Markov sagt, daß das Nomadentum „in allen Entstehungsgebieten etwa gleichzeitig und in historisch relativ kurzer Zeit erfolgte. Mit wenigen Ausnahmen bestand die weitere historische Entwicklung nicht in der Einbeziehung von neuen Bevölkerungsgruppen in die Nomadenviehzuchtwirtschaft, sondern im gegenteiligen Prozeß, im ständigen Übergang eines Teils der Nomaden zum Bodenbau und zur Seßhaftigkeit" (1973: 21).

Wann der Übergang vom seßhaften Ackerbau zum beweglichen Hirtentum stattfand, ist nicht genau festzustellen. Nach Markov spricht vieles dafür, daß die ersten Merkmale des Auftretens des Nomadentums in der Übergangszeit vom zweiten zum ersten Jahrtausend v. Chr. liegen und daß die Entwicklung zum 'frühen Nomadentum' sich während des ganzen ersten Jahrtausends v. Chr. vollzog.

Vajda, der in seinem Werk der Frage nachgeht, ob die Rentierdomestikation aus dem Jägertum geleistet wurde — das Rentier war schließlich ein viel gejagtes Tier im Neolithikum —, kommt zu dem Schluß, „daß es auch in Nordasien keine vormetallzeitlichen Kulturen gab, deren dauernde 'Symbiose' mit den Rentierherden die Voraussetzung zu einer spontan-autochthonen Entstehung der Rentierzucht und/oder des Rentierhirtentums aus dem Rentierjägertum hätte bilden können" (1968: 280).

An anderer Stelle betont dann der gleiche Autor, daß vieles dafür spricht, „daß die Pferdezucht der Steppe das Vorbild der frühesten Renzucht war" (1968: 401). Von Pferd und Kamel, den beiden so wichtigen Tieren des Nomadentums, weiß man aber, daß sie erst in der Metallzeit domestiziert wurden. Insgesamt gesehen ist also das Nomadentum recht jungen Datums. Pflanzerkulturen und Ackerbaukulturen waren damals schon mehrere Jahrtausende erprobt[1].

---

1. Vajda gibt die Antwort auf seine eingangs gestellte Frage: „Die ersten Rentierzüchter waren zwar Jäger, aber Pelzjäger, deren Wirtschaft nicht aneignend war, sondern vom Tauschhandel beherrscht wurde; sie hatten zwar keinen Feldbau, aber ohne den letzten Endes aus dem Bereich der agrarischen Kulturen ausgegangenen, durch die Steppenkulturen vermittelten Stimulus wäre es wohl nie zur Rentierdomestikation gekommen" (402).

Was die Zentren der Domestikation angeht, so zählt Markov vier auf, ohne das nordeurasische Zentrum der Rentierdomestikation zu erwähnen. Diese Zentren sind: Zentral-Kasachstan, westliches Kaspi-Gebiet, arabische Halbinsel und Ostasien. Das zentralasiatische oder mongolische Zentrum sei fragwürdig, denn „der Wortbestand der mongolischen Sprache, der mit Termini der Nomadenviehzucht verbunden ist, [ist] türkischen Ursprungs" (1973: 16). Das Zentrum Mongolei wäre also eine sekundäre Entwicklung wie auch die Domestikation des Rens. (W. Schmidt und W. Koppers hielten gerade die Renzucht für die älteste Großviehdomestikation.)

3. Typische Formen der Hirtenkultur

Wie schon betont wurde, ist das Hirtentum mehr als nur eine Wirtschaftsform; ihm entspricht eine eigene Lebenshaltung und eine eigene Weltanschauung. Worin drückt sich nun die Hirtenkultur als eigene Form aus?

a) Einstellung zum Tier

Sowohl die Ackerbauer wie die Hirten züchten Großvieh, aber der Hirte hat eine ganz andere Einstellung zu seinen Tieren: er besingt sie, kennt selbst in großen Herden die Tiere namentlich, hat hunderte Ausdrücke für Tiere mit bestimmter Hornform oder einem bestimmten Fleckenmuster usw. Oft identifiziert sich der Besitzer mit einem Leittier; es wird behandelt wie der eigene Bruder, ja es wird sogar zum Alter ego. Die meisten Hirten halten ihre Herden nicht an erster Stelle wegen der Fleischversorgung, sondern wegen des Prestiges.

b) Tierische Produkte

In Ostafrika gibt es Hirtenvölker – so die Hima und Tutsi –, bei denen die Adeligen ausschließlich flüssige Nahrung zu sich nehmen. Die Milch erhält also einen sehr hohen Stellenwert. Sie wird auch dementsprechend mit vielen Tabus umgeben. So etwa, daß nur Männer melken dürfen, daß Milch nur in Holz-, aber niemals in Metallgefäße gegeben werden darf; daß die Gefäße niemals mit Wasser, sondern nur mit Kuhurin ausgewaschen werden dürfen; daß Milch erst dann getrunken werden darf, wenn der König sie abgeschmeckt hat usw. usw.

Wenn bei diversen Ethnien Ostafrikas ein hoher Gast zu Besuch kommt, öffnet man einem Rind die Halsschlagader, zapft Blut ab und setzt es dem Gast vor, denn feste Nahrung ist nur für die Bauern und die Plebs.

Bei Hirtenvölkern blüht gewöhnlich auch die Lederindustrie, aber meist sind es Frémde oder solche aus niederen Schichten, die gerben und Leder verarbeiten. Ein echter Hirte verachtet meistens die Handwerksarbeit im allgemeinen und Gerben und Lederarbeiten im besonderen.

c) Behausung

Echte Nomaden müssen beweglich sein. Jurte und Zelt sind so konstruiert, daß sie schnell auf- und abgebaut und leicht transportiert werden können. Eine besondere Fertigkeit besteht darin, dichte Zeltbahnen oder lange Filzbahnen aus Wolle herzustellen. Der Filz muß nicht nur gegen Hitze und Kälte schützen, sondern auch Wasser abweisen.

d) Kunst

Je beweglicher Hirtenkulturen sind, desto weniger belasten sie sich mit plastischen Kunsterzeugnissen. Die Kunstfertigkeiten der Hirten liegen vor allem auf dem Gebiet der Musik, der Poesie, des Tanzes, der Reiterspiele und nicht selten auch in den Kampfspielen als Vorbereitung auf Viehrazzien und Kriege.

e) Kriegerischer Habitus

Die Hirten werden gerne als die Krieger par excellence hingestellt. Maquet nennt die Hirtenkulturen Afrikas 'la civilisation de la lance'. Er meint natürlich, die Lanze sei das typische Symbol dieser Kultur. Man bringt Hirtenvölker zu gerne mit Hunnen, Mongolen und Tataren in Verbindung, wie Europa sie bis ins Mittelalter erlebt hat oder besser: wie die Schreiber sie darstellten. Hirtenvölker sind von Natur aus bewaffnet, um ihre Herden gegen wilde Tiere und Räuber zu verteidigen. Hirtenvölker, die aber bereits so weit gesunken sind, daß sie ihren Lebensunterhalt durch Krieg und Beute gewinnen, sind nicht mehr als Hirten anzusprechen.

4. Die Kasachen als Vertreter des Nomadismus

In den weiten Steppen Kasachstans nomadisierten bis vor wenigen Jahrzehnten die Kasachen. Ihr wirtschaftlich bedeutendstes Tier war das grobwollige Fettschwanzschaf. Das Pferd diente als Transportmittel und Milchlieferant (die Stutenmilch wurde zu Kumyß gegoren). Das Rind erhielt erst im 19. Jahrhundert Bedeutung, und zwar bei den armen Kasachen: da Rinder keine weiten Strecken zurücklegen können, waren Kasachen mit Rindern fast unbeweglich geworden[2].

Die jahreszeitlich bedingten Weidewechsel und Wanderungen unterlagen einem streng eingehaltenen Reglement. Ein Autor beschreibt die Wanderungen und Tätigkeiten der Kasachen folgendermaßen:
„Die Kasachen hatten einen streng geregelten Weidewechsel in Anlehnung an

---
2. Nach Markov: „Rind und Esel hatten niemals bestimmende Bedeutung für die Nomadenwirtschaft, und ihre Verbreitung bei den nomadisierenden Viehzüchtern war gewöhnlich das Merkmal der Auflösung des Nomadentums" (1973: 16).

die Jahreszeiten entwickelt, der sich in Winter-, Frühjahrs-, Sommer- und Winterweideplätze gliederte. Das Nomadisieren verlief in Kasachstan in meridionaler Richtung (vom Süden nach Norden), wobei die Sommerweiden im Norden, die Winterweiden im Süden lagen. Die Ausdehnung der Nomadenbewegung erstreckte sich von 200 bis 1200 und mehr Kilometer. Die Weideplätze, Wege und Richtung des Nomadisierens waren zwischen den Viehzüchtergruppen festgelegt und wurden unter normalen Bedingungen eingehalten und akzeptiert.

Zu Beginn des Frühjahrs verließen die Kasachen die Winterplätze. Der tägliche Marsch betrug anfänglich nicht mehr als zehn bis fünfzehn Kilometer, weil das im Winter abgemagerte Vieh keine größeren Entfernungen zurücklegen konnte. Im Mai begannen die Vorbereitungen zum Umzug nach den Sommerplätzen, man nomadisierte durch die futterreichsten Gebiete mit guten natürlichen Wasserstellen (Seen, Bäche) und legte die Strecke teils ohne längere Aufenthalte zurück, teils verweilte man bis zu zwei Wochen an einem besonders günstigen Weideplatz. Der Aufenthalt auf den Sommerplätzen währte von Juni bis Ende August, wobei man Umzugsbewegungen über kürzere Entfernungen vornahm. Mit Sommerende zogen die Kasachen auf die Herbstweiden. Die Richtung ging wieder nach Norden [sic]. Die auf den Sommerweiden angefütterten Tiere konnten anfänglich nur zehn bis fünfzehn Kilometer täglich zurücklegen. Später betrugen die täglichen Märsche fünfundzwanzig bis dreißig Kilometer. Im November/Anfang Dezember begaben sich die Kasachen auf die Winterplätze.

Die einzelnen jahreszeitlichen Stationen waren jeweils mit saisonbedingten wirtschaftlichen Aktivitäten verbunden, die den ökonomischen Rhythmus des gesamten Wirtschaftsgefüges der Viehzüchter-Kasachen bestimmten. Im Frühjahr erfolgte die Geburt und erste Anfütterung der Jungtiere (Schaf, Kamel, Pferd), die Frühjahrsschur der Schafe, das Abnehmen der Kamelwolle, das Zureiten der drei- und vierjährigen Pferde. Der Sommer diente der Auffütterung des Viehs, man wählte die Zuchttiere aus, kastrierte die zuchtuntauglichen Tiere, bereitete Leder und Fell, stellte Konserven aus Milchprodukten als Wintervorrat her. Auf den Herbstweiden walkte man Filz aus der Wolle der Herbstschur, setzte das Inventar instand, machte die Jurte winterfest, nähte warme Kleidung und legte einen Fleischvorrat für den Winter an. Im Winter waren alle Kräfte auf die Erhaltung des Viehbestandes konzentriert. In schneereichen Wintern mußten die Weiden von Schnee und Eis befreit werden, um den Tieren das Herankommen an das Futter zu ermöglichen. In bestimmten zeitlichen Abständen – etwa alle zwölf Jahre – erlebte die kasachische Viehzucht ihr, wie es in ihrer Sprache heißt 'schweres Jahr', wo es durch ungünstige Bedingungen teilweise zu katastrophalen Viehverlusten kam. Erst in der zweiten Hälfte des 19. Jahrhunderts begannen die Kasachen durch den Einfluß der russischen Siedler in größerem Umfang auf den Winterplätzen Viehunterkünfte zu bauen und einen Vorrat an Heu anzulegen" (König 1973: 10).

5. Kapitel
Das Individuum in seinen Verwandtschaftsbeziehungen

I. Individuum und Gruppe

Wie die beiden vorangegangenen Kapitel gezeigt haben, ist die Wirtschaft ein vorzügliches Mittel, um nicht-industrialisierte Völker zu gliedern. Wirtschaftliche Strukturen sind einerseits für den Außenstehenden – und das sind die allermeisten Ethnologen – leicht erkennbar, andererseits wurzeln sie tiefer in Kultur und Weltanschauung, als man gemeinhin anzunehmen pflegt.

Dennoch berührt man mit der Wirtschaft als Einteilungskriterium nur ganz große Gruppen, also ganze Ethnien oder bei wirtschaftlich bereits gegliederten Völkern Berufsstände, Schichten oder Klassen. Das Individuum aber wird mit dem Raster der Wirtschaft praktisch nicht erfaßt. Das Netz ist sozusagen zu grobmaschig, das Individuum fällt durch.

Das Individuum freilich spielt bei den Naturvölkern eine geringere Rolle als in unserer eigenen Gesellschaft. In naturvolklichen Ethnien wird das Individuum immer der Gemeinschaft untergeordnet. Dennoch, das Individuum geht in seiner solidarischen Gemeinschaft niemals derart auf, daß es nicht mehr als Eigenwesen mit Freiheit und Verantwortung faßbar wäre. Es muß natürlich zugegeben werden, daß die Freiheit in einer solidarischen Gruppe andersgeartet ist als in unseren individualistischen Gesellschaften; jedoch, daran stoßen sich nur selten Mitglieder der solidarischen Gruppen: Sie haben es von Kindheit an gelernt, ihre persönlichen Wünsche den Zielen der Gemeinschaft unterzuordnen. Es wäre aber falsch, wollte man die Konflikte leugnen, die es auch in naturvolklichen Gesellschaften zwischen Individuum und Gruppe gibt.

E. Durkheim und seine Schule setzen die naturvolkliche Gesellschaft derart absolut, daß dem Individuum keine Selbständigkeit mehr zukommt. Die Gesellschaft aber wird bei Durkheim im Endeffekt das Absolute schlechthin. Er löst also die Gesellschaft vom handelnden Individuum los. Weder Durkheim noch sein Neffe Marcel Mauss, die beiden Hauptvertreter dieser Schule, haben je mit Naturvölkern zusammengelebt. — Ihr Ansatz ist richtig, daß das Individuum immer nur vergesellschaftetes Wesen ist, also unentrinnbar hineingestellt in ein Netz von sozialen Beziehungen. Aber gerade in diesem Wechselspiel von Einzelwesen und sozialem Milieu kommt erst die menschliche Person zur Entfaltung.

In diesem und im nächsten Kapitel ist unser Unterscheidungskriterium das Individuum in seinen intimsten verwandtschaftlichen Beziehungen. Jede menschliche Person ist Zentrum zahlreicher sozialer Verflechtungen. Wenn wir bisweilen so tun, als sei das Individuum eine für sich allein existierende und von allen anderen abgekapselte Größe, dann abstrahieren wir von seiner sozialen Verästelung, durch die es erst Person geworden ist; diese Beziehungen sind beim Individuum immer vorhanden, auch wenn wir bisweilen davon absehen.

Jene Gruppe von Menschen, mit denen das Individuum intime Sozialbeziehungen unterhält, nennen wir Gemeinschaft. Die intimsten Beziehungen unterhält ein Mensch gewöhnlich mit seinen engsten Verwandten, wobei es sich um Bluts- wie um Allianzverwandtschaften handelt.

Das Individuum und seine Verwandtschaftsbeziehungen interessieren uns aber nicht, insofern es Individuum ist, sondern insofern es Typus ist. Wir wollen also nicht Individuum XY und seine Beziehungen kennenlernen, sondern insofern XY Vater, Sohn, Gatte etc. ist und somit sein Status auf zahlreiche Individuen dieser Gruppe übertragen werden kann. Mit anderen Worten: Uns geht es um Typologien und Strukturen, um dabei die sozial vorgeschriebenen und von der Gesellschaft anerkannten Verhaltensmuster kennenzulernen. Zahlreiche Verhaltensmuster lassen sich aber bereits mittels der Verwandtschaftstermini eruieren. Deshalb werde ich auch im nächsten Kapitel das Verwandtschaftsschema einer afrikanischen Ethnie darstellen und daraus das erwartete Sozialverhalten aufzeigen. Die Verwandtschaftsbeziehungen einer Ethnie interessieren uns dehalb, weil sie in kleinen, noch wenig gegliederten Gesellschaften praktisch die einzige oder doch wesentliche soziale Gliederung ausmachen. Wirtschaft, Religion, Recht etc. werden auf der Basis der Verwandtschaft gehandhabt. Ihr kommt deshalb gerade in diesen Ethnien eine große Bedeutung zu.

Die Verwandtschaftsethnologie benützt der Kürze und Klarheit halber zahlreiche Symbole, Begriffe und Kürzel, die man zunächst kennen muß, wenn man Fachliteratur lesen und verstehen will. Da die Begriffe nicht bei allen Autoren den gleichen Inhalt haben, tut man gut daran, von vornherein genau anzugeben, was man unter Begriffen wie 'Klan', 'Sippe', 'Klasse' etc. versteht.

II. Symbol- und Begriffserklärung

1. Der Beziehungspunkt

Will man versuchen, das Verwandtschaftssystem einer Ethnie zu begreifen, so benötigt man zunächst einen festen Punkt, von dem aus man das gesamte System überblickt. Diesen Punkt wählen wir irgendwo in der Mitte des Systems, sodaß wir dem Punkt über- und untergeordnete Generationen zur

Verfügung haben. Diesen Punkt bezeichnen wir als *Ego*. Ego ist somit jene Person, von der aus die gesamten Verwandtschaftsbeziehungen betrachtet und die Verwandten benannt werden. Die Verwandtschaftstermini können sich ändern, je nachdem, ob Ego männlich oder weiblich ist. Man tut daher gut daran, die Beziehungen sowohl von einem männlichen wie von einem weiblichen Ego aus zu verfolgen. Wird das Verwandtschaftssystem zeichnerisch dargestellt, so wird Ego in besonderer Weise gekennzeichnet, damit man auf den ersten Blick ersieht, von woher das System betrachtet wird.

2. Die Kernfamilie und die zeichnerischen Grundsymbole

Als Kernfamilie bezeichnen wir einen Mann, seine Frau(en) und ihre gemeinsamen Kinder. Bei den meisten Naturvölkern spielt die Kernfamilie eine der Großfamilie untergeordnete Rolle, besonders in bezug auf Wirtschaft und Religion. Dennoch kommt der Kernfamilie vom verwandtschaftsethnologischen Standpunkt aus die zentrale Bedeutung zu, weil in ihr die drei wichtigsten Verwandtschaftsbeziehungen grundgelegt sind. Es sind dies:
  · Allianz: Gatte – Gattin
  · Filiation: Eltern – Kinder
  · Kollateralität: Geschwister

Die zeichnerischen Symbole hierfür zeigt die Abbildung 1.

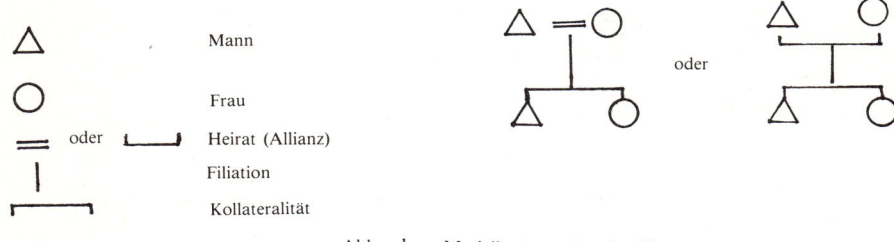

Abb. 1   Modell einer Kernfamilie

3. Die Großfamilie

Wir verstehen darunter zwei oder mehrere Kleinfamilien, die miteinander verwandt sind und eine Residenzeinheit bilden. Die Großfamilie umfaßt meistens mehrere Generationen, also Großeltern, Eltern und ihre verheirateten Kinder. Wir verwenden für diese Einheit auch die Ausdrücke 'erweiterte Familie' und 'zusammengesetzte Familie'. Die Großfamilie bildet gewöhnlich nicht nur eine Residenzeinheit, sondern auch eine Produktions- und Konsumeinheit. Man arbeitet gemeinsam auf den Feldern oder geht gemeinsam fischen und jagen. Der Patriarch der gemeinsamen Gruppe verwaltet gewöhnlich die gemeinsamen Vorräte (nur er darf den Speicher öffnen) und die gemeinsame Kasse. Obgleich die solidarische Gruppe eine gemeinsame Kasse hat, aus der größere Ausgaben wie Brautpreis, Prozeßkosten etc. bestritten werden, hat jedes Individuum ein Recht auf Privateigentum. Waffen, Schmuck, Ersparnisse aus privater Tätigkeit usw. sind Eigentum des einzelnen. Gewöhnlich darf selbst der Ehepartner nicht daran rühren.

Der englische Ausdruck *joint family* deckt sich ungefähr mit unserem Ausdruck 'erweiterte Familie'; doch bezeichnet 'joint family' meist nur mehrere Kernfamilien von Geschwistern. Die genealogische Tiefe fehlt also. Die Auffassung der Autoren ist jedoch nicht einheitlich; Charles Winick definiert in seinem 'Dictionary of Anthropology' joint family wie wir unsere Großfamilie, also mit genealogischer Tiefe (1970: 203).

Der Ausdruck 'erweiterte Familie' wird ebenfalls nicht immer einheitlich definiert. Wir verwenden ihn synonym mit 'Großfamilie'. Es gibt auch Autoren, die darin eine Kernfamilie sehen, welche durch nahe, aber nicht verheiratete Verwandte erweitert ist.

4. Der Klan

Bei vielen, aber längst nicht allen Naturvölkern ist der Klan als Sozialeinheit bekannt. Man kann ihn definieren als eine unilineare Verwandtschaftsgruppe, die sich von einem gemeinsamen Urahn bzw. einer gemeinsamen Urahnin herleitet, zu dem (der) aber die genealogische Abstammung nicht mehr aufgezeigt werden kann, weil der Urahn oft eine mythische Person ist und die Klangründung in die legendenumwobene Zeit reicht. Richtet sich die Klanzugehörigkeit nach der mütterlichen Linie, sprechen wir von einem Matriklan, bei väterlicher Zurechnung von einem Patriklan.

Wichtige Merkmale eines Klans sind:
a) Sofern ein Klan nicht vom Aussterben bedroht ist, umfaßt er für gewöhnlich mehrere Lineages. Klane können sehr große Gebilde von vielen tausenden Mitgliedern sein, die sich persönlich nicht mehr kennen.
b) Jeder Klan pflegt einen Klannamen und eine Klandevise zu haben. Diese nimmt häufig Bezug auf eine Heldentat sei es des Klangründers, sei es eines Mitglieds der Frühzeit.
c) Ein gemeinsames Klanoberhaupt gibt es nur dann, wenn der Klan klein ist. Bei größeren Klanen (wie z. B. in Schwarzafrika) sind die sogenannten 'Klanältesten' bei näherem Hinsehen praktisch niemals für den ganzen Klan, sondern nur für eine Lineage zuständig. Sind Lineages noch nicht lange geteilt, dann kann es auch vorkommen, daß ein 'Klanältester' über mehrere Lineages befindet.
d) Der Klan ist in den meisten Fällen keine solidarische Gemeinschaft. Häufig wird der Klan nur mehr bei der Klanexogamie effektiv[1], denn die mei-

---
1. Panoff / Perrin schreiben in ihrem Wörterbuch s. v. Clan: „Ein Aggregat von Personen, die sich aufgrund einer *unilinearen Filiationsregelung* als verwandt ansehen, aber sonst nichts miteinander gemein haben, bilden eine Kategorie und nicht einen Clan"

sten Klane beachten das Gebot, daß der Ehepartner außerhalb des Klans genommen werden muß.

e) „Verwandtschaft resultiert aus der Anerkennung einer sozialen Beziehung zwischen Eltern und Kind; diese Beziehung kann biologischer Natur, kann aber auch andersartig sein" (Radcliffe-Brown 1953: 5). Verwandtschaft resultiert also nicht nur aus der blutsmäßigen Abstammung, sondern auch aus der sozialen Zuweisung – pater est quem nuptiae demonstrant. — Da der Urahn des Klans ein mythisches Wesen ist, und die genealogische Abstammung nicht mehr aufgezeigt werden kann, werden auch die Sklaven in den Klan integriert, d. h. sie tragen den Klannamen ihres Herrn, fallen aber nicht unter das Gesetz der Klanexogamie[2].

f) Klane können über ein Ahnenland verfügen oder auch nicht. Für gewöhnlich aber besitzt jeder freie Klan ein Ahnenland. Normalerweise soll sich dort der Urahn als erster niedergelassen haben. Er verfügt demnach auch über die Geister dieses Territoriums. Infolge der Klanexogamie aber siedelt niemals der gesamte Klan auf der Ahnenerde. Klane mit Ahnenland nennen wir 'lokalisierte Klane'. Manche Autoren sprechen nur bei lokalisierten Gruppen von Klanen, sonst sprechen sie von Sippen. Vor allem bei amerikanischen Ethnologen ist dieser Sprachgebrauch anzutreffen.

g) Zu einem Klan gehören auch alle verstorbenen Klanmitglieder. Die Mehrheit der Klanmitglieder lebt also im anderen Dorf, im Jenseits. Und da das Axiom gilt, daß man um so mächtiger ist, je näher man dem Ursprung ist, sind natürlich die Klanmitglieder im Jenseits mächtiger als die im Diesseits. Sie besitzen das Land und seine Fruchtbarkeit; deshalb sind die Diesseitigen immer von den Jenseitigen abhängig.

5. Die Lineage

Wenn der Klan keine solidarische Gruppierung ist, kommt die Aufgabe, Solidarität zu üben, fast immer der Lineage zu. Sie gehört somit zu den wichtigsten Institutionen der Sozialorganisation von Naturvölkern. Die Lineage ist im Unterschied zum Klan eine solidarische Gruppe von unilinearen Verwandten, die sich alle von einem gemeinsamen Ahn bzw. einer gemeinsamen Ahnin blutsmäßig herleiten und diese Abstammung genealogisch nachweisen können.

Eine Lineage beinhaltet unter anderem folgende Merkmale:
a) Die Lineage ist eine solidarische Gruppe von Verwandten, die, wenn möglich, in Residenzeinheit leben. Zerbricht aus irgend einem Grund die Solidari-

---

(1975: 66). Diese Aussage der beiden Autoren berührt nicht den von mir definierten Klan, weil dieser die Klanexogamie übt, gemeinsame Ursprungsmythen und infolgedessen ein Wir-Gefühl hat.

2. Nicht selten suchen Klane dadurch dem Aussterben zu entgehen, daß sie sich junge, fortpflanzungsfähige Sklaven kaufen (der Matriklan Frauen, der Patriklan Männer), die dann für den Klan ihres Herrn Nachkommen zeugen.

tät, zieht man die Spaltung der Lineage einem unsolidarischen Verhalten vor. Zu einer Spaltung der Lineage kommt es vor allem dann gerne, wenn in der obersten lebenden Generation zwei ähnlich starke Persönlichkeiten mit großem verwandtschaftlichen Anhang leben und keine Residenzeinheit mehr besteht.
b) Wenn die älteste Person der Lineage die nötigen Voraussetzungen besitzt, steht sie als oberste Autorität der Lineage vor. Sie ist mit ihrem Rat für alle Fragen in ökonomischer, juridischer und religiöser Hinsicht zuständig. Sie ist auch Bindeglied und Mittler zwischen Lebenden und Verstorbenen. Ist der oder die Älteste unfähig, die Lineage zu verwalten, wird ein Geeigneter an seiner Statt gewählt.
c) Lineage-Ältester kann sowohl ein Mann wie auch eine Frau sein. Meist aber ist es ein Mann, sogar in matrilinearen Gesellschaften. Häufig aber gibt es die Einrichtung, daß es neben dem Lineage-Ältesten auch eine Lineage-Älteste gibt. Sie ist dann für die rein weiblichen Belange zuständig. Bei verschiedenen Ethnien im Kwango-Kasai-Zwischengebiet verwaltet die älteste Frau die gemeinsame Kasse. Man sagte, der Älteste sei zu sehr versucht, das Geld für eigene Zwecke, z. B. für eine junge Frau auszugeben. Alte Frauen seien diesbezüglich absolut zuverlässig.
d) Wie schon beim Klan so bilden auch in der Lineage die im Diesseits Lebenden nur einen Teil der Gesamtlineage. Der wichtigere Teil lebt im Jenseits.
e) Sklaven und Hörige gehören zwar zum Klan, nicht aber zur Lineage, weil sie den genealogischen Bezug zum Urahn nicht aufzeigen können.
f) Eine Lineage umfaßt meist drei bis fünf Generationen, in Ausnahmefällen auch sieben. Je volkreicher aber die Lineage ist, desto schwerer ist es, absolute Solidarität zu üben.
g) Eine Lineage besitzt häufig ihren eigenen Friedhof. Auch auswärts Verstorbene werden, oft unter großen Mühen, auf dem Ahnenfriedhof bestattet. Der Friedhof ist ja nicht nur Bestattungsort, sondern auch Opferplatz und Ahnenplatz, wo die jenseitigen Mächte ganz besonders präsent sind. Bei vielen Ethnien ist der Friedhof der sakrale Ort schlechthin (doch darüber mehr beim Ahnenkult).

6. Die Sippe

Der Ausdruck 'Sippe' ist unpräzise, da er für verschiedene soziale Gebilde verwendet wird. Wer dennoch 'Sippe' gebraucht, sollte angeben, was er darunter versteht.

Im landläufigen Sinne meint 'Sippe' eine Gruppe von Blutsverwandten, die untereinander eine gewisse Solidarität üben. Meist bezeichnet man damit einen Verband von mehreren Großfamilien bzw. erweiterten Familien.

Amerikanische Autoren verwenden Sippe ('sib') gerne für die Klane und

Lineages; manche Autoren schränken es auf solche Klane und Lineages ein, die kein eigenes Ahnenland besitzen. F. Vivelo macht zwischen Klan und Sippe keinen Unterschied mehr; nach ihm seien „diese Unterscheidungen in der gegenwärtigen anthropologischen Literatur nicht mehr gebräuchlich" (1981: 227, n.6).

Bei den Germanen, von denen das Wort Sippe bzw. sib herkommt, verstand man darunter alle Blutsverwandten bis zu einem bestimmten Grad. Die Sippe eines Individuums umfaßte seine Eltern, Geschwister, Kinder und Geschwisterkinder bis zum sechsten Grad. Weiter entfernte Blutsverwandte wurden nicht mehr als zur Sippe gehörig betrachtet. — Der Klan hingegen kennt keine verwandtschaftliche Begrenzung, solange der gleiche Klanname gegeben ist.

7. Weitere Gruppierungen

Es seien hier noch einige Gruppen aufgeführt, die nicht mehr auf verwandtschaftlicher Basis organisiert sind, aber hin und wieder doch so gebraucht werden. Sie seien der Klarheit halber hier besprochen. Es sind dies die Gebilde: Kaste, Klasse, Ethnie, Stamm, Volk.

a) Kaste

Sie ist eine geschlossene Gruppe innerhalb einer Globalgesellschaft. Die Mitglieder einer Kaste gehen im Prinzip der gleichen Beschäftigung nach. Die Kaste übt Endogamie; die Kasten sind hierarchisiert. Der Status der einzelnen Kaste wird religiös gerechtfertigt. Eine Kaste erreicht man nicht, man wird in sie geboren.

Das arische Indien hat die konsequenteste Kastengesellschaft entwickelt. Die vorarische Bevölkerung Indiens war in Stämme und diese in Klane gegliedert. Infolge der Hinduisierung wurden diese Altvölker vielfach in niedere Kasten gedrängt. Die vorarischen Völker kannten gewöhnlich nur die Kaste der Schmiede (siehe Ruben 1939). Auch in Schwarzafrika ist die bekannteste Kaste die der Schmiede. Sie sind wie in Stammesindien so auch meist in Afrika ambivalent: sie sind unentbehrlich, aber man hat Angst vor ihnen wegen ihrer zauberischen Kräfte. Neben der Eisenverhüttung und dessen Verarbeitung können Schmiede auch noch folgende Tätigkeiten ausüben: sie sind Schnitzer, niedere Priester, Totengräber und ihre Frauen sind Hebammen. Bei den Munda (Nordost-Indien) ist der Schmied, obgleich verachtet, sogar Opferer und bisweilen Regenmacher. Bei der Vertragserneuerung zwischen Munda und Schmieden findet eine Umkehrung der Wertordnung statt: den Unberührbaren müssen Munda-Frauen sogar die Füße waschen und ihnen Bier reichen. — Bei den altnigritischen Dogon und Bambara in Westafrika ist im Gegenteil der Schmied hoch angesehen: er spielt in der Schöpfungsgeschichte eine wichtige Rolle.

b) Klasse

Der Klassenbegriff im Marx'schen Sinne gehört streng genommen nicht mehr in die Ethnologie, weil bei Naturvölkern heute eine andere historische Situation herrscht als zur Zeit von Marx in Europa. Dennoch wird der Marx'sche Klassenbegriff immer mehr in die Ethnologie eingeführt. Die autochthonen Führer lassen jedoch für ihr Land nur *eine* Klasse gelten oder sie sprechen von 'nichtantagonistischen Klassen'.

Die Marx'sche Klasse ist eine große, nicht sonderlich fixierte Gruppe innerhalb einer Globalgesellschaft. Die Mitglieder einer Klasse gehören der gleichen ökonomischen Schicht an, besitzen ähnliches Sozialprestige und haben gleichen Anteil an der politischen Macht (bzw. keinen Anteil an der Macht). Die Mitglieder einer Klasse haben ein Wir-Gefühl, sie besitzen ein Klassenbewußtsein.

Im Unterschied zur Kaste wird man in die Klasse nicht geboren, sondern erwirbt sie. In der Klasse steht also die Leistung über der Erblichkeit. Zwischen den Klassen existiert Mobilität, so daß bei bestimmten Voraussetzungen die Klasse gewechselt werden kann. Die Klassen einer Globalgesellschaft sind hierarchisch geschichtet und stehen zueinander in einem antagonistischen Verhältnis, d. h. die ausgebeutete Klasse nimmt ihre Lage nicht gottgegeben hin, sondern sucht sie durch den *Klassenkampf* zu verändern. — Bei den ethnologischen Völkern kann erst seit der Kolonisation und vor allem seit der Industrialisation von eigentlichen Klassen gesprochen werden.

c) Ethnie, Stamm, Volk

Jeder gebraucht diese Begriffe, aber kaum jemand definiert sie. Man hat eine ungefähre, aber fast niemals eine genaue Vorstellung davon.

Ethnos bzw. Ethnie, Lehnwörter aus dem Griechischen, sind noch am unverfänglichsten, weil sie ausschließlich als emotional nicht belastete Fachtermini gebraucht werden. Eine genaue Definition davon zu geben, ist aber kaum einfacher als von den Begriffen Stamm und Volk. Man versteht darunter eine größere Gruppe von Personen mit gleicher Sprache, Kultur, Sozialstruktur, geschlossenem Siedlungsraum etc. Man könnte sagen: Eine Ethnie ist ein Gebilde wie ein Volk, nur kleiner und mehr oder weniger auf Naturvölker beschränkt. Ethnie deckt sich in etwa mit unserem Wort Stamm, allerdings ohne den pejorativen Beigeschmack. Wenig zufriedenstellend ist Mühlmanns Definition von Ethnie, weil sie keine Klarheit bringt und das Problem nur verlagert. Er sagt, Ethnie sei „die größte feststellbare souveräne Einheit, die von den betreffenden Menschen selbst gewußt und gewollt wird. Eine Ethnie kann daher auch eine Horde, ein Klan, ein Stamm, sogar eine Kaste sein ..." (1964: 57).

'Volk' ist nach W.E. Mühlmann „ein Pauschalbegriff zur Kennzeichnung der Verbindung einer bestimmten Bevölkerung mit einem bestimmten Kulturraum." Mühlmann führt weiter aus: „Daß es überall 'Völker' geben müsse, daß die Menschheit sich in 'Völker' gliedere, ist soziologisch betrachtet nur ein Vorurteil, das auf die willkürliche Übertragung europäischer Geschichtsresultate auf ganz andere Geschichtsräume zurückgeht" (in Bernsdorf 1972: s. v. Volk).

Der Begriff 'Stamm' ist nach unserem heutigen Sprachempfinden untragbar, zumal wenn man ihn auf große gegliederte Ethnien wie Yoruba, Bakongo, Munda, Batak usw. anwendet. Noch negativer behaftet als 'Stamm' ist das französische Wort 'tribu'; davon ist das Wort 'Tribalismus' mit den Assoziationen von Stammesdenken und Hinterwäldlertum abgeleitet.

Unsere drei Begriffe sind an erster Stelle geschichtliche Gebilde und nicht biologische. D. h. ihre Inhalte brauchten einen langen geschichtlichen Werdegang, um zu dem zu werden, was wir heute darunter verstehen. Bei eingehenden empirischen Untersuchungen unter den Bayansi im Zaïre stellte ich fest, daß ursprünglich vielleicht nur der Herrscherklan und möglicherweise noch wenige andere Klane Bayansi waren. Alle anderen aber, welche heute als solche gelten, wurden es erst in einem langen geschichtlichen Prozeß, der eingeleitet wurde durch die Machtausübung des herrschenden Klans.

Noch stärker tritt der politisch-geschichtliche Faktor in der Volkwerdung großer ethnischer Gebilde zutage, welche eine politische Zentralgewalt besitzen. So etwa läßt sich bei den heutigen Bakongo feststellen, daß sie zahlreiche fremde Ethnien in ihr Reich integriert haben, die mit der Zeit alle Bakongo wurden. Man gewinnt also den Eindruck, daß das politische Territorium gleichzeitig geschichtlicher Raum der Volkwerdung ist.

Zusammenfassend könnte man folgende Wesensmerkmale einer Ethnie bzw. eines Stammes angeben:
- Überschaubares, zusammenhängendes Territorium, das als Ahnenland gilt;
- gemeinsame Sprache und Kultur;
- gleiche Machtideologie, ohne daß eine zentrale politische Macht nötig wäre;
- gemeinsame geschichtliche Vergangenheit.

Die hier diskutierten Begriffe sind auch deshalb so schwierig zu definieren, weil ihre Mitglieder sich häufig auf verschiedene Art und Weise abgrenzen; man bestimmt sich selbst immer im Gegensatz zum Fragenden. Einem Fremden gegenüber nennt man seine Ethnie; ist aber der Frager von der gleichen Ethnie, definiert man sich als Mitglied eines Unterstammes usw. Den Europäern gegenüber hat sich deshalb auch jeder Bewohner des Kongoreiches als Mukongo ausgegeben; untereinander gab und gibt es noch heute eine ganze Palette von verschiedenen Bakongo. — Nach jahrelangem Aufenthalt bei den Yansi machte ich die Feststellung, daß man sich mir gegenüber mit immer kleineren Sozialeinheiten bezeichnete und zwar in dem Maße, als ich ihre Geschichte und ihre Sozialstrukturen kennenlernte.

Alles in allem kann man sagen, daß keiner der genannten Begriffe voll befriedigt. Wir verwenden deshalb vor allem jene, welche nicht kompromittierend sind. — Wir reden ja auch vom 'deutschen Volk' und wissen doch, daß im Laufe der Jahrhunderte Millionen Nicht-Deutscher in dieses Volk integriert wurden. Ist es deswegen weniger deutsch?

III. Verwandtschaftsdiagramm

Bevor wir weiter auf Einzelheiten der Verwandtschaftsbeziehungen eingehen, sei einmal ein allgemeines Verwandtschaftsdiagramm dargestellt, damit man sich die Verwandtschaftsbeziehungen von Ego vorstellen kann.

Abb. 2 Verwandtschaftsdiagramm

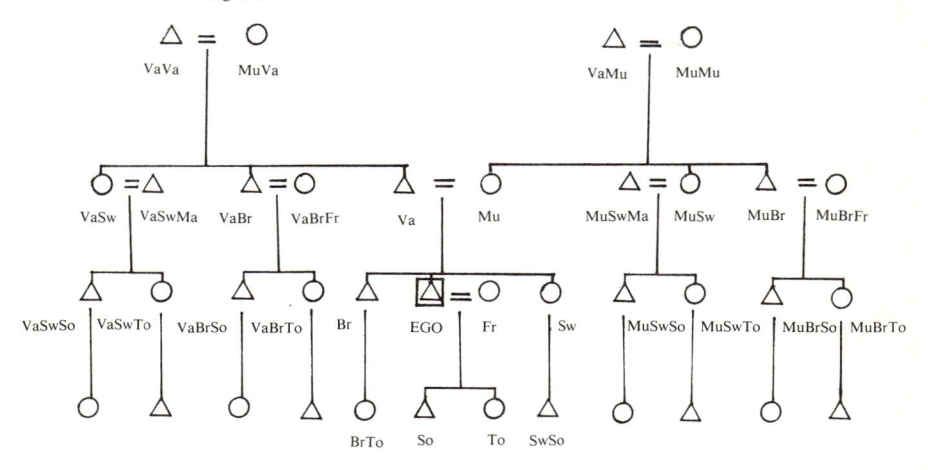

Neben der zeichnerischen Darstellung in Abb. 2 lassen sich die einzelnen Verwandtschaftspositionen auch in Worten angeben. Da unsere Sprache ungenau ist und bisweilen ein Begriff auf mehrere Personen anwendbar ist, z. B. die Ausdrücke 'Onkel' und 'Tante' — wir können hier von klassifikatorischen Verwandtschaftstermini sprechen —, wurde eine Schreibweise ausgedacht, welche es erlaubt, jeden Verwandten direkt zu benennen. Um Bandwurmkonstruktionen zu vermeiden, hat man sich auf folgende Abkürzungen geeinigt:

	Deutsch		Englisch		Französisch
Va	Vater	Fa	Father	Pe	Père
Mu	Mutter	Mo	Mother	Me	Mère
So	Sohn	So	Son	Fs	Fils
To	Tochter	Da	Daughter	Fe	Fille
Br	Bruder	Br	Brother	Fr	Frère
Sw	Schwester	Si	Sister	Sr	Soeur
Ma	Ehemann	Hu	Husband	Ho	Homme
Fr	Ehefrau	Wi	Wife	Ep	Epouse
KB	Kreuz-Base	Cc	Cross-cousin	Cc	Cousine croisée
KV	Kreuz-Vetter	CC	Cross-cousin	CC	Cousin croisé
PB	Parallel-Base	Pc	Parallel cousin	Cp	Cousine parallèle
PV	Parallel-Vetter	PC	Parallel cousin	CP	Cousin parallèle

Wer im Deutschen Schwierigkeiten hat, ein Wort wie MuBrToTo richtig zu lesen ('Mutters-Bruders-Tochter-Tochter'), kann unter Zuhilfenahme der Artikel im Genitiv von rückwärts zu lesen beginnen; auf diese Weise wird der Begriff leichter verstanden. Also: die Tochter der Tochter des Bruders der Mutter. Am Anfang empfiehlt es sich, komplizierte Verwandtschaftsbeziehungen zeichnerisch darzustellen. Wenn es z. B. heißt, bei den Bayansi ist die MuBrToTo die präferentielle Ehefrau (die sogenannte *kityul*, Ego wird *mutyul* genannt), ist dies wie in Abb. 3 darzustellen.

Abb. 3 Präferenzheirat

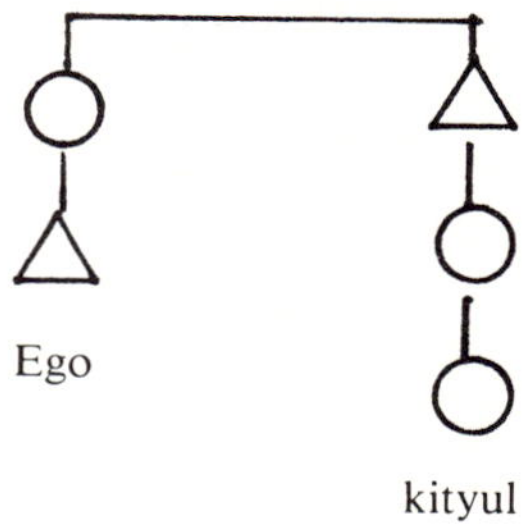

Im Englischen wird übrigens wie im Deutschen notiert, im Französischen umgekehrt; also: MuBrToTo = MoBrDaDa = FeFeFrMe.

1. Unilineare Filiation

Die meisten Naturvölker anerkennen nur eine unilineare Filiation, d. h. die Verwandtschaftszurechnung erfolgt nach der mütterlichen (*matrilinear*) oder der väterlichen (*patrilinear*) Linie, und zwar steht bereits bei der Geburt fest, zu welcher Linie das Neugeborene gehören wird. Davon ist die *ambilineare* Filiation zu unterscheiden. Diese gestattet es nämlich, daß man sich eine Linie der vier großelterlichen Linien aussucht, der man zugehören will.

Die unilineare Filiation sagt lediglich über die Verwandtschaftszurechnung etwas aus; daneben gibt es noch andere Faktoren zu beachten: so die Wohnfolge (Residenz), Vererbung von Gütern, von Speisetabus, von Totems, Klanfetischen und vieles andere mehr. Die unilineare Filiation hat den großen Vorteil, daß die verwandtschaftlichen Verhältnisse klar sind. Bei bilinearer Verwandtschaftszurechnung ist man in einer kleineren Gruppe, wie sie bei Naturvölkern üblich ist, innerhalb weniger Generationen mit sämtlichen Mitgliedern blutsverwandt. Bei unilinearer Filiation, gekoppelt mit Ausheirat (Exogamie), kann man sicher sein, keine inzestuöse Verbindung einzugehen. (Der Inzest im ersten Glied und die Schwarze Magie oder Hexerei scheinen die allgemeinsten Verbote in den naturvölkischen Gesellschaften zu sein.)

2. Patrilineare Filiation

Sie besagt, daß man verwandtschaftlich zur väterlichen Linie gehört. So die väterliche Gruppe in Klane aufgeteilt ist, erhält man den Klannamen des Vaters. Wenn der Klan ein Totem besitzt, erbt man auch dieses usw. In der Abbildung 4 gehören die mit × gekennzeichneten Personen zum Patriklan.

Abb. 4 Patrilineare Lineage

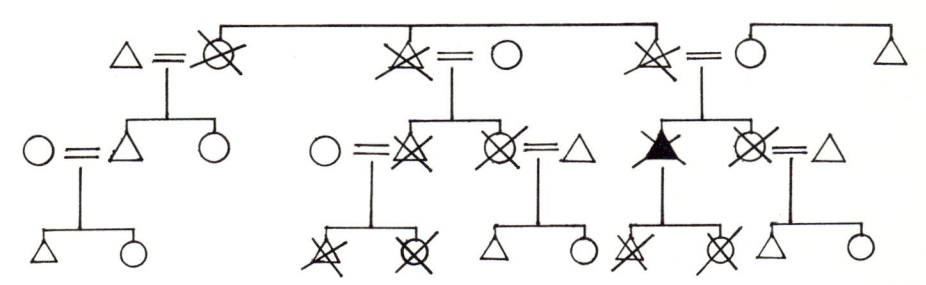

Wie wir schon wiederholt erwähnt haben, kommt die Patrilinearität besonders häufig bei Ackerbauern und Hirtenvölkern vor. Kommt es im Zuge der Patrilinearität zur Bildung von Großfamilien, an deren Spitze der älteste Mann steht, der mit fast absoluter Autorität über seine Söhne, Enkel und Urenkel mit ihren jeweiligen Familien herrscht, so sprechen wir gerne von 'Patriarchat'. Nach der Theorie der Evolutionisten wäre das Matriarchat entwicklungsgeschichtlich dem Patriarchat vorausgegangen.

3. Matrilineare Filiation

Sie drückt die Abstammung in der Mutterlinie aus. Als man im vergangenen Jahrhundert die Matrilinearität und die klassifikatorischen Verwandtschaftstermini entdeckte, glaubte man, einen Urzustand der menschlichen Entwicklungsgeschichte entdeckt zu haben. Johann Jakob Bachofens (1815—1887) Werk 'Das Mutterrecht' (1861) brachte diese Idee zum Ausdruck. Da in einem klassifikatorischen Verwandtschaftssystem alle Brüder des Vaters wie der leibliche Vater, alle Schwestern der Mutter wie die leibliche Mutter angesprochen werden (bisweilen auch noch Parallel-Vettern und Parallel-Basen), so schloß Bachofen auf eine Urpromiskuität. Heute freilich hängt kaum noch jemand dieser Theorie an.

Wie bereits erwähnt, kommt Matrilinearität vor allem bei einfachen Pflanzern vor, aber nicht nur. Ein Problem der Matrilinearität ist, daß sie häufig mit patrilokaler oder virilokaler Wohnfolge gekoppelt ist. Dieser Umstand bewirkt, daß derartige Gruppen äußerst spaltungsanfällig sind. Da die Frau in die Lineage des Mannes zieht, sind ihre Kinder an Ort und Stelle Fremde. Entweder die Lineage der Frau trachtet, die halbwüchsigen Kinder zu sich zu holen – dem stimmen die Eltern nicht gerne zu – oder aber nach zwei bis drei Generationen machen sich die Kinder mit ihren Nachkommen von der Lineage ihrer Mutter selbständig. Matrilineare Gruppen sind daher häufig in kleine Einheiten aufgespalten. Bisweilen suchen Herrscherklane diese Schwierigkeiten dadurch zu umgehen, daß die politische Macht über die Vaterlinie vererbt wird, also vom Vater auf den Sohn. So etwa war es bei den sonst matrilinearen Bakongo Brauch. Auch die matrilinearen Bayansi kennen neben der matrilinearen die patrilineare Vererbung der Häuptlingswürde.

Abb. 5 Matrilineare Lineage

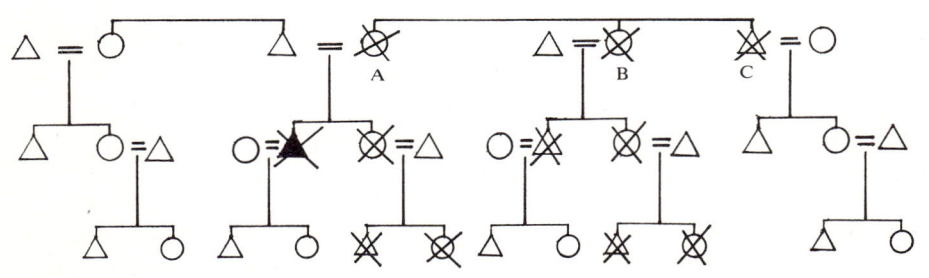

Geht man von der Abbildung 5 aus und stellt sich vor, daß A und B an verschiedenen und vielleicht noch weit auseinander liegenden Orten wohnen, der MuBr C aber auf der Ahnenerde wohnt, so muß er die Kinder seiner Schwestern zu sich holen oder es wird über kurz oder lang zu einer Spaltung seiner Lineage kommen.

6. Kapitel
Das Verwandtschaftssystem der Bayansi

I. Vorbemerkungen

Damit die Begriffe, die zum Verständnis eines Verwandtschaftssystems nötig sind, nicht weiterhin in abstrakter Weise und lexikonartig abgehandelt werden müssen, sollen diese nun an einem konkreten Fall erläutert werden. Ich möchte darauf hinweisen, daß die Kapitel V und VI nicht mehr wollen, als die wichtigsten Grundbegriffe der Verwandtschaftsethnologie erläutern. Verwandtschaftsethnologie selbst sind sie noch nicht.

Wir unterscheiden *Anredetermini* (siehe Abb. 7) — es sind dies die 'Verwandtschaftsbezeichnungen der (direkten) Anrede', z. B. Papa, Mama, Oma etc. — und *Referenztermini* (siehe Abb. 6), die man Dritten gegenüber verwendet; so sagt man Vater, Mutter, Großmutter, wenn man über sie spricht. Mit Papa, Mama, Oma würde sich ein Erwachsener Dritten gegenüber lächerlich machen.

Die Verwandtschaftstermini widerspiegeln in hohem Maße das normative Sozialverhalten in einer Ethnie, besonders die Anredetermini sind diesem Zwang unterworfen: denken wir an Ausdrücke wie 'Eure Heiligkeit, Majestät, Durchlaucht, Hochwürden, Magnifizenz, Exzellenz'. Dies sind zwar keine Verwandtschaftstermini, aber es sind Titel der Anrede, in denen die soziale Unterwerfung sehr stark zum Ausdruck kommt. Die Bayansi haben Anredetermini, die eine ähnliche Unterwerfung zum Ausdruck bringen. So z. B. müssen sie beim Ahnenopfer ihre Verstorbenen als *bakwurebi* ansprechen, d. h. als 'unsere Alten'. Mit dem gleichen Terminus werden auch die lebenden Ältesten angesprochen. Man bringt also durch die Anrede zum Ausdruck, daß die Jenseitigen gar nicht tot sind. Helfen aber die Verstorbenen trotz des Opfers nicht, dann sagt man einfach *bakwi*, d. h. 'Verstorbene', was eine schwere Irreverenz darstellt, denn man tut so, als wären sie doch Tote. Nach der herrschenden Ideologie aber ist der physische Tod inexistent, denn er ist nur ein Ritus des Übergangs (ein sogenannter 'rite de passage'). Ähnlich sprechen Bayansi-Eltern ihre Söhne als *ta* (Vater) und ihre Tochter als *ma* (Mutter) an, denn die herrschende Meinung sagt, daß sich alternierende Generationen reproduzieren.

Die Bayansi (oder Yansi) sind eine pflanzerische Bantu-Ethnie mit etwa 250.000 Personen in Südwest-Zaïre. Der Großteil der Bevölkerung wohnt seit etwa 250 Jahren im heutigen Wohngebiet am Unterlauf des Kwilu in der heutigen Provinz Bandundu der Republik Zaïre. Sie sind — wie alle ihre Nach-

Verwandtschaftssystem der Bayansi

Abb. 6 Referenztermini

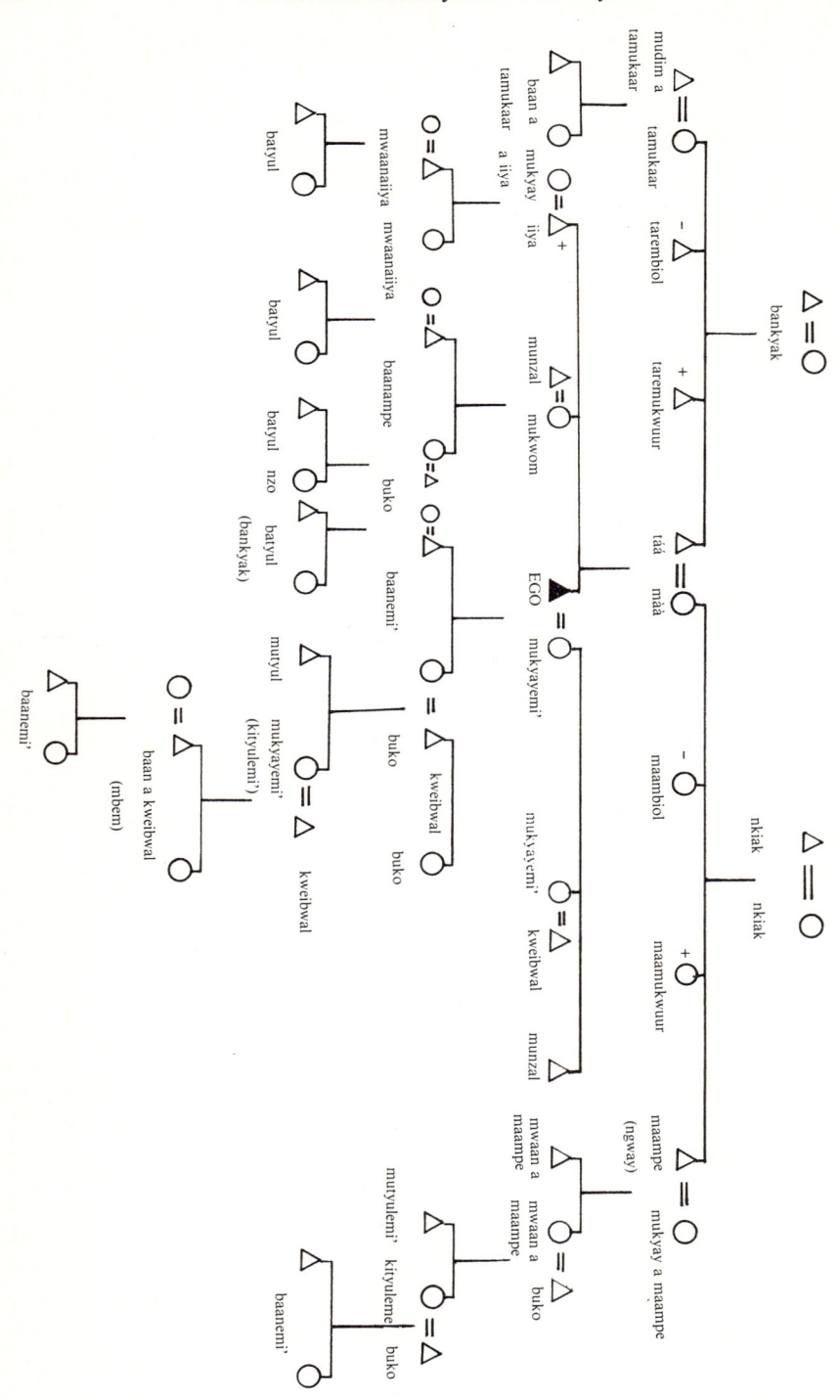

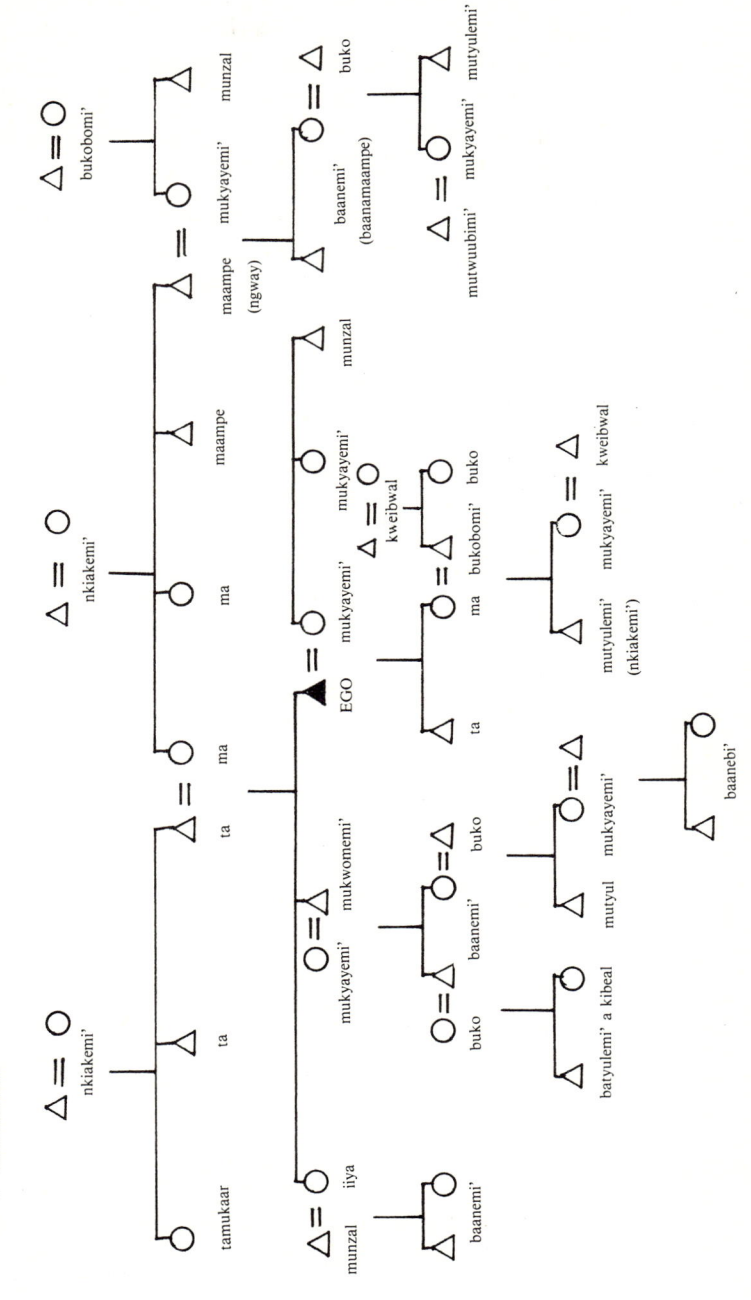

Verwandtschaftssystem der Bayansi 93

Abb. 7 Anredetermini

barn: Humbu, Songo, Mbala, Dzing usw. – matrilinear organisiert bezüglich der Verwandtschaft, aber patrilinear bezüglich der Vererbung von Gütern, Speiseverbot und einigen 'Fetischen'. Die Bayansi besitzen keine politische Zentralgewalt, sondern sind in kleine Häuptlingstümer aufgeteilt. Es gibt eine Reihe von Unterstämmen, die sich bisweilen durch sprachliche und sozio-politische Organisationsformen voneinander unterscheiden. Ich habe insgesamt etwa fünf Jahre bei dieser Ethnie gelebt.

Da die Verwandtschaftstermini nicht bei allen Stämmen gleich sind, habe ich den Unterstamm der Bambiim ausgewählt. Er siedelt um die Verwaltungs- und Missionsstation Manzasay. Streng genommen beziehen sich also die Abbildungen 6 und 7 nicht auf die Bayansi insgesamt, sondern nur auf die Bambiim. Die Termini variieren zwar von einer Untergruppe zur anderen, aber ihr Inhalt und das damit vorgeschriebene Verhalten sind praktisch bei allen Unterstämmen gleich.

II. Die wichtigsten Termini

1. Verwandtschaftswörter in Kiyansi

nkiak, Pl. *bankiak*	Großelter(n)
buko	Schwieger-
-mi, -bi	mein, unser (Possessivsuffixe)
mukaar, Pl. *bakaar*	Frau
mukyay, Pl. *bakyay*	Ehefrau
mpe	Verwandter aus dem Mutterklan
munzal	angeheirateter Verwandter in der Generation von Ego
muk(w)om, mbiol	jüngeres Geschwister als Ego
iiya, mukwuur	älteres Geschwister als Ego
mwaan, Pl. *baan*	Kind
bwal, wal	heiraten, Heirat
kwei	zusammenfügen
mudim, Pl. *badim*	Ehemann
kibeal	Männer-, männlich
mutyul, Pl. *batyul*	Enkel

2. Klassifikatorische Verwandtschaftsbezeichnung

Wir sprechen dann von einer klassifikatorischen Verwandtschaftsbezeichnung, wenn Verwandte verschiedener Kategorien zu einer Art Klasse zusammengefaßt sind und mit dem gleichen Terminus bezeichnet werden. So z. B. werden alle Geschwister und Geschwisterkinder von Egos Vater als 'Vater' und jene der Mutter als 'Mutter' bezeichnet.

Das Verwandtschaftssystem der Bayansi hat teilweise klassifikatorischen Charakter wie praktisch jedes Verwandtschaftssystem dieser Erde. Es gibt keine rein klassifikatorischen und keine rein denotativen Systeme. Wohl aber gibt es starke graduelle Varianten. So werden bei den Yansi alle Großeltern Egos als *nkiak* bezeichnet. Die Geschwister von Egos Vater, aber auch die ganze Lineage des Vaters nennt Ego *bata*, Väter. Bei den Geschwistern des Vaters wird aber genauer unterschieden: so werden der ältere und der jüngere Bruder des Vaters unterschieden und die Schwester des Vaters heißt *tamukar*, weiblicher Vater. Bei den Bayansi kann es vorkommen, daß ein alter Mann einen kleinen Jungen als *ta* (Vater) anspricht; als Eingeweihter weiß man, daß der Junge der Vater-Lineage des Alten angehört.

Die gleiche Situation findet sich auf der Mutterseite, nur wird der Mutterbruder nicht als 'männliche Mutter' bezeichnet; man kann aber öfter hören, daß Ego seinen Mutterbruder in vertraulichem Gespräch als *ma* (Mutter) anredet.

3. Denotative Verwandtschaftsbezeichnung

Wir sprechen dann von einer denotativen Verwandtschaftsbezeichnung, wenn *ein* Terminus nur auf *eine* Kategorie von Verwandten angewandt wird, welche alle der gleichen Generation, dem gleichen Geschlecht und dem gleichen Verwandtschaftsgrad zu Ego angehören sollen. Im Deutschen sind 'Bruder' oder 'Schwester' denotative und 'Onkel' oder 'Tante' klassifikatorische Termini.

Die drei Bedingungen: gleiche Generation, gleiches Geschlecht, gleicher Verwandtschaftsgrad sind aus europäischen Verwandtschaftsvorstellungen abgeleitet. Nicht immer, ja sogar meistens nicht haben Naturvölker die gleichen Vorstellungen. Die Bayansi z. B. befolgen mehrheitlich eine Präferenzheirat, die *kityul*-Heirat genannt wird. *Kityul* heißt Egos präferentielle Ehepartnerin. Sie ist zu Ego die MuBrToTo (siehe Abb. 3 auf S. 88) oder aber die MuMuBrToTo, wie es die Abbildung 8 zeigt. Obgleich beide in einem verschiedenen Verwandtschaftsgrad zu Ego stehen, sind beide *bityul* (Pl. von *kityul*) nach Ansicht der Bayansi identisch in jeder Hinsicht.

Abb. 8 Präferenzheirat

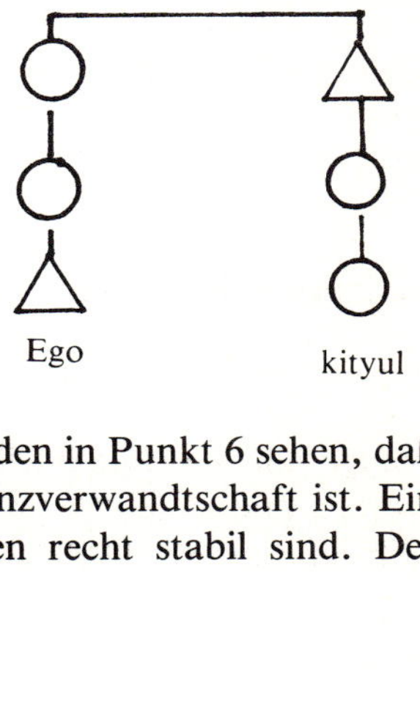

Ich habe mich wiederholt über den Sinn der *kityul*-Heirat erkundigt. Alte Leute nannten immer als wichtigsten Grund, daß in einer derartigen Heirat der von Egos MuBr bezahlte Brautpreis in die Lineage von Ego zurückkehre. Wir werden in Punkt 6 sehen, daß die Reziprozität des Tausches Grundlage der Allianzverwandtschaft ist. Ein anderer Grund ist aber auch, daß *kityul*-Heiraten recht stabil sind. Der

MuBr kann sowohl auf seinen Neffen wie auf seine Enkelin Einfluß nehmen, so daß eheliche Schwierigkeiten leichter überwunden werden.

4. Alternierende Generationen

Ein Blick auf die Verwandtschaftstabelle der Referenztermini in Abb. 6 zeigt, daß Ego seine Frau *mukyayemi* (meine Ehefrau) und die Tochter seiner Tochter ebenfalls *mukyayemi* nennt. Ein Blick auf die Tabelle der Anredetermini in Abb. 7 zeigt, daß Ego seinen Sohn *ta* (Vater) und seine Tochter *ma* (Mutter) anredet; so nennt er Dritten gegenüber seine Eltern. Man könnte diesen Sachverhalt noch an einigen anderen Beispielen aufzeigen. Doch die beiden Beispiele genügen, um den Sinn zu erklären.

Nimmt man fünf sich folgende Generationen an, so stellt man fest, daß unmittelbar sich folgende Generationen in Autorität und Subordination zueinander stehen, alternierende Generationen aber – also die Generationen eins und drei, zwei und vier, etc. – in einem freundschaftlichen Verhältnis zueinander stehen.

Zwischen Eltern und Kindern ist das Verhältnis durch Autorität und Unterwerfung, zwischen Großeltern und Kindern durch Freundschaft gekennzeichnet. Bei vielen Ethnien – nicht nur Afrikas – herrscht die Meinung, daß sich alternierende Generationen reproduzieren. Ego nennt also die Tochter seiner Tochter *mukyayemi*, weil sie eine 'Neuauflage' seiner Ehefrau ist. Dementsprechend ist auch Egos Verhalten zu seiner Enkelin. Es ist geprägt von dem, was man als 'joking relationship' oder Scherzbeziehung bezeichnet.

Bei den Yansi aber ist das Verhältnis viel inniger, als es Scherzbeziehungen andeuten könnten. Im Prinzip kann Ego seine Enkelin wie seine Ehefrau behandeln; sie trägt übrigens auch den Namen ihrer Großmutter. Ego könnte rechtlich gesehen seine Enkelin heiraten. Doch die Yansi sagen: Wenn seine Augen nicht abgestumpft sind, dann heiratet nicht er sie, sondern er gibt sie seinem Neffen zur Frau. Auf diese Weise entsteht die vorhin erwähnte Präferenz-Heirat, die sogenannte *Kityul*-Ehe.

Noch stärker kommt die Reinkarnation von Ego in seinem Enkel in der männlichen Linie zum Ausdruck: Ego reinkarniert im Sohn seines Sohnes, und zwar vor allem im ältesten Sohn seines ältesten Sohnes. Beim herrschenden Klan heißt dieser erste Enkel *mawum* oder *mumbabiem*. Wenn sein Großvater, der Häuptling, stirbt, beginnt praktisch der *mawum* zu herrschen, bis ein neuer Häuptling gewählt ist. Aber selbst dann ist er ja die Reinkarnation des verstorbenen Häuptlings. Man wird sich hüten, seine Ratschläge oder Interventionen in den Wind zu schlagen: er bleibt die irdische Verkörperung des im Jenseits wohnenden verstorbenen Häuptlings.

Ist man sich der Reinkarnationsidee bewußt, dann ist es auch ganz logisch, daß Ego seinen Sohn als *ta* (Vater) und seine Tochter als *ma* (Mutter) anspricht; sie reinkarnieren ja seine Eltern. Genau so selbstverständlich aber ist auch, daß Ego von den Kindern seiner Enkel wiederum als von *baanemi'* bzw. *baanebi'* (meinen bzw. unseren Kindern) spricht.

Man kann bereits hier am Kommen und Gehen der alternierenden Generationen den zyklischen Rhythmus der Yansi erkennen: das Individuum ist niemals ein von der Gemeinschaft, von der Diachronie losgelöstes Wesen; seine wichtigste Aufgabe ist es nicht, sich selbst zu verwirklichen, sondern den, den es reinkarniert. Hier scheint eine ganz andere Sicht des Menschen auf, als sie uns Europäern vertraut ist. Ein Mensch ist nicht Neuanfang, sondern Glied in einer Kette. Wenn man in Europa jemanden negativ apostrophieren will, braucht man ihm nur vorzuwerfen, er habe die Fußstapfen seines Lehrers niemals verlassen, sei nicht weiter gekommen als er usw. Bei den Yansi wären derartige Aussagen ein großes Lob: eine würdige Reinkarnation des Großvaters zu sein, ihn vielleicht sogar zu egalisieren, ihn auf Erden lebendig zu machen – das ist das Größte, was ein Yansi auf Erden leisten soll und kann.

5. Scherzbeziehungen (joking relationships)

Unter Scherzbeziehungen versteht man ein freundschaftliches, neckisches, oft auch frivoles Verhältnis zwischen Verwandten verschiedener Kategorien. Dieses Verhältnis wird von der Gesellschaft toleriert, ja oft sogar erwartet.

Wir haben bereits erwähnt, daß bei den Bayansi Ego mit seinen Enkeln in Scherzbeziehung steht. Aber Ego hat auch noch andere Scherzbeziehungen; so mit allen seinen potentiellen Ehepartnern. Da die Bayansi Levirat und Sororat üben, unterhält Ego als Mann mit allen Schwestern und klassifikatorischen Schwestern seiner Frau Scherzbeziehungen. Dies schließt obszönes Reden und Tun mit ein, denn diese Frauen können ja alle seine Ehepartnerinnen werden, wenn seine Frau stirbt. Gleiches, nur mit umgekehrten Vorzeichen, ergibt sich, wenn Ego eine Frau ist.

Natürlich unterhält Ego auch mit allen seinen *bityul* Scherzbeziehungen, sie sind ja schließlich seine potentiellen Ehepartnerinnen. Wenn nun Ego aus irgendeinem Grunde seine *kityul* nicht heiratet, sei es der Altersunterschied ist zu groß (normalerweise ist ja die *kityul* eine Generation jünger als ihr Mann) oder Ego ist bereits verheiratet oder sie mögen sich nicht usw., so ist der Mann, den die *kityul* heiratet, zu Ego *buko* ('Schwieger'), mit allen Meidungstabus; aber ihre Kinder nennt Ego wieder *baanemi'* (meine Kinder), denn er betrachtet sich noch immer als den Ehemann der *kityul*. Scherzbeziehungen ganz besonderer Art unterhält Ego mit der Frau seines Mutterbruders. Weshalb Ego mit dieser Frau, die eine Generation älter ist als er, Scherzbeziehungen unterhält, wird aus der Tabelle der Anredetermini klar: Ego nennt diese Frau *mukyayemi'* (meine Ehefrau), ihren Bruder nennt er *munzal* (Schwager) und ihre Kinder *baanemi'* (meine Kinder). Die MuBrTo sagt zu Ego *taremi'*, mein Vater. Wie kommt es zu dieser sonderbaren Beziehung?

Die Bayansi beobachten matrilineare Verwandtschaftszurechnung. Der Lineage-Älteste ist der Mutterbruder bzw. der Bruder der mütterlichen Großmutter, falls dieser noch lebt[1]. Ego aber ist der legitime Erbe und Nachfolger seines Mutterbruders in dessen Eigenschaft als Lineage-Oberhaupt. Ist der Mutterbruder an den Belangen der Lineage sehr interessiert, wird er seinen Neffen schon in jungen Jahren zu sich holen und ihn für sein späteres Amt vorbereiten. Wenn der Mutterbruder verreist, überwacht der Neffe den Hausstand und vor allem die Frau oder Frauen des Onkels. Meistens wird dem Neffen auch gestattet, in dieser Zeit mit den Frauen des Onkels Geschlechtsverkehr zu haben. Sollte der Mutterbruder sterben, erbt der Neffe die Frauen seines Onkels; die Güter des Onkels aber gehen an seine Kinder; sofern es sich um sakrale Objekte des Klans handelt, gehören diese wiederum dem Neffen.

Wie sehr Ego und MuBr identifiziert werden, zeigen auch noch folgende Termini: Ego nennt den Bruder der MuBrFr *munzal*, obgleich dieser eine Generation älter ist als er. Er müßte aber nach der Regel (siehe Punkt 6 über Allianzverwandtschaft) *buko* sein. Die Eltern der MuBrFr nennt er folgerichtig *buko*, so als ob er ihr Ehemann wäre. Aus dem gleichen Gedanken heraus, daß nämlich Ego mit dem MuBr identisch ist, nennt er den Ehemann der MuBrTo *buko*, obgleich dieser zur Generation von Ego gehört und folgerichtig *munzal* sein müßte. — Man kann hier feststellen, wie sehr die Lebenskraft der Lineage als Einheit gesehen wird. Jedes Individuum erhält eine Portion davon, sucht sie zu vermehren und gibt sie nach seinem Tode wieder an den *zum*.

Aus dieser Verbindung des Neffen zu den Frauen des Onkels resultiert wohl auch das strenge Inzesttabu zwischen Neffe und der MuBrTo. Sie könnte ja die Tochter des Neffen sein. Verfolgt man aber die Beziehung weiter, dann wird auch verständlich, daß der Neffe die MuBrToTo heiraten kann. Streng genommen könnte ja die *kityul* seine Enkelin sein. Also auch hier kommt die Reinkarnation der alternierenden Generation wieder zum Tragen.

Bei vielen Ethnien gelten Ehen mit der Kreuzbase als präferentielle Heiraten; nicht aber so bei den Yansi. Aus den oben genannten Gründen besteht zwischen Ego und der MuBrTo ein Inzesttabu. Mit der VaSwTo ist aber eine Ehe erlaubt, sie ist jedoch nicht präferentiell. Ehen zwischen Parallel-Basen und Parallel-Vettern sind meist bei solchen Ethnien verboten, bei denen Sororat und Levirat herrschen. Der Grund: Basen und Vettern könnten Halbgeschwister sein.

---
1. Im Kiyansi heißt der Lineage-Älteste *mukwurezum*, wörtlich: der Alte des Mutterleibes.

Wenn Ego mehrere Brüder hat, auch klassifikatorische, so kann er zu den Frauen seiner älteren Brüder ebenfalls Scherzbeziehungen haben, nicht aber zu den Frauen der jüngeren Brüder. Wenn der ältere Bruder längere Zeit von zu Hause weg ist, kann der jüngere mit dessen Frauen verkehren. Die Bayansi sagen, es sei besser, der jüngere Bruder verkehre mit ihnen, als wenn die Frauen anderen Männern nachlaufen. Der ältere Bruder aber darf nicht mit den Frauen seiner jüngeren Brüder verkehren. Ein derartiges Verhältnis würde um so negativer beurteilt werden, je höher die Position des älteren Bruders in der Hierarchie der Lineage ist. Als Grund für dieses Verbot geben die Yansi an, daß der Ältere seine Autorität mißbrauchen könnte. Er könnte z. B. den Jüngeren auf Reisen schicken und dann dessen Frau(en) für sich beanspruchen.

Bei all den geschilderten Verhältnissen von 'joking relationship' und Sexualbeziehungen darf man nicht vergessen, daß derartige Verhältnisse von der Gesellschaft toleriert oder auch gutgeheißen werden. Dies bedeutet aber noch gar nicht, daß sie auch wirklich stattfinden. Ich habe immer wieder Bayansi – Großväter, Frauen, Mädchen usw. – kennengelernt, welche die Erlaubtheit dieser Beziehungen zwar zugaben, für sich persönlich aber strikt zurückwiesen.

Übrigens sind die Scherzbeziehungen zwischen Großvater und seinen männlichen Enkelkindern oft recht einseitig: Der Großvater muß meistens die Ausgelassenheit der Jungen erdulden. So kommt es vor, daß sie ihrem Großvater Hühner wegnehmen; wenn sie ihn mit Palmwein antreffen, nehmen sie ihm diesen weg; sie bringen ihn öffentlich zu Fall oder raufen ihm den Bart etc. Sollte er sich darüber aufhalten, so geben ihm die Enkel zur Antwort, sie müßten ihn ja auch schließlich beerdigen. Ich habe aber niemals erlebt, daß sich ein Großvater über die Behandlung durch seine Enkel beschwerte. Im Gegenteil, der Großvater findet es schön, wenn sich seine Enkel um ihn kümmern.

6. Allianzverwandtschaft

Verwandtschaft setzt sich aus zwei Kategorien zusammen: aus der Blutsverwandtschaft und der Allianzverwandtschaft. Beide Verwandtschaftstypen sind in der Kernfamilie, wie wir im vorherigen Kapitel gesehen haben, grundgelegt. Die Blutsverwandtschaft entsteht durch die Weitergabe des gleichen Blutes und deren Anerkennung, die Allianzverwandtschaft durch die (von der Gesellschaft legitimierte) Eheschließung.

Es gibt Ethnologen – dazu gehören C. Lévi-Strauss mit seinen 'Formes élémentaires de la parenté' und Louis Dumont (1971) –, die den Akzent vor allem auf die Allianzverwandtschaft legen, im Unterschied zu der britischen Richtung – hierzu gehören Rivers, Radcliffe-Brown, Fortes, Goody und Evans-Pritchard —, die den Nachdruck auf die Filiation legen[2].

Die Allianz ist das Gegenstück zum Inzesttabu. Dadurch, daß es einem Individuum verboten wird, in der eigenen Gruppe zu heiraten, also die Exogamie-Regel gilt, wird durch die Heirat ein neues Verwandtschaftssystem aufgebaut. Da die anderen Gruppen ebenfalls die Exogamieregel beobachten, entsteht ein 'Tauschgeschäft' an heiratbaren Partnern. Wenn z. B. ein Mann heiratet, geht er ja nicht nur mit dieser Frau eine Allianz ein, sondern mit ihrer ganzen Gruppe. Eine Gruppe ist aber immer Partner-Geber wie auch Partner-Nehmer. Auf diese Weise entsteht ein direktes Netz von Sozialbeziehungen, welche nicht im Biologischen begründet sind.

Die Bayansi unterscheiden zwei Arten von Allianzverwandten:
— Solche aus der Generation von Ego; sie heißen *banzal* (Sg. *munzal*). Das Verhältnis zu ihnen unterliegt keinen Tabus.
— Solche aus der Generation über und unter derjenigen von Ego; sie heißen *buko*. Das Verhältnis zu ihnen unterliegt strengen Meidungstabus. Diese Meidungsvorschrift gilt besonders für Ego und seine Schwiegermutter sowie für Egos Frau und deren Schwiegervater.

Um sich erst gar nicht dem Verdacht, das Tabu zu brechen, auszusetzen, sind Ego und seine Schwiegermutter sowie seine Frau und ihr Schwiegervater niemals zusammen anzutreffen. Die Schwiegermutter wird es ablehnen, mit ihrem Schwiegersohn in einem Haus zu sein. Wenn sie auf Besuch kommt, schläft sie niemals im Haupthaus. Gleiches gilt für Egos Vater und dessen Schwiegertochter. Hat man miteinander zu sprechen, dann im Freien und in einer Distanz von fünf bis zehn Meter. Im Laufe der Jahre habe ich von einem einzigen Fall gehört, daß ein Mann mit seiner Schwiegermutter geschlechtliche Beziehungen gehabt habe[3].

7. Inzest

Unter Inzest im engeren Sinn verstehen wir geschlechtliche Beziehungen oder Heirat zwischen nahen Verwandten. Wer 'nahe Verwandte' sind, muß von Gesellschaft zu Gesellschaft neu bestimmt werden. Es scheinen aber immer und überall darunter zu fallen (außer bei Herrscherfamilien): alle Mitglieder einer Kernfamilie (außer natürlich Mann und Frau, die nicht blutsverwandt sind). Weil dieses Inzesttabu allgemein verbreitet ist, nennen wir es auch die 'natürliche Inzestschranke'. Die 'kulturelle Inzestschranke' schließt alle jene ein, welche von der Gesellschaft als Verwandte definiert werden.

---
2. Eine klare Darstellung dieser Problematik bietet Louis Dumont.
3. Diese Meidungstabus sind zwar weltweit verbreitet, aber doch nicht universal. Es soll auch Ethnien geben, wo es Ego erlaubt ist, seine Schwiegermutter zu heiraten (so auf den Marquesas).

In diesem weiteren Sinne fallen auch Nicht-Blutsverwandte unter das Inzesttabu, also Allianzverwandte, fiktive Verwandte und alle jene, welche die Gesellschaft als Verwandte ansieht (z. B. durch Adoption, Blutsbrüderschaft u. dgl.). Hier gibt es von einer Ethnie zur anderen große Unterschiede. Denken wir nur an patrilineare oder matrilineare Verwandtschaftszurechnung oder an eine Sozialorganisation in Hälften ('moieties') mit Exogamie. Hier ist natürlich Inzest nicht mehr Blutschande, sondern ein Vergehen gegen eine Gesellschaftsnorm.

Emile Durkheim hat das Inzesttabu damit erklärt, daß der Mensch Abscheu habe, das eigene Blut, d. h. das Blut von nahen Verwandten, zu vergießen. Defloration, Geburt und Mord dürfen sich deshalb nicht unter nahen Verwandten ereignen, weil das eigene Blut vergossen würde. Wird aber dieses strenge Tabu durchbrochen, dann setzt dieser frevlerische Akt ungeahnte magische Kräfte frei[4]. S. Freud wiederum sieht die Inzestscheu vor allem im psychischen Abscheu verankert.

Sicher spielt die ödipale Situation beim Inzesttabu ebenfalls eine Rolle. Doch Freuds Beschreibung der Urhorde und wie es dort zur Inzestscheu kam (siehe 'Totem und Tabu'), klingt nach unseren heutigen Erkenntnissen mehr als unwahrscheinlich. Die Strukturalisten sahen den Hauptgrund des Inzesttabus im Ausfall von Allianzverwandten; es ist also ein soziologisches Problem. Insgesamt befriedigend ist keine der gegebenen Erklärungen. Die natürliche Inzestschranke ist sicher nicht im soziologischen Bereich begründet, sondern hier fließen religiöse und ökonomische Faktoren ebenfalls mit ein.

Man stelle sich einmal vor, es gäbe das Inzesttabu nicht: Innerhalb weniger Generationen wäre jeder mit jedem in der Gruppe verwandt. Die Gruppen wären nicht klar voneinander geschieden, weil die Inzestschranke fehlte. Hinzukäme, daß eine derartige, auf sich selbst angewiesene Gruppe im naturvolklichen Milieu ohne alliierte und befreundete Gruppen kaum bestehen könnte.

Daß in dynastischen Familien das Inzesttabu vielfach nicht beobachtet wird, ist kein Beweis gegen seine Universalität, sondern im Gegenteil ein Beweis dafür. Ein inzestuöser Herrscher will ja gerade seine Herausgehobenheit beweisen. Er zeigt, daß er über den Gesetzen steht, ja selbst das Gesetz ist. Der dynastische Inzest ist sehr weit verbreitet. Die Herrscherfamilien der Inkas, von Hawai, Ägypten und vor allem Schwarzafrika haben ihn geübt und üben ihn in Afrika vielfach bis in unsere Zeit. Als Grund wird immer die Reinerhaltung des Herrscherblutes angegeben. Doch dieser Grund scheint nur

---

4. Laura Levi Makarius sucht, auf diese These Durkheims aufbauend, die Sakralität der afrikanischen Könige durch den Königsinzest zu erklären (1974: 144). Sie zitiert Durkheim, wo er sagt: „Er [der König] ist mit dem Blut in Kontakt gekommen und die furchtbaren Kräfte des Blutes sind auf ihn übergegangen."

bedingt zu stimmen, wenigstens was Schwarzafrika angeht. Es stellt sich nämlich heraus, daß aus den inzestuösen Königsehen kaum einmal Nachkommen hervorgegangen sind. Wenn Nachkommenschaft mit Reinheit des Blutes erstes Ziel der Inzestehen wäre, dann wäre auch verwunderlich, weshalb Könige so häufig bereits ältere Frauen, nämlich aus ihrer Mutter-Generation, zu ihren Hauptfrauen gemacht haben. Es scheint demnach, daß der dynastische Inzest meistens nicht als Blutschande bezeichnet werden kann.

Bei den Bayansi spielt das Inzesttabu (*kud* genannt) eine große Rolle und zwar besonders innerhalb der natürlichen Inzestschranke. Zwischen Vater und Tochter sowie zwischen Mutter und Sohn sind nur einige wenige Fälle bekannt geworden, wobei bereits als Inzest gilt, was wir noch gar nicht als solchen bezeichnen würden. Im Dorfe Kimbuma z. B. — beim Unterstamm der Bambiim — erfuhr ich von Inzest zwischen Vater und Tochter. Es war folgendes vorgefallen: Der Vater hatte seine acht- bis zehnjährige Tochter gewaschen und dabei die Vagina des Mädchens berührt. Es mußte die große *kud*-Zeremonie durchgeführt werden, damit nicht die Kontrahenten unfruchtbar bleiben.

Relativ häufig kommt Inzest zwischen halbwüchsigen Geschwistern — besonders klassifikatorischen, also Geschwisterkindern — vor. Zunächst aber gestehen die Jugendlichen ihr Vergehen nur selten ein. Erst wenn das Mädchen heiratet, muß es seine Liebhaber aufzählen; es kommt aber auch vor, daß die Frau ihre letzten Liebhaber erst preisgibt, wenn es bei der Geburt Schwierigkeiten gibt. Die Strafe für Inzest ist nämlich in ernsten Fällen Unfruchtbarkeit und in weniger gravierenden Fällen die Unfähigkeit, gesunde Kinder zur Welt zu bringen. In allen Fällen aber muß eine Entsühnungszeremonie durchgeführt werden, die fast immer vom Erdherren vorgenommen wird. In schwierigen Fällen aber tritt eine restitutio ad integrum der Fruchtbarkeit nicht mehr ein. — Hier stehen natürlich einer rein willkürlichen Interpretation Tür und Tor offen: Unfruchtbare sind immer auch verdächtig, Inzest verübt zu haben. In den Augen vieler ihrer Mitbewohner sind sie Frevler, die sich schämen, ihr Vergehen offen einzugestehen.

7. Kapitel
Ehe und Familie

I. Allgemeine Vorfragen

1. Unter Ehe versteht man die Lebensgemeinschaft von wenigstens zwei Personen verschiedenen Geschlechts. Diese Lebensgemeinschaft muß von der Gesellschaft als legitim anerkannt und der soziale Status der Eltern auf etwaige Kinder übertragen werden. In letzterem Falle nennen wir dieses Gebilde Familie.

2. Für uns Europäer ist die Ehe ein Vertrag zwischen zwei Individuen bzw. zwei Familien. Wir sind der Meinung, daß dieser Vertrag, wie jeder andere, in einem bestimmten Moment durch die gegenseitige freiwillige Willensäußerung der beiden Partner zustande kommt.

3. Unsere heutige europäische Eheform geht auf das römische Recht zurück. Das Christentum übernahm sie und machte sie in weiten Teilen der Welt zur allein gültigen Eheform. Die Ehe als Vertrag zwischen zwei Individuen ist demnach kein christliches Proprium, sondern eine Übernahme aus dem nichtchristlichen römischen Recht.

4. Die Ehe hat im Laufe ihrer langen Geschichte manche Modifikation – allerdings nur innerhalb enggesteckter Grenzen – erfahren. Eine 'Urpromiskuität' hat es nach unseren heutigen wissenschaftlichen Erkenntnissen nicht gegeben. Der Schweizer Johann Jakob Bachofen suchte in seinem 1861 veröffentlichten Buch 'Das Mutterrecht' ein solches Urstadium aufzuzeigen. Danach hätte in der Urgesellschaft jeder Mann einer gegebenen Horde mit jeder angeheirateten Frau seiner Gruppe geschlechlich verkehren können. Die Kinder der Frau könnten also von jedem Mann der Sippe stammen. Sie nannten daher jeden Mann der Vatersippe 'Vater'. Heute wissen wir, daß dies eine Eigenheit des klassifikatorischen Verwandtschaftssystems ist. Soweit unsere heutigen Kenntnisse zurückreichen, ist eheliche Partnerschaft immer geregelt, wenn auch nicht, wie wir noch sehen werden, in unserem europäischen Sinn. Unkontrollierter Partnertausch findet bei Naturvölkern nur in Ausnahmesituationen statt und nicht selten haben diese dann religiös-magischen Charakter. Solche freizügigen Feste – teilweise mit Partnertausch – sind unter anderem auch bei alten Wildbeuterethnien bekannt (so z. B. den Australiern, den Eskimo oder während des Elima-Festes den Bambuti-Pygmäen Zentralafrikas).

5. Eine ähnliche unbeweisbare dogmatische Haltung ist es, wenn jemand behauptet, der Urmensch sei monogam gewesen, weil bei den ältesten, heute

noch lebenden Völkern bisweilen nicht einmal ein Prozent der verheirateten Männer polygam sind. Dies ist ein Trugschluß. Es ist nicht nur zu bedenken, daß zwischen den heute ältesten Völkern – etwa Pygmäen, Australiern etc. – und den Urmenschen zwei Millionen Jahre liegen, sondern man muß auch fragen: Warum sind in diesen Kulturen nur so wenige Männer polygyn? Vor allem ist zu fragen: Wer sind diese polygamen Männer, welchen Status besitzen sie? Man wird feststellen, daß die Monogamie bei diesen Völkern keine ethische Komponente darstellt, sondern meist in wirtschaftlichen Faktoren ihren Grund hat. Wenn man nämlich feststellt, daß Hordenführer, Häuptlinge, Priester und ausgezeichnete Jäger mehrere Frauen haben, muß man dennoch die Polygynie als die bevorzugte Eheform bezeichnen, wenn auch nicht einmal ein Prozent der verheirateten Männer mehrere Frauen haben. Es sind eben alle mit hohem Status polygyn.

6. Wenn wir Europäer Ehe und Familie bei Naturvölkern untersuchen, müssen wir uns der Unterschiede zu unserer Auffassung bewußt sein. Bei Naturvölkern sind Ehe und Familie nicht nur Basisinstitutionen der Sozialorganisation, sondern sie werden auch gefühlsmäßig überhaupt nicht in Frage gestellt. Verheiratetsein und Mutter- bzw. Vaterschaft rangieren im Wertsystem an oberster Stelle. Es gibt zahlreiche Mythen, in denen heiratsunwillige Mädchen zur Strafe ein Tier heiraten müssen. Die bekannteste ist vielleicht die von Sedna, der Herrin der Seetiere bei den Eskimo. Unverheiratet und kinderlos bleiben werden als härteste Strafen erachtet. Es ist viel ehrenhafter, die x-te Frau eines Häuptlings zu sein, als ledig zu bleiben.
Ein wichtiger Unterschied zu unserer Familie der Industriegesellschaft ist, daß die Familie nicht nur als Kernfamilie (Vater, Mutter, Kinder), sondern als Großfamilie zusammenlebt. Gewöhnlich leben, wie auch bei uns früher, drei Generationen in engster Nachbarschaft. Bei uns dagegen wird heute die Familie immer stärker verkürzt; nicht nur, daß die Kinderzahl zurückgeht, sondern die Kinder verlassen immer früher das Elternhaus. Die biologische Familie wird bei uns immer stärker aufgespalten, und dadurch auch psychisch wie materiell immer labiler.
Der Mensch hat Jahrhunderttausende in einer Drei-Generationen-Familie gelebt; jetzt kann man bei uns von einer Anderthalb-Generationen-Familie sprechen. Man sollte meinen, daß, wenn sich Vererbung irgendwie auswirkt, der Mensch von Natur aus auf eine Drei-Generationen-Familie hin angelegt ist. Vieles spricht dafür; denken wir an das Verhältnis von Eltern und Kindern, das häufig konfliktgeladen ist. Wird bei Naturvölkern die Dominanz der Eltern zu groß, fliehen die Kinder zu den Großeltern. Dort finden sie liebevolle Aufnahme, und die Großeltern fordern von den Eltern, also ihren Kindern, Subordination. Auf diese Weise zerbricht die Familie nicht; man könnte sich auch kaum vorstellen, daß in einer naturvolklichen Gesellschaft und Wirtschaft eine Generation ohne die andere überleben kann. Sie sind in allen Bereichen viel zu sehr voneinander abhängig.

7. In unserer Gesellschaft wird die Position der Ehe zunehmend schwächer. Die Gesellschaft wird immer geneigter, eheähnliche Verhältnisse zu tolerieren, wenn sie diese auch nicht gutheißt. Meist jedoch sind diese Ehen ohne Trauschein auf ein bestimmtes Lebensalter begrenzt. Unter den Dreißig- bis Fünfunddreißigjährigen sind sie kaum noch existent.

Als in den sechziger Jahren die Kommunen blühten, wurde in den meisten von ihnen auch die Promiskuität propagiert. Bob Fitch, der mit seiner Frau jahrelang kalifornische Kommunen besuchte, stellte fest, daß sich allmählich wieder monogamieähnliche Zustände herausgebildet hätten, indem ein Mann über eine bestimmte Frau Schutzfunktionen übernommen habe und nach und nach ihre anderen Geschlechtspartner abdrängte (in Esprit, Oktober 1970: 495-514).

Eine Art von temporärer Promiskuität stellen auch die sogenannten Swing Parties dar. Doch alle nicht-monogamen Verhältnisse sind in unserer Gesellschaft Ausnahmen, welche von der Gesellschaft vielleicht geduldet, aber nur in seltenen Fällen gebilligt werden, und zwar meist nur für jüngere Personen zwischen zwanzig und dreißig Jahren.

8. Naturvölker sind zwar sehr stark, wie schon angedeutet wurde, auf Eheleben und Zeugung von Nachwuchs ausgerichtet, dennoch benötigt auch bei ihnen die Partnerwahl lange Zeit. Birket-Smith schreibt von den Eskimo: „In der Regel müssen die jungen Leute durch das Fegefeuer von drei bis vier Ehen, bevor sie sich festlegen, was gewöhnlich bei der Ankunft von Kindern geschieht" (1948: 183). Von Kirdi-Völkern in Nord-Kamerun ist bekannt, daß es nichts Ungewöhnliches ist, wenn eine Frau, und erst recht ein Mann, in jüngeren Jahren fünf bis acht Ehen eingeht, um dann erst im reiferen Alter von etwa vierzig Jahren sich an einen Partner fester zu binden (so M. Richard 1977: 340-352).

II. Zum Wesen der naturvolklichen Ehe

1. Die Ehe der Naturvölker ist ein Prozeß der Allianzbildung zwischen zwei Familien bzw. Klanen oder Lineages. Dieser Prozeß der Eheschließung ist wie alle existentiellen Ereignisse im Leben der sogenannten Naturvölker (Geburt, Initiation, Berufung zum Priester bzw. Häuptling, Tod) ein Übergangsritus, mit dem Fachterminus 'rite de passage' bezeichnet.

2. Will man in dem langwierigen Prozeß das wichtigste Element ausmachen, also jenes, welches die Eheschließung besiegelt, so könnte man dies im 'rite de passage' sehen: Die Heiratenden sterben ihrem bisherigen Seinszustand ab und erstehen im Seinszustand des Verheiratetseins.

Bei manchen Ethnien vollzieht sich dieser Übergang recht formlos, bei anderen wird er mit einer besonderen Feierlichkeit umgeben. Bei den Aranda Zentralaustraliens geht die Eheschließung als ganz profaner Akt vor sich: Männer und Frauen versammeln sich getrennt auf ihrem Lagerplatz; Braut und Bräutigam werden geschmückt. Die Braut sitzt weinend auf dem Schoß ihrer Mutter. Die Männer ziehen zum Lagerplatz der Frauen. „Der Bräutigam geht direkt auf seine zukünftige Schwiegermutter los und spricht zu derselben, während er zu gleicher Zeit seine Braut am Oberarm anpackt: 'Gib mir deine Tochter zur Frau!' Während sich die Braut scheinbar sträubt und an ihre Mutter anklammert, steht die Letztere auf und legt den Arm ihrer Tochter in die Hände ihres Schwiegersohnes, der darauf den Arm seiner Braut fest umfaßt. Damit ist die Ehe geschlossen" (Carl Strehlow 1913: 90).

3. Bei der matrilinearen Pflanzerethnie der Yansi im Zaïre läuft der Prozeß der Eheschließung anders ab:

Bei einem Tanzabend der Jugend schenkt ein Junge einem Mädchen eine Kleinigkeit: ein Taschentuch, einen Ring, ein Armband aus Elefantenschwanzhaaren oder dergleichen. Das Mädchen läuft noch während der Tanzunterhaltung zu seiner Mutter oder einer vertrauten Person seiner Familie und zeigt das erhaltene Geschenk. Bestehen zwischen Klan bzw. Lineage des Mädchens und jenen des Burschen eheliche Austauschbeziehungen, dann kann das Geschenk angenommen werden, wenn das Mädchen und seine Lineage dem zustimmen. Ist man aus diversen Gründen gegen die Heirat, wird das Geschenk zurückgegeben. Damit ist diese Werbung abgeschlossen.

Jede Lineage der Yansi unterhält mit vier bis sechs Lineages anderer Klane Ehe-Tauschbeziehungen, denn es herrscht bei ihnen strikte Klanexogamie. Hat man mit einer Lineage schlechte Eheerfahrungen gemacht, ist es wiederholt zu Streit, zu Prozessen, zu magisch-hexerischen Praktiken usw. zwischen den Ehepartnern gekommen, so bleibt fürderhin eine Eheschließung ausgeschlossen. Jeder jugendliche Yansi, ja man kann schon fast sagen jedes Kind, weiß, aus welchem Klan es sich einen Ehepartner wählen kann und aus welchem nicht.

Im Falle einer Entscheidung zu Gunsten der Heirat mit dem jungen Mann, behält das Mädchen das Geschenk und einige Tage später beginnen die Palaver um die Eheschließung. Die beiden Interessenten haben praktisch mit den Verhandlungen nichts zu tun. Die beiden Familien diskutieren die Vor- und Nachteile der beiden Partner freimütig durch, wobei Fleiß, Fruchtbarkeit, Verträglichkeit, Botmäßigkeit, Gesundheit und Schönheit in der angegebenen Reihenfolge eine Rolle spielen.

Sind sich die Familien über den Brautpreis und einige Fragen (wie etwa die Residenz der Neuvermählten) einig geworden, kann die eigentliche Eheschließung festgesetzt werden. Sie besteht darin, daß man die Klanidole, die sogenannten Fetische, herbeiholt und in einer Zeremonie die Braut den elterlichen Fetischen entzieht und jenen ihres Bräutigams unterstellt.

Bei den Yansi wie bei zahlreichen Ethnien Zentralafrikas kann eine Frau den Fetischen ihres Mannes so lange nicht unterstellt werden, wie sie 'Männer

in ihrem Bauche' hat, d. h. sie muß öffentlich alle ihre Liebhaber nennen, mit denen sie sexuellen Umgang hatte. Dies kommt praktisch einer öffentlichen Beichte gleich. Verschweigt die Frau einen Liebhaber, kann sie nicht schwanger werden oder es kommt zu Komplikationen bei der Geburt.
Es gibt auch Ethnien, die auf strenge Jungfräulichkeit der Frauen achten (Männer unterliegen diesem Gebot praktisch nie), aber nicht weil Jungfrauschaft in sich ein Wert wäre, sondern weil ihrer Meinung nach eine Frau ohne voreheliche Geschlechtsbeziehungen fruchtbarer ist als eine mit vielen vorehelichen geschlechtlichen Erfahrungen.

Richtig zu einer Ehe gezwungen wird die Afrikanerin fast nie, aber die Familie hat viele Druckmittel in der Hand, um ein Mädchen ihrem Willen gefügig zu machen. Man kann es aber immer wieder erleben, daß sich ein resolutes Mädchen durchsetzt und nur den Mann seiner Wahl heiratet.

In den meisten Fällen jedoch hat die Frau nur wenige Möglichkeiten, sich gegen eine von ihrer Familie geplante Eheschließung zu wehren. Eine Iatmul-Frau aus Papua-Neuguinea erzählte der Schweizer Ethnologin Brigitta Hauser-Schäublin ihr Leben:

> Als ich ein wenig größer war – in jener Zeit hatten die Väter Männer von Timbumke getötet –, kamen Männer der Niaula-Bevölkerungsgruppe zu uns und sagten, ich solle Ambagumban heiraten. Ich hatte Angst. Zu dieser Zeit lebte ich bei meiner Großmutter. Ich hatte schreckliche Angst. Da fingen mich die Niaula ein, und Ambagumban vergewaltigte mich. Danach sagten alle Niaula, ich solle Ambagumban heiraten; sie nahmen mich mit. Diese Männer entschieden alles, sie versuchten, mich zu überreden. Schließlich ging ich in das Haus von Ambagumban und heiratete ihn (1973b: 36).

III. Der eheliche Alltag

Ich habe im Laufe von mehreren Jahren zahlreichen verheirateten Yansi die Frage gestellt, wer ihr liebster Mensch sei. Kein einziges Mal wurde an erster Stelle – weder von Frauen noch von Männern – der Ehepartner genannt. An erster Stelle rangierten entweder die Eltern oder die Kinder, dann kamen die Geschwister und meist erst an vierter Position, bisweilen aber auch an dritter, der Ehepartner. Mein Koch, ein verheirateter junger Mann, dem ich einmal mein Umfrageergebnis vorlegte, meinte darauf: „Das ist auch meine Meinung. Meine Frau ist meine Freundin. Wenn ich etwas anstelle, weigert sie sich, mir Essen zu geben und mit mir zu schlafen. Meine Mutter und meine Schwestern aber werden sich niemals weigern, mir Essen zu geben, was immer ich anstelle; deshalb liebe ich zuerst meine Mutter und meine Schwestern und erst dann meine Frau!"

Nach einer langen harmonischen Ehe kommt es aber dennoch vor, daß der Partner an die erste Stelle rückt. Ich habe in den sechziger Jahren im abgelegenen Buschdorf Kibay, einer Yansisiedlung, einen konkreten Fall erlebt, welcher mich tief beeindruckte: Ich kannte hier ein altes kinderloses Ehepaar (nicht immer läßt man sich bei Unfruchtbarkeit scheiden oder nimmt eine zweite Frau!), bei dem ich häufig, wenn ich vorbeikam, Station machte. Eines Tages schickte die Frau einen Radfahrer zu mir mit der Nachricht, ich möge kommen, ihr Mann sei im Sterben. Da ich selbst krank war, konnte ich erst einige Tage später kommen, so daß der Mann bereits beerdigt war, als ich ankam. Ohne ein Wort zu sagen, saß die Frau lange Zeit neben mir, dann begann sie, um ihren Mann zu wehklagen, wie ich es in dieser Gegend bis dahin noch nicht gehört hatte: „Jetzt komme ich abends vom Feld nach Hause, aber er ist nicht mehr da. Ich koche das Abendessen, aber wer ißt es? Nachts wache ich auf, greife neben mich, aber niemand liegt neben mir..."

1. Die Stellung der Frau

Nur bei sehr wenigen Naturvölkern hat die Frau eine dem Mann vergleichbare soziale Stellung. Selbst wenn sie, wie etwa bei den Pygmäen, dem Manne mehr oder weniger gleichgestellt ist, hat sie dennoch mehr körperliche Arbeit zu leisten als der Mann; dieser allerdings hat die schwereren Arbeiten zu verrichten. Bei allen Naturvölkern wird die Arbeitsteilung nach Geschlechtern vorgenommen.

a) Eskimo

Bei den Wildbeutern ist der Mann Jäger, die Frau sammelt pflanzliche Nahrungsmittel und Kleingetier. Außer etwa bei den Eskimo bringt selbst in Jägerkulturen die Frau den größeren Teil der Nahrung auf. Bei den Eskimo besteht die Aufgabe der Frau vor allem im Verarbeiten der Jagdbeute, der Felle und natürlich wie überall im Haushalt und in der Kinderaufzucht. Wenn der Eskimo-Mann von der Jagd heimkehrt und aus seinem Kajak steigt, ist die Arbeit für ihn getan; er trägt nicht einmal die Jagdbeute bis zur Behausung. Die Frau erledigt alles übrige.

Gerade in dieser innigen Interdependenz von Mann und Frau liegt aber auch wiederum die Chance der Frau: Der Mann kann niemals längere Zeit ohne die Frau auskommen. Sie gerbt die Felle für seinen Kajak und seine wasserdichte Kleidung. Sie zerlegt die Tiere und bereitet sie zu. Dennoch valorisiert eine Jägergesellschaft die Jagd dermaßen, daß nach F. Nansen Eskimo-Eltern nicht selten weinen, wenn ihnen ein Mädchen geboren wird. Andere Autoren berichten, daß Mädchen nach der Geburt sogar umgebracht werden, weil sie von geringem Wert seien.

Birket-Smith schreibt bezüglich der Ehe der Eskimo, daß der Mann das Recht habe, über sich und seine Frau frei zu verfügen. Er stellt sie z. B. einem Gast für die Nacht zur Verfügung oder läßt sie von einem Freund schwängern. Wenn er auf eine längere Reise geht und seine Frau ihn aus irgendeinem

Grund nicht begleiten kann, läßt er sie bei seinem Freund und nimmt dessen Frau mit. Ohne Frau ist der Mann wie gesagt hilflos. „Es braucht nicht betont zu werden", so schreibt Birket-Smith (1948: 182-183), „daß es keine eheliche Treue im sexuellen Sinn gibt und daß diese nicht als eine besondere Tugend angesehen wird." Etwas weiter fügt er noch hinzu: „Es wäre ungerecht, wollte man in diesen Sitten nur Zügellosigkeit und Laster sehen. Oft spielen rein praktische Umstände eine Rolle."

b) Pygmäen

Im Vergleich zur Eskimofrau steht die Pygmäenfrau gut da. Liebesheiraten sollen nach Paul Schebesta unter den Pygmäen nicht selten sein, und oft gehe die Initiative dazu vom Mädchen aus.

Normalerweise tauschen Jagdhorden ihre heiratsfähigen Mädchen aus, es kommt aber auch die Kaufheirat vor; der Brautpreis ist allerdings gering. Gute Jäger sind bei den Frauen sehr begehrt; sie schaffen mehr Fleischnahrung als die anderen herbei. Tüchtige Jäger sind denn auch häufig polygam. Schebesta sagt: „Einem erfolgreichen Jäger fliegen die Mädchenherzen zu" (1948: 351).

Da die Pygmäen-Frau in die Sippe des Mannes zieht, ist sie dort eine Fremde. Gebiert sie aber Kinder, wird ihre Stellung wesentlich verbessert. Schebesta nennt sie 'Hüterin und Hauptnährerin' und daraus resultiere ihre Vormachtstellung. Er beobachtete, daß Burschen, wenn er ihnen kleine Geschenke gab, sie diese ihrer Mutter zum Aufbewahren brachten. Es komme sogar vor, daß ein Bursche nach langer Abwesenheit bei seiner Rückkehr „zuerst zur Mutter geht und ihre Brust nimmt, wie er es als Kind getan hat, was als Beweis besonderer Zärtlichkeit und Anhänglichkeit angesehen werden kann" (1948: 319).

Der Ehebruch ist bei den Pygmäen in der Theorie zwar verpönt, besonders der der Frauen, aber in der Praxis verhält es sich nach Schebesta so, „daß die eheliche Treue nicht sonderlich hoch im Kurs steht" (1948: 393).

Zwillingsgeburten sind für die Pygmäen eine unangenehme Sache; man zieht die Frau zur Rechenschaft, weil man glaubt, daß Zwillinge die Frucht eines Ehebruches seien. Eines der Zwillingskinder wird gleich nach der Geburt umgebracht, indem die Mutter ihm Mund und Nase zuhält; die Männer sollen nämlich von dem Zwilling erst gar nichts erfahren. Hierbei spielt sicher die unstete Lebensweise der Pygmäen eine Rolle: Zwillinge in einer solchen Wirtschaftsform aufzuziehen, bedeutet für die ganze Jagdhorde große Schwierigkeiten. Ähnlich verfährt man mit Zwillingen auch bei anderen Wildbeutern. So werden sie auch bei den Aranda und Loritja Zentralaustraliens umgebracht. Dort ist es allerdings die Großmutter, welche eines oder beide Zwillingskinder – ebenso wie verkrüppelte und anderweitig abartige Kinder – gleich nach der Geburt tötet.

c) Semang

Eine einheitliche Stellung der Frau ist bei Naturvölkern selbstverständlich nicht auszumachen. Sicher wirken die wirtschaftlichen Aktivitäten der Frau auf ihre gesellschaftliche Stellung ein. Wo sie also Hauptenährerin ist, hat sie gesellschaftlich auch mehr zu sagen, aber *dies* ist nur ein Faktor unter vielen und, wie es scheint, nicht einmal der wichtigste. Wir kennen einfache Pflanzervölker (etwa in Neuguinea), wo die Frau über achtzig Prozent der Nahrung herbeischafft und dennoch nur eine inferiore Position innehat. Bei den wildbeuterischen Semang auf Malakka ist die Frau dem Mann praktisch gleichgestellt, und dies hebt die Semang als Jäger und Sammler von anderen ähnlichen Völkern ab, bei welchen die Frau gesellschaftlich wesentlich schlechter gestellt ist. Nach Paul Schebesta wird Polygamie, obwohl sie erlaubt ist, nur selten praktiziert; unser Autor glaubt, dies sei wegen der recht guten Position der Frau der Fall. Bei ihren unmittelbaren Nachbarn, den Senoi, kann eine Ehefrau sogar geschlechtliche Beziehungen aufnehmen, mit wem sie will, wenn ihr Mann nicht zu Hause ist. — Die Ehen dieser beiden Ethnien sind allerdings sehr labil; Scheidungen sind häufig. Schebesta schreibt: „Semang-Ehen sind keine Kontrakte auf Lebensdauer, [sondern] Verbindungen auf Zeit" (1954: 248).

d) Aranda und Loritja

Bei den Aranda und Loritja Zentralaustraliens wiederum hat die Frau einen sehr tiefen sozialen Rang; ähnlich ist es bei den meisten anderen australischen Ethnien; sie waren praktisch alle bis in jüngste Zeit noch Wildbeuter. Carl Strehlow, der mehrere Jahrzehnte als Missionar bei den Aranda lebte, sagt, die Männer seien ihren Frauen gegenüber rücksichtslos, denn es liege ihnen nichts daran, „ob sich ihre Frauen bei der Fürsorge oder dem Transport ihrer Kinder über ihre Kräfte anstrengen. Wenn eine Frau unter ihrer Last zusammenbrechen sollte ..., so heiratet der Mann eben eine andere Frau" (1913: 11).

Strehlow will auch beobachtet haben, daß Mütter es bisweilen an Fürsorge für ihre Kinder mangeln lassen. Es komme bei den Aranda vor, daß Frauen bis zum vierten und fünften Lebensjahr stillten. Es könne aber durchaus sein, daß inzwischen ein kleineres Geschwisterchen geboren wurde, das größere ihm aber die Milch wegtrinke, „ohne daß die Mutter demselben wehrt. Die natürliche Folge ist, daß das kleinere Kind verkümmert, wenn es nicht gar wegen allzu großer Vernachlässigung seitens der Mutter zu Grunde geht" (1913: 3).

Unter älteren Männern war die Polygynie früher sehr verbreitet. Junge Männer dagegen mußten sehr lange warten, bis sie eine Frau bekamen, oft bis sich die ersten grauen Haare im Bart zeigten, heißt es bei Strehlow, „oder es wurden ihnen alte Weiber zugeteilt, während die alten Männer das Privileg für sich in Anspruch nahmen, so viele junge Frauen zu heiraten, als sie Lust hatten" (1913: 12).

Gelegentlicher Ehebruch wurde nicht weiter bestraft, auch nicht der der Frau, außer etwa, daß sich der Mann seinerseits schadlos hielt. Fortgesetzter Ehebruch dagegen, besonders wenn er mit Frauen verschiedener Heiratsklassen verübt wurde, wurde geahndet: Solche Männer wurden erschlagen oder zu Tode gespeert; ebenso solche, die Inzest trieben. Es heißt aber, so sei wenigstens mit den gewöhnlichen Sterblichen verfahren worden. Wenn aber ein Hochgestellter Blutschande trieb, fand sich keiner, der ihn speerte (siehe Strehlow 1913: 93-94).

„Eine Frau, die ihren Mann gröblich beschimpfte oder ihn böswillig verließ, wurde erschlagen und nicht begraben, damit sie von wilden Hunden gefressen würde" (ibid., 93).

— — —

Ich habe hier bewußt die ehelichen Verhältnisse der Wildbeuter in den Vordergrund gestellt, weil doch gerade diese Ethnien in der Theoriegeschichte der Ehe eine große Rolle spielten. Es ließen sich natürlich noch viele andere Ethnien aufführen; sie würden zwar das Spektrum erweitern, aber wahrscheinlich kaum vertiefen.

Ähnlich wie in den Wildbeuterkulturen kann auch bei Pflanzern und Ackerbauern keine einheitliche Eheauffassung oder Stellung der Frau ausgemacht werden. Von einer Ethnie zur anderen wechseln die Verhältnisse, ohne daß wir angeben könnten warum. Als allgemeine Tendenz kann aber dennoch festgehalten werden, daß die Frau unter dem Manne steht – und dies selbst in matrilinearen Gesellschaften.

e) Iatmul

Die bereits erwähnte Schweizer Ethnologin Brigitta Hauser-Schäublin beschreibt treffend die Situation bei den Iatmul, einer Pflanzer-Ethnie am Sepik in Papua-Neuguinea:

„Während auf der einen Seite der Gesellschaft die Männer stehen, befinden sich auf der anderen die Frauen und kleinen Kinder, von denen sich die Männer betont abzuheben versuchen. Einen Mann als Frau zu bezeichnen, gilt als Beleidigung, denn Frauen gelten in der Ideologie der Männer als schwach. Frauen tragen zum Entstehen eines Kindes nur das Blut bei. Die Knochen und die Kraft aber stammen vom Mann. Ein 'Mann ohne Knochen' (eine sprichwörtliche Beleidigung) gilt als Frau. Die Männer unterscheiden zwischen Frauen, die als Geschlechtspartnerinnen in Frage kommen und denen, die sie 'Mutter' nennen. Von der Generation der 'Mütter' wird in durchaus wohlwollendem und auch ehrerbietigem Ton gesprochen.

Die Frauen befassen sich vor allem mit Kindererziehung und mit Nahrungsbeschaffung. Zur täglichen Nahrung trägt die Frau etwa 80-90 Prozent bei. Mit dem Fischfang und dem Tauschhandel von Fisch gegen Sago ist sie das ganze Leben über beschäftigt, außer wenn sie gerade ein Neugeborenes zu versorgen hat (Kinder werden im Abstand von zwei bis drei Jahren geboren) und deshalb die ersten paar Monate das Haus nicht verlassen darf.

Der Mann hält sehr darauf, daß ihn seine Frau mit genügend Essen versorgt. Findet ein Mann keinen Sagofladen in seinem Sagotäschchen vor oder erhält er keinen Fisch, wenn er einen essen möchte, so gibt es Anlaß zu Streit; dieser endet meistens dadurch, daß die Frau Schläge von ihrem Mann einstecken muß. Nicht selten kommt es vor, daß der Mann die Frau zu Boden schlägt. In früheren Jahren resultierte daraus verschiedentlich Totschlag.

Nun steht es nicht so, daß die Frau das Leben des Mannes als ideal betrachtet, oder daß sie auf sein unabhängiges Leben eifersüchtig wäre. Der Geschlechtsantagonismus ist bei den Iatmul eine Schöpfung der Männer. Die Frauen sind mit ihrem Leben im großen ganzen zufrieden. Man hört sie oft lachen und zwischen ihnen gibt es im allgemeinen weniger Streitigkeiten als zwischen Männern. Nur wenn ein Mann sich eine zweite Frau nehmen will, nachdem die erste bereits älter geworden ist und viele Kinder geboren hat, kann es zu handfesten Schlägereien zwischen den beiden Rivalinnen kommen.

Vom sozialen und religiösen Leben der Männer ist die Frau in allen wichtigen Punkten ausgeschlossen oder nur als bewundernde Zuschauerin erwünscht. Im allgemeinen zeigen auch hier die Frauen kaum Eifersucht. Sie lassen die Männer gewähren und erheben keinen Anspruch darauf, an deren Leben teilzuhaben. Trotzdem wissen sie – zumindest heute – über die Dinge des zeremoniellen und religiösen Lebens der Männer, das diese mit vielen Geheimnissen zu umgeben verstehen, erstaunlich gut Bescheid.

Die einzigen mit Lebensstationen verbundenen Rituale, von denen die Männer ausgeschlossen bleiben, sind: Geburt und (in manchen Dörfern) Beerdigung. Bei beiden Anlässen sind nur die Frauen anwesend. Aber hier schließen sich die Männer selbst aus, da sie diese beiden Ereignisse – die Angelpunkte des Lebens – als für sich selber gefährlich erachten. In sexueller Hinsicht wird die Initiative meistens von den Frauen ergriffen. Die Männer fürchten sich vor der Aktivität der Frauen, und nicht selten verläßt ein Mann vorübergehend das Dorf, wenn ihn eine oder mehrere Frauen heiraten wollen.

In dieser Situation, die hier nur grob gezeichnet ist, wächst das Kind in einer Gesellschaft mit einheitlichem sozialem Milieu heran. Es wird während der ersten zweieinhalb bis drei Lebensjahre – bis zur Geburt des nächsten Kindes – intensiv betreut. Auch wenn es schon Betel kauen kann und feste Nahrung zu sich nimmt, erhält es zwischendurch immer noch die Brust der Mutter. Um das Kleinkind kümmert sich jedermann; es wird von Arm zu Arm weitergereicht, nähere und weitere Verwandte tragen es herum und verwöhnen es. Hin und wieder erhält das Kind auch die Brust einer anderen Frau, wenn es gerade weint und die Mutter nicht zur Stelle ist. Das Kleinkind wird nur selten zurechtgewiesen. Es wird oft liebkost. Die frühe Kindheit ist die einzige Lebensphase, in welcher der Mensch vor aller Öffentlichkeit auch vom andern Geschlecht Zärtlichkeiten empfängt" (1973a: 34).

f) Yansi

Bei den meisten Pflanzern – dazu zählen die Yansi im Zaïre – und Ackerbauern Schwarzafrikas hat die Frau eine gehobenere Stellung als ihre Kollegin bei den Iatmul, wenn es auch noch sehr viel zu verbessern gibt.

In vielen ländlichen Gebieten Zentralafrikas und zwar besonders dort, wo einfacher Pflanzenbau betrieben und die Jagd noch valorisiert wird, muß die Frau mehr und schwerer arbeiten als der Mann. Durch die starke Vermehrung der Bevölkerung sowie durch die Einführung von Feuerschußwaffen ist der Wildbestand stark dezimiert worden. Der Mann, welcher ursprünglich das Fleisch für die Familie heranschaffte, ist heute nicht mehr in der Lage, genügend Fleisch beizubringen.

Die Frau war ursprünglich für die Pflanzerernahrung verantwortlich. Sie ist es in Zentralafrika – in Westafrika ist der Feldbau meist fortgeschrittener und der Mann ist der Bauer – auch bis heute geblieben. Der Frau fällt nun immer mehr die Hauptlast zu, die Familie zu ernähren. Sie muß deshalb ihre Pflanzung vergrößern, um ihre Familie durchzubringen. Der Mann aber bekommt häufig mehr Freizeit, sofern er sich nicht eine Pflanzung mit kommerzialisierbaren Gütern wie Kaffee, Fasern, Ölpalmen etc. anlegt, diese selbst bebaut und den Ernteertrag an Händler verkauft.

In der Mythologie und den Ritualtexten werden Mann und Frau zwar in ihrer Verschiedenheit, nicht aber als antagonistische Gegensätze gesehen. Sie sind sich ergänzende Partner. Alles Große und Vollendete ist männlich und weiblich zugleich. So gilt der Himmel als männlich, die Erde als weiblich; erst beide zusammen ergeben den bewohnbaren Lebensraum. Die Sonne ist das männliche Gestirn, der Mond das weibliche. Weit verbreitet ist in Schwarzafrika die Idee, daß die Drei die männliche und die Vier die weibliche Symbolzahl ist. (Bei den Yansi allerdings sind die entsprechenden Zahlen die Vier für den Mann und die Fünf für die Frau.) Die Sieben bzw. die Neun ist dann die Zahl der Fülle und Vollkommenheit, ja eine sakrale Zahl.

Man könnte diese Dichotomie männlich – weiblich weit verfolgen, doch es genügt hier aufzuzeigen, daß die Frau in der Weltanschauung der Afrikaner kein zweitrangiges, unter dem Mann stehendes Wesen ist, sondern mit dem Mann auf gleicher Ebene steht. Diese Sichtweise ist sogar in die Sichtweise der ersten Kongomission (ab 1482) eingedrungen: Es gibt mehrere Messingkruzifixe aus alter Zeit, auf welchen Christus zweigeschlechtlich dargestellt wird. Hier setzte sich mit der Zeit die alte afrikanische Idee durch, daß alles Große und Vollkommene männlich *und* weiblich sein muß. Übrigens findet sich diese Idee der Zweigeteiltheit auch in der traditionellen Gottesvorstellung von Nzambi: Man kann von den Herero in Namibia bis zum Kamerunberg immer wieder einen zwiefältigen Nzambi ausmachen (siehe Thiel 1983).

2. Das Verhältnis Kernfamilie – Lineage

Wie schon oben erwähnt wurde, hat die Kernfamilie bei Naturvölkern nicht die Bedeutung, welche sie bei uns hat. Ein konkretes Beispiel soll ihr Verhältnis zur Lineage erläutern.

Wenn ein Yansi-Jäger eine Antilope erlegt, wird sie nach altem Gesetz folgendermaßen zerlegt: Der politische Häuptling, auf dessen Territorium sie verendete, erhält eine Hinterkeule; der religiöse Häuptling, eine Art Erdherr, erhält eine Vorderkeule; der Vater des Jägers erhält den Kopf, sein Mutterbruder die Brust, die Lineage-Älteste eine Niere und die Schwiegereltern den Hals. Die Mitglieder der eigenen Lineage wie jene der Frau werden ebenfalls bedacht. Sogar der Besitzer des Jagdhundes, welcher die Antilope gestellt hat, bekommt einen festgesetzten Teil. Wenn die Antilope auf diese Weise ganz aufgeteilt ist, erhält die Frau des Jägers von ihrer Lineage und der Jäger von seiner Lineage ein Stück Fleisch. Die beiden legen dann ihr Fleisch zusammen und essen es mit ihren Kindern. Dieses Beispiel zeigt:
– Die Ehepartner hören niemals auf, Mitglieder ihrer Lineage zu sein.
– Die Kernfamilie bildet zwar eine neue Wohneinheit, das eigentliche Zuhause bleibt aber die Lineage.
– Die Kernfamilie ist nicht Selbstzweck, vielmehr nur Baustein – man könnte sagen 'Menschenlieferant' – für die solidarische Gruppe, die Lineage.

3. Der sogenannte Brautpreis

Bedenkt man die Wichtigkeit der Frau als Arbeitskraft – nicht nur bei Pflanzern, sondern auch bei Wildbeutern – und bedenkt man ferner, daß die Frau meistens in die Lineage des Mannes zieht, dann kann man verstehen, daß eine Lineage nur ungern ein heiratsfähiges Mädchen abgibt. Der Brautpreis hat unter anderem auch die Funktion, die Lineage für den Weggang einer Arbeitskraft zu entschädigen.

Unser Ausdruck 'Brautpreis' läßt die Vermutung entstehen, als wäre die Frau eine Ware, welche man kauft und verkauft. In früherer Zeit, als das europäische Geld in Afrika noch nicht bekannt war, bestand der Brautpreis in Eisenstäben, Lanzenspitzen, Kupferbarren usw. Mit diesen Objekten konnte man vielfach nur Frauen erwerben oder bei Vergehen Sühne leisten, aber sie hatten keine Zahlungsfunktion wie unser Geld. Hirtenvölker gaben für ihre Frauen Rinder. Wir wissen aber, daß die Rinder bei Viehhirten keinen primär ökonomischen, sondern an erster Stelle einen Prestigewert haben. Es wird berichtet, daß Hirten an Hunger gestorben sind, daß sie aber nicht ihre Rinder geschlachtet und gegessen haben. — Heute allerdings ist der

Brautpreis fast überall eine rein kommerzielle Angelegenheit, wobei man den Schwiegersohn auszunehmen versucht. Ich konnte wiederholt von alten Afrikanern hören, wenn ich sie auf den Brautpreis ansprach: „Ihr Weißen seid schuld, daß wir unsere Töchter verkaufen, früher war dies nicht so!" Diese Aussage hinderte sie in keiner Weise zu feilschen – besonders dann, wenn der Schwiegersohn ein sogenannter 'évolué' war.

Neben der Arbeitskraft stellt ein heiratsfähiges Mädchen auch eine Quelle der Fruchtbarkeit dar. Eine patrilineare Lineage leiht sozusagen weibliche Fruchtbarkeit einer anderen Lineage, damit diese sich vermehren kann. Die Verwandtschaftszurechnung ist ja nur unilinear. Der Brautpreis soll also diese Fruchtbarkeit kompensieren.

Eine weitere Funktion des Brautpreises ist die Stabilisierung der Ehe. Meist wurde früher der Brautpreis folgendermaßen zusammengebracht. Wenn ein junger Mann heiraten wollte, mußte die ganze Lineage die zweihundert Lanzenspitzen oder was immer als Brautpreis festgesetzt worden war, aufbringen. Die benötigte Summe fand sich aber selten auf Anhieb in der Lineage. Wurde der ganze Preis auf einmal gefordert, mußte der junge Mann warten, bis eine nahe Verwandte heiratete und die Lineage die nötigen Lanzenspitzen bekam.

Es konnte leicht vorkommen, daß in einem Jahr mit den gleichen Lanzenspitzen bis zu fünf Ehen geschlossen wurden. In einer Richtung wanderten die Lanzenspitzen oder Rinder, in umgekehrter Richtung wanderten die Frauen. Wollte nun eines der Paare sich scheiden lassen, haben sich dem die Lineages der beiden so wie die anderen Paare widersetzt, weil sie den Brautpreis nicht mehr zurückgeben konnten. Häufig nämlich muß auch die Verwandtschaft des Mädchens den Eltern des Bräutigams bestimmte Geschenke machen. Die Ehe ist mehr als nur ein Zusammengehen eines Mannes und einer Frau. Durch Geschenke und Gegengeschenke, welche zwei Gruppen bei dieser Gelegenheit austauschen, entstehen innige Bande zwischen den Brautgebern und den Brautnehmern. Man versteht deshalb auch, warum die Lineage-Ältesten sehr daran interessiert sind, daß nicht wahllos geheiratet wird, sondern nur in bestimmten Gruppen, mit welchen man im Tauschverhältnis steht.

Bei zahlreichen Ethnien Zentralafrikas wird aber der Brautpreis selten auf einmal erstattet, besonders nicht im städtischen Milieu der Gegenwart, wo er meist sehr hoch ist. In den sechziger und siebziger Jahren war es im Zaïre normal, daß ein Lehrer ein bis zwei Jahresgehälter als Brautpreis aufwenden mußte. Meist wird aber heute akzeptiert, daß zur Eheschließung ein größerer Betrag angezahlt und der Rest ratenweise abgestottert wird. Kommt einer mit den Raten in Verzug, kann man sicher sein, daß der Wahrsager jeden Krankheitsfall und jede Kalamität auf dieses Versäumnis zurückführt: Eltern und

Lineage der Frau würden ihm und seiner Kernfamilie übelwollen, weil er wortbrüchig sei. Meist muß dann der Mann an die Familie der Frau wieder neue Geschenke machen, um ihren berechtigten Ärger in Wohlwollen zu wandeln.

Bei vielen Ethnien ist es aber mit der Bezahlung des Brautpreises allein gar nicht getan. Solange die Ehe besteht, müssen bei ganz bestimmten Gelegenheiten immer wieder Geschenke gemacht werden, und nicht nur vom Mann an die Familie der Frau, sondern auch umgekehrt. Solche Anlässe können sein: wenn die Frau zum ersten Male schwanger wird, bei der Geburt und Namengebung, wenn die Haare des Kindes zum ersten Male geschoren werden (häufig ein Zeichen, daß der eheliche Geschlechtsverkehr wieder aufgenommen werden darf). Man könnte also sagen, daß Geschenke und Gegengeschenke – und hierzu gehört auch die Geburt von Kindern – die Ehebande immer fester werden lassen, bis sie schließlich so gut wie untrennbar sind.

4. Die Ehescheidung

Im Prinzip kennen alle Naturvölker die Ehescheidung, wenn es auch sehr große Unterschiede in der Häufigkeit ihrer Anwendung gibt. Es lassen sich auch nicht annähernd allgemeine Gründe angeben, welche bei allen Ethnien zur Scheidung führen können. Zwei Gründe scheinen aber doch recht universell verbreitet zu sein:
- Wenn einer der Partner den anderen behext, d. h. wenn er mit Hilfe von schwarzer Magie den Partner oder die Kinder in ihrer Lebenskraft negativ beeinflußt.
- Wenn die Ehe unfruchtbar bleibt.

Wird bei Hexerei eine Ehe immer geschieden, so bleiben bei Unfruchtbarkeit die Partner gelegentlich doch beisammen. Nach meiner Statistik, die ich in den sechziger Jahren unter den Yansi aufstellte, waren zwei Prozent der Ehepaare (aber nicht jungverheiratete) kinderlos. Sehr wahrscheinlich handelt es sich bei diesen zwei Prozent um solche Ehen, bei denen die Frau oder aber beide Partner unfruchtbar waren. Stellt der Mann nämlich fest, daß er der Unfruchtbare ist, wird er ziemlich sicher seine Frau von einem Freund oder Verwandten schwängern lassen, um der Schande der Kinderlosigkeit zu entgehen, denn auch bei den Naturvölkern gilt das alte Prinzip: Pater est quem nuptiae demonstrant (Vater ist, wen die Ehe als solchen ausweist).

Kinderlosigkeit der Frau ist ein häufiger Grund für die Polygynie. Oft drängt sogar die Kinderlose den Mann zu einer zweiten Heirat, denn dadurch wird die Ehe sicherer. Wird nämlich eine unfruchtbare Frau entlassen, sinkt sie auf ein sehr niederes soziales Niveau ab. Eine Wiederheirat als Erstfrau ist praktisch ausgeschlossen. Meist bleibt ihr nur die Wahl, x-te Nebenfrau eines Polygamen zu werden oder eine Art Prostitution auszuüben, und zwar vor allem für jene Männer, deren Ehefrauen ein Kleinkind haben.

Wird die Scheidung von den Gruppenältesten ausgesprochen, dann kann dies, wie auch bei der Eheschließung, ganz formlos sein. Gab es bei der Heirat Zeremonien, dann gibt es bei der Scheidung gerne solche Zeremonien, welche die geknüpften Bande wieder lösen. Ist aus der Ehe noch kein Nachwuchs hervorgegangen, dann muß auch der Brautpreis zurückgezahlt werden; sind aber Kinder vorhanden, dann gelten sie als Kompensation des Brautpreises. Die Frau aber zieht immer in ihre Lineage zurück.

Bei patrilinearen Familien darf die geschiedene Frau gewöhnlich nur die Kleinstkinder mitnehmen. Sind sie später der Obhut der Mutter entwachsen, kehren sie in die Vater-Lineage zurück. Bei matrilinearen Gesellschaften können alle Kinder mit der Mutter ziehen. Im Zaïre beobachtete ich aber, daß größere Kinder gerne in der Vater-Lineage blieben, und es ist verständlich, denn hier hatten sie ihre Freunde, hier waren sie aufgewachsen. Die Kinder konnten aber auch jederzeit zwischen den beiden Elternteilen hin- und herpendeln. Da Kinder in beiden Großfamilien ein Zuhause finden und freudig angenommen werden, konnte ich ein Hickhack um die Kinder, wie es nicht selten in unserer eigenen Gesellschaft vorkommt, in Afrika niemals beobachten.

IV. Wandel der Eheschließungsformen im modernen Afrika

Der Kontakt Europas mit Afrika hat die traditionelle Ehe in vielen Bereichen verändert, nicht jedoch ihr Wesen. Bedenkt man, daß die Christen in manchen Ländern Schwarzafrikas bis zu über fünfzig Prozent ausmachen, ist man erstaunt, wie relativ wenig das Christentum an der traditionellen Ehe verändert hat. Mehr verändern meiner Meinung nach die eingeführte Geldwirtschaft und die Zerschlagung der traditionellen Sozialstruktur die Ehe.

Die Frau wird heute als ökonomischer Wert taxiert. Hat die Lineage sie ausbilden lassen, will sie dies im Brautpreis zurückerhalten; hat die Frau eine gute Beamtenstelle, will die Familie auch hier anteilig mitverdienen. Es besteht die Gefahr, daß die Frau zur Ware wird und der Mann meint, er könne über sie wie über eine gekaufte Ware verfügen.

In der traditionellen Gesellschaft war die Frau von der ganzen solidarischen Gruppe engagiert worden, denn alle hatten zum Brautpreis beigesteuert (genau so bekamen auch alle etwas vom Brautpreis, wenn ein Mädchen von der Lineage abgegeben wurde). Jetzt aber ist es vor allem Sache des verdienenden Mannes, den Brautpreis aufzubringen. Die Lineage hat sozusagen keinen Anteil mehr an der Frau. Der Schutz der Lineage und die durch sie gewährte Stabilität fehlen. Die Ehe wird labiler.

Die zunehmende Industrialisierung und Verstädterung fördern die Lohnarbeit; Verstädterung und Lohnarbeit fördern aber ihrerseits die Monogamie, weil der Lohn eines Arbeiters nicht ausreicht, mehrere Frauen und ihre Kinder zu versorgen. Man kann deshalb feststellen, daß in der Stadt der außereheliche Geschlechtsverkehr zunimmt, häufig in Form von außerehelichen Verhältnissen und in der Prostitution. In der traditionellen Gesellschaft hatte jede Frau eines polygynen Mannes einen fest umrissenen Ehestatus, die Freundin in der Stadt aber nicht mehr; sie ist der Willkür ausgesetzt.

In der traditionellen Gesellschaft sollte eine Ehefrau nur jedes dritte Jahr ein Kind zur Welt bringen. Diese Regel war weise ausgedacht zum Schutze von Mutter und Kind. Durch die westliche Medizin aber sowie durch die Industrieerzeugnisse wie Babynahrung und Trockenmilch beschleunigt sich der Gebärrhythmus der Frau. Es kommt hinzu, daß die Überlebenschance der Neugeborenen wesentlich größer ist als früher, so daß die Bevölkerung rapide zunimmt. In einer bestimmten Region der Yansi, über die genaue Statistiken vorliegen, hat sich die Bevölkerung in zwanzig Jahren genau verdoppelt. Noch zu Beginn dieses Jahrhunderts waren in diesem Gebiet neun Zehntel der Bevölkerung an Schlafkrankheit gestorben. Hungersnöte und Kriege taten ein übriges, daß die Bevölkerung nur langsam anwuchs.

Da die Polygynie offiziell abnimmt — heute sind es etwa zehn Prozent in ländlichen Gebieten des Zaïre, vor etwa fünfzig Jahren waren es noch etwa dreißig Prozent —, sinkt auch das Heiratsalter der Männer. Da früher die alten Männer zahlreiche Frauen besaßen, mußten die jungen Männer oft sehr lange warten, bis sie heiraten konnten. Das Heiratsalter der Männer lag früher oft bei dreißig Jahren und noch höher. Monogamie und niedrigeres Heiratsalter der Männer beschleunigen aber die Zeugung von Nachkommen.

Durch die Tatsache, daß sich die afrikanische Ehe von der Lineage weg zur Individualehe wendet, gewinnt sie zwar an Tiefe, aber sie wird dadurch auch labiler. Früher sagte man: Die Afrikaner heiraten zuerst, dann beginnen sie, sich zu lieben. Heute gibt man — wenigstens in den Städten — der Liebesheirat den Vorzug. Stabiler wird aber durch diesen Wandel die afrikanische Ehe scheinbar nicht.

8. Kapitel
Gruppenbildungen nicht-verwandtschaftlichen und nicht-politischen Charakters

Wenn wir von den Sozialstrukturen der Naturvölker reden, denken wir mit Vorliebe an verwandtschaftliche oder politische Gruppierungen. Daß es dazwischen noch zahlreiche andere Formen von Gruppenbildungen gibt, welche weder der Verwandtschaftssphäre noch der Politik zuzuordnen sind, wird leicht übersehen. Und gerade bei nur wenig strukturierten Naturvölkern sind diese intermediären Gruppenbildungen von größerer Wichtigkeit als die häufig ganz fehlenden oder nur ansatzweise vorhandenen politischen Organisationsformen.

Es ist zwar nicht immer einfach, nicht-politische von politischen Gruppen sauber zu unterscheiden, weil die Übergänge fließend sein können; dennoch sind die Pole beider Positionen klar erkenntlich. Denken wir etwa an Königreiche oder Staaten von Globalgesellschaften und im Gegensatz hierzu an Dorfeinheiten kleinerer Ethnien (so bei Pflanzern Zentralafrikas, Stammesindiens oder des alten Indonesien): Hier sind die Unterschiede evident!

Von den zahlreichen Gruppenbildungen, die weder verwandtschaftlichen noch politischen Charakter haben, seien hier – ohne Anspruch auf Vollständigkeit – einige aufgezählt, welche bei besonders zahlreichen Naturvölkern verbreitet sind.

I. Das Dorf

Die Ethnologen haben sich in den letzten Jahrzehnten sehr um das Dorf als ökonomische, soziale und vor allem als politische Einheit bemüht. Die zahlreichen Dorfstudien sind Beweis dafür. Doch trotz dieser unbestrittenen Wichtigkeit des Dorfes findet man in Handbüchern der Ethnologie relativ selten das Dorf als sozio-politische Einheit behandelt. Wahrscheinlich deshalb, weil sich kaum allgemeine Dorfstrukturen aufweisen lassen. Von einer Region zur anderen, oft von einer Ethnie zur anderen, sind Dörfer so verschieden strukturiert, daß man über Allgemeinplätze nicht hinauskommt, will man einige gemeinsame Leitlinien aufweisen.

Das Dorf wird erst so recht bei Seßhaften, also entwicklungsgeschichtlich zunächst bei den 'primitiven Pflanzern', als Sozialeinheit wichtig. Nicht-Seßhafte leben bekanntlich in beweglichen Verbänden: Jagdhorde, Großfamilie, Kral etc. Ihre Wohnfolge ist noch nicht fest in das Territorium eingeschrieben; man wohnt aber in einem festumgrenzten Territorium immer wieder an den nämlichen Örtlichkeiten.

Trotz der Seßhaftigkeit der einfachen Pflanzer sollte man doch auch bedenken, daß sie noch nicht als absolut seßhaft anzusprechen sind. Die Führung des Dorfes – es kann ein Dorfvorsteher, aber auch ein aus den Sippenältesten bestehendes Gremium sein – kann aus vielen Gründen die Verlegung des Dorfes anordnen: wiederholte Krankheits- und Todesfälle, unergiebige Jagd, schlechte Träume, böse Geister usw. können die Verlegung eines Dorfes erfordern. Das Dorf wird allerdings meist nicht weit weg verlegt, weil man ja die bereits bestellten Pflanzungen nutzen will. Wer längere Zeit mit einfachen Pflanzern lebt, kann den Eindruck gewinnen, daß es sich um nur Halbseßhafte handelt.

Grundsätzlich lassen sich zwei Arten von Dorforganisationen ausmachen:
— Dörfer, in denen ausschließlich verwandte Personen – Bluts- und Allianzverwandte – wohnen,
— Dörfer, welche verschiedene Sippen, Klane und Ethnien in sich beherbergen und aus diesen heterogenen Elementen eine Sozialeinheit formen.

Uns geht es hier vor allem um diesen zweiten Dorftyp.

Ein Dorf führt für gewöhnlich seine Existenz auf einen *Dorfgründer* zurück. In alten Dörfern verlieren sich seine Spuren gerne im Sagenhaften oder gar im Mythischen. Sein Grab ist das Heiligtum des Dorfes; nicht selten befindet es sich im Zentrum auf dem Ratsplatz, wo die Versammlungen der Männer stattfinden und wo auch die Feste – religiöse wie profane – gefeiert werden. Es gibt Gegenden, wo der Ortsvorsteher gewählt wird, anderswo erhält der Älteste aus der Familie des Gründers das Amt. In diesem letzteren Falle kommen dem Dorfvorsteher gewöhnlich auch religiöse Funktionen zu, weil der Dorfgründer als ältester Ahnherr des Ortes immer wieder um Schutz und Hilfe angegangen werden muß. Diese Mittlerrolle zwischen Gründer und Dorfbewohnern steht am ehesten dem Verwandten und Amtsnachfolger des Gründers zu.

In *Megalith-Kulturen* spielt das Dorf mit seinem zentralen Versammlungsplatz, der von im Kreis angeordneten Steinplatten und Steinsitzen umgeben ist, eine besondere Rolle. Meist ist das Steingrab des Dorfgründers der Mittelpunkt, so daß der Dorfplatz nicht nur das soziale, sondern auch das religiöse Zentrum des Dorfes ausmacht. Das Dorf ist denn auch als religiöse Einheit aufzufassen. — Solche Megalith-Kulturen waren in vorgeschichtlicher Zeit häufig, auch in Europa. Heute finden wir noch mehr oder weniger intakte Megalith-Kulturen unter anderem in Nordafrika und in Indien – so etwa bei den Munda im Staate Bihar –, dann in Südost-Asien, Indonesien und Melanesien. Ob diese Kulturen geschichtlich miteinander zusammenhängen, ist trotz einer Reihe gemeinsamer Merkmale nicht erwiesen.

Dörfer pflegen trotz aller Einheit und Solidarität territorial gegliedert zu sein. In Zentralafrika findet man, daß in größeren Dörfern die einzelnen Viertel von je einer volkreichen Lineage bewohnt werden; ähnlich ist das Munda-Dorf gegliedert. Der Dorfvorsteher und der Dorfpriester geben den nötigen Zusammenhalt. Steht aber keine Persönlichkeit mit Autorität an der Spitze des Dorfes, so kann der soziale Zusammenhalt der Parteien recht gering sein. In Krisenzeiten zerfällt es in praktisch so viele Einheiten wie das Dorf Lineages beherbergt.

Andererseits sind Dörfer auch vertikal gegliedert: Es gibt die dirigierende (häufig auch gleichzeitig ökonomische) Elite, die Freien und die Sklaven. Eine sehr gute Illustration dieser vertikalen Gliederung eines indonesischen Dorfes bietet das Buch von Wolfgang Marschall 'Der Berg des Herrn der Erde' (1976).

Bisweilen wird das Dorf auch in *Hälften* geteilt, so daß sich zwei mehr oder weniger antagonistische Gruppen gegenüberstehen. Statt des deutschen Ausdrucks 'Hälfte' wird oft das englische Wort *moiety* gebraucht. In 'moieties' gegliederte Dörfer gibt oder gab es vor allem in Amerika, aber sie existieren auch anderswo, wie etwa in Afrika. Meist sind die Hälften exogame Gruppen. Ihren Ursprung führen sie gerne auf kosmische Gegensätze zurück, etwa Himmel – Erde. Jeder Hälfte wiederum entsprechen bestimmte Symbole: weiß – schwarz, männlich – weiblich, kriegerisch – friedfertig usw. Adolf E. Jensen z. B. beschreibt das *Gada*-System der Konso in Äthiopien, deren Dörfer in Hälften gegliedert sind. Wir werden noch bei den Altersklassen darauf zurückkommen.

Die relative Labilität und Desintegration vieler Dörfer hat nicht selten in einer radikalen territorialen und ökonomischen Umstrukturierung, zunächst durch die Kolonialmächte hervorgerufen und jetzt durch die unabhängigen Staaten beibehalten, ihren Grund. In Zentralafrika und besonders im ehemaligen Belgisch-Kongo (jetzt Zaïre) hatte die Kolonialmacht die im Wald und in der Savanne verstreuten Weiler, die jeweils nur von *einer* Lineage bewohnt wurden, an die neu in den Busch geschlagenen Pisten geholt und zu größeren Dorfeinheiten zusammengefaßt. Erst dadurch wurde die Bevölkerung kontrollierbar: Die Dörfer erhielten einen von der poltischen Macht eingesetzten Vorsteher, 'Kapita' genannt, welcher für Ordnung zu sorgen hatte und den Kolonialherren verantwortlich war; die Dörfer waren mit dem Auto gut erreichbar, man konnte Größe und Beschaffenheit der Pflanzungen kontrollieren, notfalls Repressalien ergreifen, die Steuern leichter eintreiben usw. In den meisten Fällen aber waren die Dörfer keine organisch gewachsenen Einheiten mehr, sondern zusammengefügte Konglomerate.

Mit dem Eindringen von Hochkulturen und *Hochreligionen* bildeten sich noch andere Varianten neuer Dorfstrukturen heraus. Sowohl christliche wie auch islamische Missionare achteten bisweilen darauf, daß ihre Anhänger in geschlossenen Siedlungen wohnten. So gab es von katholischer Seite im alten Tanganjika und anderswo Versuche, die Christen aus ihrem heidnischen Sippenverband herauszulösen und in einem eigenen christlichen Dorf oder Dorfviertel anzusiedeln. Man wollte damit den Heiden einerseits vorführen, wie ein christliches Dorf beschaffen ist (die Christen hatten häufig von den Missionaren bessere agrarische Techniken erlernt), andererseits wollte man die Christen vom heidnischen Leben absondern. Ob dies für die christliche Idee vorteilhaft war, sei dahingestellt. Meist sicher nicht. Denn die Christen verloren durch die Trennung von ihren Sippen oft den natürlichen Halt. Darüber hinaus wurde der Kontakt mit den Nicht-Christen reduziert, was wiederum die Verbreitung christlicher Ideen einengte.

Im Gefolge der Kolonialisierung kam es auch zur Gründung ganz neuer Dörfer, welche von heterogenen Elementen besiedelt wurden. So in der Nähe von Missionsstationen, Handelsniederlassungen, Schulzentren und in den kolonialen Verwaltungsorten. Letztere vor allem entwickelten sich häufig zu den heutigen Städten. In größeren Orten ehemaliger Kolonien stößt man bis heute auf ein breit angelegtes Verwaltungs- bzw. Regierungsviertel und auf die eng und ärmlich ausgestattete 'Stadt der Eingeborenen'. Das eine war früher das Wohngebiet der Kolonialherren (heute wohnen ihre Nachfolger darin), im armen Teil wohnt auch heute noch das Gros der Bevölkerung. Hier hatten früher die kleinen Verwaltungsangestellten und das Hauspersonal der 'Herren' ihre Wellblechdach-Häuser.

Diese Zentren waren seit jeher frequentiert, wenn auch nur wenige dort Arbeit fanden und es weniger zu essen gab als im Dorf zu Hause. Diese neuen Orte aber boten Schutz vor einem rigorosen Regime zu Hause im Dorf und in der eigenen Sippe. Man kann daher mit Recht in diesen Orten Desintegrationsfaktoren der traditionellen Sozialstrukturen sehen. — Meist allerdings siedelt man auch in den modernen Großstädten nach dem ethnischen Prinzip; mit der Zeit entstehen daher auch in den Städten wieder ähnliche Strukturen wie sie früher im Dorf herrschten. Eine Beobachtung, die man in modernen Großstädten machen kann, weist auf, daß in ethnisch zusammengewürfelten Vierteln Diebstahl und Prostitution höher sind als in monoethnischen Vierteln. Da man sich hier kennt, schlagen die alten Dorfstrukturen stärker durch; es entsteht eine Art solidarischer Gemeinschaft.

II. Jugend- und Männervereinigungen

1. Jugendvereinigungen

Bei zählreichen Naturvölkern aller Kontinente nehmen Gruppierungen und Gemeinschaften Jugendlicher solche Formen an, daß man in ihnen sozial wichtigere Einheiten sehen muß, als dies die verwandtschaftlichen Bande sind. Derartige Jugendorganisationen gibt es fast überall, aber besonders bekannt wurden in der Literatur Beschreibungen nordost-indischer Jugendorganisationen; so von Verrier Elwin 'The Muria and their Ghotul' (1947) und Christoph von Fürer-Haimendorfs Beitrag 'Youth-Dormitories and Community Houses in India' (1950).

Meistens geht es bei Jugendverbänden darum, daß Jugendliche, vor allem Knaben, wenn sie ein Alter von etwa sechs bis zehn Jahren erreicht haben, aus dem Elternhaus ausziehen und sich in einem eigens für sie errichteten Jugendhaus, auch Junggesellenhaus genannt, niederlassen. Das Essen erhalten sie zwar oft noch von zu Hause, aber ihre sozialen, ökonomischen und kulturellen Beziehungen finden fast zur Gänze im Jugendhaus statt: Sie gehen gemeinsam auf die Jagd, sie legen Pflanzungen an, sie gehen zusammen fischen; abends tanzt man vor dem Haus; es kommen die Mädchen, man macht sexuelle Erfahrungen usw.; kurzum, der Jugendliche wird im Jugendhaus zum Mann herangebildet, meist unter der Obhut erfahrener, alleinstehender, älterer Männer. Sie haben auch ein Auge darauf, daß das Leben im Jugendhaus in normalen Grenzen verläuft. Oft leben die Lehrer mit den Jugendlichen im Haus.

Es gibt Gesellschaften, in denen im Jugendhaus die Erziehung für das Militär stattfindet. Nach einigen Jahren im Jugendhaus treten dann die Jugendlichen in die Altersklasse der Krieger ein und üben fortan eine festgesetzte Zeit das Kriegshandwerk aus. Doch darüber soll noch in den Altersklassen gesprochen werden.

Zahlreiche Gesellschaften kennen auch die Institution der Mädchenschlafhäuser. Hier werden dann die Mädchen kurz vor oder während ihrer Geschlechtsreife, ähnlich wie die Knaben, auf ihr späteres Leben vorbereitet. Es gibt aber auch Gesellschaften, welche ihre Töchter nicht gerne ins Mädchenhaus geben; bei verschiedenen Ethnien des Zaïre hatten Mädchenhäuser einen zweifelhaften Ruf. Angeblich haben seriöse Brautwerber nicht gerne ihre Frauen aus Mädchenhäusern genommen.

Eine besondere Form von Jugendorganisationen sind die *Beschneidungsschulen*, auch *Buschschulen* genannt. Jugendliche im Pubertätsalter, vor allem Knaben, aber bei manchen Ethnien auch die Mädchen, werden alle fünf bis acht Jahre in Buschschulen zusammengerufen, wo sie in die Geheimnisse des Stammes eingeweiht und auf ihr späteres Leben als Erwachsene vorbereitet werden. Früher konnten solche Buschschulen in Afrika zwei bis drei Jahre dauern. Heute begnügt man sich oft mit einigen Monaten. Ferner müssen gegenwärtig die Termine, so sie überhaupt noch wahrgenommen werden, in den Schulferien stattfinden. Bei diesen Unterweisungen spielen Stammesgeschichte, Mythologie und Religion eine sehr wichtige Rolle. Über Buschschulen Zentralafrikas gibt es eine Reihe sehr guter Publikationen, so etwa von

H. Baumann 'Die Mannbarkeitsfeiern bei den Tshokwe und ihren Nachbarn' (1932), J. Van Wing 'De geheime sekte van't Kimpasi' (1920) und M. Plancquaert 'Les sociétés secrètes chez les Bayaka' (1930).

Jugendliche, welche zusammen eine Buschschule mitgemacht haben, sind gewöhnlich für ihr ganzes Leben zu besonderer gegenseitiger Solidarität verpflichtet. Es wird immer wieder berichtet, daß der Kamerad der gleichen Buschschule im späteren Leben ebenso wichtig wird wie die leiblichen Geschwister. Häufig steht am Ende der Unterweisungen bei den Knaben die Beschneidung, bei den Mädchen die Exzision.

Eine kleine Anmerkung sollte, wenn von Organisationen der Knaben und Mädchen die Rede ist, gemacht werden. Man sieht vielfach bei Naturvölkern nur die Opposition zwischen beiden Geschlechtern. Tatsächlich sind auch immer Knaben und Mädchen, wie später Männern und Frauen, ganz verschiedene Rollen zugewiesen. Meist findet man, daß die Frauen unter sich sind, zusammen auf den Feldern arbeiten, häufig auch den größeren Teil der Arbeit zu verrichten haben usw. Die Männer dagegen erledigen zwar die schwerere Arbeit, aber sie nimmt meist nur wenig Zeit in Anspruch. Dennoch werden Mann und Frau nicht als Gegensätze, sondern als sich ergänzende Wesen betrachtet und zwar gerade in der Mythologie und in der Religion.

Dieser Ideen sollte man eingedenk sein, wenn häufig nur die Opposition zwischen den Geschlechtern bei Naturvölkern gesehen wird. Die soziale Organisation weist offensichtlich eine Dichotomie und oft eine oppositionelle Zweigeteiltheit auf, aber im Grunde soll diese Dichotomie nicht in Feindschaft zueinander stehen, sondern sich ergänzen.

2. Männervereinigungen

Auch den erwachsenen Männern bieten sich neben den politischen Vereinigungen noch zahlreiche Möglichkeiten, mit ihresgleichen Gemeinschaften und Kameradschaften zu schließen; man spricht auch von 'Männerbünden'. Von Papua-Neuguinea sind die künstlerisch berühmten *Männerhäuser* (tambaran) bekannt; sie sind Rat-, Kult- und Männerhaus in einem. Da hier auch die Ahnengeister gegenwärtig sind, wird fälschlicherweise auch vom 'Geisterhaus' gesprochen. In ihm werden alle Geschäfte des Dorfes, wenn sie nicht gerade eine Einzelfamilie berühren, abgehandelt. Hier bewahrt man die Waffen, Kopftrophäen, Kultgegenstände usw. auf. Frauen werden rigoros vom Männerhaus ferngehalten. Wenn die Kultflöten (Geisterflöten) geblasen werden (nach den Mythen haben Frauen sie entdeckt), müssen sich die Frauen schnell verbergen, weil sie die Flöten nicht sehen dürfen. Auf diese Weise sichern sich die Männer ihre Einflußsphäre.

Eine bei Naturvölkern häufig vorkommende Gruppenbildung stellt das *gemeinsame Arbeiten* der Männer dar. Man sucht sich gleichgesinnte Kameraden aus, mit denen man zusammen arbeitet und jagt. Den Ertrag teilt man dann gleichmäßig auf. Da innerhalb der Verwandtschaft der Erlös immer nach ganz bestimmten Regeln aufgeteilt wird und Verwandte unter sich niemals gleich sind — nach der Altershierarchie ist einer immer älter und der andere jünger —, so beobachtet man häufig, daß Männer nicht gerne mit den eigenen Verwandten solche 'Arbeitsgruppen' bilden, sondern nichtverwandte Dorfgenossen den Verwandten vorziehen.

Wenn diese Arbeitskameraden im gleichen Viertel wohnen, nehmen sie gewöhnlich ihre Mahlzeiten gemeinsam ein, und zwar jede Mahlzeit bei einem anderen. Bei zentralafrikanischen Ethnien konnte ich oft beobachten, daß vier bis fünf Männer eine derartige Kameradschaft bildeten. Jeden Abend, wenn sie von der Arbeit oder Jagd kamen, aßen sie bei einem andern. Wenn nun eine Frau gegen ihren Mann schwere Vorwürfe hatte und die kundtun wollte, brauchte sie nur der Gruppe das Essen zu verweigern. Es galt dies immer als die größte Schande, welche einem Mann angetan werden konnte. Wenn nicht schwerwiegende Gründe für das Handeln der Frau vorlagen, wurde sie dann vom Klan davongejagt; jedenfalls mußte ihr Klan immer eine gehörige Strafe bezahlen.

Eine noch intensivere Freundschaftsbildung stellt die Blutsbrüderschaft dar. Nichtverwandte Männer, welche in einem besonders intimen Freundschaftsverhältnis leben, besiegeln diese Freundschaft mit einem Bund, indem sie das aus Schnittwunden gewonnene Blut mischen. Sie werden dadurch zu 'Blutsbrüdern'. Selbstverständlich verpflichtet das beide Seiten zu viel engerer Freundschaft, als dies unter leiblichen Geschwistern der Fall ist. In Australien ist das kultische Bluttrinken bei zahlreichen Ethnien von den Heroen der Urzeit institutionalisiert worden. Es nimmt im sozio-religiösen Leben einen sehr wichtigen Platz ein (siehe etwa E. Worms 1950).

Diese Blutsbrüderschaft wird in Zentralafrika auch häufig zwischen Ehegatten durchgeführt. Léon de Sousberghe hat wiederholt über diese Eheform in Zentralafrika geschrieben (so z. B. 1960, Brüssel und 1976 im 'Anthropos' der Beitrag 'Note sur les pactes d'union dans la mort', 71: 275-282).

Bei all den genannten Gruppenbildungen ist es selbstverständlich, daß im Gefolge dieser Freundschaften und Kameradschaften auch absolute soziale und wirtschaftliche Solidarität praktiziert wird. Sollte einer in Not geraten, wird der Kamerad oder Blutsfreund selbstverständlich mit allem, was er hat, für ihn eintreten.

III. Altersklassen

Das Alter als Einteilungskriterium und Schichtungsprinzip kommt bei Naturvölkern in fast allen Gruppenbildungen vor; so etwa in der Verwandtschaft, bei Bünden, bei sozialen Schichtungen, bei politischen Organisationen usw. Man muß in der *Altershierarchie* eine der wichtigsten Grundlagen für die vertikale Schichtung der Bevölkerung sehen.

Am deutlichsten jedoch wird die Wichtigkeit des Alters als Einteilungskriterium in den sogenannten *Altersklassen*. Wir verstehen darunter eine Schichtung der meist männlichen Bevölkerung in vertikaler Hinsicht in mehrere Gruppen nach dem Altersprinzip. Der Eintritt in eine dieser Gruppen, welche wir ungenau als 'Klasse' bezeichnen, und der Übergang von einer Klasse in die andere ist jeweils mit Übergangsriten verbunden, die Zugehörigkeit zu einer Klasse ist demnach zeitlich begrenzt. Ein Kandidat durchläuft, so er nicht frühzeitig aus dem Leben scheidet, alle bestehenden Altersklassen.

Von den Altersklassen zu unterscheiden sind *Altersverbände* oder Altersbünde. Sie sind Gruppierungen etwa gleichaltriger Männer, die sich zu einer solidarischen Einheit zusammenschließen und ihr ganzes Leben in diesem Verband bleiben, ohne in andere Verbände überzuwechseln, wie dies in den Altersklassen der Fall ist. Es wurden bereits verschiedene solcher Männervereinigungen erwähnt.

Denise Paulme, die sich eingehend mit den Altersklassen in Westafrika beschäftigte, meint im Vorwort zu ihrem Werk 'Classes et associations d'âge en Afrique de l'Ouest': „Die Verwandtschaftsprinzipien allein gewährleisten nicht die Rollenverteilung für den Fortgang der Gesellschaft in allen ihren Bereichen. Gesellschaften, die weder eine zentrale politische Macht noch soziale Klassen kennen, sehen sich außerstande, alle Bereiche mit der Verwandtschaft abzudecken, so etwa Krieg, wichtige öffentliche Arbeiten usw. Zu diesem Behufe benötigen sie eine über die Verwandtschaft hinausgreifende Sozialorganisation, und die sehen sie häufig in den Altersklassen" (1971: 9).

Etwa gleiche Gründe haben auch nach S.N. Eisenstadt ('From Generation to Generation', London 1956) zur Bildung von Altersklassen geführt: Wo das verwandtschaftliche Organisationssystem nicht ausreichte und kein etabliertes politisches System zur Verfügung stand, kam es vielfach zu einer Ausbildung eines differenzierten Altersklassensystems. Wir finden denn auch die Altersklassen als Organisationsform in allen Kontinenten verwirklicht, wenn auch die Strukturen im Detail sehr verschieden sein können.

Die Anzahl der Altersklassen in den Gesellschaften kann sehr stark variieren. Häufig kommen drei bis sechs Klassen vor. Es gibt aber auch Ethnien mit sieben und zwölf Klassen. Wie schon erwähnt, beginnt mit der Initiationszeremonie die Klasse der Jugendlichen. Oft ist mit dieser Klasse das Kriegshandwerk verbunden. Solange Jugendliche zu den Kriegern gehören, dürfen sie gewöhnlich nicht heiraten. In einem bestimmten Zeitrhythmus – z. B. von acht, zehn oder zwölf Jahren – findet dann der Übergang aus der Jugendklasse oder Kriegerklasse in die Klasse der Männer statt. Es ist dies die eigentliche fruchtbare und aufbauende Phase im gesellschaftlichen Bereich: Die Männer heiraten und gründen Familien. Es ist dies die ökonomisch tragende Schicht der Gesellschaft; dennoch, der erwachsene Mann ist noch nicht voll am politischen Leben beteiligt.

Nach dem Mannesalter kommt die am höchsten valorisierte Klasse der Alten. Sie ist die politisch und sozial, aber auch religiös am höchsten stehende Gruppe, welche das gesamte Leben lenkt. Erst wer in die Klasse der Alten gehört, nimmt voll am gesamten Gesellschaftsleben teil und kann über alle anderen, unter ihm stehenden Klassen bestimmen.

Wie schon erwähnt, ist der Übergang von einer Klasse in die andere mit Zeremonien verbunden, den sogenannten 'rites de passage', die ein symbolisches Sterben und Auferstehen ausdrücken.

Häufig ist es in einer Altersklassen-Gesellschaft Vorschrift, daß Vater und Sohn nicht aufeinanderfolgenden Klassen angehören dürfen, vielmehr müssen sie alternierenden Klassen angehören. Mit anderen Worten: Wenn der Vater in der Altersklasse A ist, muß der Sohn in der Altersklasse C sein. Es folgt daraus, daß ein Sohn bisweilen lange warten muß, bis er in die erste Altersklasse inkorporiert werden kann. Er hat nämlich zu warten, bis sein Vater in die nächsthöhere Altersklasse aufgestiegen ist. Dies bedingt aber auch, daß Sohn und Großvater sehr häufig der gleichen Altersklasse zugehören. Die bereits oft erwähnte Reinkarnation des Großvaters in seinem Enkel wird also auch in den Altersklassen deutlich unterstrichen.

— — —

Damit man an einem konkreten Beispiel die Organisation von Altersklassen kennenlernt, möchte ich kurz auf das von A. Jensen beschriebene *Gada*-System der Konso von Südäthiopien eingehen (in Ethnos 1954: 1-23).
Die Nordost-Konso sind in zwei Klassen geteilt. Der Sohn erbt die Klassenzugehörigkeit vom Vater. Die eine Klasse hat einen höheren Rang, weil sie als 'älter' gilt. Jede der beiden Klassen besitzt vier Altersklassen. Alle achtzehn Jahre veranstaltet eine der beiden Klassen ein großes Stammesfest, bei welchem aber alle Männer beider Klassen um einen Rang in der Altersklassen-Ordnung aufrücken. Gehört der Vater dem Altersrang drei an, so gehören *alle* seine Söhne dem Rang eins an usw. Achtzehn Jahre später wird das Stammesfest von der zweiten Klasse organisiert, aber die ganze Stammesgemeinschaft feiert das Fest auf einem der heiligen megalithischen Versammlungsplätze.
Da für unsere Fragestellung besonders die beiden ersten Altersstufen wichtig sind, möchte ich hierzu Jensen anführen. Die erste Stufe „umfaßt die unverheirateten Jünglinge, die zu gemeinsamem Arbeits-Einsatz, zu Jagdzügen und früher zur Verteidigung des Landes eingesetzt wurden. Sie werden bei

den Männerhäusern, wo ihre Waffen aufbewahrt werden, zusammengefaßt und schlafen dort auch gemeinsam" (1954: 5).

Vier Jahre, nachdem sie in die zweite Stufe gelangt sind, heiraten sie. „Diese Regelung bedeutet, daß in Nordost-Konso nur alle achtzehn Jahre geheiratet wird, und zwar von allen Brüdern gleichzeitig. Weder Söhne noch Töchter eines Mannes können vor diesem Zeitpunkt heiraten" (1954: 6).

Es scheint, daß wir es bei den Konso mit einem echten *Dual-System* zu tun haben, welches für Schwarzafrika jedoch atypisch ist; wohl aber sind die Altersklassen für Schwarzafrika eine typische Einrichtung.

IV. Das Bundwesen

Bünde unterscheiden sich von den Altersklassen insofern, als man in erstere auf Lebenszeit eintritt und es häufig innerhalb des Bundes zu einer Hierarchisierung kommt. Nur wenige Mitglieder erreichen den obersten Grad. Von freundschaftlichen Gruppierungen, wie sie bereits genannt wurden, unterscheiden sich Bünde durch ihre Initiationszeremonien und häufig durch ganz bestimmte Zwecke und Normen, welche den einzelnen Mitgliedern auferlegt werden. Bünde verfügen gewöhnlich auch über eigene Masken, Tänze und Riten, die den kameradschaftlichen Verbänden meist fehlen.

Grundsätzlich kann man zwei Arten von Bünden unterscheiden:
- Bünde, die alle männlichen bzw. weiblichen Mitglieder einer Ethnie als Mitglieder haben,
- Bünde, in die nur eine Elite eintritt.

Hat ein Bund geheime Ziele, Zusammenkünfte, Riten etc., so sprechen wir von einem Geheimbund. Fast immer aber umgeben sich Bünde, vor allem Geheimbünde, mit magisch-religiösem Zeremoniell und auch ihre Zielsetzung wird immer religiös begründet, selbst wenn die soziale Organisation und der sozio-politische Zweck im Vordergrund stehen.

Nicht selten verfolgt ein Bund eine absolut politische Zielsetzung. Dies kann sogar so weit gehen, daß ein Bund die politische Organisation überflüssig macht. Man kann überhaupt feststellen, daß das Bundwesen umso geringer ist, je stärker die zentrale politische Macht organisiert ist. An der Peripherie des alten Kongoreiches gab es in früherer Zeit den mächtigen Lemba-Bund, welcher zwischen den Reichen Kongo – Loango – Bateke beheimatet war. In diesem Gebiet herrschte eine Art politisches Niemandsland, welches vom Lemba-Bund ausgefüllt wurde, so daß eine politische Organisation überflüssig war. Kürzlich hat John M. Janzen über den Lemba-Bund ein sehr detailliertes Werk herausgebracht. Er zeigt darin, wie dieser Bund seit der Mitte des 17. Jahrhunderts die Gegend von der Kongo-Mündung bis Kinshasa und nach Norden bis zum Kouilou-Niari-Fluß in einer Zeit der Unruhe und Sklavenjagden beherrschte, und zwar besonders in bezug auf den Handel, das Heilwesen und die Heiratsbeziehungen.

Bünde können bisweilen wie eine Geheimpolizei in der Gesellschaft wirken. Wer nicht die allgemeinen sozialen Normen beachtet, läuft Gefahr, von der Geheimbundgesellschaft zur Räson gebracht zu werden, nicht selten auf brutale Weise, wobei Deviationisten sogar vernichtet werden können. Mit dem Geheimbundwesen sind geheime Versammlungen, Maskentänze, Orgien und Lynchjustiz verbunden. Bisweilen schirmen sich Männer in Geheimbünden gegen die Frauen ab. Es gibt aber auch zahlreiche Beispiele, daß sich Frauen in Geheimbünden zusammenschließen gegen die Macht der Männer. Madeleine Richard (1970: 414ff.) beschreibt solche diversen Geheimbünde in der Hafenstadt Kribi in Kamerun. Frauenbünde haben weniger mit der Politik und Sozialorganisation zu tun als mit der Verteidigung ihrer Interessen und der Fruchtbarkeit.

Man wird vielleicht sagen, daß sich Frauen nicht mit physischer Gewalt gegen die Übergriffe der Männer wehren können. Das stimmt. Deshalb betonen auch Frauenbünde immer wieder, daß ihre Waffen *Verwünschungen* und *Fluch* sind. In Gesellschaften, welche absolut an die Macht des Wortes glauben, besonders des bösen, sollte man die Wirkung des Fluches nicht zu leicht nehmen. Jemanden zu verfluchen, heißt nichts anderes, als ihn zum Tode zu verurteilen.

Westafrika ist sehr reich an berümt gewordenen Bünden, so etwa der *Gelede*-Bund der Yoruba oder der *Bundu*-Bund der Mende von Sierra Leone, der *Lo*-Bund der Senufo im Norden der Elfenbeinküste usw. Von besonderem Interesse ist der Gelede-Bund der Yoruba. Hier haben Frauen es verstanden, die Domäne der Fruchtbarkeit für sich zu behaupten. Die Urmütter der Gesellschaft werden in diesem Bund bei Maskentänzen und Umzügen angefleht, sie mögen doch Fruchtbarkeit für Felder und Menschen geben. Die alten Frauen aber sind es, welche den Bund dirigieren, die Männer müssen sich ihnen unterwerfen. Ein in der Kunstgeschichte wie in der Ethnologie berühmt gewordener Bund der Yoruba Südwest-Nigeriens ist der *Ogboni*-Geheimbund. Th. Dobbelmann, der sich vor allem mit den kunstvollen Bronzen des Ogboni-Bundes befaßte, schreibt: „Der Ogboni-Bund, der nach strengem Ritual und völlig im Geheimen agiert, hat offensichtlich die größte Macht. Er hat die ganze Rechtsprechung an sich gerissen, und die Mitglieder richten sich nach einer gemeinsamen Geheimlehre, die sie bedingungslos zu einer Einheit zusammenschweißt. Auf jeden Verrat, ob es sich um wichtige oder unwichtige Dinge handelt, ob er gewollt war oder nicht, steht die Todesstrafe ... Ein wichtiges Geheimnis ist die rituelle Verehrung der Fruchtbarkeit, d. h. der Erde, der alles Leben entsprießt. Die Erde ist aber auch die Mutter, in deren Schoß die Verstorbenen zurückkehren, um in bestimmten Fällen aus ihr wieder als Ahnen aufzuerstehen ..." (1976: 10).

Auch in Melanesien und Ozeanien ist das Geheimbundwesen sehr verbreitet. Erhard Schlesier schreibt im Vorwort seines Werkes 'Die melanesischen Geheimkulte': „Das allgemeine Interesse an den Geheimkulten ist erfreulich und berechtigt; denn es zeigte sich, daß in vielen Gebieten, so auch in Melanesien, die Geheimkulte eine zentrale Stellung im Eingeborenenleben einnehmen" (1958: 7). Man sollte sich allerdings bewußt sein, daß melanesische Geheimkulte etwas ganz anderes darstellen als Geheimbünde in Afrika, wo sie, wie z. B. die Gesellschaft der Leopardenmenschen, eine Art Lynchjustiz ausüben können.

— — —

Bisweilen ist es kaum möglich, das Bundwesen von rein politischen Gesellschaften zu unterscheiden. Dennoch stellt das Bundwesen vielfach einen Versuch dar, soziale Normen und politische Ordnung nicht durch ein Individuum – Häuptling oder König –, sondern durch eine Art demokratische Gruppe, nämlich die Bundmitglieder durchzusetzen. Nicht selten allerdings wird der Bund von einzelnen Mitgliedern dahingehend gesteuert, daß ein Individuum seinen Willen dem ganzen Bund aufzwingt. Dann dient der Bund nur mehr zum Vorwand, um den Willen seines Führers mit List und Gewalt durchzusetzen. Wir sind dann in einer Art Häuptlingstum oder Königtum angelangt. Damit sind die Voraussetzungen gegeben für die politischen Organisationsformen.

9. Kapitel
Politische Organisationsformen

Die politischen Organisationsformen der sogenannten Naturvölker treten seit gut vier Jahrzehnten stärker in das Blickfeld der Ethnologie. Es war vor allem das von Meyer Fortes und E.E. Evans-Pritchard 1940 herausgegebene Werk 'African Political Systems', das wie ein Startschuß wirkte. Da es zunächst vor allem Briten waren, die sich mit dieser Materie befaßten, hat sich auch bei uns der Name 'Politische Anthropologie' für diese Disziplin eingebürgert. Ein anderes britisches Werk, das die Diskussion weiterführte, hat den Titel 'Tribes Without Rulers' und wurde von J. Middleton und D. Tait herausgegeben. Andere Werke folgten: so von Lucy Mair (1962), Luc de Heusch (1962), Georges Balandier (1969), W.G.L. Randles (1968), Christian Sigrist (1967) und Justin Stagl (1970, 1974).

Das Problem der Entstehung von Staat und Herrschaft und ihr Funktionieren ist zwar nicht neu - R. Lowie veröffentlichte 1927 'The Origin of the State' -, doch der Blickwinkel, unter welchem die politische Anthropologie die Frage angeht, ist ein anderer. Bereits M. Fortes und Evans-Pritchard betonen in der Einleitung zu ihrem Werk: „Wir sprechen im Namen aller *social anthropologists*, wenn wir feststellen, daß wissenschaftliche Studien über politische Institutionen allemal induktiv und vergleichend sein müssen, mit dem einzigen Ziel, ihre Gemeinsamkeiten und Interdependenzen mit anderen Aspekten sozialer Organisation herauszuarbeiten und zu erklären" (1978: 154). — Sie wollen sich mit dieser Aussage natürlich zuerst gegen die evolutionistische Methode wenden, die vom philosophisch-weltanschaulichen Standpunkt aus, also ohne die Empirie genügend zu berücksichtigen, den Ursprung des Staates ergründen wollte. Das Ziel der Anthropologen ist bescheidener: Nicht die Entstehung des Staates ist ihr Forschungsziel, sondern darzustellen, wie politische Macht funktioniert und organisiert ist.

Wenn es heute unter den Ethnologen verschiedener Ausrichtung und Weltanschauung einen Konsens bezüglich der politischen Anthropologie gibt, dann den, „daß Ethnologie und Soziologie als empirische Wissenschaften nicht in der Lage sind, den 'Ursprung von Herrschaft' (Sigrist 1967: 18) und die 'Entstehung des Staates' (Stagl 1970: 53) zu erklären" (Schmied-Kowarzik 1971: 559).

I. Die politische Macht

Nach Max Weber bedeutet Macht „jede Chance, innerhalb einer sozialen Beziehung den eigenen Willen auch gegen Widerstreben durchzusetzen, gleichviel, worauf diese Chance beruht" ('Wirtschaft und Gesellschaft', I, 1956: 28). Der Soziologe Karl Mannheim sagt, Macht sei dann vorhanden, wenn soziale Zwänge auf ein Individuum derart einwirken, daß ein bestimmtes soziales Verhalten erzielt wird.

Macht im politischen Bereich sollte auf die Dauer nicht nur äußere, sondern auch innere Zustimmung erlangen. Erst wenn die Untergebenen die Macht durch Konsens legitimieren, kommt es zur *Herrschaft*.

Macht wird in allen Bereichen ausgeübt: Wirtschaft, Religion, Verwandtschaftsverband etc. und jedesmal hat der 'Machthaber' andere Mittel, seinen Willen durchzusetzen. In einem politischen Gebilde setzt der Machthaber seinen Willen, wenn nötig, auch mit physischer Gewalt durch, d. h. mit Hilfe der Polizei und des Militärs. In diesem Falle sprechen wir von 'Zwangsgewalt'.

Macht in dem eben definierten Sinne geht vor allem von europäischen politischen Verhältnissen aus. In naturvolklichen Gesellschaften, wo politische Institutionen oft noch gar nicht oder nur embryonal vorhanden sind, muß daher eine Definition der politischen Macht weiter gefaßt werden, will man nicht einem Großteil der Ethnien politische Machtausübung einfach absprechen. Middleton und Tait gehen in ihrer Untersuchung von afrikanischen Verhältnissen aus und zwar von nichtstaatlich organisierten Gesellschaften. Sie definieren deshalb Macht in einem weiteren Bezugsrahmen:
> Political relations are those in which persons and groups exercise power or authority for the maintenance of social order within a territory (1958: 1).

Diese Definition der politischen Macht weist zwei wichtige Elemente auf:
— Politische Macht wird auf einem fixierten Territorium ausgeübt.
— Die Aufrechterhaltung der sozialen Ordnung ist das Ziel; von einer physischen Erzwingungsgewalt ist hier nicht die Rede[1].

Bei Middleton und Tait kam es darauf an, auch in segmentären Gesellschaften politische Macht nachzuweisen.

Auch der Anführer der Jagdhorde der Wildbeuter übt politische Macht aus, wenn er die soziale Ordnung aufrechterhält; ein staatliches Gebilde irgendwelcher Art ist dafür nicht nötig. Auf diesem Niveau pflegt sich politische Herrschaft im Rahmen eines Verwandtschaftsverbandes zu betätigen. Die politischen Beziehungen sind dann mit den verwandtschaftlichen deckungsgleich. Lucy Mair führt hierzu aus, wobei sie sich auf Schapera stützt: „Schapera who used the phrase 'political community' to mean any body of people who have laws, rulers or government in common, has shown that the smallest and simplest political communities have their recognized territory. More-

---

1. Da nach Middleton und Tait politische Macht auch in der Lineage ausgeübt wird, kann physische Erzwingungsgewalt nicht angewandt werden. Bereits Durkheim hat das Axiom richtig erkannt: Eigenes Blut darf nicht vergossen werden.

over, even these small communities do not consist entirely of people descended from one ancestor" (1962: 14).

Die Lokalisierung der politischen Macht in ein Territorium ist, wie noch zu zeigen sein wird, ein ganz entscheidender Faktor. Dennoch ist in Afrika von der politischen Macht nicht das Territorium als Land intendiert, sondern dort zielt sie immer nur auf die Menschen, welche auf diesem Territorium leben. Wir werden sehen, daß diese Einschränkung von weittragender Bedeutung ist, weil dadurch der politische Herrscher oft nicht über die Fruchtbarkeit seines Territoriums verfügen kann; dies kann für ihn eine starke Beschneidung seiner Macht bedeuten.

Zu größeren politischen Strukturen kommt es aber gewöhnlich erst dann, wenn eine differenzierte Arbeitsteilung beobachtet wird und die Wirtschaft aufhört, Subsistenzwirtschaft zu sein. Andere Faktoren, von denen man erwarten sollte, daß sie in der Staatenbildung eine Rolle spielen, z. B. Bevölkerungsdichte, Größe der Ethnie, Wirtschaftssystem und Reichtum, scheinen keinen allgemeingültigen staatsbildenden Einfluß zu haben. In einem konkreten Fall mögen diese Faktoren durchaus eine staatsbildende Funktion haben, aber es gibt immer wieder auch zahlreiche Beispiele, wo sie diese Funktion nicht haben. Fortes und Evans-Pritchard weisen bereits auf diese Diskrepanz in der Entstehung von politischen Gebilden hin (1978: 156).

Mit der Errichtung von komplexen politischen Gebilden entsteht eine Schichtung nach Machtbesitz, Sozialprestige, Berufsausübung usw. Selten aber hat eine politische Gliederung im naturvolklichen Bereich die Unterteilung in arm und reich zur Folge, d. h. der Besitz von politischer Macht kann nur selten in materiellen Wohlstand umgesetzt werden.

Politische Führer begnügen sich meist, wenigstens in kleinen Verbänden, mit der Hervorhebung ihres Sozialprestiges (größerer Harem, rote Kleider, Kette von Leopardenzähnen, keine Handarbeit etc.) und kostenloser Arbeitsleistung seitens der Untertanen. Rang und Status sind für sie wichtiger als Wohlstand.

In den Häuptlingstümern verschiedener Ethnien der Kwango-Kasai-Region stellte ich häufig fest, daß die Häuptlinge und ihre Angehörigen materiell gesehen zu der unteren Schicht gehörten. Sie aßen wohl öfter als die Untergebenen Fleisch, weil der Häuptling von jedem auf seinem Territorium erlegten größeren Wild eine Hinterkeule erhält, aber ansonsten waren die Häuptlinge arm: Sie hatten kein Bargeld und konnten deshalb ihre Frauen und Kinder nicht kleiden und erziehen lassen, wie das die Nicht-Herrschenden konnten. Ältere, noch in der Tradition verwurzelte Häuptlinge wollten dies auch gar nicht, weil es nicht ihrem Wertsystem entsprach.

Es bedeutet meiner Meinung nach, ein europäisches Wertsystem in die Ethnien hineinzuprojizieren, wenn man annimmt, daß der Besitz von politischer Macht und ökonomischer Wohlhabenheit korrelative Begriffe seien. In großen Reichen mag diese Korrelation gegeben sein, aber auch dort sollte man sehen, daß der Reichtum eines afrikanischen Herrschers etwas anderes ist als bei einem europäischen Königshaus. Er ist kein Privatbesitz, sondern dient dazu, Höflinge, Besucher, Soldaten etc. zu bewirten. Ein traditioneller Herrscher muß großzügig sein, will er einen guten Ruf haben. Die Naturalabgaben fließen also sozusagen wieder ins Volk zurück. Selbst der große Harem dient oft der Bewirtung hoher Gäste.

II. Das Häuptlingstum

Überschreitet die politische Herrschaft das Lineage-System, ohne bis in alle Einzelheiten durchorganisiert zu sein, ist sie dazu noch auf einem relativ kleinen Territorium etabliert und auf einige wenige Klane begrenzt, so sprechen wir gerne von einem Häuptlingstum. Die folgenden Merkmale können als seine Wesenselemente bezeichnet werden.

1. An der Spitze eines Häuptlingstums steht ein Herrscher oder auch eine Herrscherin. Er wird von seinen präsumptiven Nachfolgern und den Ältesten der beherrschten Familien assistiert und in seinen Entscheidungen auch korrigiert. Von der Institution her sind Häuptlinge niemals absolut; es gibt aber immer Individuen, welche ihre Macht überziehen und ihren Besitz zum Selbstzweck machen.

2. Alle Untertanen eines Häuptlings gehören oft noch der gleichen Ethnie an: Häuptlingstümer sind eben noch keine Gebilde, die aufgrund von Eroberung entstanden sind, sondern gewöhnlich aus der Konstellation von Verwandtschaft und Nachbarschaft herauswachsen. Der Häuptling ist deshalb auch gleichzeitig das Oberhaupt seines Klans oder seiner Lineage.

3. Der Häuptling ist sozusagen noch allein 'Berufspolitiker'. Klan- und Lineageälteste sind seine Ratgeber. Die Verwandten des Häuptlings bilden seine Spitzel und eine Art Polizei. Durch taktisch kluges Heiraten kann er sich die einflußreichen Klane zu Verbündeten machen. Gleichzeitig wird er dadurch auch von ihnen abhängig.

4. Es gibt ein Kauf-, Wahl- und Erbhäuptlingstum, wobei letzteres überwiegt. Wird das Amt vererbt, so gibt es grundsätzlich zwei Möglichkeiten:
 – Es geht an den absolut Ältesten der herrschenden Lineage;
 – es wird nur in direkter Linie vererbt, d. h. das Amt geht vom Vater auf den ältesten Sohn über.

Die Altershierarchie ist aber niemals absolut zu verstehen. Es gibt nämlich immer die Bedingung, daß der Kandidat bestimmten Vorstellungen entsprechen muß: Er darf keine physischen und geistigen Gebrechen haben, er muß mit seinem Vorgänger in Harmonie gelebt haben – die Herrschaftsideologie will, daß er in mystisch-geistiger Union mit seinem Vorgänger herrscht. In Zentralafrika gibt es bei vielen Ethnien mit Kleinhäuptlingstum die Möglichkeit, daß eine Frau das Amt innehat; meist allerdings nur vorübergehend, bis ein unmündiger Sohn erwachsen ist.

5. Die Macht des Häuptlings ist legitim, weil er ein legitimer Nachkomme seines Vorgängers ist. Dabei ist zweitrangig, ob er auch tatsächlich ein biologischer Nachkomme des verstorbenen Häuptlings ist. In Afrika sind zahlreiche Fälle bekannt, wo Sklaven, Hörige oder Freie, welche nicht der herrschenden Familie angehörten, zur Herrschaft gekommen sind und in die Herrschergenealogie eingebaut wurden.

6. Geht man dem Ursprung von Häuptlingstümern nach, so läßt sich wiederholt feststellen, daß ursprünglich gleichrangige Klane zusammenlebten, aber einer allmählich die Oberhoheit errang – sei es durch das Emporsteigen einer Persönlichkeit mit besonderen Fähigkeiten, sei es unter Anwendung von Gewalt. Auf jeden Fall stellt fortan *ein* Klan den Herrscher und monopolisiert die politische Macht. Es sei auch noch einmal auf das Beispiel der Gusii von Kenya verwiesen: An der Peripherie des Gusii-Territoriums wird der Druck durch die Nachbarethnien sehr groß. Die dort wohnenden Gusii drängen ins Zentrum der Ethnie, weil sie hier besser geschützt sind. Die Nachkommen des Territoriumsgründers im Zentrum übernehmen eine politische Schutzherrschaft über die Flüchtlinge (siehe Mair 1962: 109-112).

7. In Häuptlingstümern gibt es zahlreiche *Kontrollmöglichkeiten* des Häuptlings, so daß seine Macht nicht in Absolutismus ausarten kann. Bei den Bayansi im Zaïre z. B. wird die Häuptlingsmacht folgendermaßen überwacht: Wenn der Häuptling stirbt, nimmt sein Enkel (der älteste Sohn des ältesten Sohnes) die Regalien an sich und verwahrt sie, denn er ist ja die Inkarnation des verstorbenen Häuptlings. Dieser Enkel – er heißt *mumbabiem* und gehört nicht dem herrschenden Klan an – hat ein entscheidendes Wort bei der Inthronisation des neuen Häuptlings mitzureden. Weiters stellt der zuerst angekommene Klan den Erdpriester. Nirgendwo aber ist der Erdpriester Mitglied des herrschenden Klans. Bei Gerichtsverhandlungen stehen dem Häuptling Schöffen und Ratgeber zur Seite, die den nicht-herrschenden Klanen, *bansaan* genannt, angehören. Hinzu kommt, daß die Schwäger des Häuptlings zwischen den Herrschenden, den *bamuil*, und den *bansaan* stehen. Alle diese Funktionen der *bansaan* beschneiden die Macht des Häuptlings (*muil*). Die Bayansi drücken die Position des Häuptlings in einem Diktum aus: „Der *muil* lebt mit seinen *bansaan* wie die Zunge mit den Zähnen; wagt sie sich zu weit vor, beißen die Zähne zu!"

III. Das Königtum

Politische Strukturen, welche mehr als nur einige Klane umfassen, die sich auf ein größeres Territorium als auf die Ahnenerde beziehen, welche bereits berufsmäßige Politiker und Beamte beschäftigen, die eine recht lange und sichere Kontinuität aufweisen etc., bezeichnen wir gerne als Reiche. Da bei Naturvölkern an der Spitze eines Reiches fast immer ein einzelner Herrscher steht, verbinden wir auch mit einem Reich gewöhnlich einen alleinigen, mehr oder weniger absoluten Herrscher. Wir nennen im naturvolklichen Bereich diese Herrscher durchweg Könige.

1. Die Reichsgründung

Die Begründung des Königtums wird gewöhnlich in Mythen erzählt und gerechtfertigt. Diese verfolgen weniger das Ziel, die Fakten so zu schildern, wie sie sich realiter zutrugen, sondern *Gründungsmythen* wollen zunächst rechtfertigen und beweisen. Sie sind nicht als Geschichte der Reichsgründung zu betrachten, sondern als Rechtfertigung und Verherrlichung der Urtat. Da die gegenwärtige Machtausübung eine identische Fortführung der Gründung des Reiches ist, der Gründer und die Gründung aber in die übermenschliche Sphäre entrückt sind, bekommt die gegenwärtige Herrschaft einen 'sakralen'[2] Charakter: Sie ist Wiederholung der ursprünglichen Gründungstat. Hinzu kommt, daß der jetzige Herrscher, welchem Klan oder Volk er auch immer angehört, als direkter Nachkomme des Reichsgründers gilt; seine Herrschaft ist deshalb legitim.

Afrikanische Reichsgründungen beginnen häufig damit, daß der mythische Gründer eine *verabscheuungswürdige Tat* begeht. So hat z. B. der Gründer des Kongo-Reiches seine hochschwangere Mutter-Schwester (bei den matrilinearen Bakongo ist sie eine Mutter!) erschlagen. Dadurch soll angezeigt werden, daß der Herrscher über allen Gesetzen steht, welche für den normalen Sterblichen gelten. In ähnliche Richtung weist der weitverbreitete *Königsinzest*. Er besagt, daß ein Herrscher, wenn er die oberste Macht erlangt, eine Schwester oder klassifikatorische Mutter zur Frau zu nehmen und mit ihr Inzest zu begehen hat. Wiederum soll dadurch gezeigt werden, daß der Herrscher der ganz andere ist.

2. Die Macht des Herrschers

Die Macht des Herrschers leitet sich in direkter Weise vom Reichsgründer her; dadurch können sich auch alle von ihm Beherrschten mit seiner Person identifizieren. Das Volk erfaßt und definiert sich als Einheit durch den Herr-

---
2. Weshalb eine politische Herrschaft als sakral betrachtet wird, ist ein schwieriges und viel diskutiertes Problem. Wir kommen noch später darauf zurück.

scher. Man ist also nicht Mukongo, weil man von einem anderen Mukongo abstammt, sondern Mukongo ist man, weil man unter der Herrschaft des Königs der Bakongo lebt. Man unterscheidet sich demnach von all jenen, welche nicht auf dem Territorium dieses Herrschers leben und sich ihm nicht unterordnen. Der König stellt sozusagen den *Mikrokosmos* dar und das Volk den *Makrokosmos*. Zwischen dem Herrscher und dem Volk besteht ein magisches Band der Identifikation. Aufgrund dessen müssen kranke Herrscher ausgesondert oder gar umgebracht werden, damit nicht das Volk als ganzes Schaden nehme. Das Siechtum würde sich eo ipso auf das Volk und das ganze Land übertragen.

Der Herrscher sucht nicht nur, sich selbst als Nachkomme des Gründers zu erweisen, sondern in offizieller Weise und für das ganze Reich verbindlich werden die *Gründungsriten* nachvollzogen. Der Gründer wird vielfach auf irgendeine Weise repräsentiert, z. B. in einer großen *Königstrommel*, welche das äußere Zeichen der Macht ist. Wird sie geschlagen, glaubt man, die Stimme des Urahns zu hören. Der Ritus bietet somit die Möglichkeit, das illud tempus, die Urzeit, die Heilszeit hic et nunc gegenwärtig zu setzen.

Der Herrscher macht und promulgiert nicht nur das Gesetz, sondern *er ist das Gesetz*, die Ordnung. Deshalb hören auch alle Gesetze mit seinem Tode auf. Es kommt zur berühmten Anarchie, während der die Beherrschten frei sind und sich nicht selten wie Irre aufführen: Man plündert, zerstört, rauft und prügelt – und alles ist straffrei, weil das Gesetz tot ist!

3. Die Persönlichkeit des Herrschers

Da sich das Volk mit dem Herrscher identifiziert, verlangt man in naturvölklichen Gesellschaften häufig, daß der Herrscher von tadelloser körperlicher Verfassung ist. Er darf keine Verstümmelung aufweisen, muß ein guter Krieger sein, er muß nicht nur ein physisch und moralisch perfekter Mensch, sondern auch ein sexuell potenter Mann sein. Häufig kann ein Kandidat erst dann als Herrscher inthronisiert werden, wenn er seine Fruchtbarkeit unter Beweis gestellt hat; die Unfruchtbarkeit des Zulu-Königs Chaka soll das hauptsächlichste Hindernis für seine allgemeine Anerkennung gewesen sein. Er wurde bekanntlich von seinem Bruder ermordet.

Aus den alten Königreichen Äthiopien und Ägypten wissen wir, daß ihr König von hoher Statur und erlesener Schönheit sein mußte. Ein König sollte dick sein. Wurde der König im Kampf verstümmelt, konnte er nicht mehr weiter König sein. Im Königreich Meroë soll es Sitte gewesen sein, daß alle Würdenträger des Hofes die gleiche Verstümmelung, welche der Herrscher durch einen Unglücksfall erlitten hatte, vornehmen mußten, um ihren Herrscher nicht zum Außenseiter werden zu lassen.

IV. Das sakrale Königtum[3]

Luc de Heusch meint, daß „das Sakrale zum Wesen der politischen Macht gehört" (1962: 15). Tatsächlich läßt sich feststellen, daß politische Macht weder bei den Naturvölkern noch in den archaischen Hochkulturen rein profane Macht ist. Das Faktum ist klar, die Begründung fällt schwer. Joachim Wach ist der Ansicht, daß „sich Religion selbst als eine der wirkungsvollsten und stärksten Einigungskräfte im Leben sämtlicher Staatstypen erwiesen" habe (1964: 290). Der Religionsgeschichtler Geo Widengren (1969: 360) sieht die Sakralität des Königtums vor allem darin begründet, daß der Monarch gleichzeitig Priester ist. Doch wir stellen fest, daß es auch dort ein sakrales Königtum gibt, wo der König keine priesterlichen Funktionen ausübt.

Das Amt des Königtums, also die Abstraktion der politischen Macht, ist sakral, ohne daß deshalb sein Träger, der Herrscher, selbst eine sakrale Persönlichkeit sein müßte. Eike Haberland sagt denn auch zu Recht: „Was das sakrale Königtum unverwechselbar gegenüber anderen Arten von Führertum abhebt — wie dem Priestertum, dem Schamanismus oder dem Häuptlingstum kleiner Gemeinschaften —, ist seine Auffassung als eine von der Person seines Trägers unabhängige Institution. Es gilt als Ausdruck einer auf die Erde projizierten kosmischen Ordnung" (1960: 79).

1. Verschiedene Arten von sakralem Königtum

Wenn es stimmt, daß politische Macht immer mit dem Sakralen zu tun hat, so ist es verständlich, daß es ein ganzes Spektrum von sakralen Königtümern geben muß. Indem ich eine Einteilung von Luc de Heusch modifiziere und weiterführe, möchte ich folgende Typologie aufstellen:

a) Das *religiöse bzw. priesterliche* Königtum

Wenn einem König neben seiner politischen auch die oberste priesterliche Funktion zukommt, kann man von religiösem bzw. priesterlichem Königtum sprechen. Solche Könige herrschen meist auf der ererbten Ahnenerde.

b) Das *magische* Königtum

Hier setzt eine Persönlichkeit von hohem magisch-religiösem Rang diese Prestigeposition in eine politische Vorrangstellung um und wird König. Solche Persönlichkeiten können sein: berühmte Regenmacher, Zauberdoktoren, charismatische Führer usw.

---

[3]. Gelegentlich wird vom 'heiligen Königtum' gesprochen. Ich halte in diesem Zusammenhang den Ausdruck 'heilig' für nichtzutreffend, weil er durch unsere christliche Religion sehr viel stärker auf einen ganz bestimmten Inhalt festgelegt ist als das Wort 'sakral'. 'Sakral' hat mehr den Charakter des Zusammenhängens mit dem Numinosen. 'Heilig' dagegen erhebt immer irgendwie auch ethische oder moralische Forderungen. Freilich ist auch bei Naturvölkern wie in unserer eigenen Kultur und Religion die Idee bekannt, daß das Amt seine Träger heilige, selbst wenn sie charakterlich minderwertige Personen sind.

c) Das *göttliche* Königtum
Diese Art des Königtums besteht dann, wenn der Herrscher selbst als Gott oder doch als direkter Nachkomme Gottes gilt.

Diese Einteilung in drei Arten des sakralen Königtums erweckt den Eindruck, als ob die Sakralität des Königtums vom Träger der Macht, also vom König ausginge. Das Amt wäre also sakral, weil sein Träger Magier, Mittler oder Gott wäre. Dies mag der äußere Schein sein. Befaßt man sich aber eingehend mit dem Königsritual, dann stellt man fest, daß es umgekehrt ist: Das Amt, die Macht ist sakral und absolut, der Träger, der König aber kann ein ganz beklagenswerter Mensch sein. Wir werden noch darauf hinzuweisen haben, wie der Königskandidat vor seiner Inthronisation Sündenbock der Gemeinschaft ist, wie er beschimpft und verflucht wird, wie er durch den Urmord eines(r) Verwandten und den Inzest Außenseiter der Gemeinschaft wird. Er lädt sozusagen alle Übel der Gemeinschaft auf sich, stirbt den rituellen Tod; durch die Eroberung des Amtes – der Kandidat muß sich die Macht erkämpfen – ersteht er als ein anderer, eben als der König, welcher über der Gemeinschaft steht.

Erst jetzt wirkt die sakrale Institution der Macht auch heiligend auf ihren Träger; dennoch, sie schützt ihn nicht vor den Nachstellungen der Untergebenen in einer Krisensituation. So kannte man in archaischen wie afrikanischen Königskulturen den rituellen Königsmord. Bei Unfruchtbarkeit der Tiere, Menschen und Felder sowie bei Mißerfolg auf der Jagd und im Krieg zog und zieht man teilweise noch heute in Afrika den König zur Rechenschaft. Und nicht selten muß in Afrika ein König, wenn er alt oder krank wird, gewaltsam aus dem Leben scheiden, damit der Gemeinschaft nicht gleiches zustoße. — Eike Haberland zitiert den Schwedenkönig Gustav Wasa aus dem Jahre 1527, der da klagte: „Haben meine Bauern keinen Regen, so geben sie mir die Schuld, haben sie keinen Sonnenschein, so machen sie es ebenso, hatten sie ein hartes Jahr, Hunger, Pestilenz und was es sonst gibt, so muß ich die Schuld tragen, als ob sie nicht wüßten, daß ich ein Mensch bin und kein Gott!" (1960: 85). — Ähnliche Aussagen könnten auch von afrikanischen Königen gemacht werden. Sie dürften aber kaum in dieser Weise klagen, weil sie ihr Amt unter der Devise antreten, daß sie für alles, was ihrem Volk zustößt, verantwortlich sind. Zwischen König und Volk besteht eine 'oppositionelle' Identität: Wir sprechen vom Mikrokosmos und Makrokosmos. Beide existieren in oppositioneller Interdependenz.

2. Zur Sakralität des Königtums

James *Frazer*, der sich als einer der ersten mit dem Phänomen des sakralen Königtums befaßte – er sprach von der 'Divine Kingship' – , zählte folgende vier Wesensmerkmale eines 'göttlichen' Königs auf:

- Macht haben über die Natur,
- dynamisches Zentrum des Universums sein,
- durch Taten und Lebenslauf verantwortlich sein für das Wohlergehen des Universums,
- durch rituellen Königsmord sterben (1936: 9ff.).

C.G. *Seligman* befaßte sich hauptsächlich mit dem afrikanischen Königtum; er engte den Begriff auf „solche Herrscher ein, die verantwortlich sind für die rechte Ordnung und besonders für die Fruchtbarkeit der Erde und der Haustiere; die dadurch enden, daß sie getötet werden oder sich nach einer festgesetzten Zeit in zeremonieller Weise selbst töten ..." (1934: 5-6).

Horst *Nachtigall* versteht unter einem sakralen Königtum „eine Regierungsform, in welcher der Herrscher über eine größere oder kleinere Gemeinschaft Träger des Heils und Vollzieher des Kultes ist. Er verdankt seine Autorität einer übernatürlichen Kraft, die zum Wesen seiner Person gehört ..." (1958: 37).

Vor einigen Jahren sind zwei französische Arbeiten erschienen, welche sich eingehend mit der Sakralität des Königtums beschäftigen. Sie stammen von Laura Levi Makarius und René Girard.

Nach René *Girard* ist der König eine Opfergabe, denn vor seiner Inthronisation wird er zum Sündenbock der Nation gemacht; er muß eine längere Reklusion durchmachen, darf sich nicht waschen, schläft auf der Erde usw. Die Sakralität entsteht durch die blutige Vernichtung der Opfergabe. — Tatsächlich kommen solche Gedanken in den Inthronisationsritualen immer wieder vor. Die Quintessenz der Girard'schen These könnte lauten: „Der König herrscht aufgrund seines künftigen Todes; er ist niemand anderer als die Opfergabe, die wartet, geopfert zu werden; ein zum Tode Verurteilter, der auf seine Hinrichtung wartet" (1972: 154).

Der König wird im Endeffekt jedoch nicht selbst, sondern ein Substitut wird geopfert. Dadurch, daß der König der stellvertretende Sündenbock für die ganze Gesellschaft wird, „kommt dem König eine reale Funktion zu, wie sie jeder Opfergabe eigen ist. Es ist eine Maschine, welche die sterile und ansteckende Gewalt in positive Kulturwerte umsetzt" (1972: 155).

Nach der Auffassung Girards entsteht das Sakrale aus der blutigen Vernichtung der Opfergabe; dadurch wird die Machtausübung des Königs für seine Gemeinschaft zur Segensherrschaft.

Für Laura *Levi Makarius* kommt die Sakralität aus der Verletzung der Tabus. Das strengste aller Tabus ist das Inzesttabu. Es ist besonders kennzeichnend für das afrikanische sakrale Königtum, daß der König dieses Tabu permanent und auch öffentlich zu verletzen hat.

Ich habe schon darauf hingewiesen, daß es das größte Verbrechen ist, eigenes

Blut zu vergießen, sei es nun durch Defloration einer nahen Verwandten, bei der Geburt eines (Inzest-)Kindes oder durch Mord. E. Durkheim hat den Satz geprägt: „Er [der König] ist mit dem Blut in Kontakt gekommen, und die furchtbaren Kräfte des Blutes sind auf ihn übergegangen" (nach Levi Makarius 1974: 144).

Die Verfasserin zieht aus der Übertretung des Inzestverbotes durch den König folgenden Schluß, den man als Wesenskern ihrer Untersuchung bezeichnen könnte: „Die Hauptaufgabe des Königs der Stammesgesellschaften ... besteht nicht in einem Akt von Sympathie-Zauber – wie etwa eine sexuelle Verbindung, die zahlreiche Nachkommen hervorbringt, einer sein könnte –, sondern in einem Akt schänderischer Magie: wie die Verletzung des Inzesttabus ein solcher Akt ist, der die magische Kraft des Blutes befreit. *Die schändende Tätigkeit des Königs ist das Wesen des Königtums*" (1974: 155).

Dem Königsinzest kommt im sakralen Königtum sicher eine viel größere Bedeutung zu, als die traditionelle Ethnologie vermutete, aber kann Sakralität nur aus ihm heraus erklärt werden? Wir haben Großhäuptlingstümer und Königtümer, welche ihn nicht kennen. Kann ihre Machtausübung deshalb nicht mehr als sakral angesehen werden?

Ohne daß ich Girards Opfertheorie und Levi Makarius' Inzesttheorie beiseite schieben möchte – sie vertiefen sicher unsere Erkenntnisse vom sakralen Königtum –, sei hier aber noch ein dritter Faktor genannt, der mir für das Verständnis des sakralen Königtums wichtig scheint.

Der Afrikaner der traditionellen Gesellschaft erlebt sich als äußerst ephemeres Wesen. 'Ewig' und 'unsterblich' sind daher nicht die Individuen, sondern nur die Institutionen wie Klan, Häuptlingstum, Geheimbund und Königtum. Die Institution wird somit von den sie bildenden Individuen abgehoben, sie wird verselbständigt, in gewisser Weise verabsolutiert. Aber die Institution ist nicht einfach da. An ihrem Beginn steht ein Urahn, ein Heros oder gar ein Gott. Er gründet nicht nur diese Institution, sondern seine Persönlichkeit *ist* diese Institution. Fast immer lebt die Persönlichkeit des Gründers sichtbar in der Institution fort – denken wir an die zahlreichen Ahnenmasken, Reichsaltäre, heilige Feuer, Trommeln, 'Fetische', Ahnenschädel, Ahnenbäume, sie sind Symbol und Wohnstätte – und jeder Herrscher, der Anspruch auf Legitimität erheben will, muß aus diesem Gründer hervorgehen; daher rühren die häufigen Manipulationen von Genealogien. — Der König muß den Geist und die Persönlichkeit des Gründerahns in der Gruppe neu sichtbar machen. Im Grunde kehrt der Gründer in jedem legitimen Nachfolger wieder in die Mitte der Lebenden zurück. Diese Identifikation mit dem Ur- und Gründerahn ist meiner Ansicht nach der tiefste Sinn für die Sakralität des Amtes. Es ist ja auch nicht nur das Königtum sakral. Der Klanälteste und der Zauberpriester haben nicht weniger sakrale Ämter, nur stehen sie – wenn überhaupt – kleineren Gemeinden vor. Das Königtum ist sakral, weil der König nichts anderes zu tun hat, als die heilige Urzeit, welche in der Mythe festgehalten wird, in der Gegenwart wiedererstehen zu lassen.

V. Das Beispiel des Kongoreiches

Über kaum ein anderes Königreich Afrikas sind wir so gut unterrichtet wie über dasjenige der Bakongo. Im Jahre 1482 kamen die Portugiesen ins Kongoreich; es setzte eine intensive christliche Mission ein. Unter König Afonso (1506—1543) wird das Christentum sogar Staatsreligion. Ganz hat die Präsenz christlicher Missionare nie aufgehört, wenn auch nach einigen Jahrzehnten wiederum die traditionelle Religion dominierte.

Hier gilt unser Interesse nicht der Mission, sondern den Schriften der Missionare über Land und Leute. Es gibt bereits ein Schrifttum über das Kongoreich aus der Zeit des ausgehenden 15. Jahrhunderts. Das ist für afrikanische Verhältnisse außergewöhnlich. Ich möchte an Hand dieser Literatur einige Wesensmerkmale des sakralen Königtums der Bakongo aus alter Zeit aufzeigen.

1. Die Entstehung des Reiches

Es gibt verschiedene Versionen über die Reichsgründung; die wahrscheinlichste stammt von einem anonymen Autor aus dem Jahre 1624. Danach stünde am Beginn des Reiches ein Familienzwist. *Lukeni*, der jüngste Sohn des Königs von Bungu, einem kleinen Königreich nördlich des Kongo, verläßt seine Heimat, besetzt mit einigen Kameraden eine Furt und verlangt von allen Passanten Maut. Als eines Tages seine Tante vorbeikommt, will sie wegen ihres hohen Ranges nicht bezahlen. Lukeni tötet sie, schlitzt ihr den Bauch auf; sie war schwanger.

Nach diesem brutalen Verbrechen kommt es zum Bruch mit der Verwandtschaft. Lukeni überquert mit seinen Gesellen den Kongo und beginnt, das Gebiet südlich des Flusses zu erobern. An Ort und Stelle lebten die Bambundu, eine Bantu-Ethnie. Sie waren in größere Häuptlingstümer gegliedert, hatten aber keine Zentralgewalt. Die Häuptlingstümer gaben später die Grundlage für die Gliederung des Reiches in Provinzen ab.

Die eroberten Mbundu verloren zwar ihre politische Macht, aber sie blieben weiterhin die Erdherren (*bitomi*). Wir werden bei der Investitur darauf zu sprechen kommen. In Mbanza Kongo, der späteren Hauptstadt des Reiches — am 20. Mai 1596 erhielt sie den christlichen Namen San Salvador —, herrschte ein Priesterkönig. Lukeni heiratete seine Tochter und befahl seinen Offizieren, die Töchter der Autochthonen, also der Mbundu zu heiraten (siehe Vansina 1966: 38). Auf diese Weise entstand eine enge Verbindung zwischen Eroberern und Eroberten. Trotz dieser Maßnahme gibt es mehrere Zeugnisse dafür, daß die vornehmen Kongo eine recht geschlossene Gruppe blieben. Mit der Zeit aber verschmolzen beide Ethnien im Reich. In Angola leben die Mbundu heute noch als große selbständige Ethnie.

2. Die Erdherren

Sie waren überall Mbundu; man nannte sie *bitomi* (im Singular *kitomi*). Cavazzi (1654—1667) nennt den *kitomi* „einen Gott auf Erden und Bevollmächtigten des Himmels, und deshalb bringt man zu ihm die Erstlinge von jeder Ernte." Und ein anderer Autor schreibt: „Das Volk wandte sich an ihn, damit er es von Hungersnöten befreie und Regen für die Saat spende; mit seiner Erlaubnis säten und ernteten sie."

Doch die wahre Bedeutung der *bitomi* kam erst bei der Investitur eines neuen Provinzgouverneurs — wahrscheinlich auch bei der Investitur des Königs, doch darüber haben wir keine Berichte — zum Tragen. Der Missionar Jérôme de Montesarchio — er hielt sich von 1648 bis 1668 im Kongoreich auf — berichtet über das rituelle Verhältnis von Provinzgouverneuren und Erdherren folgendes:

„Ich erfuhr zur gleichen Zeit, als der Herzog der Provinz Nsundi von Congo kam [d. h. er kam von der Hauptstadt, wo er seine Ernennung durch den König entgegengenommen hatte], um die Herrschaft der Provinz anzutreten, daß er sich, bevor er in seine Hauptstadt einzog, nach Ngimbo Amburi zum Kitomi begeben mußte, den man verehrte, als wäre er der Gott des Landes. Dieser Kitomi wurde auch so hochgeschätzt, als ob von ihm Macht und Autorität ausgingen, um die Provinz in Gehorsam zu halten. Der Herzog war überzeugt, daß, wenn er diesen Gang zum Kitomi nicht machte, er keine Gewalt über seine Leute hätte, daß man sich ihm nicht unterwürfe, ihm keinen Tribut zahlte und schließlich sein Leben abgekürzt würde.

Der Besuch des Herzogs beim Kitomi ging aber nicht ohne Zeremonien ab. In der Nähe des Dorfes des letzteren floß ein Bach. Auf der einen Seite stellten sich der Herzog mit seiner Frau und den Seinigen zum Kampfe auf; auf der anderen Seite der Kitomi, seine Frau und die Seinigen. Sie führten einen Scheinkampf mit Pfeil und Bogen durch; die Pfeile aber bestanden aus Strohhalmen.

Der Herzog und seine Frau mußten sich besiegt geben. Dann gab der Kitomi dem Herzog die Hand und die Frau des Kitomi der Herzogin; alle überquerten den Bach. Ohne diese Vorführung hätte der Herzog den Bach nicht überschreiten können.

Am nächsten Morgen mußten sich der Herzog und die Herzogin vor der Tür des Kitomi auf die Erde legen. Der Kitomi und seine Frau gingen dann aus dem Haus und hoben dabei derart ihre Kleider, daß man ihre Geschlechtsteile sehen konnte; dabei traten sie die beiden mit Füßen. Hierauf goß der

Kitomi Wasser auf die Erde und machte Lehm. Damit beschmierte er den Herzog und die Herzogin, als ob es geweihte Erde wäre. Der Herzog mußte hierauf alle seine Kleider, die er anhatte, dem Kitomi abtreten, und die Herzogin mußte das gleiche seiner Frau gegenüber tun. Der Kitomi gab dem Herzog abergläubische Objekte, die er im Haus der Herzogin aufzubewahren und wie Heiligenreliquien zu verehren hatte. ... Er übergab ihm auch einen brennenden Span, mit dem alle ihr Feuer zu entfachen hatten. Man mußte es also sechs Tagereisen bis nach Nsundi bringen. Der Span wurde ebenfalls im Haus der Herzogin wie eine heilige und mächtige Reliquie aufbewahrt" (zitiert nach Randles 1968: 40-41).

Dieses Zitat illustriert in eindrucksvoller Weise die afrikanische Idee von Macht: Der Eroberer gelangt nur in ihren Besitz, wenn er sich dem Erstbesitzer des Bodens und dem Besitzer der Erdgeister unterwirft. Der sakrale Aspekt der Macht geht nicht von der militärischen Eroberung aus, sondern vom Besitz der Erde und ihrer Geister bzw. von der unterwerfenden Anerkennung dieser Machtverhältnisse. — Bei den Suku, einer östlichen Nachbarethnie der Kongo, welche vor Jahrhunderten aus dem Kongo-Gebiet kommend in ihr heutiges Gebiet östlich des Kwango gezogen ist, wird bis heute zuerst ein Vertreter der Erstbesitzer des Bodens als Scheinkönig inthronisiert. Der tritt kurz darauf die Macht an den legitimen Nachfolger der Suku ab, der dann als eigentlicher König vom Scheinkönig inthronisiert wird.

3. Die Reinkarnation des Reichsgründers

Was in Kapitel VI zu den alternierenden Generationen gesagt wurde, gehört auch hierher, damit man die intime Beziehung zwischen lebendem König und dem Gründerahn des Reiches verstehen kann. Das Prinzip ist, daß der Urahn in der Mitte seiner lebenden Nachkommen sichtbar und greifbar repräsentiert wird: einmal in seinen Nachkommen selbst, dann aber auch in den Reichsfetischen, den Regalien (etwa der großen Königstrommel, dem heiligen Feuer), den Ahnenbäumen usw. Jede Ethnie hat andere, aber jede ähnliche Modalitäten, den Ahn sichtbar zu machen.

Bei den Initiationszeremonien der männlichen Jugend nennen die Bakongo den Urahn der Ethnie bald *Na Nzambi* (Herr Nzambi), bald *Na Kongo* (Herr Kongo) (siehe Van Wing s.a.: 17). Kongo[4] aber ist der Name des mythischen Reichsgründers, Nzambi der des Hochgottes. Bei der ersten Erwähnung des *Nzambi*-Namens bei Rui de Pina[5] bezieht sich dieser Name auf den König von Portugal. Der Engländer Andrew Battell weilte Anfang des 17. Jahrhunderts im Königreich Loango (im Norden des Kongoreiches).

---

4. *Nkongo* bedeutet übersetzt 'Jäger'. Übrigens ist es in Afrika ein bekannter Topos, daß der Reichsgründer ein Jäger ist (etwa im Luba-Lunda-Reich).
5. In der 'Croniqua del Rei D. Joham II', niedergeschrieben zwischen 1501 und 1521, basierend auf einem Manuskript von 1492.

Er sagt: „Der König wird bei ihnen verehrt, als ob er ein Gott wäre; sie nennen ihn *Sambe* und *Pongo*, d. h. Gott" (Ravenstein 1901: 46). Unschwer läßt sich darin der heutige Gottesname *Nzambi Mpungu* erkennen. Deshalb meint auch der Historiker W.G.L. Randles (1968: 30-32), daß *Nzambi Mpungu* ursprünglich wahrscheinlich nicht Gottesname war, sondern mit dem Königtum zu tun hatte. Die Missionare hätten sich geirrt, als sie *Nzambi* für den christlichen Gottesbegriff übernahmen. Er schreibt: „*Nzambi Mpungu* scheint das in jedem König inkarnierte Königtum zu bezeichnen, den ewigen Geist *Bumbas*, den jeder König aufs neue aufleben lassen muß."

Bestärkt wird diese Idee von Randles noch dadurch, daß bei den Bakuba, die heute zwischen Kasai und Sankuru siedeln, zur Zeit der Entdeckung des Kongoreiches aber am Atlantik, der Königstitel lautet: *Chembe Kunji* (= *Nzambi ku nsi*, Nzambi auf Erden). Der Geist von *Bumba* (bei den Bakuba Gottesname), sagt der Bakuba-Forscher Torday, ist in *Chembe Kunji*, „dem Klanhäuptling, dem geistigen Haupt, dem lebenden Vertreter des Gründers inkarniert und deshalb ist er sakral" (Torday 1925: 117, nach Randles 1968: 32).

Diesen Geist des Urahns hätte jeder König aufleben zu lassen; und da dieser Geist, wie es scheint, eng mit dem Schöpfergott verbunden ist — bei bestimmten Zeremonien, wie bei der Knabeninitiation, können sie kaum auseinandergehalten werden —, können das Amt des Königs und sein Tun nur sakral sein, denn er läßt die Zeit des Heils wieder aufleben.

10. Kapitel
Grundfragen der Religionsethnologie

I. Vorbemerkungen

1. Die Religionen der Naturvölker waren lange Zeit Mißverständnissen und Verdrehungen ausgesetzt. Richtig ernst haben die Europäer sie bis in jüngste Zeit nicht genommen. Erst in diesem Jahrhundert hat sich allmählich die Erkenntnis durchgesetzt, daß auch Naturvölker echte und wahre Religionen haben und nicht nur 'Götzendienst' und 'Aberglauben'. Noch um die Jahrhundertwende galten zahlreiche Naturvölker als religionslos; erst mit zunehmender Forschertätigkeit ist die Liste der 'religionslosen' Völker zusammengeschmolzen. Einige wenige konnten nicht mehr rehabilitiert werden, weil sie inzwischen ausgestorben waren.

2. Heute jedoch sind angeblicher Atheismus und Religionslosigkeit der Naturvölker kein Diskussionsgegenstand mehr in der Religionsethnologie. Wir wissen allerdings auch, daß wir in unserer Wissenschaft an die Religion des Urmenschen nicht herankommen. Ob er also einmal religionslos war oder nicht, bleibt uns verborgen. Objekt der Religionsethnologie ist aber nicht der Urmensch und seine hypothetische Religion, sondern der Mensch der Gegenwart, allenfalls der geschichtlich faßbare Mensch und seine Religion.
Da aber alle uns heute bekannten Ethnien Religion oder zumindest religiöse Phänomene diverser Art besitzen und übermenschliche Mächte anerkennen, gehen wir davon aus, daß der Mensch, soweit ihn unsere Wissenschaft fassen kann, religiöses Wesen ist. Den Ur- und Frühmenschen sowie die Urreligion und den Ursprung der Religion klammern wir bewußt aus unserer Untersuchung aus.

3. Da die Religionsethnologie ein in sich selbständiges Wissensgebiet ist, operiert sie mit zahlreichen Fachtermini, welche durch die Polemik der Schulen oft bis heute kontrovers sind. Ich will versuchen, die Ansichten der einzelnen Schulen möglichst objektiv darzustellen.
Zu gegensätzlichen Anschauungen kommt es in der Religionsethnologie auch deshalb, weil jeder Wissenschaftler, welcher sich mit Religion befaßt, eine persönliche Meinung in bezug auf Religion hat und die immer wieder, bewußt oder unbewußt, in die Diskussion mit einbringt. Der eine ist Apologet und will mit Hilfe der Naturreligionen Vernunftgründe für die Richtigkeit seiner Religion beibringen; der andere ist Atheist oder Agnostiker und will aufzeigen, daß Religion rationalen Gründen nicht standhalten kann. Die Geschichte der Religionsethnologie ist voll solcher gegensätzlicher Standpunkte.

4. Bei allem persönlichen Interesse oder Desinteresse für Religion sollte man bedenken, daß es uns hier um die Religion anderer Menschen geht und nicht um die eigene. Wir sollten daher nicht unsere Auffassung und unsere Problematik, vielleicht sogar unsere persönlichen Schwierigkeiten mit der Religion bzw. Kirche hineintragen wollen, sondern die Religion der anderen aufspüren und verstehen wollen. Die Glaubensinhalte und die Kultpraktiken der Naturvölker sind intendiertes Studienobjekt und unsere persönliche Einstellung hierzu spielt keine direkte Rolle.

5. Wer schon glaubt, er müßte oder könnte Hochreligionen und Naturreligionen miteinander vergleichen und sie werten – meiner Meinung nach ein unzulässiges Vorgehen –, der sollte wenigstens folgendes bedenken: Naturreligionen lernen wir kennen, wie sie hic et nunc gelebt werden. Hochreligionen lernt man kennen, wie sie sein sollten; sie besitzen im Unterschied zu Naturreligionen heilige Schriften und theologische Traktate, die vielfach normativen Charakter haben und die Religion so darstellen, wie sie idealerweise sein sollte. Hier geht man also nicht von der gelebten, sondern von der abstrakt gedachten Religion aus. Naturreligionen und Hochreligionen gehören also zwei verschiedenen Niveaus an, welche nicht ohne weiteres miteinander vergleichbar sind.

6. Ein weiteres Problem liegt in der Sprache begründet. Unsere westlichen Sprachen sind Jahrhunderte alt und die religiösen Begriffe haben darin ganz fest umrissene Inhalte erhalten. In anderen Sprachen ist es ebenso, nur sind dort die Inhalte anders. Begriffe wie 'Gott, Seele, heilig' können etwas ganz anderes bedeuten je nachdem, ob sie im hinduistischen Indien, im animistischen Afrika oder im christlichen Europa gebraucht werden. Vergewaltigen wir nicht die Naturreligionen, wenn wir sie mit unseren Begriffen beschreiben? Sind z. B. die Urzeitwesen der Australier als Gottheiten zu bezeichnen, ist der *nganga* der Bantu ein Zauberer, Magier usw.?

Die sprachlichen Schwierigkeiten gehören bei der Erforschung und Beschreibung der Naturreligionen zu den schwerwiegendsten. Ganz ausschalten können wir sie nie; wir sollten uns aber bemühen, die Inhalte der Begriffe möglichst klar zu beschreiben, und nicht einfach Etiketten aufkleben. Die Inhalte sind in den allerseltensten Fällen kongruent.

7. Zunächst möchte ich in diesem Kapitel die Grundbegriffe der Naturreligionen darstellen; sodann im folgenden Kapitel Mythen und Kult behandeln und schließlich in einem weiteren Kapitel die übermenschlichen Wesen beschreiben.

II. Vom Wesen der Naturreligion

Jede Religion ist ein komplexes Gebilde, das man von verschiedenen Seiten betrachten und analysieren kann. Da gibt es den Aspekt der Psychologie, Soziologie, Theologie, Geschichte usw. Ich aber möchte hier die Analyse der

Religion vom Glaubensakt des Individuums her beginnen. Denn gerade hier im Glaubensakt sind – phänomenologisch gesehen – alle Religionen gleich.

1. Der Glaubensakt

Das Wesen einer jeden Religion ist, daß der 'homo religiosus' einen Glaubensakt setzt, d. h. daß er sich einem Absoluten gegenüber abhängig weiß und sich ihm unterwirft. Eine Religion, die diesen Namen verdient, kommt ohne den Glauben nicht aus. Würde ich Gott in das Zentrum meiner Analyse stellen, dann würde ich Religion als ein theozentrisches System hinstellen, bevor erwiesen ist, daß auch die Naturreligionen solche theozentrischen Systeme darstellen.

Wir wollen den Glaubensakt in phänomenologischer Weise betrachten, also wie er vom Glaubenden gesetzt wird, ohne zunächst das Objekt, auf das er gerichtet ist, in unsere Analyse einzuschließen. Diese Vorgehensweise bietet den Vorteil, daß wir unsere eigene Sichtweise möglichst wenig in die Naturreligionen hineintragen, sondern den Glaubenden aussagen lassen können. Und darauf kommt es uns ja an, daß wir sozusagen die Religion von innen erleben. Auf dieser Ebene und unter dieser Rücksicht sind natürlich alle Religionen gleich, ob sie nun Hochreligionen sind oder nicht.

Nehmen wir einmal folgendes Beispiel: Der Vertreter einer afrikanischen Naturreligion verehrt in einer bestimmten Krisensituation seinen 'Klanfetisch', indem er ihm Opfer darbringt und alles tut, was der Fetisch von ihm verlangt. (Der Fetisch nämlich offenbart sich seinem Anhänger und tut seinen Willen kund wie der Gott einer Hochreligion.) Genauso wird ein gläubiger Christ in der Krise handeln: Er wird tun, was Gott von ihm in der konkreten Situation verlangt.

Phänomenologisch gesehen unterscheiden sich diese beiden Akte im Wesen nicht voneinander. Es tritt jeweils eine Macht, welche vom Glaubenden in gewisser Weise, wenigstens in diesem konkreten Falle, absolut gedacht wird, in den Gesichtskreis des Glaubenden und fordert Anerkennung und Unterwerfung als Bedingung für die Hilfe. Entsprechen die Glaubenden der Forderung, dann setzen sie echte religiöse Glaubensakte. *Dieses Sich-abhängig-Wissen und Sich-Unterwerfen unter eine übermenschliche Macht nennen wir Religion.*

Die Wertigkeit einer Religion hängt nicht von der absoluten Höhe und Macht des übermenschlichen Wesens ab, sondern von der Intensität des Glaubensaktes. Man kann also sagen: Die Höhe einer Religion wird nicht vom übermenschlichen Wesen, sondern vom Glaubenden bestimmt.

Wenn wir im folgenden dennoch immer wieder zwischen Hoch- und Naturreligionen unterscheiden, so hat dies nichts mit dem Wesen dieser beiden Religionsformen zu tun. Ein echter religiöser Akt kann immer nur wahr sein und, wie wir gesehen haben, gibt es solche Akte in jeder Religion. Die Unterscheidung Naturreligion – Hochreligion bezieht sich demnach nicht auf den Wahrheitsgehalt, sondern auf das äußere Erscheinungsbild.

2. Die Offenbarungsreligion

Die Vertreter von Hochreligionen wie Christen, Muslims oder Buddhisten sind vielfach der Meinung, daß nur ihre Religionen Offenbarungsreligionen sind. Aber wenn dem so wäre, müßte man ja im Gegenzug sagen: Die Naturvölker schaffen ihre Religionen selbst. Doch ein Blick in die einfachsten Naturreligionen zeigt uns, daß sich keine als von Menschenhand geschaffen ausgibt. Alle führen ihren Ursprung auf die Offenbarung einer übermenschlichen Macht zurück. Es gibt fast keine Ethnie, welche nicht ein tempus illud kennt, also eine Urzeit, in welcher die übermenschliche Macht mit den Urahnen verkehrte und ihren Willen kundtat. Die Australier nennen jene Urzeit, da die Schöpferwesen auf Erden wandelten und ihre Urtaten setzten, *bugari*-Zeit.

Aber auch in der Jetztzeit tun sie ihren Anhängern ihren Willen kund: Sie erscheinen ihnen nachts im Traum, sprechen durch Medien, Ordalien usw. Ja man kann sagen, so häufig und so detailliert offenbaren sich die Mächte in den Hochreligionen nie. Die Naturreligionen machen ja aus dem Konsultieren der Macht sogar einen eigenen Beruf. Denken wir an Wahrsager, Zauberpriester und Schamanen: Sie haben alle damit zu tun, den Gläubigen den Willen der übermenschlichen Mächte mitzuteilen.

Die Offenbarungsinhalte werden freilich nicht niedergeschrieben und bekommen auf diese Weise weniger normativen Charakter, als dies bei Heiligen Schriften der Fall ist. Die Mythen allerdings, die ja auch immer in die Ursprungszeit zurückreichen, ersetzen häufig die Heiligen Schriften, denn in ihnen lebt der Geist und die Kraft der Urzeitwesen. Doch von den Mythen werden wir noch im nächsten Kapitel zu sprechen haben.

3. Die Erlösungsreligion

Vertreter von Hochreligionen weisen gerne darauf hin, daß Naturreligionen keine Erlösergestalten hervorbringen; also seien sie nicht als Erlösungsreligionen anzusprechen. So habe Schwarzafrika vor dem Einfluß des Christentums und des Islam keine Erlöser, keine Erlösungslehre und auch keine Erlösungsriten hervorgebracht. Dies offensichtlich, weil es den Begriff der Unreinheit und Sündhaftigkeit nicht gab, wie er etwa in den indischen Religionen gäng und gäbe sei. — In etwa stimmen diese Einwände; doch man muß einmal vom Sinn- und Zweckgehalt der Religion ausgehen und sich folgende Fragen stellen: Wozu könnten Naturreligionen dienen, wenn nicht zur Heil-

Vermittlung? Wer aber Heil sucht, ist mit Übel behaftet und lebt in Not. Wer aber Heil anbietet, will doch von einem schlechten Zustand in einen besseren führen. Da es aber zum Wesen einer jeden Religion gehört, daß sie ihren Anhängern Heil anbietet, kann eine Religion, so sie diesen Namen verdient, überhaupt nichts anderes sein als Erlösungsreligion.

Es gibt aber in bezug auf Schuld einen wesentlichen Unterschied zwischen Hochreligionen und Naturreligionen. In theozentrischen Hochreligionen kann sich der Gläubige sowohl gegen seine Mitmenschen wie gegen Gott versündigen. Kann man sich aber gegen ein otioses Himmelswesen, wie wir es durchweg in Naturreligionen antreffen, versündigen? Ich glaube nicht. Deshalb haben auch die Vergehen fast ausschließlich sozialen Charakter, d. h. nur jene Taten sind böse, welche gegen die eigene oder eine befreundete Gemeinschaft gerichtet sind. Nicht 'Gott' steht hier im Mittelpunkt der Religion, sondern die solidarische menschliche Gemeinschaft. Man kann daher sagen: Naturreligionen sind keine theozentrischen, sondern soziozentrische religiöse Gebilde.

Aufgrund dieser Tatsache ist auch die Erlösung anders geartet als etwa im Christentum, wo der Mensch Gott gegenüber in Sündenschuld verstrickt ist. Der Naturmensch sucht zwar Heil und Erlösung, aber nicht, damit er eine Ewigkeit mit dem Schöpfergott im Himmel zusammensein kann, sondern damit er als geachtetes Glied und Ahn in das Dorf und in die Gemeinschaft seiner Ahnen aufgenommen wird. Für ihn ist das das ersehnte Heil.

Wie schon mehrmals erwähnt wurde, hat man im vergangenen Jahrhundert, angeregt durch die Erfolge des biologischen Evolutionismus, Entwicklungsstadien für alle möglichen Elemente der Kultur aufgestellt. Oberstes Axiom war dabei immer, daß sich die Entwicklung vom Einfachen zum Komplizierten, vom Primitiven zum Komplexen vollzog. Die neuen Forschungsergebnisse der Naturwissenschaften schienen dieses Axiom zu bestätigen. Dieses Prinzip auf die geistige Kultur zu übertragen, hieß natürlich, daß man die primitivste Form, die Urform zu suchen hatte, um Ursprung, Entwicklungsstadien und gegenwärtige Form erklären zu können. Man war also von einem naiven wissenschaftlichen Optimismus getragen. Man glaubte, in allen Bereichen die letzten Ursachen aufdecken zu können. Liest man heute Werke der damaligen Zeit, ist man verblüfft, wie man glaubte, in allem den Ursprung gefunden zu haben oder daß man ihn doch noch sicher finden werde. Es mag sich um den Ursprung des Bootes, einer Hausform oder aber der Sprache, der Matrilinearität oder anderer Sachverhalte handeln, sofort wurde die Ursprungsfrage aufgeworfen. Evolutionisten wie Antievolutionisten waren im Grunde vom gleichen Geiste und naiven Optimismus beseelt.

In der Religionsethnologie zeitigten diese Ideen bisweilen recht merkwürdige Spekulationen. Wenn sie heute von uns in vielem nicht mehr nachvollziehbar sind, so darf man doch nicht vergessen, daß diese Theorien die großen wissenschaftlichen Anreger waren. Wahrscheinlich wären die fremden Völker und Kulturen niemals derart in den Mittelpunkt der Forschung gerückt, hätte man sich nicht mit ihnen beschäftigen müssen, um die eigenen Theorien stützen und die fremden entkräften zu können.

Auf die Religion übertragen zeitigte diese euphorisch-evolutionistische Geisteshaltung eine Reihe aufeinanderfolgender Entwicklungsschemata, die alle zum Ziel hatten, Religion in einem Primitivstadium entstehen zu lassen und damit rational zu erklären. War aber erst der Ursprung der Religion rational einsichtig gemacht, war es auch möglich, die Hochreligion vom Außernatürlichen zu befreien und auf rein rationale Ideen zurückzuführen. — Mehrere dieser Ursprungstheorien haben sehr nachhaltig auf die Geschichte der Religionsforschung gewirkt und wirken teilweise heute noch. Es sei daher wenigstens auf einige der wichtigsten Theorien eingegangen.

III. Theoriegeschichte

Von den vielen Theorien, die im Laufe der Jahrzehnte zur Erklärung des Ursprungs der Religion vorgebracht wurden, befriedigt zwar keine ganz, aber alle, auch die evolutionistischen, haben meist recht wichtige Elemente in der Entwicklungsgeschichte der Religion hervorgebracht. Wenn diese Theorien schon nicht unser Bedürfnis nach Wahrheit befriedigen, so regen sie uns wenigstens zu weiterem Suchen an, wie sie es schon seit Jahrzehnten tun.

1. Der Animismus

Edward B. *Tylor* (1832—1917) ist der Begründer dieser Theorie. Sie galt jahrzehntelang als *die* Erklärung des Ursprungs der Religion. Nach Tylor wäre der Urmensch über den Traum zur Entdeckung des seelisch-geistigen Prinzips gelangt. Der Urmensch stellte nämlich fest, daß er im Schlaf Dinge erlebte und sich an verschiedenen Orten aufhielt, ohne daß sein Körper sich fortbewegte. Auf diese Weise erfuhr er, daß er außer dem Leib noch ein anderes Prinzip, ein seelisch-geistiges, ein unsichtbares und frei sich bewegendes Prinzip haben mußte, welches sich beliebig vom Körper trennen konnte, ohne daß dies zum Tode führte. Dieses geistige Prinzip ist die Seele. Er machte auch die Erfahrung, daß der Mensch starb, wenn sich die Seele für immer vom Körper trennte. — Auf diese Weise war die Existenz eines seelisch-geistigen Prinzips und damit der Ursprung der Religion gegeben. Diese Theorie nennen wir *Animismus* (von *anima*, Seele). Ähnlich wie den Menschen hätte man sich auch alle Wesen und Dinge beseelt gedacht. Diese Auffassung nennen wir *Animatismus*.

Da nach Tylor der Mensch die Erfahrung machte, daß der Leib verwest, die

Seele aber als geistiges Prinzip nicht, begann er, die Totenseelen und dann die Ahnenseelen zu verehren. So erklärt man die Existenz des Ahnenkultes (*Manismus*). Weiter geht dann die Entwicklung über den Fetischismus und Polytheismus bis zum Monotheismus.

— — —

Einer der Hauptfehler Tylors liegt bereits in seinem europäisch-christlichen Seelenbegriff begründet. Für die meisten Naturvölker ist die Seele kein geistiges Prinzip, sondern Seele ist eine dünne, ätherische Materie. Überdies nehmen Naturvölker praktisch nie an, daß der Mensch nur *eine* Seele habe; sie nehmen wenigstens eine doppelte Seele an. Die eine ist das Lebensprinzip, die Lebenskraft; man nennt sie meist 'Hauchseele'. Diese Seele manifestiert sich vor allem im Atem oder im Blut. — Die zweite Seele ist die Bild- oder Schattenseele (der Schatten des Menschen), auch Freiseele genannt, weil sie sich vom Körper trennen kann: im Traum, bei der Himmelsreise des Schamanen und bei anderen Gelegenheiten.

Die Schattenseele ist das eigentlich unsterbliche Prinzip. Doch ist es sehr schwer, bei Naturvölkern zwischen sterblichem und unsterblichem Prinzip zu unterscheiden, weil man in Gesprächen mit solchen Menschen die Überzeugung gewinnt, daß sie den leiblichen Tod irgendwie ignorieren oder besser: hinwegdisputieren, oder sagen wir: in einen Ritus auflösen. Die Verstorbenen und Ahnen im anderen Dorf leben wie die Menschen im Diesseits: Das Jenseits ist eine Fortsetzung des Diesseits. Der Tod ist nur ein Übergangsritus. Vielleicht wäre es daher besser zu sagen, daß die ganze Persönlichkeit weiterlebt und nicht nur die Schattenseele. Dieses Zerlegen des Menschen in verschiedene Prinzipien ist sicher keine genuin naturvolkliche Sichtweise. Genau so wenig kann man solche Menschen fragen: Was stirbt, was überlebt? Nach ihrer Meinung kann alles sterben — Unsterblichkeit ist nicht ewig wie in unserem Sinne —, aber auch der ganze Mensch überleben. Wir tragen nur unser sezierendes Denken in sie hinein!

Aus diesem ganzheitlichen Denken des Naturmenschen kann man folgern, daß der Mensch den Verstorbenen sicher zuerst als Ganzes verehrt hat. Erst in einer entwicklungsgeschichtlich späteren, analytisch-sezierenden Denkweise kamen der Seelenbegriff und Seelenglaube auf und damit die Verehrung der Seele als pars pro toto. Man könnte sagen: wiederum eine Hineininterpretation europäischer Verhältnisse!

Überdies gibt es in alten jägerischen Kulturen Wesen, oder sagen wir Geister, welche sich kaum auf Seelenvorstellungen zurückführen lassen; so z. B. die 'Herren der Tiere', Naturgeister, Urzeitwesen etc.; da Menschen in diesen Kulturen nicht seßhaft sind, verehren sie ihre Toten und Ahnen noch nicht. — Dennoch hat der Animismus zu vielen neuen Ideen angeregt. Die Erklärung, wie es zur Seelen- und Geistvorstellung kam, hat bis heute nichts von ihrer Faszination eingebüßt. Die tierischen Alter-ego-Vorstellungen der Jägerkulturen können sehr wohl auf animistische Vorstellungen zurückgehen.

Doch gerade die Vorstellung von den Tieren als mit den Menschen in enger Gemeinschaft verbundenen Wesen rief eine andere Theorie auf den Plan, welche unter den Gelehrten eine noch größere Anhängerschaft fand und während mehrerer Jahrzehnte die Ursprungsfrage der Religion beherrschte. Es war dies der Totemismus.

2. Der Totemismus

Unter Totemismus verstehen wir die enge mythisch-magische und auch (angenommene) verwandtschaftliche Verbindung eines Menschen oder einer Gruppe mit einem Tier, einer Pflanze oder leblosen Objekten und Erscheinungen. Aus dieser Verbindung entstehen Riten, Meidungen (Tabus) und gegenseitige Hilfeleistungen. Man unterscheidet Individual-, Gruppen- und Geschlechtstotemismus. Von Bedeutung für uns ist jedoch nur der Gruppentotemismus; und von diesem wiederum ist am wichtigsten der Klantotemismus. Wir werden allein diesen kurz beschreiben.

In den weitaus meisten Fällen ist es ein Tier, mit dem sich eine Gruppe von Menschen, meistens ein Klan, in mystisch-mythischer Verwandtschaft oder Zusammengehörigkeit fühlt. Die Aussagen, daß man sich als direkter Nachkomme des Totemtieres fühlt oder als solcher ausgibt, sind selten. Häufiger glaubt man, daß Totemtier und mythischer Urahn des Klans einen gemeinsamen mythischen Ursprung haben. Deshalb auch das Wort aus der Algonkin-Sprache aus dem südlichen Kanada, in der *totam, todaim, ndodem* so viel wie Verwandtschaft, Familien-Abzeichen, auch persönlicher Schutzgeist bedeuten soll (nach F. Herrmann 1961: 40-41).

Diese enge Mensch - Tier - Beziehung könnte aus der jägerischen Schicht stammen, in welcher der Jäger ein ganz inniges Verhältnis zu den Tieren hat, gewisse Tiere nicht tötet und sie für seine Nachkommen mit Tabu belegt. Doch über den Ursprung des Totemismus wissen wir nichts Bestimmtes – trotz einer Unzahl von Theorien.

Das Totemtier wird über die Mutter- bzw. Vaterlinie an die Nachkommen vererbt. Es darf gewöhnlich nicht getötet und gegessen werden. Teile von ihm (von einem andern Klan beigebracht) werden aber vielfach wie ein Klanfetisch zu Schutz und Abwehr verwandt. Die Beispiele sind äußerst selten, daß ein Totemtier bei einem feierlichen Anlaß geschlachtet und vom ganzen Klan in einem rituellen Mahl verzehrt wird. Kroeber (1920) sind ganze vier solcher Beispiele bekannt geworden. Aber gerade dieses Element des Totemismus hat in der Wissenschaft die größte Aufmerksamkeit erhalten.

Die Bedeutung des Totemismus rührt jedoch vor allem daher, daß bekannte Gelehrte ihn zum Ursprung der Religion machten. Wilhelm Wundt z. B.

schrieb in seiner 'Völkerpsychologie': „... ergibt sich mit hoher Wahrscheinlichkeit der Schluß, daß die totemistische Kultur überall einmal eine Vorstufe der späteren Entwicklungen und eine Übergangsstufe zwischen dem Zustand des primitiven Menschen und dem Helden- und Götterzeitalter gebildet hat" (1912: 139).

J.F. *McLennan*, der Entdecker der Exogamie, brachte als erster den Totemismus in Verbindung mit der Religion. Sein Schüler William Robertson *Smith* (1846—1894) suchte in seinem berühmt gewordenen Buch 'Lectures on the Religion of the Semites' (London 1889) den Beweis zu erbringen, daß nicht nur die Religion der Semiten, sondern die Religion überhaupt und ganz besonders das Opfer den Ursprung im Totemismus haben. Das Totemtier wurde zum Opfertier, das rituelle Mahl zur Kommunion.

Die beiden wichtigsten Protagonisten des Totemismus wurden jedoch Sigmund *Freud* und Emile *Durkheim*. Freud veröffentlichte im Jahre 1912 mehrere Aufsätze in der Zeitschrift 'Imago', welche 1913 als 'Totem und Tabu' herauskamen (1922 in dritter unveränderter Auflage). Dort heißt es, daß „... der Totemismus ein System ist, welches bei gewissen primitiven Völkern in Australien, Amerika, Afrika die Stelle einer Religion vertritt und die Grundlage der sozialen Organisation abgibt" (1922: 133). — Freud geht von der Urpromiskuität der Urhorde aus. Der allgegenwärtige Ödipuskomplex führe zur Vernichtung des Hordenführers und Haremswächters durch die Söhne. Die Schlachtung des Totemtieres sei der rituelle Nachvollzug der ursprünglichen Tat in der Horde. Die freiwerdenden Mütter werden von den Söhnen geschlechtlich tabuisiert, was zum Inzestverbot führt. (Es ist allerdings schwer einzusehen, weshalb die Söhne jetzt ihre Mütter mit einem Tabu belegen, wo endlich der Rivale tot ist!)

Freuds Theorie hat bis in jüngste Zeit zahlreiche Kritik erfahren. Am bekanntesten wurde Alfred Kroebers Kritik, die 1920 im 'American Anthropologist' (pp. 48-55) erschien. Sie erhielt um so mehr Gewicht, als Kroeber nicht nur Ethnologe, sondern auch Psychoanalytiker war. Er weist vor allem Freuds scheinbar evidente Aussagen zurück. So sei die Annahme einer Urhorde unbewiesen; der Ödipus-Komplex nicht universal nachweisbar; das Blutopfer als wichtigster Bestandteil der Religion komme bei den meisten Naturvölkern nicht in Betracht usw. — Alles in allem wird man sagen können: Freuds Theorie ist ein brillantes Bild, aber keine historisch-wissenschaftliche Studie.

— — —

Emile Durkheim griff den Totemismus als Ursprung der Religion besonders deshalb auf, weil er seiner soziologischen Sicht der Religion entgegenkam. Man könnte überspitzt sagen: Für Durkheim ist Religion zweit- und drittrangig, wichtig ist allein die 'Kirche', d. h. die soziale Manifestation der Religion.

Eine Idee, welche auch heute zahlreiche Anhänger hat. — Durkheim hat seine Ideen in dem von langer Hand vorbereiteten Werk 'Les formes élémentaires de la vie religieuse' (1912) niedergelegt. Es zählt auch heute noch zu den Standardwerken der Religionswissenschaft. Für Durkheim ist die Gesellschaft Dreh- und Angelpunkt. Aber sie ist noch mehr: Im Grunde ist sie für ihn das einzig Absolute; sie gibt die ethischen Normen, sie urteilt über Gut und Böse; sie verabsolutiert ihren Repräsentanten und meint damit sich selbst. Das Individuum hat nur eine Überlebenschance, insofern es Mitglied einer Gemeinschaft ist. Die Gesellschaft ist also Lebensquelle, Heimat für das Individuum; sie ist für ihre Mitglieder etwas Heiliges.

Aus Erfahrung weiß man aber, daß die Mitglieder leichter einen Repräsentanten, ein Symbol respektieren und verehren als die Gesamtheit der Mitglieder einer Gesellschaft; denn diese identifiziert sich nicht mit der Summe ihrer Mitglieder, sondern mit ihrem Repräsentanten, ihrem Symbol, ihrem Ursprung; dies ist der Urahn, der Begründer der Gruppe. Der Urahn ist also das Totem. Im letzten, kann man sagen, *ist für Durkheim die Gesellschaft das Absolute = Gott*, und zwar macht sich die Gesellschaft selbst dazu; sie setzt sich in ihrem Urahn absolut.

Durkheim kam der Totemismus sehr entgegen; er bot das, was Durkheim von der Religion erwartete: übermenschliche Macht (Totem) — sozialer Bezug (Totem als Symbol einer Gruppe), profaner und sakraler Bereich; Geister, mythische Persönlichkeiten usw.

Durkheims Überlegungen scheinen also korrekt, daß soziales und religiöses Leben nur miteinander existieren können. Das eine ohne das andere ist wenigstens in der naturvolklichen Gesellschaft unmöglich. Deshalb suchte Durkheim an Hand einer ganz einfachen Gesellschaft seine These von Religion und Gesellschaft aufzuzeigen. Dazu wählte er die Aranda, ein Primitiv-Volk Zentralaustraliens, und ihren Totemismus als Paradigma. Durkheim hat Recht, wenn er der Ansicht ist, es genüge einmal aufzuzeigen, wie Religion wesentlich ihren Ursprung im sozialen Bereich habe, um dann jede Religion aus dem Sozialen ableiten zu können.

Durkheims 'Soziologismus' — so nennen wir seine Überbetonung des Sozialen — hat zahlreiche Kritik erfahren, aber sie war und ist bis heute nuanciert, weil ihm die Kritiker geistig sehr verpflichtet sind. — Einer der wichtigsten Kritiker ist Alexander A. Goldenweiser in seinem Werk 'Early Civilization' (1922). Mir scheint, daß man von den vielen Einwänden zwei wesentliche Punkte hervorheben kann:
- Durkheims Bild von der Gesellschaft ist utopisch: Er schildert die Gesellschaft harmonisch, egalitär. Aber wer ist in Wirklichkeit *die* Gesellschaft? Wer entscheidet über Gut und Böse? Ist es nicht eine kleine Clique, welche das für gut erklärt, was ihr gefällt? Auch die primitiv-

ste Gesellschaft ist bereits geschichtet. Da die naturvolkliche Gesellschaft meist altershierarchisch gegliedert ist, wird der Jüngere immer von dem Älteren beherrscht, aber nur die Ältesten machen die Normen und entscheiden über Gut und Böse. — Durkheims Gesellschaftstheorie ist faszinierend, aber sie ist am Schreibtisch entstanden und nicht in der Auseinandersetzung mit der Wirklichkeit. Er tut so, als wären alle Mitglieder immer in gleicher Weise an den Entscheidungen der Gesellschaft beteiligt. Dies trifft jedoch nicht zu.

● Der zweite Einwand beruht darauf, daß der Totemismus doch nur sporadisch unter Naturvölkern vorkommt. Viele Altvölker kennen ihn nicht. Bei zahlreichen Völkern wiederum hat der Totemismus mit Religion absolut nichts zu tun, sondern bleibt auf das Soziale beschränkt. — Durkheims Hauptthese bleibt damit unbewiesen, daß Religion ihren Ursprung aus dem Sozialen herleite und damit einen rein diesseitigen, rationalen Ursprung hat. Man könnte mit Durkheims Worten sagen, Religion ist mehr als nur Kirche, aber dieses Mehr kann von der Ethnosoziologie nicht erfaßt werden, weil es nicht ausschließlich rationalen Ursprungs ist.

3. Der Kraftglaube oder Dynamismus

Mit dem von A. *van Gennep* (1873—1957) in die Fachliteratur eingeführten Begriff Dynamismus (von griechisch *dynamis*, Kraft) bezeichnen wir jene Ansicht, welche alle Wesen und Dinge in der Welt als mit unpersönlichen Kräften ausgestattet betrachtet. Der Mensch ist zwar diesen Kräften unterworfen, aber durch verschiedene Praktiken und Verhaltensweisen kann er sie sich dienstbar machen. Im Bereich dieser unpersönlichen Kräfte ist vielfach das Hauptbetätigungsfeld der Magie gegeben. Man kann nicht nur negative Kräfte durch stärkere positive abwehren und ausschalten, sondern auch positive kumulieren. Wichtig werden dabei magische Riten und Praktiken, um die Positivkräfte zu erwerben und zu beherrschen.

Wenn von Kraftglauben die Rede ist, denkt man an *Mana*, weil der Kraftglaube unter diesem Begriff am bekanntesten wurde. Der englische Missionar R.H. Codrington schrieb 1879 an Max Müller bezüglich des Glaubens der Melanesier: „Es besteht ein Glaube an eine Macht, die, vollkommen getrennt von physischer Stärke, auf jede Weise zum Guten und Bösen wirkt, und die zu besitzen und zu kontrollieren der größte Vorteil ist. Das ist Mana ... Die ganze melanesische Religion besteht tatsächlich darin, dieses Mana für sich selbst zu gewinnen."

Das melanesische, ursprünglich polynesische Wort *mana* soll soviel wie 'wirksam' bedeuten. Codrington (1891) und F.R. Lehmann (1922) haben den Managlauben (nicht zu verwechseln mit Manismus = Totenkult, Ahnenkult!) eingehend beschrieben. — Ähnliche unpersönliche Kräfte sind von zahlreichen anderen Naturvölkern bekannt geworden; so etwa das *Megbe* der Bambuti-Pygmäen, das *Wakan/Wakonda* der Sioux, das *Orenda* der Irokesen oder die *ndoki*-Kraft vieler Bantu-Völker.

Das 'ndoki' wird von den Autoren gerne als rein negative Kraft, als Hexerkraft, beschrieben; in Wirklichkeit ist es aber ambivalent. Der Häuptling, der Zauberpriester, der Hexer – also sowohl positive wie negative Gestalten – besitzen ndoki und vollbringen ihre Taten mit Hilfe ihres ndoki. Problematisch wird ndoki erst, wenn man in einem konkreten Fall fragt: Warum ist ndoki jetzt positiv, in einem analogen Fall aber negativ? Wer entscheidet darüber? Wenn in Zentralafrika ein sogenannter Hexer, ein *muloki*, seine negative Zauberkraft (=ndoki) gebraucht, so ist dies das schwerste Vergehen, das die Gesellschaft kennt, weil es direkt gegen sie gerichtet ist. Wenn aber der Häuptling ebenfalls sein ndoki gebraucht und einen unbotmäßigen Jugendlichen ausschaltet, ist sein ndoki positiv, weil angeblich im Sinne der Gemeinschaft eingesetzt. Doch bei näherem Hinsehen wird man feststellen, daß der 'Sinn der Gemeinschaft' mit dem Willen der dünnen herrschenden Schicht identisch ist. — Hier wird E. Durkheims und M. Mauss' Problem vom Urheber der Ethik aktuell: Wer entscheidet schließlich über Gut und Böse? Ist es am Ende nicht doch die Gesellschaft selbst, d. h. die Exponenten der Gesellschaft oder mit anderen Worten die herrschende Schicht? Mauss glaubte, die Gesellschaft als Ganzes entscheide, aber dem ist nicht so!

Die Autoren berichten, daß als Quelle der unpersönlichen Kräfte die Götter oder Schöpferwesen angesehen werden können. Was die ndoki-Kraft angeht, scheint dies aber nicht allgemein zuzutreffen. Ich habe häufig den Eindruck bekommen, daß ndoki *neben* dem Schöpferwesen steht, nicht in Opposition, aber auch nicht in Abhängigkeit. Wenn man natürlich einen Informanten fragt, woher das ndoki kommt, aber gleichzeitig erwähnt, daß der Schöpfergott doch alles erschaffen hat, beeilt sich der Informant gewiß zu beteuern, daß der Schöpfergott alles erschaffen habe, und zwar auch die ndoki-Kraft.

Man könnte sich deshalb fragen, ob das ndoki überhaupt etwas mit Religion zu tun habe. Es scheint vielmehr zwischen dem Bereich der Menschen und dem der übermenschlichen Mächte angesiedelt zu sein. An sich ist diese Kraft wertindifferent; gut oder böse scheint sie erst aufgrund der sozio-politischen Verhältnisse determiniert zu werden.

— — —

Zur Zeit als Tylors Animismus das Feld beherrschte, kam der Kraftglaube auf. Nach J. *King* (1892) und anderen Wissenschaftlern wäre aber dem Animismus entwicklungsgeschichtlich der unpersönliche Kraftglaube vorausgegangen, aus dem sich später der Seelenglaube und dann die persönlichen Wesen entwickelt hätten.

Es läßt sich zwar nachweisen, daß die meisten Naturvölker einen irgendwie gearteten Kraftglauben kennen, aber es läßt sich nirgendwo erweisen, daß er dem Glauben an persönliche Wesen zeitlich vorausgeht. Man könnte fast versucht sein, das Gegenteil anzunehmen, daß also die persönlichen Wesen dem Kraftglauben vorausgingen, weil dem Naturmenschen die konkreten und persönlichen Wesen von der Mentalität her näherstehen als die abstrakten und allgemeinen.

Dem Kraftglauben nahe verwandt, weil damit praktisch immer gegeben, ist der *Tabu*-Begriff (auch *Tapu*). Diese polynesische Bezeichnung drückt eine Meidung aus. Je mehr Kraft sich in einem Lebewesen oder Gegenstand ansammelt, desto gefährlicher ist es für einen kleinen Kraftbesitzer, in den Bannkreis der Kraft zu treten. Wie aber schon die Kraft (*Mana, Ndoki, Megbe* etc.) nicht immer religiös zu deuten ist, so auch das Tabu nicht. Es gibt zahlreiche Tabus nichtreligiösen Ursprungs. Jede Gesellschaft kennt viele solcher Tabus.

Tabus sind dennoch nicht als ganz profan anzusehen wie etwa ein Verbotsschild im Straßenverkehr. Ein Verbot mit Tabu-Charakter zieht gewöhnlich bei Übertretung eine automatische Bestrafung nach sich. Eine einfache Verbotsübertretung ohne Tabuisierung muß dagegen erst gesehen und gerichtet werden. — So kann man auch sagen: Die Übertretung eines einfachen Gesetzes ist ein Vergehen, die eines tabuisierten Gesetzes ein *Frevel*. Ein typisches Beispiel hierfür ist der Inzest in Naturgesellschaften: Wer Inzest übt, wird eo ipso dadurch bestraft, daß er hinfort unfruchtbar bleibt, ganz abgesehen davon, ob der Frevel bekannt wird oder nicht.

Man wird also sagen können, daß sowohl die Kraft wie das Tabu an sich weder rein religiöse noch rein profane Begriffe sind. Sie können in beiden Bereichen auftreten, ohne mit dem einen oder anderen ganz identifiziert zu werden. Ähnlich wie die Magie keine Vorstufe zur Religion ist, so ist auch die unpersönliche Kraft keine Vorläuferin zum Glauben an persönliche Wesen. Es sind Kräfte und Mächte, welche miteinander und nebeneinander existieren, ohne daß sie voneinander ableitbar wären.

IV. Zusammenfassung

Wenn ich jene Fragen, die in der Geschichte der Religionsethnologie eine Rolle spielen, stärker ausgeführt habe, so nicht, weil ich glaube, man müßte heute noch gewisse Theorien zurückweisen, oder weil ich an die Aufdeckung des Ursprungs der Religion glaubte. Ich habe hier in der Geschichte diskutierte Probleme aufgezählt, weil sie uns in gewisser Weise das Wesen der Naturreligion negativ beschreiben. Sie sagen, was die Religion nicht ist oder nicht ausschließlich ist. Oder noch deutlicher: Sie zeigen, wo der Ursprung

der Religion nicht ausschließlich zu suchen ist. Wollten wir unsere negative Bestimmung der Religion kurz zusammenfassen, so ließe sich sagen:
- Für den Außenstehenden mag es durchaus stimmen, daß Naturreligionen nicht in gleicher Weise Offenbarungsreligionen sind wie die Hochreligionen. Vom Standpunkt des Gläubigen jedoch ist auch die einfachste Religion von einer übermenschlichen Macht geoffenbart.
- Ebenso versteht sich jede Naturreligion als eine Institution, die ihren Mitgliedern Heil anbietet; sie also in einen besseren Seinszustand führt, in gewissem Sinne Erlösung anbietet, wenn diese auch vorwiegend diesseitig gesehen wird!
- Obgleich der Seelenglaube auf ein zentrales Phänomen der Naturvölker hinweist, kann er doch nicht den Ursprung der Religion erklären. Religion ist nicht nur umfassender, sondern auch älter als der Seelenglaube.
- Die Identifikation des Totems mit dem Ahn zeigt zwar die Möglichkeit der Entstehung übermenschlicher Wesen auf, doch Beweise fehlen weitgehend. Es gibt zahlreiche übermenschliche Wesen, die nichts mit Totems zu tun haben, und es gibt Totems, die nichts mit Religion zu tun haben.
- Der Kraftglaube schließlich erklärt auch einen Teil der Wirklichkeit. Nirgendwo wird aber der Übergang von der unpersönlichen Kraft zum persönlichen Wesen aufgezeigt. Er existiert nicht vor, sondern neben der Religion.

Diese Fragen wurden zwar in der Geschichte diskutiert, haben aber von ihrer Aktualität nichts verloren, weil wir auch heute noch keine zufriedenstellende Antwort parat haben, wenn es darum geht, wie Religion und Gottesglaube entstanden sind.

Bei einer derart komplexen Erscheinung wie der Religion ist es ohnehin schwer anzunehmen, daß sie sich auf *eine* Idee zurückführen läßt. Da wir immer mehr Beweise erhalten, daß die Menschheit älter ist, als man bisher glaubte, wird man auch annehmen dürfen, daß die Religion älter ist, als die Wissenschaft noch vor Jahrzehnten annahm. Die sogenannten 'Urvölker' wie die 'Urreligion' bleiben für uns unauffindbar. Wir werden uns damit begnügen müssen, einige zentrale Ideen ausfindig zu machen. Religion aber enthält mehr als nur rational beweisbare Ideen. Sie überschreitet per definitionem den rationalen Bereich, ohne dadurch irrational zu werden.

11. Kapitel
Mythus und Kult

I. Der Mythus

1. Die Wechselbeziehung von Mythus und Kult

Die Begriffe Mythus und Kult sind in bezug auf die religiösen Aktivitäten der Naturvölker zentrale Elemente der Religion. Mehr als in Hochreligionen pflegt sich das religiöse Leben bei Naturvölkern in diesen beiden Bereichen zu äußern. Dem außenstehenden Forscher kommt natürlich zugute, daß der Kult oft das einzige der fremden Religion ist, dessen er ansichtig wird. Verständlich, daß deshalb gerade der Kult immer wieder besondere Aufmerksamkeit erfährt.

Hier werden die beiden Begriffe zusammen aufgeführt, weil sie sich häufig gegenseitig bedingen, ja man kann sagen, daß Mythe ohne Kultgeschehen gar nicht vorstellbar ist. A. Jensen schreibt: „In den naturvölkischen Religionen gibt es so viele Belege für die enge Zusammengehörigkeit der beiden Ausdrucksmöglichkeiten [sc. Mythus und Kult], daß die Tatsache als solche wohl kaum noch bestritten werden kann. Manchmal sind die Kult-Handlungen nur dramatische Aufführungen der in entsprechenden Mythen beschriebenen Vorgänge ... Selbst das Erzählen der Mythen ist bisweilen eine ausgesprochene Kult-Handlung" (1951: 54).

Man kann weitergehen als Jensen und sagen, eine Mythe ist gar nicht dazu bestimmt, nur erzählt zu werden. Eine Mythe muß gleichzeitig bewirken, was sie erzählt. Deshalb spricht man besser davon, daß Mythen 'zelebriert' werden. Für einen Katholiken wäre es beispielsweise ebenfalls unvorstellbar, daß die Messe nur 'erzählt', nur 'gelesen' wird, ohne das Opfer, welches sie zum Inhalt hat, gleichzeitig zu vergegenwärtigen. — Allerdings wird nicht jeder Kultus im Mythus grundgelegt. Dennoch kann man sagen, daß die lebenswichtigen, eine große Gemeinschaft und ihre Existenz berührenden Zeremonien gewöhnlich auch durch Mythen grundgelegt und gerechtfertigt werden.

Was zuerst ist — Mythe oder Kult —, kann nicht immer ohne weiteres gesagt werden: Bald mag eine Mythe den Kult ins Leben gerufen haben, bald wurde eine Mythe erfunden, um post hoc einen Kult oder eine bestimmte Situation zu rechtfertigen. Solche Post-hoc-Erfindungen zur Rechtfertigung eines gegebenen Zustandes dürften sogar in der Mehrzahl sein. Typische Beispiele solcher Art sind Mythen, die soziale Zustände religiös rechtfertigen, um die Privilegien einer herrschenden Schicht zu perennisieren; so etwa wenn südafrikanische Kirchen die angebliche Minderwertigkeit der Schwarzen auf den Fluch Noahs über seinen Sohn Cham zurückführen oder wenn in ähnlicher Weise die Batutsi Ruandas ihre Vorherrschaft gegenüber den Bahutu und Batwa mit einer Urstandsmythe rechtfertigen. Der Mythus benötigt aber zu seiner Zelebration nicht nur Worte und Riten, sondern häufig auch Gesten, Musik, Tanz usw. Der Inhalt des Mythus entsteht neu, die Urzeit des Mythus wird präsent, oder anders gesagt: Der Mythus steht außerhalb der Zeit, deshalb kann auch sein Inhalt jederzeit wieder 'abgerufen' und in der Jetztzeit wirksam gemacht werden.

2. Die Mythische Zeit

Eine Grundvoraussetzung für das Begreifen des Mythus und seiner Wirkweise ist das Verstehen der mythischen Zeit. Für uns Europäer ist die Zeit ein kontinuierlicher und unwiederholbarer Ablauf, dem jede Kreatur unterworfen ist. Für uns ist die Zeit ein lineares Kontinuum, das sich ins Unendliche fortbewegt.

Die Religionen – und ganz besonders die Urstandsmythen – kennen Ereignisse, welche diese lineare Zeit durchbrechen. Heilstaten, die in Heilszeiten geschehen, müssen wiederholbar sein, damit sie für die Gegenwart nützlich gemacht werden können. Religionen teilen daher die Zeit gerne in heilige und profane Zeit ein. In der heiligen, hohen, fruchtbaren Zeit wird das Heil gewirkt. Am Anfang hat ein 'Urwesen', eine Gottheit, ein Heilbringer, ein Urahn etc. eine Heilstat vollbracht. Der Mythus wiederholt diese Heilstat und läßt die Gegenwart daran partizipieren. Die Traumzeit bzw. *bugari*-Zeit der Urvölker Australiens ist ganz typisch für diese Auffassung: Als die Heroen auf Erden wanderten, richteten sie alle wichtigen sozialen und religiösen Institutionen ein; sie gaben den Menschen die Schwirrhölzer und zogen sich dann wieder zurück. Diese Urzeit ist die mythische Zeit. In bestimmten Abständen wird diese *bugari*-Zeit heute wieder zelebriert, damit die Schöpferkraft, die *djalu*-Kraft der Urzeit wieder wirksam wird.

3. Zum Wesen des Mythus

a) Mircea Eliades Auffassung

Eliade ist einer der bekanntesten Religionswissenschaftler der Jetztzeit; er schreibt in bezug auf den Mythus der archaischen Gesellschaften: „In der Auffassung solcher Gesellschaften ist der Mythos Ausdruck der *absoluten Wahrheit*, weil er eine *heilige Geschichte* erzählt, d. h. eine außermenschliche Offenbarung, welche in der Dämmerung der Großen Zeit, in der heiligen Zeit des Anbeginns (*in illo tempore*) stattfand. Da er *wirklich* und *heilig* ist, wird der Mythos *vorbildlich* und folglich *wiederholbar*, denn er dient allen menschlichen Handlungen als Modell und, damit verbunden, als Rechtfertigung" (1961: 19-20).

b) Hermann Baumanns Definition

„Der Mythos ist die objektivierte und dauerhaft gewordene Weltanschauung menschlicher Gemeinschaften. Nicht die zufälligen Erkenntnisse einzelner, sondern die Einsicht von vergesellschafteten Menschen in die Geheimnisse der Welt sind wirklich Weltanschauung" (1936: 2). Will man die Definition weiter fassen und ausdeuten, so könnte man folgendes sagen:

- Der Mythus erzählt eine außer- und übermenschliche Geschichte, d. h. diese Geschichte wird meist sakral aufgefaßt.
- Das erzählte Faktum hat in einer Zeit stattgefunden, welche Urzeitcharakter hat.
- Der Mythus hat für die heutigen Menschen Modellcharakter.
- Er erzählt den Ursprung von Wesen, Dingen und Institutionen, er erklärt also ihre Existenz und rechtfertigt sie.

c) Erklärung des Mythus

Die handelnden Personen eines Mythus sind meist keine Menschen, sondern *Götter*, Heroen oder wenigstens Übermenschen.

Wenn von *sakralen* Geschichten gesprochen wird, so ist das dahingehend zu verstehen, daß der Mythus außer-/übermenschliche Geschichten erzählt. In der Urzeit sind ja sakral und profan noch nicht getrennt wie in unserer heutigen Kultur.

Mit der *Urzeit* ist nicht die absolute Urzeit gemeint, sondern die Ursprungszeit. Reichsgründungsmythen reichen z. B. in die Urzeit, obwohl die Urzeit vielleicht nur hundert Jahre zurückliegt. Dennoch wird die Reichsgründungsmythologie ins Übermenschliche entrückt.

Die Urzeit ist immer *Heilszeit*. Es ist das 'illud tempus'. Was damals geschah, ist vorbildlich für uns. Was dort gehandelt wurde, muß jetzt wiederholt werden, um das gleiche Heil zu wirken wie damals. Nach diesem Prinzip handelt jede Religion, auch das Christentum. Der wichtigste Kult des Christentums ist die Meßfeier bzw. das Abendmahl, und diese Feier ist ja die Wiederholung des Kreuzesopfers Jesu. Das Urzeitgeschehen wird also aus der Zeit herausgenommen und hier wiederum hic et nunc real präsent gesetzt. Dies ist eben das illud tempus, welches Heil wirkt.

Aus der Urzeit geht der *Modellcharakter* des Mythus hervor. Die Aranda in Australien sagen, sie machen heute bestimmte Zeremonien, weil ihre Ahnen es ihnen so befohlen haben. Jesus sagt: „Tut dies zu meinem Gedenken!" Die Bayansi im Zaïre sagen: *bima ya kudya, bambuta bikisa*, was wir essen, die Alten haben es uns hinterlassen.

Mythus und Kult

Der Mythus ist keine Fiktion, sondern eine *reelle Begebenheit* für die, welche ihn erzählen. Weil der Mythus Ursprünge erzählt, kann er auch nur echt sein. Der Beweis dafür ist: Die Dinge, Institutionen usw. existieren ja. Häufig hat der Mythus einen *ätiologischen* Charakter. Darunter verstehen wir, daß der Mythus ein bestimmtes Verhalten rechtfertigt und erklärt. So kann ein Mythus erzählen, weshalb die Menschen gekochte Nahrung zu sich nehmen. Früher hätten sie rohes Fleisch gegessen, bis irgendein Heros oder jemand kam, der ihnen gezeigt hat, daß das gekochte Fleisch besser schmeckt. In unserem Fall natürlich: Ein Heros kam, sah, wie die Menschen hungerten, gab ihnen einige Körner und sagte, sie sollten sie in die Erde stecken, und als sie wiederkamen, war es Hirse geworden.

Eine Mythe kann man nicht auf ihre *Echtheit* überprüfen wollen. Will man das tun, zieht man bereits andere Gedankengänge ins Kalkül, als die Mythologie es zuläßt. Geht man rein rational naturwissenschaftlich an sie heran, wird die Mythe als Träger von Glaubensinhalten hinfällig. Sie wird zum literarischen Objekt. Diesen Stand haben wir heute gewöhnlich gegenüber den griechisch-römischen Mythen erreicht. Sie sind für uns eine literarische Gattung. Wir achten nicht mehr auf den Glaubensinhalt, den die alten Griechen und Römer darin sahen. Erst wenn wir uns wiederum bemühen, uns in die Glaubenswelt jener Menschen hineinzudenken, erfahren wir von diesen alten Mythen auch, was diese Menschen dachten und glaubten. Wenn man sie, wie wir es mit den griechischen Mythen tun, bloß zum Wissensträger macht, wird die Mythe profan, und damit wird sie ein unwahres Phantasiegebilde, denn ihr ureigenstes Apperzeptionsniveau – ein solches des Glaubens – hört damit auf.

Ein wichtiger Faktor bei Mythen ist, daß sie einen ganz anderen *Zeitbegriff* voraussetzen, als wir Europäer ihn heute haben. Naturmenschen, die ja auch die Träger der Mythen sind, haben keinen absoluten Zeitbegriff. Die Zeit ist für sie ein Prozeß und nicht ein fixes Moment wie für uns. Wir denken uns Geburt, Ehe und Tod, als ob sie in einem Punkt geschehen würden. Für Naturvölker sind das Prozesse, die sich über sehr lange Zeit hinwegziehen können.

Ein ganz wichtiger Faktor in der Mythologie ist, daß man eine Mythe – strenggenommen – nicht erzählen kann, sondern *zelebrieren* muß, soll sie ihre Gültigkeit haben. Vergleichbar etwa: Eine erzählte Messe oder ein erzähltes Abendmahl sind für gläubige Christen eben keine Messe und kein Abendmahl, denn sie müssen gefeiert werden, um gültig zu sein und um zu wirken. Wenn Forscher nach Afrika gehen und Leute bitten, sie möchten doch eine Mythe erzählen, hören sie häufig: „Wir haben keine Mythe" oder „Wir können die Mythe nicht erzählen"; sie denken gar nicht daran, daß sie von diesen Menschen Unmögliches verlangen. Die Mythe ist ein religiöses

Heilsgeschehen und muß daher mit allem Drum und Dran gefeiert werden. Die Tibeter sollen, wenn sie ihr berühmtes Geser-Epos rezitierten, Gerstenmehl ausgestreut haben, und am Ende des Epos sah man die Fußspuren vom Pferd Gesers. Die Heilszeit der Urahnen wird nur dann lebendig, wenn die Urzeit in allem auch nachgeahmt wird.

4. Die Vielfalt der Mythen

Will man in die unübersehbare Fülle der Mythen etwas Ordnung bringen, ließen sich folgende Mythen-Kategorien aufzählen:

a) *Astralmythen*: Sie befassen sich mit Sonne, Mond und Gestirnen. Es gab eine Zeit, da sprach man von 'Astralreligion'; man glaubte nämlich, daß sich die Religion auf die Verehrung der Gestirne zurückführen lasse. Einige Gestirne wie Sonne, Mond, Venus, um nur die wichtigsten zu nennen, gelten zwar in vielen Religionen, auch bei Naturvölkern, als Gottheiten, aber die Rückführung der Religion auf die Verehrung der Gestirne ist unmöglich.

b) Mythen, die die Schöpfung der *Welt* und ihre Ausgestaltung betreffen. Gewöhnlich gehen die Weltschöpfungsmythen von einer bereits vorhandenen Urmaterie aus, welche durch die Schöpfung umgeformt wird. Afrikanische Mythen z. B. gehen durchweg von der vorgegebenen Welt aus. Die Schöpfung beschränkt sich auf die Ausgestaltung. Eine creatio ex nihilo ist Naturvölkern durchweg unbekannt.

c) Mythen, die sich mit der Entstehung der *Götter*, Heilbringer, Heroen, Urahnen, Geister etc. befassen. Auch die Schöpfung bevorzugter (Totem-)Tiere kann man hierher rechnen. Häufig ist das Urzeitwesen ein Tier mit menschlichen Fähigkeiten; gerade Kulturheroen sind oft Tiere, so z. B. die in der Kunst so berühmte *Tyiwara*-Antilope der Bambara in Westafrika.

d) Ursprung und Entstehung der *Menschen*: Urahn, Ursünde (Verlust des goldenen Zeitalters), Urflut, Turmbau, Entstehung des Todes... Alle diese Themen spielen auch im Christentum eine große Rolle und erfahren ihre Deutung. Häufig merkt man aber dem Christentum noch die Hirtenkultur der alten Israeliten an, so etwa in der Einstellung zu Frau und Schlange. Für den Verlust des Paradieses machen Religionen gerne die Frau verantwortlich, für die Entstehung des Todes ein Tier. In den Hochreligionen sind zwar noch die Mythenthemen vorhanden, aber sie werden rational durchdrungen, die mythische Zeit fällt weg; sie können nicht mehr gegenwärtig gesetzt werden, kurz, die Mythen werden zu Erzählungen.

e) Ursprung der *Kultur*:
- Nutzpflanzen, Ackerbau
- Nutztiere: Jagd, Viehzucht
- Waffen, Geräte, Kleider...
- Feuer, Kochen...

Naturvölker sind sehr darauf bedacht, sich als kultivierte Völker zu erweisen. Sie ziehen daher immer eine sehr klare Linie zwischen kultiviertem und unkultiviertem Raum. In zahllosen Mythen Schwarzafrikas tritt denn auch ein gefräßiges Ungeheuer als Symbol der Unkultur auf, das schließlich von den Menschen erlegt wird. Wenn man einem Nachbarstamm etwas antun will, erzählt man dem europäischen Forscher, daß 'jene über dem Fluß Menschen und rohes Fleisch essen'. Viele Kannibalen sind wahrscheinlich nur auf diesem Wege in unsere Literatur eingegangen. Da der Mythus die gesamte Natur und Kultur eines Volkes interpretiert, ist er selbstverständlich auch mehr als irgendein anderes Phänomen von der Wirtschaft und Sozialstruktur des Volkes abhängig. Bisweilen gewähren zwar Mythen Einblicke in alte, längst nicht mehr verstandene Einrichtungen und Verhaltensweisen, meist jedoch deuten sie die gegenwärtige Situation und regen zu den von der Gesellschaft verlangten Verhaltensweisen an. Mythen sind also nicht nur als religiöse Texte zu verstehen, sondern sie umfassen die gesamte Weltanschauung eines Volkes. Hermann Baumann sagt daher vom Mythus, er sei die „anschauliche Darstellung der Weltanschauung von Gemeinschaften" (1936: 2).

II. Der Kult

Kann man den Mythus als die theoretisch-geistige Seite der Religion bezeichnen, so den Kult als die sozial-praktische. Kult ist prinzipiell nicht Sache des Individuums, sondern der Gruppe. Alle aber, die an einem Kultgeschehen teilhaben, werden aufgrund des Kultes zu einer neuen intimen Gruppe, nämlich zur Kultgemeinschaft.

Dem Kult kommt in den Naturreligionen eine weit wichtigere Rolle zu als in den Hochreligionen; nicht etwa weil er vom Wesen her in der Naturreligion etwas anderes wäre, sondern weil er neben den allgemeinen Funktionen, welche dem Kult in jeder Religion zukommen, noch die *Perennisierung der Lehre* zu gewährleisten hat. Naturreligionen besitzen bekanntlich keine Heiligen Schriften. Die Lehre ist aber deswegen nicht weniger fixiert als in Schriftreligionen. Die Kodifizierung der Lehre geschieht aber vornehmlich über den Mythus und den Kult.

Die von den Urahnen überkommenen religiösen Überlieferungen werden im Mythus und Kult an die Nachfahren weitertradiert. Dies bedingt wiederum, daß die Riten und Zeremonien einem strengen Reglement unterliegen: Man muß so tun, wie die Urahnen getan haben. Nur wenn nämlich die Riten genauso vorgenommen werden, wie die Alten es angeordnet haben, besteht Aussicht auf Erfolg, denn nur dann werden sie wirksam.

Die Hochreligionen überprüfen Orthodoxie (Rechtgläubigkeit) anhand der Heiligen Schriften und der als orthodox geltenden theologischen Auslegungen;

Naturreligionen orientieren ihre Orthodoxie einerseits am Inhalt der Mythen, aber noch viel mehr an ihrer praktischen Zelebration, d. h. an den sie begleitenden Riten. Die Zeremonien können bei ihnen derart im Mittelpunkt des religiösen Lebens stehen, daß sie praktisch das gesamte religiöse Leben ausmachen. Der außenstehende Beobachter gewinnt den Eindruck, daß sich die gesamte Religion ausschließlich in der Zelebration bestimmter Riten vollzieht; so kommt es immer wieder zu dem Urteil, daß das nicht-zelebrierende Individuum, also der nur passiv beiwohnende Teilnehmer von der ganzen Religion recht unbehelligt bleibe, weil notwendigerweise der Vollzug der Riten auf einige wenige Funktionäre beschränkt sei.

1. Sinn des Kultes

Neben der Fixierung der Tradition hat der Kult noch andere wesentliche Funktionen zu vollbringen. So z. B. – wie auch der Mythus – die Wiederholung des Urzeitgeschehens und die Anerkennung der Autorität der übermenschlichen Mächte; durch Gründung einer Kultgemeinschaft kann eine neue Form der Sozialorganisation geschaffen werden, welche oft die biologischen Strukturen an Intensität übertrifft. Denken wir nur an die Leistungen von Religionen und Sekten! — Häufig sollen gewöhnliche Zeremonien nichts anderes bewirken als Anerkennung der Autorität oder des Status der übermenschlichen Mächte. In Naturreligionen werden die transzendenten Wesen nicht – wie etwa im Christentum – ihrer Heiligkeit wegen verehrt, sondern man erwartet von ihnen Hilfe und verehrt sie deshalb. Man kann aber von ihnen nur etwas erwarten, wenn man ihre Oberhoheit anerkennt; es handelt sich um ein Do-ut-des-Verhältnis.

Diese Unterwerfung ist bereits typisch in der Sozialstruktur vorgegeben. Will z. B. ein junger Mann vom Sippenältesten etwas erlangen – daß dieser für ihn die Verhandlungen bei einem Brautkauf führt, daß er ihn bei einem Prozeß vertritt oder ihm sonst irgendwie beisteht, vielleicht einen Fluch aufhebt usw. –, so nimmt der junge Mann Geschenke, welche seine Unterwürfigkeit ausdrücken – in Schwarzafrika sind es Kolanüsse und Palmwein –, und bringt sie seinem Sippenältesten. Nimmt dieser sie an, so ist er auch verpflichtet zu helfen. Das materielle Geschenk ist in diesem Fall nicht groß, aber es geht darum, daß der Status des Ältesten wieder voll anerkannt wird. Die von den Ahnen gesetzte Ordnung wird wieder hergestellt, die Altershierarchie vom Jugendlichen wieder voll akzeptiert. — Ähnliches wie im sozialen Bereich drücken auch die Zeremonien im religiösen aus, werden doch vielfach soziale Verhaltensweisen in die Religion projiziert.

Die meisten Zeremonien dienen natürlich der Bitte um Hilfe in den Nöten des täglichen Lebens. Und hier wiederum beziehen sich die meisten auf Hilfe bei Hunger und Krankheit. Es gibt auch Sühnezeremonien. Da aber Sünde und Vergehen in Naturreligionen kaum einmal theologische, sondern soziale Begriffe sind, ist auch die Sühnezeremonie auf die Wiederherstellung des sozialen Friedens ausgerichtet. Man vergeht sich demnach nicht gegen Gott, sondern gegen die Gesellschaft. So haben beim Inzest nicht nur die beiden Inzestuösen die Zeremonien abzuwickeln, sondern die ganze Lineage ist in Mitleidenschaft gezogen. Sie muß mitsühnen. Findet sie aber, daß sich ein Mitglied der Sippe zu häufig und zu sehr gegen sie vergeht, so bleibt ihr nichts anderes übrig, als dieses Mitglied zu proskribieren: Früher wurde es in einigen Gegenden Afrikas als Sklave verkauft, heute wird es verflucht oder vergiftet. Die Flucht in die Stadt ist ein häufig akzeptierter Kompromiß.

2. Das Opfer

a) Definition

Von einem Opfer sprechen wir, wenn der Mensch Güter und Speisen, welche ihm wertvoll sind, dem eigenen Gebrauch entzieht und sie einer übermenschlichen Macht übereignet. Das dem Menschen Wertvolle an der Opfergabe muß nicht immer ihr materieller Wert sein, es können vielmehr auch geistig-ideelle Werte den Ausschlag geben. So z. B. pflegen manche Völker das Fleisch eines Opfertieres zu essen, der Gottheit aber überläßt man die Röhrenknochen und den Schädel. Europäer glaubten früher, diese Völker würden den Göttern nur den Abfall spenden. Dem ist jedoch nicht so, denn die Knochen enthalten das Mark bzw. das Gehirn. Mark, Gehirn und Blut sind aber Lebensträger. Mit anderen Worten: Man gibt der Gottheit das Leben des geopferten Tieres, also das Höchste, was das Tier besitzt.

Nicht alle Altvölker kennen das Opfer. So haben Australier, welche sicher zu einer ganz alten Bevölkerungsschicht der Erde gehören, und auch die Feuerländer keine Opfer. Sie begnügen sich mit Gebeten, die scheinbar bei ihnen ausgiebiger als bei anderen Völkern einer ähnlichen Kulturstufe verwendet werden, um ihre Abhängigkeit von den übermenschlichen Wesen zum Ausdruck zu bringen.

b) Opferarten

Häufig werden ganz allgemein vier Arten von Opfern aufgezählt: Lob-, Dank-, Bitt- und Sühnopfer. Am häufigsten von allen sind bei Naturvölkern die *Bittopfer*; dennoch sind in der Religionsethnologie auch Sühnopfer recht bekannt.

Als Beispiel kann man das Opfer des eigenen Blutes bei den Negrito Südost-Asiens anführen. Es ist besonders von den Mamanua und Semang bekannt geworden. Wenn ein drohendes Gewitter aufzieht, schlitzt man sich mit einem Bambus das Schienbein auf, fängt das Blut in einem Blatt auf und wirft es gegen die Regenwolken, indem man das Höchste Wesen bittet, die Menschen vor Blitz und Donner zu verschonen und das Blutopfer als Sühne für die eigenen Vergehen anzunehmen (siehe Schebesta 1957: 78-94).

Als *Dankopfer* sind vor allem die bereits erwähnten Primitialopfer bzw. Erstlingsopfer zu nennen. Als Dank dafür, daß eine Jagd erfolgreich oder die Ernte gut war, spendet man jenen Wesen, welche die Fruchtbarkeit gewährten, die Erstlinge. Fachwissenschaftler sehen vielfach im Primitialopfer das älteste Opfer der Menschheit überhaupt. Ein typisches Beispiel hierfür sind die Opfer von Kain und Abel in der Bibel. Die Bibel allerdings valorisiert das Opfer des Hirten und verurteilt jenes des seßhaften Ackerbauers. Man sieht, welchen Einfluß die Wirtschaftsform nimmt!

Das *Lobopfer*, welches Verehrung der transzendenten Macht ausdrücken soll, ist in Naturreligionen recht selten. Der Naturmensch erlebt zwar die jenseitige Macht als 'Tremendum/Fascinosum' (Schrecken einjagend und doch anziehend), aber deshalb verehrt er sie nicht in einem Lobopfer, denn er erlebt sie ja nicht als heilige Macht, welche von ihm Heiligkeit fordert. Er verehrt die Macht aus Eigennutz, weil er Hilfe braucht, um sein Leben zu meistern. — Allerdings gibt es immer wieder auch Vertreter von Naturreligionen, welche die jenseitige Macht ohne Hintergedanken verehren. Als ich schon seit fast zwei Jahren bei den Bayansi lebte, war ich noch immer überzeugt, diese Menschen würden den jenseitigen Wesen gegenüber keine Dankbarkeit bekunden. Einmal machte ich mit einem alten Mann um die Mittagszeit einen langen Marsch durch die Savanne. Es war sehr heiß. Als wir im Wald an einen kleinen Bach kamen, beugte sich der Alte nieder, um mit der Hand Wasser aufzufangen und zum Mund zu führen. Bevor er aber trank, klatschte er in beide Hände, schaute nach oben und sagte: *bwey, bwey Ngwilmpwu*; wörtlich: schön, schön Ngwilmpwu (Name des Höchsten Wesens). Wie ich im Laufe der Jahre erleben sollte, eine recht seltene Geste dem alten vorchristlichen Höchsten Wesen gegenüber; dennoch, diese Geste der Dankbarkeit gibt es, wenn auch selten.

— — —

Ich erwähnte schon beim Totemismus, daß W.R. *Smith* und S. *Freud* die Entstehung des Opfers aus der Schlachtung des Totemtieres, also des Symbols für den Urahn, herleiten. Freud präzisiert die Idee dahingehend, daß der Urahn niemand anderer als der Urvater des Klans sei; mit anderen Worten: Der Entstehung des Opfers läge der Ödipus-Komplex zugrunde. Hier braucht auf die Entkräftung dieser Idee nicht mehr weiter eingegangen zu werden; das Opfer kann nicht aus dem Totemismus entstanden sein:
- Denn viele alte Völker kennen keinen Totemismus.
- Wenn sie aber Totemismus kennen, schlachten sie kaum einmal das Totemtier und verzehren es auch nicht in einem Opfermahl.
- Unter den ältesten uns bekannten Völkern, wie den Australiern, ist Totemismus bekannt, nicht aber das Opfer.

c) Die Opfergaben

Die Art der Opfergaben wird von der Wirtschaftsform eines Volkes bestimmt. Dies wird schon im ersten Buch der Bibel deutlich, wo die beiden Brüder Kain und Abel ihrer jeweiligen Wirtschaftsform entsprechend Opfergaben darbringen: Abel ein Lamm, Kain Feldfrüchte.

In allen Religionen dienen solche Güter als Opfergaben, welche der Mehrheit der Bevölkerung ohne allzu großen Aufwand zugänglich sind, d. h. sie müssen einerseits *Grundelemente der Wirtschaft oder Nahrung* darstellen, andererseits müssen sie wertvoll sein. Die christlichen Opfergaben von Brot und Wein sind ein typisches Produkt der Mittelmeerkultur. — Auch der arme Mann hat noch trockenes Brot und einfachen Wein im Haus. Es ist dies die Grundnahrung in den Mittelmeerländern. Um so kurzsichtiger ist es, wenn das Christentum in tropischen Ländern, wo es weder Brot noch Wein gibt, oder wenn, nur zu einem unerschwinglichen Preis, dennoch weiterhin Brot und Wein als Opfergaben beibehält. Die Opfergabe erreicht dann genau den gegenteiligen Effekt von dem, welchen sie erreichen soll: Einmal wird sie in ihrem tiefsten Wesen nicht verstanden, zweitens kommt die Opfergabe nicht aus dem Volk und seiner Wirtschaft, sondern weist auf das reiche Ausland hin. Daß es auch anders gehen kann, erlebte ich im Hinterland des Zaïre bei einem Fest der Kimbangisten, auf dem man die 'Eucharistie' mit Reis und Huhn, dem Festessen der Dorfleute, feierte.

Ein beliebter Opferritus in archaischen Frühkulturen war das *Versenken der Opfergabe* im Wasser oder Moor. Da Moor besonders gut konserviert, wurden in Nordlandkulturen häufig — so bei Hamburg — versenkte Tiere, die man eindeutig als Opfertiere ausmachen konnte, gefunden. Bei Viehzüchtervölkern sind auch Tierweihen an das Himmelswesen bekannt. Von sibirischen Hirtenvölkern ist bekannt, daß sie gezähmte Tiere in die Wildnis entlassen; diese Tiere gelten als dem Himmelsgott geweiht. Sibirische Viehzüchtervölker sondern bisweilen auch weiße Tiere, z. B. einen Schimmel aus, den sie in die Tundra treiben und dem Höchsten Wesen weihen. Manchmal werden auch Opfertiere erdrosselt, damit sie kein Blut verlieren und die ganze Seele zu ihrem Schöpfer zurückkehren kann.

Blutige Opfer, bei denen das Tier geschlachtet und der Gottheit oder den Geistern dargebracht wird, wobei die Opfergemeinde einen Teil davon ißt, kommen sowohl in Hirten- wie Ackerbaukulturen vor; ganz besonders aber in letzteren. In den Agrarkulturen soll damit vor allem die Fruchtbarkeit angeregt oder erlangt werden. Auch Menschenopfer kommen vornehmlich in Agrarkulturen oder in archaischen Hochkulturen vor. Durchweg dienen sie dem *Vegetations- und Fruchtbarkeitskult*. Adolf Jensen, welcher sich in seinen Werken immer wieder mit der Religion und dem Weltbild der frühen

Agrarkulturen befaßte, kommt häufig auf die Interdependenz von Menschenopfer und Fruchtbarkeit zu sprechen. In seinen Arbeiten 'Das Weltbild einer frühen Kultur' (1944) und 'Das religiöse Weltbild einer frühen Kultur' (1948) sucht Jensen diese Idee weltweit nachzuweisen.

Eine besondere Variante des Menschenopfers ist es, wenn Urzeitwesen zerstückelt und begraben werden, damit die Kulturpflanzen aus den Leichenteilen erstehen. Wir haben schon auf die *Dema*-Gottheiten, wie sie vor allem A. Jensen beschrieben hat, hingewiesen. Es handelt sich hierbei um mythische Urzeitwesen, die zerstückelt und begraben werden und aus denen die Nutzpflanzen entstehen.

Menschenopfer gibt es sowohl bei den Naturvölkern wie bei Hochkulturvölkern, und auch in unseren Kulturräumen sind in früherer Zeit Menschenopfer durchaus nicht unbekannt gewesen. — Verschiedene Prärie-Indianerstämme kennen das *Selbstopfer*. Ein Individuum verstümmelt sich, hackt sich Fingerglieder oder Zehen ab, um sie dem übermenschlichen Wesen als Sühne für persönliche Vergehen anzubieten.

Alle diese Opferarten zeigen, daß der Mensch versucht, die ihm wertvoll erscheinende Gabe dem transzendenten Wesen zu weihen. Die wertvollste Gabe aber ist der Mensch selbst oder eine ihm liebe Person. Da gerade der Mensch ein besonderer Kraftträger ist, gilt auch das *Menschenopfer* als besonders wirkungsvoll. Es handelt sich hierbei nicht um primitive Menschenfresserei, sondern hinter dem Menschenopfer und dem für uns so grausigen Opfermahl steht eine große alte Weltanschauung. Wenn der Mensch in einem kultischen Mahl seinesgleichen verzehrt, so tut er es, weil er die Kraft des Geopferten in sich aufnehmen will, um für den Daseinskampf oder für sein Amt besser ausgestattet zu sein. Meist sind an diesem rituellen Mahl nur sozial Hochgestellte beteiligt.

d) Der Opferer und die Opfergemeinde

In Gesellschaften mit einfacher Sozialstruktur ist der Sippenälteste gleichzeitig auch der Opferer. Bei Jägervölkern ist es oft der Anführer der Jagdschar, bei Hirtenvölkern der Älteste des Krals usw. Bei politisch organisierten Gruppierungen führt der politische Häuptling oder ein Mann seiner Wahl und seiner Familie das offizielle Kultopfer durch. Wie schon gezeigt wurde, bleibt in politisch geschichteten Gesellschaften mit einer Eroberschicht der Volkskult oder auch der Kult der Erde als Quelle der Fruchtbarkeit Sache der Unterworfenen.

Einen Ansatz zu einem *Mittleramt* oder Priestertum gibt es schon in sehr frühen Gesellschafts- und Kulturepochen, aber es handelt sich noch mehr um ein gelegentliches als um ein Berufspriestertum, d. h. derjenige, welcher Priesterfunktionen vollführt, arbeitet meist auch wie die anderen Männer. Da er aber offensichtlich zum Priesterberuf begabt ist, übt er ihn gelegentlich aus, kann aber noch nicht ausschließlich davon leben. Erst in Gesellschaften, in denen es zu einer Arbeitsteilung innerhalb des gleichen Geschlechtes und der gleichen Alterskategorie kommt, entsteht ein Berufspriestertum. Allerdings ist gerade dieser Beruf einer der zeitlich ersten, welcher sich selbständig macht und von dem man leben kann.

Mit das wichtigste Element des Opfers ist das *Opfermahl* oder, intimer ausgedrückt, die Opferkommunion. Alle Teilnehmer erhalten einen Teil der Opfergabe, wenn er auch noch so gering ist. Da die Opfergabe in ganz besonderer Weise dem transzendenten Wesen geweiht ist, ja bisweilen sogar das transzendente Wesen selbst symbolisiert, ist der Genuß der Opfergabe oder deren Berührung eine Teilhabe an diesem transzendenten Wesen. Man könnte daher von einer Art Wesensveränderung der Mitglieder des Kultes sprechen. In einigen Fällen, in denen das Opfer einer Gottheit dargebracht wird, kann man auch von einer 'Gottwerdung' sprechen.

Auf diese Idee der 'Kommunion' gründet sich die Neuorganisierung einer *Kultgemeinde*. Hier ist ein Ansatz unter anderen gegeben, wie die biologische Struktur überwunden werden kann. Neben dem politischen spielt ja gerade das religiöse Gesellungskriterium eine wichtige Rolle, und im religiösen Bereich ist es wieder die Opfergemeinde, welche die auf Verwandtschaftskriterien basierende Gesellschaft überschreitet.

3. Der Kult als sakrale Eroberung von Zeit und Raum

Je stärker die Dimensionen Zeit und Raum durch religiöse Orte und Zeremonien durchtränkt werden, desto weniger kann man profane und sakrale Zeit, profane und religiöse Orte voneinander unterscheiden. Naturreligionen haben die Tendenz, das gesamte Gesellschafts- und Sozialleben religiös zu motivieren und zu rechtfertigen, so daß es häufig Beschreibungen gibt, bei denen man sich fragen kann, ob profanes Geschehen in solchen Gesellschaften überhaupt noch möglich ist.

a) Die Zeit

Die religiöse Durchdringung der Zeit kann noch intensiver betrieben werden als die des Raumes. Denken wir etwa an den *Jahresablauf* einer Agrargesellschaft. Selbst in unseren europäischen agrarischen Kulturen vergeht kaum ein längerer Zeitabschnitt, ohne daß der religiöse Kalender eine bestimmte Zeremonie zum Gedeihen der Feldfrüchte, der Tiere, des Hofes usw. anböte. Noch viel stärker ist dies bei Naturvölkern der Fall, welche viel mehr den unkontrollierten Naturkräften ausgeliefert sind. Beginnt man z. B. die Betrachtung des Zeitablaufs bei der Aussonderung des Saatgutes und setzt sie dann fort mit der Vorbereitung der Felder, dem Schlagen des Waldes, bei der

Abbrennung des Holzes usw. usw.: Für alle diese Tätigkeiten gibt es bestimmte religiöse Zeremonien. Häufig spielt hierbei der *Analogiezauber* eine wichtige Rolle: Was der Mensch will, daß es sich in der Natur vollzieht, das vollzieht auch er, um so auf das Naturgeschehen einzuwirken. Die Fruchtbarkeit im eigenen Haus bzw. in der Ehe wird in Analogie gesetzt zu der auf den Feldern und bei den Tieren. In den Mythen wird daher häufig die fruchtbare Frau in Beziehung zum fruchtbaren Feld gebracht. Ebenso werden Ackerfurche und Pflanzloch oft in Analogie zum weiblichen Geschlecht gesehen.

Nicht anders als der Jahresablauf wird der *Lebenslauf* eines Menschen religiös durchgestaltet. Zur Empfängnis bzw. für die Zeit vorher gibt es bereits Riten; dann für Schwangerschaft, Geburt, Beschneidung: Immer wieder ist der Mensch Zeremonien unterworfen, welche ihn als religiöses Wesen, als Eigentum der Gottheit, der Ahnen, der Geister ausweisen sollen, um dadurch die bösen Kräfte von seiner Entwicklung abzuwehren.

Hier wären auch die häufig zitierten *rites de passage* zu nennen. An allen großen Wendepunkten des Lebens werden Übergangsriten vorgenommen: so bei Geburt, Initiation, Berufung zum Priester bzw. Schamanen, Heirat, Berufung zum Häuptling, Tod und einigen anderen Gelegenheiten. Diese Riten sollen dartun, daß der Mensch einem Lebensstand abstirbt und in einem neuen Seinszustand aufersteht. Häufig werden die 'rites de passage' durch bestimmte Symbole begleitet, welche den Inhalt der Zeremonien unterstreichen, so etwa wenn die zu initiierenden Jugendlichen draußen im Busch, wo sich die Ahnen und Geister aufhalten, für Monate oder sogar Jahre die sogenannte Buschschule besuchen; wenn nur ein junges Mädchen, das noch nicht geschlechtsreif ist, oder eine alte Frau jenseits der Menopause ihnen Nahrung geben dürfen; wenn sie auf der Erde liegen müssen, in der die Ahnen leben; wenn sie sich häufig im Wasser, dem Element der Geister, baden müssen; wenn sie keine von Menschen verfertigten Kleider oder Textilien tragen dürfen, sondern sich aus Wasserpflanzen ein Röckchen machen; wenn sie sich mit weißer Flußerde, dem Symbol der Ahnen, einschmieren usw. usw. Es lassen sich zahllose solcher Symbole anführen, welche den Inhalt der Zeremonien verstärken; der Eingeweihte weiß, allein schon durch die Farbe, die Zahl, eine bestimmte Körperhaltung, was die Handlung zu bedeuten hat und was sie bewirken soll: Der Jugendliche, der diese Riten mitmacht, stirbt als Kind und aufersteht im Schutz der Ahnen und Geister als ein junger Mann.

b) Der Raum

Die Erde ist in der Vorstellungswelt der Naturvölker niemals eine rein profane Größe. Sie hat diverse Aspekte: Sie ist bei Ackerbauern 'die heilige Mutter Erde', sie ist das Ahnenland, welches die Lebenden nur verwalten, sie ist politisches Territorium usw. Sei es nun, daß es sich um ein Schweifgebiet von

Jägern oder Hirten handelt oder um das Ackerland von Seßhaften oder um ein politisches Reich, die Erde ist sakrales Eigentum jenseitiger Mächte, das die Lebenden nur verwalten.

Naturvölker pflegen Quellen, Weiden, Berge, große Bäume, große Felsblöcke im Gelände usw. als markante Punkte mit Geistern zu bevölkern, sei es, daß sich ein Urahn an solchen Örtlichkeiten manifestierte oder eine andere, persönliche oder unpersönliche Macht ihre Präsenz anzeigte. Mircea Eliade spricht in diesem Zusammenhang von einer 'Kratophanie', einer Erscheinung der Kraft, welche unpersönlich nach Art des Mana sein kann. Es kann aber auch sein, daß sich ein Geist oder ein transzendentes Wesen an dieser Stelle offenbart und seinen Willen den Menschen mitteilt. Der Ort wird fortan dem Wesen geweiht sein. — Im Christentum würden wir von einem Wallfahrtsort sprechen. An solchen Orten ist die Präsenz der jenseitigen Mächte besonders intensiv und somit wirksam. Solche Lokalnumina spielen in allen Religionen eine große Rolle.

III. Der Kultdiener

Wenn wir vom Kultdiener sprechen, so sollten wir nicht vergessen, daß wir nur ein Wesenselement aus dem Aufgabenbereich jener Person herausgreifen, welche Mittler zwischen den lebenden Menschen und den jenseitigen Mächten ist. Man könnte sagen, daß die Hauptfunktion des Kultdieners die *Mittlerrolle* ist. Neben der Aufgabe, die Zeremonien zu leiten, hat der Kultdiener noch andere Verpflichtungen: wie die Gemeinde zu organisieren, Fruchtbarkeit und Gesundheit zu überwachen und zu garantieren, zwischen den politischen Führern und ihren Untergebenen zu vermitteln usw. Seine Wesensbestimmung ist aber die Mittlerfunktion.

1. Zur Person des Kultdieners

Kultdiener kann nur werden, wer dazu berufen wird. Berufen wird aber nur, wer dazu begabt ist. Es ist also kein Amt, welches sich ein Mensch selbst aussucht. Im Gegenteil, es bringt oft viele Unannehmlichkeiten mit sich und die meisten 'Priester-Mittler' der Naturreligionen würden nach ihrer Aussage ihr Amt lieber nicht ausüben, wären sie dazu nicht berufen und oft mit Gewalt in dieses Amt gedrängt worden. Wer die Berufungszeremonien durchgemacht und bestanden hat, erhält von einem bereits eingeführten Priester-Mittler eine Weihe, welche ihm die nötige Kraft verleiht im Umgang mit dem Sakralen. Es ist nämlich sehr gefährlich, das Numinose bzw. sakrale Mächte handhaben zu wollen, ohne die nötige *Mana*-Kraft zu besitzen. Der Kultdiener muß daher ein *Kraftgeladener* sein. Nur so kann er mit den übermenschlichen Mächten verkehren; weil er ihre Sprache versteht, erfährt er von ihnen die Ursachen der Krankheiten, die Heilmittel usw.

Häufig wird von Religionsethnologen der Fehler begangen, daß sie in den Mittlern und Kultdienern der Naturreligionen nur Zauberer und Scharlatane sehen, so als ob diese ausschließlich danach trachteten, die Menschen in betrügerischer Weise auszunützen.

In einem Artikel schreibt z. B. Joseph Goetz: „Der Zauberer unterscheidet sich vom Priester wie die Zauberei (Magie) von der Religion. Wie sehr auch gelegentlich beide Funktionen in einer Person ineinander übergehen mögen, so handelt es sich doch um zwei ganz konträre Geisteshaltungen. Der Priester ist Mittler, während der Zauberer (bzw. die Hexe) Herr über automatisch wirksame Riten ist. Der Zauberer bedarf keiner besonderen Berufung im Sinne einer 'von oben' empfangenen Bestätigung, wie jener, welcher in den Dienst von Geistern und Göttern tritt" (in König 1956: 948-949).

Diese Unterscheidung von Goetz zwischen Priester und Zauberer ist meiner Meinung nach überflüssig, denn in welcher Religion kann schon ein Zauberer ausgemacht werden, welcher von der Gesellschaft gutgeheißen wird? Soll etwa ein Zauberer ein Hexer sein? Die Naturvölker selbst kennen keinen größeren Feind ihrer Gesellschaft als den Hexer. Diese Unterscheidung ist absolut wertlos, weil sie vom christlichen Standpunkt aus getroffen wird! In Naturreligionen kann diese Dichotomie nicht aufrechterhalten werden. Man könnte höchstens zwischen dem positiven Mittler und dem negativen Agenten, dem Hexer, unterscheiden; doch ein Zauberer oder Medizinmann ist beileibe kein Hexer! Wenn sich herausstellt, daß jemand ein Hexer ist, wird er immer auf brutalste Weise vernichtet.

Magie und Religion sind in der naturvolklichen Gesellschaft nur in der Theorie zu trennen, nicht aber in Wirklichkeit. Selbst Hochreligionen – wie das Christentum –, wenn sie hic et nunc gelebt werden, kommen nicht ohne Magie aus. Jeder religiöse Kult kann auch magische Praktiken enthalten. Man wird daher feststellen müssen, daß Priester-Mittler immer wieder auch magische Praktiken durchführen. Da Magie zunächst eine Geisteshaltung ist, ist keine Religion dagegen gefeit. Oder will etwa Goetz sagen, daß Zauberer und Priester nicht voneinander zu unterscheiden sind wie auch Magie nicht von Religion? Kaum!

2. Verschiedene Namen

Die Namen für die Bezeichnung des Priester-Mittlers sind zahllos und nicht immer frei von pejorativem Beigeschmack. Wie schon aus dem Zitat von Goetz hervorgeht, hält er den Zauberer für eine absolut negative Erscheinung. Man sollte sich bezüglich der Nomenklatur darauf einigen, daß, wer im Dienste der Gesellschaft und zum Wohle der Gesellschaft Mittlerfunktionen zwischen den übermenschlichen Mächten und der lebenden Gemeinschaft in positiver Weise herstellt, als Priester-Mittler oder Zauberdoktor oder Wahrsager oder wie immer zu bezeichnen ist. Wer aber in negativer Weise gegen das Leben der Gemeinschaft und ihre Mitglieder vorgeht, ist nicht als Mittler oder Priester oder Medizinmann zu bezeichnen, sondern als *Hexer* oder als schwarzer Magier oder – wie in Bantu-Afrika häufig – als *muloki*. Er ist genau das Gegenteil vom Mittler. Deshalb wird er auch von der Gesellschaft, wenn sie seiner habhaft wird, brutal vernichtet.

Der Hexer ist weniger eine realiter existierende Person, welche mit sichtbaren Mitteln negativ operiert, als vielmehr ein Sündenbock, den sich die Gesellschaft auswählt, um ein personifiziertes Übel zu haben, durch welches alle negativen Vorgänge erklärt werden können. Wenn also eine Krise in der Gesellschaft eintritt, wenn z. B. Elefanten oder Wildschweine die Kulturen zerstören, wenn Epidemien wüten, wenn Blitzschlag Menschen und Dörfer vernichtet usw. usw., sucht der Priester-Mittler den Grund dafür und findet ihn im Hexer, der im Verbund mit den bösen Mächten dies alles bewerkstelligt. Er identifiziert den Hexer, und die Gesellschaft vernichtet ihn.

Alle anderen Mittlergestalten aber, welche zum Wohle und im Einvernehmen mit der Gesellschaft operieren, sind positiv zu bewerten. In Bantu-Afrika wird diese Priester-Mittler-Gestalt als *nganga* bezeichnet. Da aber der 'nganga' in vieler Weise spezialisiert sein kann, ist jeder für eine ganz bestimmte Sektion zuständig: einer für diese, ein anderer für jene Krankheit; wieder ein anderer für das Wahrsagen mit Hilfe einer bestimmten Macht, einer arbeitet im Dienste des Häuptlings und ein anderer ist darauf spezialisiert, wilde Tiere und Schädlinge vom Dorf und den Pflanzungen fernzuhalten usw. Das Wort nganga erhält dann noch einen Zusatz, welcher den Mittler in seiner Spezialität ausweist. Jeder nganga wird aber als positive Erscheinung gewertet; jeder *muloki*-Hexer als negative.

3. Die Berufung zum Amt

In manchen Gesellschaften wird das Mittleramt innerhalb der Sippe vererbt, in anderen wiederum pflegt es außerhalb der Verwandtschaft weitergegeben zu werden. Im ersten Fall geht das Amt von den Eltern auf die Kinder oder vom Mutterbruder auf Neffen und Nichten über. Ein *nganga* kann sich bereits zu seinen Lebzeiten innerhalb seiner Sippe einen Nachfolger suchen. Häufig aber kommt es erst dann zur Berufung, wenn der nganga verstorben ist.

Ein Mensch – Mann oder Frau –, der zurückgezogener lebt als die anderen, äußerlich ruhiger, bisweilen auch kränklich ist, sich gerne absondert, allein durch Wald und Savanne schweift, ein derartiger Mensch ist für das Amt des nganga geeignet. Bei manchen Völkern sucht sich der Kandidat einen Lehrmeister, bei dem er jahrelang in die Schule geht, um Gebete, Riten, Techniken, Ekstase, Trance und den Umgang mit den Geistern zu erlernen. Bei anderen Völkern wiederum sondert sich der Kandidat für mehrere Wochen vom Geschehen im Dorf ab, lebt für sich, um dann nach langer Zeit im Dorf aufzutauchen und sich als nganga der Öffentlichkeit zu präsentieren und zu etablieren. Meist können sowohl Männer wie Frauen das Amt ausüben.

Manche Priester-Mittler stehen im Dienste eines politischen Herrschers und nicht selten versucht dieser, sie als sein Werkzeug zu benutzen, um seine Feinde als Hexer zu entlarven und zu vernichten. Andere sind ganz auf ihre Klangemeinschaft fixiert und sind in deren Dienst tätig; wieder andere dienen ganz der Dorfgemeinschaft, und einige wenige, aber sehr berühmte, könnte man fast als 'international' bezeichnen, denn sie werden von weither besucht, ohne Rücksicht auf Sprache und Stamm. Sie sind mit außerordentlichen Kräften ausgestattete Menschen, die in ausweglosen Situationen helfen können.

IV. Der Schamane als Sonderform des Kultdieners

Von allen Mittlergestalten der Naturreligionen ist sicher der Schamane der bekannteste. Das liegt unter anderem auch daran, daß der Schamanismus – so nennen wir dieses Phänomen – in seiner arktisch-sibirischen Form schon sehr früh, vor allem durch russische Gelehrte, wissenschaftlich beschrieben wurde. Dies war wohl auch mit ein Grund, daß vor allem der Schamanismus in seiner sibirischen Form bei uns als der echte Schamanismus galt und bei manchen Gelehrten auch noch heute gilt. Dieser Auffassung ist vor allem Mircea Eliade in seinem großen Werk über den Schamanismus (1951; ^{2}1968).

Das Wort *Schamane* kommt aus dem Tungusischen. Früher waren Forscher der Meinung, es käme über das Chinesische aus dem Sanskrit, doch diese Theorie hat man heute verlassen, weil seine Wurzel in den altaischen Sprachen, zu denen das Tungusische gehört, erklärt werden kann; vielleicht kann sie auf das Zeitwort *sa* zurückgeführt werden, was 'wissen' heißt (nach Hultkrantz 1973: 27).

Es gibt auch sehr viele Meinungen darüber, was Schamanismus ist. Es gab Autoren wie Hans Findeisen (1957), die im Schamanismus eine eigene Religion sahen. Doch diese Meinung wird von den allermeisten nicht geteilt. Sucht man jene Elemente zusammen, welche von den wichtigsten Forschern als typisch für den Schamanismus angesehen werden, so ließen sich die folgenden Punkte anführen.

1. Die Ekstase

Sie ist das wichtigste Element. D. Schröder schreibt: „Zur Ekstase gehören zwei Dinge, ein seelisches Erlebnis und eine sinnenfällige Äußerung des Leibes. Fehlt eins, so handelt es sich nicht um eine volle Ekstase. Das seelische Geschehen besteht wesentlich in einer Seinswandlung ..., [sie] hat ihre Ursache in der Verbindung mit einem außerseelischen Gegenüber" (1964: 306).

Alle Forscher mit Ausnahme der Angelsachsen sind sich wohl einig, daß die Ekstase die conditio sine qua non des Schamanismus ist. A. Hultkrantz führt eine amerikanische Definition von 1950 an, worin es heißt: „the term shaman is usually used by Americanist ethnographers in reference to men or women who, through the acquisition of supernatural powers, are believed to be able to either cure or cause disease" (1973: 25-26). Nach dieser Definition könnte natürlich jeder Wahrsager und Krankenheiler als Schamane bezeichnet werden. Damit wäre der Begriff Schamane wertlos geworden.

László Vajda weist darauf hin, daß Ekstase allein noch nicht den Schamanismus ausmache, denn Ekstase gibt es auch in anderen Religionsformen als dem Schamanismus, etwa in der Mystik (1964: 270).

Beim Ekstatiker läßt sich feststellen, ob seine Seele auf Reisen geht oder ob er von einem Geist besessen wird. Dementsprechend unterscheiden wir einen Wander- und einen Besessenheitsschamanismus. Beim *Wanderschamanismus* unterscheiden W. Schmidt und M. Eliade wieder einen 'weißen' und einen 'schwarzen' Schamanismus. „Dem weißen eignet die Himmelsreise, die Verbindung mit den guten Geistern und als Ziel der Nutzen der Menschen; zum schwarzen Schamanismus gehört die Unterweltsreise und Besessenheit, die Verbindung mit den bösen Geistern und als Ziel meist die Schädigung der Menschen" (Schröder 1964: 298). Eliade hält den weißen, Schmidt den schwarzen für den primären Schamanismus. Dies ist wohl darauf zurückzuführen, daß Eliade im Schamanismus ein Wesenselement der sibirischen Hirtenreligionen sieht und Schmidt eine Degenerationsform, welche aus südlichen Agrarkulturen stammt und sich mit der nördlichen Himmelsreligion verbunden hat.

Im Wanderschamanismus besitzt der Schamane in der Ekstase die Fähigkeit, seine Seele auf Reisen zu schicken. Sie macht diese Reise nicht allein, sondern mit einem oder mehreren Schutzgeistern. Handelt es sich um einen Himmelfahrtsschamanismus, dann steigt die Seele durch die verschiedenen Schichten des Kosmos und kann bis zum Himmelsgott vordringen. Die Weltenachse ist die Verbindung von Himmel und Erde; sie dient dem Schamanen zum Aufstieg. Beim schwarzen Schamanismus steigt die Seele in die Unterwelt hinab und verkehrt mit den bösen Geistern.

Beim *Besessenheitsschamanismus* wird das Ich des Schamanen in der Ekstase ausgeschaltet und der oder die Schutzgeister nehmen von dem Schamanen Besitz. Beim Wanderschamanen ist der Leib in der Ekstase ruhig, er ist quasi leblos, beim Besessenheitsschamanen ist er in Aktion, weil der Geist in ihm wohnt und aus ihm spricht. Der Himmelfahrtsschamanismus ist vor allem im Norden, der Besessenheitsschamanismus im Süden beheimatet: im tibetischen Lamaismus, in Stammesindien, Südchina, Indonesien und Amerika. Gerade beim Besessenheitsschamanismus ist es oft schwer zu sagen, was noch und was nicht mehr Schamanismus ist. Es gibt nämlich sehr oft ekstatische Besessenheitsphänomene, auch in Afrika (siehe Beatrix Heintze 1970), aber will man mit dem Begriff Schamanismus etwas anfangen, ist es sinnlos, ihn für all diese Phänomene zu gebrauchen. Matthias Hermanns (1970) gebraucht den Ausdruck *Pseudoschamane* für solche, die nicht in eine große Trance fallen. Nach dieser Unterscheidung, sagt Hultkrantz, würden die meisten nordamerikanischen Schamanen als Pseudoschamanen gelten müssen (1973: 28).

2. Schutzgeist

Schröder sagt: „Der Schutzgeist ist in der Konstituierung der Schamanenperson die aktive Komponente ... mit dem Schutzgeist steht und fällt der Schamane" (1964: 312). Wer der Schutzgeist eines Schamanen wird, ist von Volk zu Volk sehr verschieden: Bald ist es ein Himmelsgeist, der Geist eines Ahns, der selbst Schamane war, dann der Geist des Lehrmeisters, eines Naturgeistes usw. Knud Rasmussen berichtet von einem Schamanen-Adepten bei den Eskimo, dem das Höchste Wesen eine schöne weiße Frau als Schutzgeist zuführte. Je nachdem, ob der Schamane einen starken oder schwachen Schutzgeist erhält, wird er auch ein großer oder kleiner Schamane.

3. Die Berufung

An den Schamanen werden in seinem Beruf hohe Anforderungen gestellt, dementsprechend hart sind die Berufung und Ausbildung. Der Kandidat muß bestimmte Dispositionen mitbringen. Er sondert sich häufig vom gesellschaftlichen Treiben etwas ab, ist in sich gekehrt, ist allein in der Wildnis usw. A. Ohlmarks (1939) sprach von der 'arktischen Hysterie'. Vajda betont, daß das arktische Milieu „höchstens die Intensität, nicht aber die Formen und Funktionen dieser Erscheinungen zu bestimmen vermochte. Es steht außer Zweifel, daß ein guter Teil der von den Feldforschern beobachteten Schamanen epileptisch, seelisch instabil, sexuell gehemmt oder krankhaft veranlagt und ähnliches war" (1964: 270-271).

Wie sich konkret eine Schamanenberufung bei den Eskimo zugetragen hat, schildert Rasmussen (1930: 52ff.). Ich führe hier eine Zusammenfassung von Hultkrantz an; es handelt sich um die Berufung des Karibu-Eskimo Igjugarjuk:

> Im Traum besuchten ihn unbekannte Wesen und sprachen zu ihm. Bald war es allen klar, daß er ein *angakoq* werden müsse. Ein älterer Schamane, Perqanaoq, nahm sich seiner als Lehrer an. Fern von den Menschen

baute Perqanaoq seinem Schützling eine Schneehütte, die so klein war, daß dieser darin kaum Platz fand. Sein Lehrer befahl ihm, sich dort niederzusetzen und seine Gedanken nur auf eine Sache zu richten, nämlich darauf, daß das Höchste Wesen auf ihn herabschauen und ihn zum Schamanen machen möge. Dürstend, fastend und frierend – es war im kältesten Mittwinter – verbrachte Igjugarjuk dreißig Tage in seiner unbequemen Hütte, in der er kein Glied rühren konnte. Nur einigemale gab ihm sein Lehrer ein Glas warmes Wasser und etwas Fleisch. Zuletzt sah er in seinem inneren Gesicht eine schöne weiße Frau, die gleichsam über ihm schwebte. Sie wurde sein Schutzgeist, den das Höchste Wesen ihm als Zeichen, daß er ein Schamane geworden war, gesandt hatte. Erschöpft wurde er nach Hause gebracht. Fünf Monate lang nahm er nur Diätkost zu sich und vermied jeden Geschlechtsverkehr (1962: 401).

4. Die Eingebundenheit in die Gesellschaft

Der Schamane ist kein Mystiker, welcher für sich und seine eigene Heiligung in die Ekstase fällt, sondern zum Nutzen der Gemeinde, die ihn akzeptiert. Er ist zu ihrem Wohle Schamane; sie unterhält ihn deshalb auch. Er ist ihr Mittler. Durch die Ekstase wird er ein anderer, er wandelt sein Sein und kann somit mit den Geistern wie mit seinesgleichen verkehren. Auf diese Weise erfährt er von den Übeln und ihrer Heilung. Er kann Krankheiten heilen, Jagdgründe öffnen (bei den Eskimo fährt er auf dem Meeresboden zu Sedna und erreicht von ihr, daß sie die Tiere wieder aus ihrem Haus läßt); er kann wahrsagen, Hungersnöte abwenden usw.

5. Die Formgebundenheit

Der Schamane steht in einer festen Tradition, was seine Paraphernalia angeht: Er hat eine für das Volk, dem er angehört, typische Schamanenkleidung und Utensilien für die Zeremonien. Eines der wichtigsten Objekte ist die Schamanentrommel. Er ist aber auch an einen bestimmten Ablauf der Séance gebunden und auch an bestimmte Gebetstexte. Magische Elemente spielen bei den Zeremonien eine große Rolle.

— — —

Nimmt man alle diese Elemente zusammen, dann erhält man ein Bild des Schamanismus, welches sich von dem aller anderen Kultträger und Priestergestalten unterscheidet. Die Ekstase ist zwar das wichtigste Element, aber sie allein reicht nicht aus, um einen Schamanen als solchen zu bestimmen.

Wollte man eine kurze Definition des Schamanen wagen, so könnte man sagen: Der Schamane ist ein Mittler zwischen seiner Gruppe und den übermenschlichen Mächten. Die Mittlerfunktion übt er mit Hilfe der Ekstase aus, welche ihn befähigt, mit den Geistern zu verkehren, um seiner Gruppe anhand bestimmter Formen und Riten dienstbar zu sein.

Vieles deutet darauf hin, daß es sich beim Schamanismus um keine ursprüngliche Religionsform handelt. L. Vajda sagt zu seiner Entstehung folgendes:

> Der schamanistische Komplex ist ein Produkt von fruchtbaren Wechselwirkungen zwischen südlich-agrarischen und nördlich-jägerischen Kulturen. Er ist weder für die ersteren noch für die letzteren typisch, sondern stellt das Ergebnis kulturhistorischer Integrationsvorgänge dar. Er ist phaseologisch jung: jünger als die Kulturen, welchen seine Komponenten entstammen. Sein absolutes Alter reicht deshalb möglicherweise nicht weiter als höchstens in die Bronzezeit zurück (1964: 295).

12. Kapitel
Die übermenschlichen Wesen

I. Die Rolle der Wesen im Gesamt der Religion

1. Die ältere Religionsethnologie sah vor allem in der Wechselbeziehung Mensch – transzendente Wesen das eigentliche Zentrum der Religion ausgedrückt. Die soziale Seite der Religion – religiöse Gruppierungen, Kultgemeinschaften, Riten, Zeremonien – waren zweitrangig oder interessierten nur soweit, als sie für die Ursprungstheorien von Nutzen waren. Wilhelm Schmidt z. B. – er war einer der führenden Religionsethnologen zwischen den beiden Weltkriegen – behandelt in mehreren Werken, welche Gesamtdarstellungen der Religion bieten sollen, praktisch ausschließlich den Hochgottglauben[1]. Die übrigen Elemente der Religion, die häufig den religiösen Alltag prägen, verblassen oder werden als *Degeneration* abgetan. Wilhelm Schmidt mag mehr in diese Richtung tendieren als andere Religionsethnologen seiner Zeit, aber selbst zu Klassikern gewordene Religionsdarstellungen wie z. B. das Werk 'Nuer Religion' von Evans-Pritchard (Oxford, 1956) und viele andere beginnen mit der Beschreibung des Gottesbildes; es wird so getan, als ob Gott wie bei uns im Mittelpunkt des religiösen Lebens stünde.

Solchem Vorgehen liegt ganz offensichtlich unser vom Christentum geprägtes theozentrisches Weltbild zugrunde. Unsere christlich-theologische Sicht wird auf diese Weise unbesehen in die Religion der Naturvölker projiziert. Jeder aber, der längere Zeit mit Naturvölkern zusammengelebt hat, weiß, wie wenig Bedeutung dem Hochgott im religiösen Alltag zukommen kann. Eine Hochgott- und Schöpfergott-Gestalt fehlt zwar fast nie im Pantheon der Naturvölker, aber sie ist blaß und spielt für die religiöse Durchdringung des Lebens eine untergeordnete Rolle.

2. Der bekannte Religionssoziologe Joachim *Wach* macht in seiner 'Einführung in die Religionssoziologie' (die erste Auflage stammt aus dem Jahre 1931) auf ein Mißverhältnis in der Darstellung der Religion aufmerksam:
> Daneben ist die dritte Seite des religiösen Lebens, eben die *soziale*, vor allem in der deutschen Forschung, entschieden zurückgetreten ... Sie ist bei uns in Deutschland, im Gegensatz zu den romanischen und angelsächsischen Ländern, noch immer ein Sorgenkind (1931: X).

---
1. So etwa in seinem Werk 'Handbuch der vergleichenden Religionsgeschichte' von 1930, wo praktisch alle siebzehn Kapitel mit dem Hochgottglauben oder mit dessen Forschungsgeschichte zu tun haben.

In seiner in den Vereinigten Staaten entstandenen 'Sociology of Religion', die 1944 zum erstenmal erschien, schreibt Wach bereits von „The increased sensitivity to the sociologically relevant implications of Religion ... Scholars have begun to concentrate on the investigation of the social background of the various historical religions, on the social implications of their message, and on the social changes resulting from their activities. *Indeed, the pendulum may be said to have swung too far*" ([10]1964: 12; Hervorhebung von mir).

Seit dieser Feststellung J. Wachs hat der Einfluß der Soziologie auf die Religionsuntersuchung ständig zugenommen. Es ist bei uns Mode geworden, daß man sich nicht mehr 'Religionsethnologe', sondern 'Religionssoziologe' nennt. Ebenso werden in der Darstellung der Religion fast ausschließlich soziale Fragestellungen behandelt. Die übrigen, nicht der Soziologie entspringenden Fragen werden zwar von den weitblickenden Religionssoziologen nicht geleugnet, aber als 'irrelevant' zur Seite geschoben.

So sehr J. Wach im Jahre 1931 Recht hatte, darauf hinzuweisen, daß die soziale Seite der Religion vernachlässigt wurde, so müssen wir nach all den 'Soziologien', welche über uns 'hereingebrochen' sind, betonen, daß der soziale Aspekt der Religion zwar wesentlich, aber doch nur einer ihrer Aspekte ist. Die Darstellung einer Religion kann nicht nur von außen erfolgen, so daß man einzig die beobachtbaren Gruppierungen, Kulthandlungen, rituellen Versammlungen usw. beschreibt, sondern die Religion ist auch ein *eminent innerer Vorgang*, welcher am Gläubigen nicht ohne weiteres 'abgelesen' werden kann. Man wird nur nach tiefem Eindringen in die Welt der Gläubigen und nach guter Kenntnis ihrer Sprache, ja wahrscheinlich erst, wenn man selbst um das Phänomen des Glaubens aus eigener Erfahrung weiß, diese innere Seite der Religion – für den Gläubigen ist es die wichtigere – erfahren. Wenn es um den inneren Kern der Religion geht, helfen keine Fragebogen oder Statistiken; diesbezügliche Aussagen sind mehr als sonstwo subjektiv gefärbt.

Hieraus ergibt sich aber auch, daß man ohne gründliche Sprachkenntnisse keine ernsthafte Religionsforschung betreiben kann. Gerade religiöse Texte, Mythen, Gebete, Lieder usw. sind häufig in veralteter Sprache abgefaßt. Die Erschließung ihres Sinns erfordert oft linguistische Kleinarbeit. Ohne die Analyse dieser alten Texte bleibt man aber oberflächlich. Wer die mühevolle sprachliche Kleinarbeit scheut, wende sich lieber nicht dem Studium der Religion zu!

3. Aus den verschiedenen oben genannten Gründen heraus möchte ich nun, nachdem wir im vorhergehenden Kapitel auf die soziale Seite der Religion eingegangen sind, die übermenschlichen Mächte ins Blickfeld rücken. Es soll hier nicht um spekulative Ursprungsfragen gehen, sondern es soll, ausgehend

von empirischem Forschungsmaterial, der innere Zusammenhang der verschiedenen Mächte aufgezeigt werden. Es wird nämlich deutlich, daß wir es bei den transzendenten Wesen nicht nur mit Göttern und Geistern zu tun haben, sondern auch mit verschiedenen *Kategorien von Mächten*, welche teils in der Sozialorganisation, teil im Wirtschaftssystem ihre spezifische Erklärung und Determinierung finden.

4. Es gab eine Zeit in Europa, da löste die Feststellung, der Mensch mache sich seine Götter selber, Entrüstung aus. Heute erscheinen uns andere Fragen viel wichtiger: *Warum machen sich alle Völker ihre Götter?* Woran liegt es, daß sie ihre 'Götter' gerade so und nicht anders konzipieren? Braucht der Mensch ein *Absolutes*, um sich selbst, seiner Gemeinschaft und der Existenz der Welt insgesamt einen vernünftigen Daseinsgrund zu geben? — Solche Fragen allerdings weisen bereits über die Ethnologie hinaus, dennoch wird man mit ihnen immer konfrontiert, wenn man sich eingehend mit den Naturreligionen und ihren Gläubigen beschäftigt.

Der Vertreter einer Naturreligion ist zwar stärker als wir Europäer vom Glaubenssystem seiner Gemeinschaft determiniert, aber seinen persönlichen Glaubensakt pflegt er auch nicht, wie wir in Kapitel X gesehen haben, auf ein abstraktes System, sondern auf ein Wesen, das ihn an Macht übersteigt und zu dem er ein persönliches Verhältnis hat, zu gründen. Deshalb ist es zunächst auch uninteressant, in welche Kategorie dieses Wesen einzuordnen ist: Gott, subalterner Geist, Fetisch, Ahn... Wichtig ist, daß *der Gläubige das Wesen als ihn an Macht übersteigend anerkennt, sich von ihm abhängig fühlt und sich der Autorität des Wesens unterwirft*. Ein derartiges Verhalten bezeichnen wir als Religion.

Wie der Gläubige der Hochreligion so ist auch der Vertreter der Naturreligion überzeugt, daß nicht er das transzendente Wesen 'erfindet', sondern im Gegenteil das transzendente Wesen in sein Leben einbricht, sich ihm offenbart und somit Urheber der Religion ist. — Die Tylorsche *Minimaldefinition* der Religion: *belief in spiritual beings* hat bei aller Kritik den Vorteil, daß sie von der Beziehung des Gläubigen zur transzendenten Macht ausgeht. Was sich alles hinter der 'transzendenten Macht' verbergen kann, darauf soll jetzt eingegangen werden.

5. Es wurde schon wiederholt angedeutet, wie sehr Wirtschafts- und Sozialstrukturen auf die Religionen Einfluß ausüben. Nicht jede Religionsform läßt sich in einem beliebigen Wirtschafts- oder Sozialsystem verwirklichen.

Eine Funktion der Religion unter anderen ist ihre *Sinn- und Zweckbezogenheit*. Sie hat dem Menschen in seinem Daseinskampf beizustehen, d. h. sie muß seinen Nöten angepaßt sein. Ein Jäger oder Wildbeuter hat aber andere Daseinsprobleme als ein Pflanzer oder Großviehhirte. Wir sehen bereits bei den Bambuti-Pygmäen, daß ihr Hochgott *Tore* mehr einer Personifizierung des Waldes gleicht als einem üblichen Hoch- und Schöpfergott. Bei den Eskimo sind die obersten Wesen *Sila*, der Geist der Luft, das Wetter; „eine vage aufgefaßte Gottheit, die den ganzen Luft- und Weltraum mit ihrem Wesen erfüllt" (Hultkrantz 1962: 274); und das andere Wesen ist *Sedna*, die Mutter der Seetiere auf dem Meeresgrund. Bei anderen Eskimo ist sie sogar der personifizierte Seehund selbst.

Neben der sinngebenden Funktion der Religion kommt ihr aber auch eine existenzsichernde Funktion zu, und zumal bei Ethnien mit prekärer Wirtschaftslage. Wir sehen ja gerade bei den Bambuti und Eskimo, daß sie jene Elemente personifizieren und absolut setzen, welche ihnen am meisten die Existenz sichern: Urwald, Wind, Seehund.

Doch ich möchte jetzt nicht weiter auf die Differenzierung des Gottesbildes aufgrund des Wirtschaftssystems eingehen, so etwa auf den *Herrn der Tiere*, der vornehmlich in Jägerkulturen bekannt ist, sondern ich möchte, von der Sozialstruktur ausgehend, die verschiedenen Kategorien von Wesen zu beschreiben und zu begründen versuchen.

II. Beschreibung der übermenschlichen Wesen

1. Die Grundlegung des Ahnenkults

a) Die schlimmste Erfahrung, die der Mensch jedweder Kulturstufe macht, ist die *Erfahrung des Todes*. Deshalb hat auch der Mensch aller Zeiten viele Mythen und Mechanismen entwickelt, um den Tod einerseits zu erklären, um ihn andererseits 'hinwegzudisputieren', d. h. man gestaltet ihn in einen Ritus um. Auf diese Weise wird es dem Menschen möglich, wenigstens ideologisch 'ewiges' Leben zu erlangen. Um nicht falsch verstanden zu werden: Auch der einfachste Naturmensch weiß, daß ihm als Individuum der physische Tod bevorsteht, aber es gibt für ihn Möglichkeiten, diesen Tod zweitrangig oder gar zum Tor für das eigentliche Leben ohne Leid zu machen.

b) Von den vielen Mechanismen, welche der Mensch zur Überwindung des Todes ersonnen hat, bietet die Sozialstruktur die sicherste und wichtigste Möglichkeit des Überlebens. Es können zahlreiche Gründe ausfindig gemacht werden, die den Naturmenschen in solidarischen Sippengemeinschaften leben lassen. Einer dieser Gründe ist, daß der Mensch über die *solidarische Gemeinschaft* zu Unsterblichkeit gelangt, genauer: an Unsterblichkeit partizipiert. Der Naturmensch als Individuum hat den Tod intensiver und öfter vor Augen als wir Europäer. Zentralafrikanische Völker sagen gerne: „Der einzelne stirbt, die Lineage aber bleibt." Die auf biologischer Grundlage organisierte solidarische Gemeinschaft bietet also eine Überlebenschance, man muß sich aber mit dieser Gemeinschaft solidarisieren und identifizieren.

c) Eine Möglichkeit des Überlebens besteht darin, daß man in den eigenen leiblichen *Nachkommen* sichtbar bleibt. Bei Naturvölkern ist der Glaube weit verbreitet, wie wir in Kapitel VI dargetan haben, daß sich alternierende Generationen reinkarnieren. — Bisweilen traf ich im afrikanischen Hinterland alte, kranke Menschen, die mir antworteten, wenn ich sie nach ihrem Leid fragte: „Meine Kraft ist alle in meine Kinder gegangen, was bleibt mir noch übrig als zu sterben!" Man gewinnt den Eindruck, daß der Mensch ein bestimmtes Quantum Lebenskraft bekommt und diese Kraft möglichst häufig weitergeben und vermehren muß. Der (die) Unfruchtbare heißt bei den Bayansi *mur okwa*, Mensch des Sterbens. Dieser Mensch gilt als tot, wenn er auch erst fünfundzwanzig Jahre alt ist. Hier ist die Lebenskraft sozusagen in eine Sackgasse geraten.

d) Die andere Art zu überleben ist, daß man sich mit seiner *Lineage* ganz identifiziert. Das Individuum erscheint dann nur wie ein Aufflackern der Lebenskraft der Ahnen. Bayansi sagen, wenn jemand aus der Lineage stirbt: *wir* sterben; wenn jemand heiratet: *wir* nehmen eine Frau. Die Identifikation mit der Lineage wird also auch sprachlich ausgedrückt. Da aber die Lineage nicht stirbt, partizipiert man über die Solidarität auch an ihrem Leben.
Wer aber ist die 'unsterbliche' Lineage? Für den Naturmenschen ist sie kein abstraktes Etwas, aber auch nicht die Summe der Lineage-Mitglieder; der Lineage kommt ein Eigenleben zu. Einige Bantusprachen verwenden für Lineage den Ausdruck Mutterleib. Der Lineage kommt demnach im Denken der Naturvölker ein sehr reales Sein zu. Ihre Existenz wird aber durch Symbole erfaßt und repräsentiert. Das Symbol, welches die Lineage darstellt, ist der *Urahn* bzw. die Urahnin.
Diese Gleichsetzung von Urahn und Sippe kommt nicht von ungefähr: Der Urahn als absolut Ältester steht dem Ursprung am nächsten. Je näher aber jemand dem Ursprung ist, desto mehr Lebenskraft besitzt er. Die Lebenskraft der Lineage kommt alle von ihm (andere sagen durch oder über ihn). Jedes Mitglied der Sippe ist also im Grunde eine Teilverwirklichung der Lebenskraft des Urahns, also in gewisser Weise eine partielle Reinkarnation des Urahns.
Wenn also der Naturmensch seine Sippe oder genauer den Urahn als Symbol derart verabsolutiert, daß er in vielen Fällen nicht mehr vom Schöpferwesen unterschieden werden kann, meint er im Grunde genommen sich selbst. *Er setzt in seinem Urahn und in seiner Sippe sich selbst absolut.* Deshalb sagte ich eingangs, daß der Tod für den Naturmenschen die größte Bedrängnis und seine größte Sehnsucht ewiges Leben ist.

e) Wenn hier vom *ewigen Leben* die Rede ist, so ist 'ewig' nicht im abendländisch-christlichen Sinn zu verstehen. 'Ewig/unendlich' heißen für den Naturmenschen so viel wie lang, sehr lang, unvorstellbar lang. Man könnte sagen: Ewig ist so lange, wie die Sippe existiert. Stirbt sie auf Erden aus, vergehen die Ahnen auch im Jenseits. Eine Lebenskraft, die sich nicht mehr reinkarniert, ist tot. Das 'ewige Leben' bedeutet also, in und mit der eigenen Sippe leben. Stirbt sie aus, ist auch das 'ewige Leben' sinnlos, gegenstandslos geworden.

f) Wie im nächsten Kapitel dargelegt werden wird, wird der Urahn auch sichtbar und bildlich in der Gruppe der Lebenden repräsentiert: Die Persönlichkeit des Urahns nimmt im sichtbaren Objekt Wohnung. Man beopfert und verehrt somit in der Statuette den Ursprung der eigenen Lebenskraft. Diese Gedankengänge sind meiner Meinung nach der eigentliche geistige Hintergrund, auf welchem der Ahnenkult entsteht: Man verehrt die Vorfahren und meint zutiefst die eigene Lebenskraft.

g) Ahn und damit Exponent der eigenen Gruppe kann aber nicht jeder beliebige Verstorbene der Sippe werden, sondern nur jener, der in seinem Leben auf Erden eine Fülle von Lebenskraft besaß: ein Urahn, ein großer Häuptling, ein renommierter Zauberpriester usw. Ahn wird man nicht aufgrund des Alters oder des Reichtums, sondern aufgrund des sozialen Prestiges, das sich wiederum in andere Privilegien und Präferenzen umsetzen kann (religiös, wirtschaftlich etc.). Das Prestige des Ahns fällt auf die ganze Sippe, aber ebenso ein Fehltritt des Ahns.

Je weiter jedoch ein Ahn an den Ursprung heranreicht, desto mächtiger wird er, aber gleichzeitig wird es auch für die Lebenden immer schwieriger, genealogische Abstammungen nachzuweisen. Bei verabsolutierten Ahnen schließlich können nicht einmal mehr fiktive Genealogien beigebracht werden; dies ist ein Zeichen, daß die absoluten Ahnen Allgemeingut geworden sind.

2. Fetische und Geister

Die Portugiesen des Entdeckungszeitalters prägten das Wort Fetisch (von *feitiço*, nachgemacht; künstlich, Zauber). Naturvölker – allen voran die Schwarzafrikaner – glauben vielfach, daß die menschliche Persönlichkeit, aber besonders die von Verstorbenen, in Objekten Wohnung nehmen kann oder auch von mächtigen Zauberpriestern in Objekte gebannt werden kann. Solche von Geistern oder unpersönlichen Kräften bewohnte Objekte nennen wir 'Fetische', wobei die mächtigen Fetische durchweg mit weit entfernten Klan-, Stammes-, Häuptlings- oder Königsahnen bewohnt gedacht werden. Eine genealogische Zugehörigkeit zu ihren Verehrern besteht nicht mehr. Bisweilen glaubt man, Urahnen der Königs- oder Häuptlingssippe ausmachen zu können, dann sind es wieder Klan- oder Stammesahnen.

Was immer wieder auffällt, ist, daß jedem Fetisch – in Bantu-Afrika sagt man *nkisi* – ein Spezialgebiet zukommt, wo er helfen kann. Er ist kaum noch in seinem menschlichen Ursprung zu fassen. Konkrete menschliche Züge fehlen fast ganz. Mangels eines besseren Ausdrucks sprechen wir daher gerne von 'Geistern'; aber selbstverständlich ist für einen Naturmenschen ein Geistwesen etwas ganz anderes als für uns. Wenn hier von Geistern oder Geistwesen gesprochen wird, soll damit nur gesagt werden, daß es sich um Wesen handelt, welche den Übergangsritus Tod bereits passiert haben. Wie weit sie dennoch als körperliche Wesen aufzufassen sind, sei dahingestellt.

a) Man könnte nun zahlreiche Spezialbereiche dieser abstrakten Geistwesen aufzählen. Ich möchte hier nur eine Kategorie von Geistern näher erwähnen, die in irgendeiner Form bei fast allen Naturvölkern vertreten sind: die sogenannten *Naturgeister*. Wildbeuter, Jäger, Pflanzer, Ackerbauer, Hirten: sie alle bevölkern die für sie geheimnisvolle Natur mit Geistern, welche sie sich dienstbar zu machen suchen, um die Natur leichter und besser beherrschen zu können.

Es läßt sich allgemein sagen, wer diese Naturgeister sind oder wo sie ihren Ursprung haben. Häufig sind es personifizierte Naturerscheinungen wie Blitz, Donner, Regenbogen usw., dann wiederum personifizierte und verabsolutierte Naturkräfte wie Meer, Fluß, Quelle, Wald usw. Je mehr ein Naturvolk in seinem Wirtschaften von einem bestimmten Milieu oder von bestimmten Naturkräften abhängig ist, desto mehr versucht es, auf deren Verursacher oder 'Besitzer', also die Naturgeister, Einfluß zu nehmen, um das Wirtschaften erfolgreich zu gestalten. So inszenieren Jäger- oder Fischervölker niemals großangelegte Jagden oder Fischzüge, ohne die entsprechenden Geister vorher beopfert zu haben: sei es, daß man sie günstig stimmen will und ihre Oberhoheit über das Wild – bestimmte Wildarten werden oft die 'Kinder' der Naturgeister genannt – anerkennen will oder sei es, daß man sie einfach um Jagdglück bitten will. Häufig verspricht der Opferer gleichzeitig, man wolle nicht mehr Tiere töten, als man für den Unterhalt nötig habe. Wie schon gezeigt wurde, ist ein maßloses Töten von Wild, ein Vernichten von Pflanzen ein grobes Vergehen gegen die eigentlichen Besitzer der Natur.

b) Bei den meisten Naturvölkern ist es auch Brauch, daß man vom erlegten Wild oder von der geernteten Nahrung einen besonderen Leckerbissen oder auch die Erstlingsfrüchte den entsprechenden Naturgeistern – seltener dem Höchsten Wesen – opfert. Man spricht in diesem Zusammenhang dann von *Primitialopfer*. Das Primitialopfer kann Dank ausdrücken, es kann aber auch den Zweck verfolgen, die Seelen der Tiere oder Pflanzen wieder an den ursprünglichen Besitzer zurückzugeben, damit er sie wieder den Menschen in neuer Form zuschicke. — Neben dem Primitialopfer gibt es natürlich noch andere Opferarten. Im Zusammenhang mit den Nahrungsmitteln ist vor allem das *Ahnenopfer* zu erwähnen. Oft wird vor jedem Essen und Trinken eine kleine Menge für die Ahnengeister auf die Erde gestreut. Besonders exzessive Opfer kennen die alten indonesischen Völker. Die alten Bergstämme Taiwans (sie sind keine Chinesen!) z. B. ruinieren bisweilen ihre Familien, weil ihre Ahnenopfer eine Massenvernichtung an Nahrungsmitteln sind.

c) Eine ganz besonders wichtige Rolle spielen die Naturgeister bei den Pflanzern und höheren Ackerbauern. Es wurde schon wiederholt betont, daß gerade in diesen seßhaften Kulturen der Ahnenkult intensiv gepflegt wird. Da die Verstorbenen in die Erde begraben werden und das Ahnendorf häufig in der Erde gedacht wird, sind es oft entfernte, aller individuellen Züge bare Ahnen, welche für die Fruchtbarkeit der Menschen, Tiere und Felder zuständig sind. Häufig sind sich allerdings die gegenwärtig Lebenden nicht mehr bewußt, daß die von ihnen verehrten Naturgeister ursprünglich Ahnengeister waren.

In Schwarzafrika wie bei vielen Naturvölkern anderswo, besonders aber bei Pflanzern und Ackerbauern, gehört das Land immer den *Erstbesitzern* des Bodens. Politische Herrschaft aufgrund von Eroberung und Unterwerfung erstreckt sich nur über den Menschen, nicht aber über die Erde als Quelle der Fruchtbarkeit und als Wohnstätte der Geister. Über die Naturgeister und die Kräfte der Erde verfügen allein die legitimen Nachkommen der Erstbesitzer des Bodens.

d) In größeren politischen Gruppierungen, welche aufgrund von Eroberung entstanden sind, findet man daher nicht selten eine doppelte Form der Religionsausübung: einmal den offiziellen *staatlichen Kult*, der meist vom König oder Häuptling selbst oder doch von einem Priester aus der sozio-politischen Schicht vorgenommen wird, zum anderen den *Volkskult*, der sich im kleinen privaten Kreis abspielt. Bei letzterem stellt aber nicht die herrschende Schicht die Priester, sondern die Nachfahren der zuerst Angekommenen. In politisch straff organisierten Gesellschaften sind die Erstbesitzer des Bodens leider häufig von den volkreichen und militärisch organisierten Eroberern zu Hörigen und Sklaven gemacht worden. Die Erd- und Fruchtbarkeitspriester stammen daher häufig aus dieser untersten Volksschicht. Der politische Herrscher erlebt auf diese Weise eine Begrenzung seiner Macht. Nicht selten muß ein Herrscher vor einer Großjagd oder bei einer die Fruchtbarkeit der Erde betreffenden Katastrophe Hörige oder gar Sklaven bitten, sie möchten doch ihre Vorfahren, die Naturgeister, wieder mit den Bewohnern versöhnen und Fruchtbarkeit gewähren.

Im Zaïre-Kasai-Gebiet waren nach Aussage der jetzigen Bewohner die Pygmäen die Erstbesitzer des Gebietes. Sie sind aber sicher seit wenigstens zwei Jahrhunderten in dieser Gegend ausgestorben. Dennoch verehren die Bantu in diesem Gebiet Naturgeister, welche scheinbar niemand andere sind als die längst ausgestorbenen Pygmäen. Man verwendet sogenannte *nkisi* (Fetische) von Naturgeistern, deren Namen und Ingredienzen an die Bambwiidi-Pygmäen (= Bambuti?) erinnern.

e) Sind die Beziehungen der Lebenden zu den Ahnen dergestalt, daß die Grenze zwischen Diesseits und Jenseits verwischt erscheint, weil die Verstorbenen in die Gruppe der Lebenden integriert werden, so wird die Grenze zwischen Lebenden und Naturgeistern betont und klar gezogen. Da man zu ihnen keine genealogische Beziehung mehr hat, gehören sie einem ganz anderen, einem den Lebenden entgegengesetzten Bereich an. Wahrscheinlich hat man den Ursprung der Naturgeister im „anonymen Haufen der Seelenheere" (Söderblom 1926: 86) zu suchen. Sie sind nicht immer gut, vielmehr bisweilen auch kapriziös oder sogar übelwollend. Die Naturgeister leben im Wald und in der Savanne – der Mensch im Dorf, in der Pflanzung. Ihr Element ist das Wasser, die rohe Nahrung, die weiße Farbe etc. Des Menschen Bereich dagegen das Feuer, das Gekochte, die rote Farbe. Die Strukturalisten wie C. Lévi-Strauss und Luc de Heusch haben in vielen Publikationen diese Dichotomie bis ins Detail verfolgt.

f) Da die Naturvölker ihre Ahnen und Geister praktisch niemals um ihrer selbst willen verehren, sondern um etwas von ihnen zu erhalten, ist ihre gegenseitige Beziehung ein richtiges Do-ut-des-Verhältnis, das oft mehr magischen als religiösen Charakter hat.

Da sich aber eine Macht leichter beeinflussen und manipulieren läßt, wenn sie in einem materiellen Objekt repräsentiert wird, als wenn ihre Präsenz vage im Raum gedacht wird, pflegt man Naturgeister nicht nur in von Menschen gestaltete Objekte zu bannen, sondern die Naturgeister bewohnen *prominente Punkte* im Raum. Sie sind wie geschaffen, den Raum sakral zu gestalten. — Die Höchsten Wesen dagegen sind für die sakrale Gestaltung von Raum und Zeit uninteressant. Sie befriedigen mehr den Intellekt als die religiösen Bedürfnisse des Menschen. Nathan *Söderblom* sagt richtig bezüglich der Höchsten Wesen – er spricht von 'Urhebern': „Auffallend ist der theoretische Charakter des Glaubens an solche Wesen. Es liegt in ihrer Annahme mehr eine Antwort auf die Frage, woher kommt dies oder jenes? wer hat es gemacht? als auf die Frage, wer kann uns helfen? wen müssen wir besänftigen, um vom Unglück befreit zu werden und Erfolg zu gewinnen?" (1926: 125). — Nun wollen wir einige Merkmale der Höchsten Wesen aufzählen, um eine genaue Vorstellung von ihnen zu bekommen.

III. Höchste Wesen oder der Hochgott

Beide Ausdrücke sind ungenau und können zu Mißverständnissen Anlaß geben. Der Ausdruck 'Höchstes Wesen' könnte vermuten lassen, daß es bei einem gegebenen Volk ein ganzes Pantheon von Wesen gibt und eins davon das graduell höchste ist. Man drückt also bereits im Namen aus, was eventuell eine Untersuchung erst beweisen soll. — Der Ausdruck 'Hochgott' ist nicht minder mißverständlich, weil vorausgesetzt wird, daß es sich bei dem Wesen um einen 'Gott' handelt. Diese Aussage muß aber mehr als fraglich erscheinen. Man wird also gut daran tun, bei jedem der beiden Ausdrücke Vorbehalte anzumelden. Wenn es sich um ein konkretes Wesen handelt, löst sich die Schwierigkeit von selbst, weil dann der Eigenname des Wesens gebraucht wird. Die Sprachen der Naturvölker verfügen gewöhnlich nicht über Gattungsnamen wie 'Gott' oder 'Höchstes Wesen'. Sie verwenden konkrete Eigennamen.

1. Begriffserklärung

a) *Monotheismus*: Wir verstehen darunter den Glauben an einen einzigen Gott, welcher gleichzeitig die Existenz anderer Götter ausschließt. — Diese theoretische Form des Monotheismus scheint eine relativ späte Entwicklung in der Menschheitsgeschichte zu sein. Voll entwickelt wurde der Monotheismus nach Norbert Lohfink (1977: 134) im Alten Testament erst zur Zeit des Babylonischen Exils (597—538 v. Chr.) beim Propheten Deuterojesaya. Dies sei in etwa auch die Zeit Zarathustras und der Vorsokratiker, wo man ebenfalls zum Monotheismus vordrang. Von der Zeit der Patriarchen spricht Lohfink als von 'Clangöttern', „das war normaler Nomadenpolytheismus" (ibid.).

b) *Henotheismus*: Max Müller (1823—1900) führte diesen Begriff in die Religionswissenschaft ein, und zwar als 'Monotheismus des Affekts und der Stimmung'. Der Begriff besagt, daß der Gläubige im Augenblick nur einen Gott und zwar als Hauptgott verehrt. Er schließt aber weder die Existenz noch die Verehrung anderer Götter aus. Hierher dürfte der Monotheismus von Paul Radin gehören, wenn er schreibt: „... from my own experience I am inclined to assume that a limited number of explicit monotheists are to be found in every primitive tribe that has at all developed the concept of a Supreme Creator. And if this is true we can safely assume that they existed in Israel even at a time when the mass of the people were monolatrists" (1954: 29).

c) *Monolatrie*: Sie besagt die Verehrung eines Gottes, ohne daß damit Existenz und Verehrungswürdigkeit anderer Götter negiert würden (häufige Situation im Hinduismus).

d) *Theismus*: Nach G. van der Leeuw, einem Vertreter der Religionsphänomenologie, behauptet der Theismus dem Atheismus gegenüber die Existenz eines Gottes, welcher — entgegen dem Polytheismus und Dualismus — *einer* ist, sich aber von der Welt unterscheidet und auf sie einwirkt, sie auch geschaffen hat (gegen den Pantheismus) und schließlich eine mit Willen begabte, lebendige Person ist (gegen den Deismus gerichtet).

e) *Deismus*: Er ist der Gottglaube an einen 'Gott im Hintergrund'. Man leugnet zwar nicht die Existenz Gottes, aber sein Wirken auf die Schöpfung und die Vorsehung. Er ist wie ein Uhrmacher, der die Uhr aufzieht und von alleine gehen läßt. Der Deismus ist die religionsphilosophische Lehre der Aufklärungszeit.

f) *Monismus*: Er behauptet die Erklärung der gesamten Wirklichkeit aus einem Prinzip heraus. So sind der Pantheismus, in gewisser Weise auch der primitive Dynamismus und ebenso der Materialismus monistisch.

g) *Dualismus*: Es handelt sich um die Wirklichkeitserklärung aus zwei Prinzipien heraus, einem guten und einem bösen, welche beide aus sich existieren. So wird oft das Übel, das Unvollkommene als Kreatur des bösen Prinzips angesehen.

h) *Polytheismus*: Er ist der Glaube an die Existenz mehrerer Gottheiten. Diese können, müssen aber nicht hierarchisiert sein. Sie können aus einer Aufgabenteilung erklärt werden, aber auch aus dem Zusammenschluß mehrerer Lokalnumina oder aus verschiedener ethnischer Herkunft.

2) Merkmale der Höchsten Wesen

Josef Haekel, ein kritischer Vertreter der Wiener Schule, beschreibt folgendermaßen Höchste Wesen: „Im allgemeinen handelt es sich um ein im Himmel wohnhaft gedachtes persönliches, geistiges und gutes Wesen von großer Macht, als Schöpfer der Welt und der Menschen, ohne Anfang und ohne Ende, als Wohltäter der Menschen, Spender der Nahrungsmittel, Urheber der Sittlichkeit, der demnach auch das Jenseitslos der Menschen bestimmt, absoluter Herr über Leben und Tod ist" (in König 1956: 364).

Nathan Söderblom nennt es 'Urheber' und hebt damit das wichtigste Element dieses Wesens hervor; es sind in erster Linie Schöpferwesen. Im Laufe der Geschichte der Religionsethnologie gab es viele wissenschaftliche Auseinandersetzungen wegen dieser Wesen. Wilhelm Schmidt und seine Schule rückten diese Wesen gerne in die Nähe des christlichen Gottesbegriffes. W. Schmidt glaubte sogar, von einem 'Monotheismus der Urvölker' sprechen zu können. Wir sprechen daher heute gerne vom 'Urmonotheismus'. Diese Schöpferwesen gibt es zwar bei allen noch lebenden Wildbeutervölkern, also bei der ältesten uns faßbaren Schicht, aber es handelt sich nicht um aktive Gottheiten, sondern um otiose Himmelswesen.

Die Beschreibung Haekels vom Höchsten Wesen bezieht sich vor allem auf die Wesen der Wildbeuter und Hirtenvölker. Sie identifizieren gerne Schöpferwesen und Himmel; Fruchtbarkeitswesen sind ihnen noch weitgehend unbekannt. In Pflanzer- und Ackerbaukulturen wird dagegen die Rolle der Höchsten Wesen noch weiter zurückgedrängt. Sie werden vom Ahnen- und Fruchtbarkeitskult geradezu überwuchert.

Für den afrikanischen Bereich kann für eine Anzahl Höchster Wesen gezeigt werden, daß sie ursprünglich Ahnengestalten waren, welche das Schöpferwesen — so eines vorhanden war — verdrängt oder überlagert haben. Es handelt sich dabei offensichtlich um weit entfernte Ahnen eines Königklans, die aber nicht mehr als solche empfunden werden. So ist z. B. das in Schwarzafrika weitverbreitete Wesen *Kalunga* sicher enger mit dem Wohnort der Abgeschiedenen in Verbindung zu bringen als mit einem Hochgott. Der von Süd- bis Westafrika gebrauchte Gottesname *Nzambi* ist zwar heute ein theophorer Name, aber in den ältesten Dokumenten wird Nzambi für die Bezeichnung eines Königs gebraucht. Man muß also vermuten, daß Nzambi ursprünglich ein Königsahn war. Ähnliches kann vom Gottesnamen *Mulungu* ausgesagt werden, welcher vor allem in Ost- und Südafrika in Gebrauch ist. Carl Meinhof (1932) bringt die Wurzel *-*lungu* mit dem Urbantuwort für 'Sippe' in Zusammenhang, so daß die jetzigen Gottesnamen *Mulungu* und *Kalunga* ursprünglich als Exponenten der Sippe, also als Urahn fungierten. Der in Südafrika z. B. bei den Zulu verbreitete Gottesname *Unkulunkulu* heißt soviel wie 'der ganz Alte', wiederum ein Hinweis, daß es sich wahrscheinlich um eine Ahnenfigur handelt. Ähnlich heißt bei den Munda in Nordost-Indien Gott, wenn er mit den Schöpfermythen in Zusammenhang steht, *Haram*, der Alte, ansonsten *Singbonga* (siehe Hoffmann 1931—1979).

Ähnliche Verquickungen zwischen Höchsten Wesen und Ahnen sind bei vielen afrikanischen 'Gottesnamen' nachzuweisen. Ob es sich dabei immer um Urahnen handelt, kann nicht mit Sicherheit gesagt werden, aber Überlagerungen und Beeinflussungen haben mit Sicherheit im Laufe der Geschichte immer wieder stattgefunden. Nimmt man allerdings die heutige Situation, wie diese Gottesnamen jetzt gebraucht werden, so ist die Lage klar: Die Eigennamen *Nzambi, Mulungu* usw. bezeichnen heute eindeutig Schöpfergottheiten. Hier haben sicher christliche Mission und Einfluß des Islams auf die Vergöttlichung dieser Wesen stark eingewirkt. Die Mission hat ja immer wieder die Eigennamen für die Höchsten Wesen als Bezeichnung des christlichen Gottes übernommen. Im Laufe der Zeit entstand eine Identifikation zwischen christlichem Gott und traditionellem Höchsten Wesen. Vor allem im Küstenbereich, wie z. B. im alten Kongoreich oder im heutigen Ghana, wo schon sehr früh europäische Seefahrer und Missionare hinkamen, ist die Beeinflussung durch das Christentum sehr alt.

3. Aufgaben der Höchsten Wesen

Wie schon erwähnt, ist die eigentliche Tätigkeit der Höchsten Wesen das Erschaffen der Menschen, Tiere, Pflanzen wie überhaupt die Ausgestaltung der Welt. Die eigentliche Erschaffung der Welt aus dem Nichts ist bei Naturvölkern kaum verbreitet. Sie begnügen sich mit einem Umgestalten einer vorliegenden Materie. Vielfach wird sogar die Existenz der Welt bereits vorausgesetzt. Das Schöpferwesen bevölkert dann sozusagen die Welt mit lebenden Kreaturen.

Die eigentliche Tätigkeit des Schöpferwesens ist also die Erschaffung von Lebewesen. Es ist für die Existenz, aber auch für das Sterben der Lebewesen verantwortlich. Was sich allerdings zwischen Geburt und Tod in einem Menschen abspielt, berührt den Schöpfer häufig nur in geringem Ausmaß. Diesen Bereich nehmen meistens dynamischere Mächte wahr. Bei den Bantuvölkern wird das Höchste Wesen oft bei schwierigen Geburten angerufen. Wird z. B. ein Kind geboren, das nicht atmet, so ruft man *Nzambi* an und bittet ihn, es zu beleben. Genauso wird von einem Menschen gesagt, der im Sterben liegt: er ist bereits ein Mensch des *Nzambi*, d. h. das Schöpferwesen hat bereits das Leben wieder an sich genommen. Bei einer großen Epidemie erlebte ich am Kasai, daß die Alten im Friedhof saßen und tagelang Klage hielten. Ein Alter sagte mir: Wir rufen *Nzambi* an, daß er uns noch nicht alle in die Erde hole.

Bei Jäger- und Hirtenvölkern wird der Himmelsgott auch häufig um Nahrung angegangen. Bei den Pflanzervölkern Zentralafrikas fand ich nicht, daß man sich in Hungerszeiten an das Höchste Wesen um Nahrung gewendet hätte. Zunächst flehte man die Ahnen und Naturgeister um Fruchtbarkeit der Felder und Tiere an. Es kommt allerdings vor, daß in ausweglosen Situationen auch das Höchste Wesen gebeten wird.

Bei Wildbeutern und Hirtenvölkern sind Opfer an das Höchste Wesen gebräuchlich. Auch von Pflanzern gibt es Berichte, daß dem Höchsten Wesen geopfert wird; so etwa von den Baluba am Oberlauf des Kasai. Die Regel ist es jedoch nicht. Die Höchsten Wesen sind durchweg *dei otiosi*. Sie setzen die Welt und die Lebewesen in Existenz und überlassen sie dann ihrem Schicksal, also eine Art Deismus.

Diese traditionelle Auffassung vom Höchsten Wesen gehört jedoch fast überall, besonders aber in Schwarzafrika, bereits der Vergangenheit an. Wenn heute Afrikaner ihre traditionelle Religion darstellen, so beschreiben sie vielfach die gegenwärtige Konzeption der Höchsten Wesen; diese sind jedoch weitgehend vom Christentum und vom Islam geprägt. Das gegenwärtige Gottesbild wird dann als traditionelle Konzeption des Schöpferwesens in die Vergangenheit projiziert. Doch ursprünglich scheinen die Naturvölker kein Schöpferwesen gekannt zu haben, das in etwa einem alttestamentlichen Gottesbegriff und Monotheismus gleichkäme; im besten Falle könnte man von einer Monolatrie sprechen.

13. Kapitel
Das Kunstschaffen

Wann der Mensch das Schöne als Wert entdeckte und in seinen Arbeiten darzustellen begann, wissen wir nicht. Sicher ist aber, daß der Mensch der letzten Eiszeit bereits Künstler war und mannigfache Formen einer eindrucksvollen Kunst hinterließ. Hans-Georg Bandi und Johannes Maringer schreiben zum Zeitpunkt dieser Kunst: „Als die Künstler der Eiszeit in Europa lebten und ihre staunenswerten Werke schufen, hatte diese letzte Vereisung ihren Höhepunkt eben überschritten und befand sich in der Abschmelze" (1952: 9). Man ist sich einig darin, daß das Ende der Eiszeit mit 10.000 v. Chr. anzusetzen ist, über den Beginn der Eiszeitkunst ist man sich aber uneins. Es sprechen gute Gründe dafür, daß sich dieses Kunstschaffen zwischen 30.000 und 10.000 v. Chr. vollzog.

Es gibt aber auch Hinweise, daß vielleicht schon der Neandertaler, welcher vor 70.000 Jahren in unseren Breiten lebte, mit Kunst zu tun hatte: So fand man an Wohnstellen Erdfarben, „kleine Platten mit Farbspuren, gezahnte Knochen und Hirschhorn mit geometrischen Ritzzeichnungen. Es ist anzunehmen, daß einige von ihnen malten und gravierten ..." (Moulin 1966: 9).

Der Träger der Eiszeitkunst war aber nicht der Neandertaler, sondern eine Sapiens-Form, welche den heutigen Rassen sehr ähnlich war. Wahrscheinlich waren vor etwa 40.000 Jahren die Menschen aus Asien in Europa eingewandert und haben den Neandertaler verdrängt.

Die früheste Kunst, also unsere Eiszeitkunst, ist eine typische Kunst von Jägern: Das Tier spielt darin die zentrale Rolle, der Mensch taucht kaum auf. Dies ist auch verständlich, wenn man bedenkt, daß der Mensch vom Tier lebte. Es sicherte nicht nur seine Nahrung, sondern die Felle dienten als Kleidung und Decke, Knochen, Horn und Elfenbein lieferten Material für Waffen und Geräte. So kreiste das Denken dieser Menschen ganz um das Tier. Als am Ende des Quartärs infolge des Klimawechsels die großen Herden in Westeuropa verschwinden, findet auch die Eiszeitkunst ein rasches Ende. Sie lebt aber in Ostspanien in der sogenannten 'Levantekunst' und in Nordskandinavien in der 'Arktischen Kunst' fort.

Bis in die zweite Hälfte des vergangenen Jahrhunderts hatte das Axiom Gültigkeit: Die Plastik ist Sache der Primitiven, die Malerei der Zivilisierten. Doch mit der Entdeckung der eiszeitlichen Höhlenmalereien wurde dieses Axiom durchlöchert. Dennoch scheinen die ältesten Kunsterzeugnisse Plastiken zu sein. Bandi sagt: „Merkwürdigerweise bilden den Anfang plastische

Darstellungen des Menschen. Sie treten erstmals im mittleren Aurignacien auf, um in der Spätstufe dieser Periode ihre reichste und höchste künstlerische Entfaltung zu zeigen; das Magdalénien kennt sie auch noch[1]. Die Funde verteilen sich über das weite ehemals eisfreie Gebiet vom Fuß der Pyrenäen bis zum Baikal-See. Alles in allem liegen mehr als 130 Stück vor. Frauenstatuetten bilden die überwiegende Mehrheit ... Alles Individuelle und Porträthafte erscheint an ihnen ausgeschaltet, die weiblichen Merkmale hingegen sind oft stark betont oder übertrieben ... Wohl die bekannteste Plastik ist die Kalksteinfigur von Willendorf" (1952: 28).

Wenn jedoch von der Kunst der Naturvölker die Rede ist, denken wir unwillkürlich an die Plastiken in unseren Völkerkundemuseen. Die Malereien, alte wie rezente, bekommt man ja nur selten zu Gesicht. Doch die Naturvölker kennen neben der Plastik und der Malerei noch eine ganze Reihe anderer Kunstformen. Man denke nur, wie wichtig für alle diese Völker die Musik und der Tanz sind. Auch die Wort- und Erzählkunst spielen zumeist eine große Rolle. Bei fortgeschrittenen Ethnien, und zumal in archaischen Hochkulturen, nimmt die Textilkunst einen breiten Raum ein; auch die Architektur wird auf einem bestimmten Niveau zur Kunstform.

Des Überblicks wegen seien hier zunächst einige der genannten Kunstformen kurz vorgestellt; danach will ich näherhin auf die Plastik und die dahinterstehende Weltanschauung eingehen. Die Plastik wird ja traditionellerweise viel stärker mit der Ethnologie assoziiert als die anderen Kunstformen; vielleicht deshalb, weil die allermeisten Plastiken viel mehr mit der Religion als mit der Kunst zu tun haben.

I. Kunstgattungen

1. Die Malerei

a) Eiszeitkunst

Abbé Henri *Breuil* (1877—1961), einer der bekanntesten Vorgeschichtler unseres Jahrhunderts, beschreibt die Entdeckung der Malerei durch den Frühmenschen: „Seine mit Ocker oder Ruß beschmutzten Hände legten sich auf

---

1. Die Kulturperioden der jüngeren Altsteinzeit sind: 1. Aurignacien, nach der Fundstätte Aurignac (Haute-Garonne, Südwest-Frankreich) benannt. Sie beginnt um etwa 30.000 v. Chr. 2. Solutréen, nach der Fundstätte Solutré (Saône-et-Loire) benannt. Beginn etwa um 18.000 v. Chr. Stillstand der Malerei, Fortgang der Relief-Kunst, außerordentliche Vervollkommnung der Steinwerkzeuge. 3. Magdalénien, benannt nach der Fundstätte La Madeleine (Dordogne). Hier werden drei Phasen unterschieden: a) Älteres Magdalénien, um 15.000 v. Chr. (Lascaux, Pech-Merle...). b) Mittleres Magdalénien, um 12.000 v. Chr. (Altamira, Niaux, Les Trois-Frères...). c) Jüngeres Magdalénien, um 10.000 v. Chr.; Manierismus; die Eiszeitkunst verschwindet schnell durch den Klimasturz.

die glatte Wand – und der Mensch sah sie, das war die erste Wandmalerei. Er variierte sie, stellte sie im Negativ dar, und zeichnete sie mit Farbe ab. Wie bei den Umrißzeichnungen auf Lehm, zog der Mensch den Strich zuerst dreimal mit dem Finger nach, schließlich gelang ihm die einfache Linie, und er hatte die farbige Zeichnung entdeckt" (zitiert bei Moulin 1966: 16).

Wie schon erwähnt, sind bis heute die ältesten Malereien, welche wir als Kunst bezeichnen können, die Felsbilder der franko-kantabrischen Höhlen der letzten Eiszeit. Die Bilder von Lascaux, Les Trois-Frères, Altamira sind natürlich nicht die ersten Malereien des Frühmenschen; dafür sind sie viel zu perfekt in der Ausführung und setzen eine lange Entwicklung voraus. In Lascaux spielt bereits die Polychromie eine wichtige Rolle, und die Bewegung der Tiere wird meisterhaft dargestellt. Abbé Breuil datierte Lascaux in die Zeit 24.000 bis 19.000 v. Chr., André Leroi-Gourhan (geb. 1911) in das Altmagdalénien (etwa um 15.000 v. Chr.). Radiokarbondaten ergeben 15.000 und 13.500 v. Chr.

Fragt man nach dem Sinn der Eiszeitkunst, so war die Triebfeder ihrer Entstehung sicher nicht nur die Freude am Schönen, so als ob der Mensch am Ende der Eiszeit bereits nach dem Motto 'l'art pour l'art' gehandelt hätte. Er suchte zwar bereits das Schöne, aber die Triebfeder ihrer Entstehung waren religiös-magische Gedanken: Man wollte über die Bilder auf das Tier Einfluß nehmen, von dem ja die Existenz des Menschen abhing. Mit anderen Worten, man kann darin eine Art Jagdzauber sehen.

b) Levantekunst

Um 10.000 v. Chr. verschwindet die Eiszeitkunst ziemlich abrupt. „In der ostspanischen Küstenzone, von der Provinz Lerida im Norden bis nach Cadiz im Süden, findet sich eine beträchtliche Zahl eigenartiger Felsbilder, die von jenen der franko-kantabrischen Eiszeitkunst in verschiedener Hinsicht abweichen" (Bandi 1952: 114). Man nennt diese Kunst 'Levantekunst'.

Sie unterscheidet sich von der Eiszeitkunst unter anderem in folgenden Punkten: Bei der Levantekunst handelt es sich mehrheitlich um Malereien; Gravierungen sind viel seltener als bei der Eiszeitkunst. Die Objekte sind klein, oft nur handgroß; die vorherrschende Farbe ist Hellrot bis Rotbraun, aber auch Schwarz und Weiß werden verwandt. Mit den Tieren werden auch fast immer Menschen dargestellt, welche die Tiere mit Pfeil und Bogen jagen (bereits Reflexbogen!).

Die Menschendarstellungen ähneln in vielen Belangen denen der Felsbilder der Sahara, besonders jenen des Tassili-Gebirges: etwa die breiten Oberschenkel der Menschen, ihr gestreckter Lauf, die Haltung des (bisweilen Reflex-)Bogens, Halterung der Pfeile an der Hüfte und vor allem die Bilderzählung, die in Afrika häufig, in der Eiszeitkunst aber sehr selten ist. Bandi meint: „Die Levantekunst ist also wahrscheinlich zu einem Zeitpunkt entstanden, als der in der franko-kantabrischen Eiszeitkunst wurzelnde, auf Einzeldarstellungen tendierende Tierbilderstil mit den wohl aus Afrika kommenden Elementen der Menschenfigur und der Bilderzählung in Berührung geriet und sich mit ihnen vermischte" (1952: 141). Die ältesten Malereien könnten etwa 8.000 bis 10.000 v. Chr. entstanden sein. Das wäre auch in etwa die Zeit der saharanischen Felsbilder.

c) Arktische Kunst

Im Norden Skandinaviens werden seit Mitte des vergangenen Jahrhunderts steinzeitliche Malereien und Gravierungen entdeckt, die von Jägern und Fischern herrühren. Auch hier sind die Bilder an schwer zugänglichen Stellen angebracht und dienten sehr wahrscheinlich dem jägerischen Bildzauber: der Tiervermehrung (sich folgende Tiere) und der Tötung (Wiedergabe von Spuren). Ein häufiges Motiv ist die Darstellung der Lebenslinie: Vom Maul geht eine Linie in die Mitte des Tierleibs, wo ein Gebilde ist, das man als Herz oder Lunge deuten könnte. Man spricht, da auch das Knochengerüst zu sehen ist, vom 'Röntgenstil'. Dieser Stil ist über Teile Sibiriens und bis nach Nordamerika verbreitet.

Eine bereits in der Levantekunst — besonders aber in der zentralen Sahara — beobachtete Eigenart findet sich auch hier: Es ist die 'verdrehte Perspektive'; in ihr wird das Tier im Profil dargestellt, der Kopf mit Gehörn und Geweih aber en face. Der Mensch ist, außer auf sibirischen Felsbildern, selten zu sehen. Die hauptsächlich gezeigten Tiere sind Elch, Ren, Bär, Wal und Fische.

Über das Alter der Arktischen Kunst ist man sich nicht einig: Die Angaben schwanken zwischen 1.500 und 5.000 v. Chr. Ein direkter Zusammenhang mit der westeuropäischen Eiszeitkunst besteht kaum. Aber älteste europäische Jägerkunst hat bis nach Sibirien ausgestrahlt, und dort scheint die nordnorwegische Kunst ihren Ursprung zu haben.

d) Kunst der Zentralsahara

Von Felsbildern in Afrika weiß man seit längerer Zeit als von jenen Europas. Nach Willett (1977: 43) weiß man von Felsbildern in Moçambique seit 1721 und in Südafrika seit 1752. Auch Heinrich Barth hat bereits 1850 über Felsbilder in der Sahara berichtet. Von Bildern aus dem Tassili-Gebirge weiß man seit 1909 durch den französischen Hauptmann Cortier, aber erst in den fünfziger Jahren wurden sie systematisch erschlossen. Inzwischen ist ihre Zahl auf mehrere Zehntausende angewachsen. Henri Lhote hat mit jungen Malern und Photographen die überhängenden Felswände nach Bildern abgesucht und sie aufgenommen. Anfang der sechziger Jahre konnte man noch Knochen, Fischgräten, Mörser und Werkzeuge in den Höhlen finden; die vielen Touristen haben inzwischen großen Schaden angerichtet.

Henri Lhote glaubt, daß die ältesten Tassili-Bilder etwa um 8.000 v. Chr. entstanden sind. Willett berichtet, daß die ältesten Radiokarbondaten im Tassili in die Zeit von 5.450 bis etwa 300 v. Chr. verweisen, im südlich gelegenen Hoggar-Gebirge auf 3.460 bis etwa 300 v. Chr. Ob die Bilder der gleichen Zeit entstammen, ist damit nicht gesagt. Jedenfalls war damals die zentrale Sahara noch grün, es gab Großwild wie Elefanten, Giraffen, Nashörner, ja sogar Krokodile, und Jägervölker fanden leicht ihren Lebensunterhalt. Die Pollenanalyse ergibt, daß zwischen 3.250 bis 2.850 v. Chr. die zentralen Gebirge der Sahara noch mit Eichen, Oliven, Zypressen, Linden und Erlen bewachsen waren (siehe Lajoux 1962: 10).

Es finden sich in der zentralen Sahara Gravierungen und Malereien, letztere überwiegen aber bei weitem. Oft läßt sich feststellen, daß Linien, bevor sie mit dem Pinsel ausgeführt wurden, vorher in den Felsen geritzt wurden. Als Farbe diente an Ort und Stelle vorgefundener, verschiedenartiger Schiefer. Rot-, Braun- und Ockertöne herrschen vor.

Henri Lhote teilt die Bilder in vier große Perioden ein:
— Die Periode der *Jäger* oder des Kaphirsches; Anfang des Neolithikums, ca. 8.000 bis 6.000 v. Chr.
— Die Periode der *Rinderhirten*; ca. 6.000 bis 1.200 v. Chr.
— Die Periode der Hirten mit Wagen und Reiterei oder die Periode des *Pferdes*; 1.200 v. Chr. bis zur Zeitenwende.
— Die Periode des *Kamels*; von 50 v. Chr. bis zur Jetztzeit.

— — —

Nach Frank Willett (1977: 52-54) geht die älteste, die *Jägerperiode*, bis etwa 4.000 v. Chr. Sie ist gekennzeichnet durch rohe Steinäxte, rundköpfige Menschen, das Fehlen von Töpferei und Mahlsteinen. Als Tier herrscht der Bubalus antiquus vor.

Von 4.000 bis 1.200 ist die Periode der *Rinderhirten*. Es werden die Rinder und das Leben im Kral dargestellt. Man besitzt bereits Töpferei, Mahlsteine, polierte Äxte, Pfeilspitzen, Knochen von Rindern, Schafen und Ziegen.

Von 1.200 an haben wir die Periode der *Reiter*. Hier scheint Einfluß von Kreta vorzuliegen, „nicht nur im Stil der Zeichnungen (so der fliegende Galopp der Pferde), sondern auch bezüglich der Waffen. 'Das Volk vom Meere' kam von Kreta als Verbündeter der Libyer der Cyrenaica, um die Ägypter jener Zeit anzugreifen" (Willett 1977: 53).

Wann das *Kamel* kam, ist unsicher. Die Römer kannten es sicher; es könnte bereits 700 v. Chr. eingeführt worden sein. In der Periode des Kamels findet die Tassili-Kunst ihren endgültigen Niedergang: Sie wird immer schematischer und geht schließlich in Zeichen und Symbole über.

e) Malereien der Jetztzeit

Neben den genannten prähistorischen Malereien gibt es natürlich auch zahlreiche Malereien bei Naturvölkern der Jetztzeit. Es seien hier nur einige wenige Ethnien, welche ob ihrer Malerei bekannt sind, genannt.

Die Ureinwohner Australiens malen mit Erdfarben auf Baumrinden. Damit die Farbe haftet, mischen sie dem in Wasser aufgelösten Ton Öl bei. Die Grundierung der Rinde wird mit Rotocker vorgenommen, die Hauptfigur in gelbem Ocker verfertigt.

Die Abelam in Papua-Neuguinea (in den Maprik-Bergen) bemalen die Giebel ihrer bis zu fünfundzwanzig Meter hohen Männerhäuser mit Ahnenköpfen. Palmblattscheiden werden derart aneinandergeheftet, daß eine glatte Fläche zum Malen entsteht. Man verwendet vor allem Erdfarben. Gute Maler sind sehr gefragt.

Die Polynesier färben ihre Rindenstoffe, 'Tapa' genannt, mit geometrischen Mustern. In Polynesien wird Tapa vom Maulbeerbaum gewonnen, eingeweicht und dann geklopft. In Neuguinea wird der Bast meist von einer Ficus-Art gewonnen.

Die Malerei ist bei sehr viel mehr Ethnien bekannt als man sich gemeinhin vorstellt; doch da die Malunterlage sehr vergängliches Material ist (Rinde, Faser, Blätter, Bambus, Häute), ist es eine Ausnahme, wenn sich ein auf solches Material gemaltes Bild längere Zeit hält und den Weg in unsere Museen findet.

2. Musik und Tanz

Kann man die Malerei cum grano salis den Jägern zuordnen (ganz gelingt dies nicht, denn es gibt auch Pflanzer, z. B. die Abelam, welche malen), so fällt es schwer, Musik und Tanz mit einer bestimmten Wirtschaftsform in Beziehung zu bringen. Die Hirten allerdings pflegen die Musik sehr, und zwar besonders bestimmte Formen, welche die Aufsicht bei den Herden nicht beeinträchtigen, so etwa das Flötenspiel.

Bei den allermeisten Hirten ist die plastische Kunst recht spärlich vertreten, man pflegt aber dafür ganz besonders die Musik und die Wortkunst. Von den Hirten Ostafrikas sagt Jacques Maquet: „Dieses Gebiet ist eine musikalische Region. Sie wird durch die besondere Rolle der Schlaginstrumente charakterisiert, die häufig allein gespielt werden, während der Gesang durch Saiteninstrumente wie die Zither und den Musikbogen begleitet wird. ... Im Gebiet der Großen Seen vor allem singen Frauenchöre am Abend liebliche Wiegenlieder und melancholische Liebeslieder" (1962: 143).

Doch Musik und Tanz spielen bei allen Ethnien eine große Rolle. Selbst bei einfachen Wildbeutern, die kaum technisch ausgearbeitete Musikinstrumente besitzen, sind Musik und Tanz die abendliche Hauptbeschäftigung. So etwa leihen sich Pygmäen häufig für besondere Feste Trommeln von den Negern aus, denn sie selbst machen sich meist nur rudimentäre Erdtrommeln; dazu besitzen sie den Musikbogen und verwenden Klanghölzer.

Die Musikethnologie ist seit Jahrzehnten bereits ein selbständiges Fach an unseren Universitäten. Der Ethnologe befaßt sich deshalb mehr mit dem sozialen oder religiösen Aspekt der Musik als mit der Musik selbst.

3. Die Wortkunst

Wie die Musik so kann man auch die Wortkunst keiner bestimmten Wirtschafts- oder Kulturform zuordnen, wenn es auch scheint, daß die Hirten sie stärker pflegen als seßhafte Pflanzer und Ackerbauer.

Da die sogenannten Naturvölker durchweg schriftlos sind, sind wir bezüglich ihrer Dichtkunst auf die orale Tradition angewiesen, also auf Literatur, wie sie in vivo produziert wird. Das bereits veröffentlichte Material ist dennoch von einer unübersehbaren Fülle und Reichhaltigkeit. Man tut sich schwer, will man auch nur die wichtigsten Kategorien der 'oralen Literatur'[2] aufzählen. Folgende literarische Gattungen kehren bei fast jeder Ethnie immer wieder:
- Sprichwörter, Dikta, Rätsel;
- Fabeln, Erzählungen, Märchen;
- Mythen, Sagen, Historien;
- Reden, Dialoge, Zeremonialtexte, Lieder.

Bisweilen besitzen Ethnien auch große Epen, deren auswendige Rezitation tagelang dauern kann. Manchmal kommen einem Zweifel, ob das Auswendiglernen oder das Niederschreiben solcher Epen die größere Leistung darstellt.

Wer orale Literatur bei einer Ethnie aufnehmen will, tut gut daran, sich möglichst viel Hintergrundwissen mit anzueignen, denn sonst bleiben ihm viele Texte unverständlich, auch wenn er sie übersetzen kann. Auf zwei häufig begangene Fehler sei aus eigener Erfahrung bei der Aufnahme oraler Literatur hingewiesen:
○ Man unterbreche einen Erzähler nicht in seinem Redefluß und nehme auch die x-te Variante eines Themas auf. Erst die Summe aller Varianten ergibt das ganze Motiv.
○ Man übersetze möglichst noch an Ort und Stelle die Aufnahme, wenn möglich mit dem Erzähler selbst, damit man sicher ist, den intendierten Sinn verstanden zu haben.

---
2. Diese an sich widersinnige Wortbildung hat sich eingebürgert. Der erste Gedanke beim Hören des Wortes 'Literatur' richtet sich auf sprachlich kunstvoll Formuliertes, nicht auf Niedergeschriebenes; 'orale Literatur' ist insofern vertretbar.

Vieles, was heute als Übersetzung aus einheimischen Sprachen herauskommt, ist bestenfalls eine Paraphrasierung. Für wissenschaftliche Arbeiten sind solche 'Übersetzungen' nahezu unbrauchbar. Bei glatten Übersetzungen von Sprichwörtern, Märchen, Mythen usw. ins Deutsche kann man fast sicher sein, daß gemogelt wurde, denn viele Begriffe, Anspielungen, sozioökonomische Voraussetzungen sind einfach nicht ohne weiteres übertragbar, sondern bedürfen langer Erläuterungen, um verstanden zu werden. Gut lesbare Übersetzungen opfern deshalb meist die für die Wissenschaft so wichtigen Details.

4. Weitere Kunstgattungen

Auf die vielfältigen Kunstgattungen, welche hier noch vorgestellt werden müßten, kann aus verständlichen Gründen nicht eingegangen werden: so etwa auf die Töpferei, auf die Textilkunst, die Architektur, die Ledererzeugnisse usw. Wer sich für spezielle Kunsterzeugnisse interessiert, ist gut beraten, wenn er die Ausstellungskataloge großer Völkerkundemuseen durchgeht. Häufig findet man Kataloge zu einem Thema, bisweilen regional eingeengt, aber praktisch immer mit der einschlägigen Fachliteratur. Man sollte die Museumskataloge auch konsultieren, wenn es um die Kunst der Naturvölker ganz allgemein geht. Da die Kataloge oft anonym erscheinen, hat der Anfänger häufig Schwierigkeiten, sie aufzufinden.

5. Die Plastik

Die plastische Kunst ist zwar keiner einzelnen Kultur- und Wirtschaftsform ausschließlich zuzuschreiben, dennoch ist sie mit den Pflanzern, Ackerbauern und den Stadtkulturen mit Handwerkertum mehr verbunden als mit den Wildbeutern, Jägern und Hirten. Sie ist bei Pflanzern und Ackerbauern zahlenmäßig sehr stark vertreten, ihre höchste künstlerische Ausformung erreicht sie aber, wenigstens was Afrika angeht, an Königshöfen und in Städten; denken wir nur an Zentren wie Ife, Benin, Kumasi und andere Königshöfe. Hier an den Höfen, wo es bereits spezialisierte Handwerker und Künstler gibt, beginnt die Kunst sich auch in ihrem Wesen zu wandeln: Jetzt wird das Schöne Selbstzweck, 'l'art pour l'art' wird Ziel des Kunstschaffens, also eine Vorstellung, welche in einfacher strukturierten Kulturen noch unbekannt oder doch nur im Ansatz bekannt ist. In den einfachen Kulturen sind die Kunstobjekte an erster Stelle religiöse Ausdrucksmittel; das Schöne ist noch nicht Selbstzweck.

Deshalb setzen Naturvölker auch andere Erwartungen in diese Objekte als wir. Ein Objekt ist gut und wertvoll, wenn es wirksam ist, nicht aber wenn es künstlerisch schön und gelungen ist. Ich habe in Zentralafrika wiederholt erlebt, daß man Statuetten oder Masken in den Busch warf, wenn sie trotz Opfergaben nicht halfen, ungeachtet ihrer künstlerischen Qualitäten. Nun gibt es bei den meisten Ethnien auch profane Kunstwerke; es ist aber im einzelnen schwer zu sagen, was ein rein profanes Objekt ist und was bereits in die sakrale Sphäre reicht. So z. B. kennen die Basuku im Zaïre kunstvolle Palmweinbecher aus Holz, sogenannte *kopa*. Auf den ersten Blick ein rein profanes Objekt. Sieht man sich aber eine Reihe solcher Becher an, dann entdeckt man Gesichter darauf, bei Nichtchristen Kreuze, auch den Gekreuzigten selbst und anderes mehr.

Da bei Palmweingelagen gerne einem Feind Gift verabreicht wird, sollen die Figuren auf den Bechern vor Gift schützen. So profan so ein Trinkgefäß aussieht, so reicht es doch wiederum in die sakral-magische Sphäre. Ähnliches könnte von kunstvollen Nackenstützen einer Ethnie Papua-Neuguineas gesagt werden: Auf einer Nackenstütze ruht man sich gut aus und hat angenehme Träume, auf einer anderen Alpträume. Man sieht, das rein profane Objekt hat in einer bestimmten Weltanschauung Seltenheitswert.

Normalerweise verfügt eine Ethnie nur über wenige Typen von Objekten; etwa einige Typen von Statuetten, einige Maskentypen, einige scheinbar profane Erzeugnisse: Löffel, Becher, Webrollenhalter, verzierte Hausbalken, Speichertüren usw. Meist aber ist die Typenvielfalt einer Ethnie nicht groß.

Da für jeden Typus in einer Ethnie seit Generationen jedes Merkmal festgelegt ist, kann der Künstler oder Handwerker recht abstrakt arbeiten, er wird dennoch von allen, die das nötige Hintergrundwissen haben, verstanden. Die konkreten Züge der Figuren können sich deshalb im Laufe der Geschichte immer mehr verlieren, ohne daß dadurch das Verständnis geschmälert würde.

— — —

Aus dem Gesagten ergibt sich auch, daß die naturvölkliche Kunst kaum einmal porträtieren will. Die natürlichen Proportionen sind für sie uninteressant; sie stellt gewöhnlich das Wichtigste am größten dar. Die Europäer sprachen von der 'afrikanischen Proportion' und meinten damit die Einteilung des menschlichen Körpers in drei Drittel: Kopf, Rumpf und Beine machen je ein Drittel aus, wobei die Beine oft auch ganz fehlen können.

Wir kennen von Naturvölkern zwar auch sehr dynamische Statuetten und Masken, aber in der überwiegenden Mehrzahl wirken sie doch eher statisch. Vielleicht hängt dies unter anderem damit zusammen, daß man einen Ahnen- bzw. Geistertypus darstellen will, der im Jenseits lebt. Er soll Ruhe ausstrahlen. Die Gliedmaßen, wenn sie überhaupt vorhanden sind, werden rudimentär dargestellt; die Arme an den Körper angelegt, die Beine verkürzt und in den Knien eingewinkelt; die Füße sind großflächig und gehen in einen Sockel über, damit die Figur auf dem unebenen Lehmboden der Hütte stehen kann oder aber man gräbt die Füße in die Erde ein, dann werden sie bald von Termiten zerfressen sein. So bekommt die Statuette oft ein gedrungenes, mit der Erde verhaftetes Aussehen.

Es gibt Ethnien, die schnitzen ihre Figuren flach wie aus Brettern, man spricht von einem 'Brettstil', andere wiederum – und die überwiegen – schnitzen Figuren wie Masken aus dem Kern eines Baumstammes, wobei das Herz mitten durch das Objekt geht. Bisweilen sprechen wir in Afrika sogar von einem 'Pfahlstil', dann nämlich, wenn die Figur wie um das Baumherz geschnitzt ist und ein stabförmiges Aussehen hat.

Wenn, wie gesagt wurde, dem Schnitzer die einzelnen Elemente eines jeden Typus von alters her vorgegeben sind, könnte man der Meinung sein, daß für seine persönliche künstlerische Idee nicht mehr viel Raum bleibt. Aber man vergleiche doch einmal mehrere Objekte eines gleichen Typus und man wird bald bemerken: Das eine stammt von einem Gelegenheitsschnitzer, das andere von einem Handwerker, wieder ein anderes von einem Kunsthandwerker und nur selten eines von einem Künstler, und dennoch wurden in jedem Objekt die gleichen Elemente verarbeitet.

Man könnte also sagen: Die naturvolkliche Plastik läßt nur vom Künstler her Individualität erkennen; der intendierte Inhalt dagegen bezieht sich auf einen Typus – den Ahnherrn, Erdgeist, die Gottheit usw. Der Mensch als Individuum ist in der Darstellung der naturvolklichen Kunst eine Randerscheinung.

II. Die Weltanschauung der naturvolklichen Plastik

1. Der Ahn

Der lebende Mensch ist für die uns hier interessierenden Ethnien niemals ein vollkommener Mensch. Erst derjenige, der im Jenseits zusammen mit den Ahnen lebt und selbst Ahn geworden ist, hat sein Lebensziel und somit seine Vollkommenheit erreicht. Bisweilen wird heute von Afrikanern geschrieben, der Afrikaner gehe nach seinem Tod ins Jenseits und lebe in Gemeinschaft mit Gott. Dies scheinen mir keine genuin schwarzafrikanischen Gedanken mehr zu sein, sondern hier liegt ganz offensichtlich christlicher bzw. islamischer Einfluß vor. Das höchste Ziel im Leben eines Afrikaners ist es, mit den Ahnen vereinigt zu werden. Ein Ahn wird auch nicht jeder, sondern nur, wer im Diesseits ein in der Gemeinschaft harmonisches Leben führt, einen bestimmten sozialen Status erreicht, kurz, wer auch hier bereits ein bestimmtes soziales Prestige innehat.

Vergegenwärtigt man sich, daß die Plastik in der Regel einen Urahn in seiner Vollkommenheit darstellen will, also in seinem Ahnsein, dann versteht man diese statische Ruhe und Abgeklärtheit, welche die meisten afrikanischen Plastiken ausstrahlen. Häufig wird diese Ruhe durch die Farbsymbolik noch unterstrichen. Großflächiges Weiß deutet auf den jenseitigen Status im Dorf der Ahnen hin, großflächiges Rot auf das Leben im Diesseits und besonders auch auf die Frau als das diesseitige Wesen, welches mit der Kultur, dem

Feuer, dem Haus usw. befaßt ist. Der Mann — im Gegensatz zur Frau — wird schwarz dargestellt, wandelt er doch zwischen den beiden Bereichen, der Welt der Geister und der der Lebenden. Die Frau gebiert Leben, er als Jäger und Krieger tötet Leben. Sie kultiviert den Boden, sie kocht die Speisen, sie hütet das Haus, der Mann schweift als Jäger durch das unkultivierte Land der Savanne, des Urwaldes, wo die Ahnen und Geister wohnen. Er ißt häufig auf seinen Jagdzügen rohe Speisen, sie mit den Kindern gekochte. Mann und Frau werden in der naturvolklichen Denkweise zwar nicht als in Opposition stehende Wesen gedacht, aber doch als zwei sich ergänzende Komponenten.

Um jedoch den Status der Ahnen im Jenseits richtig verstehen zu können, weshalb sie auch heute noch derart auf die Welt der Lebenden einwirken, ist es nötig, einiges über die Rolle des Todes im Denken der Naturvölker zu sagen. Ich glaube, daß die Auffassung vom Tod wesentlich für das Verständnis der Kunstobjekte ist.

2. Der Tod als Übergangsritus

a) Es ist eine Binsenwahrheit, wenn man bei Naturvölkern vom Tod als von einem Übergangsritus spricht. Will man die Kunst in ihrem innersten Kern begreifen, muß man sich bewußt machen, daß der Tod keine unüberwindliche Barriere zwischen zwei Welten, nämlich dem Diesseits und dem Jenseits ist. Er trennt nicht diese zwei Welten, sondern er ist nur ein Ritus, welcher das diesseitige Leben in eine andere Daseinsform umwandelt. Deshalb gehören auch die Ahnen im Jenseits genauso in die Gruppe der Lebenden wie diese selbst. Den Urahn der Sippe darstellen, heißt deshalb nicht, einen Verstorbenen, sondern einen, der das Leben in Fülle hat, darstellen.

b) In dieser Auffassung des Todes liegt auch begründet, daß die Ahnen die eigentlich Lebenden sind. Da die naturvolkliche Gesellschaft immer nach dem Alter hierarchisiert ist, kommt dem Ahn mehr Lebenskraft zu als dem Lebenden. Letzterer steht ja zum Ahn immer in einem Verhältnis der Unterlegenheit, weil er der Jüngere ist. Bei Naturvölkern gilt der Grundsatz allgemein — und hier braucht man, glaube ich, keine Ethnie auszunehmen —: Je näher dem Ursprung, desto mehr Lebenskraft.

c) Der Afrikaner z. B. hat eine ganze Reihe von Mechanismen ersonnen, um die Verstorbenen sichtbar und greifbar zu machen in der Gemeinschaft der Lebenden. Statuetten oder Masken zu schnitzen, in denen dann die Geister Wohnung nehmen, ist nur *eine* Form und vielleicht nicht einmal die gebräuchlichste. Manchenorts holt man den Schädel des Toten aus dem Grab und verehrt ihn im Kulthaus, anderswo hat man Altäre mit Reliquien oder man hat Objekte, die aufs Grab gelegt werden und dann die Ahnenseele beherbergen sollen; es gibt Ahnenbäume, Ahnenhölzer oder die Reinkarnation der Großeltern in den Enkeln usw.

Alle diese Mechanismen sollen den Lebenden vor Augen führen, daß der physische Tod gar nicht stattfindet, sondern nur ein Ritus ist, der die Seinsweise verändert, das Sein selbst aber nicht tangiert. Es lebt nicht nur der Geist weiter, sondern die ganze Persönlichkeit mit allen ihren diesseitigen Determinismen: Wer hier auf Erden Sklave war, wird auch im Dorf der Ahnen Sklave sein; wer hier Häuptling ist, wird auch drüben den Status eines Häuptlings innehaben. Wenn wir z. B. Afrikaner fragen, was denn nach dem Tod weiterlebt, so verstehen sie uns, je weniger sie von westlicher Zivilisation beeinflußt sind, überhaupt nicht. Wir sagen ja gerne, beim Tod trennen sich Leib und Seele, die Seele ist unsterblich, der Leib vergeht. Der Afrikaner kennt diese Dichotomie nicht. Für ihn lebt der ganze Mensch weiter. Auch der Verstorbene kann, wenn nötig, immer wiederum seinen Leib annehmen. Im übrigen besteht nach afrikanischer Auffassung der Mensch nicht nur aus zwei Prinzipien. Häufig sind es drei und bisweilen noch eine Reihe mehr. — Mutatis mutandis können diese Aussagen auch von vielen nichtafrikanischen Ethnien gemacht werden.

3. Die Funktionen der Plastik

a) Die Überwindung des Todes wird nach außen hin auch in Riten demonstriert. Damit das geschnitzte Bild zum Eikon wird, muß erst der 'Zauberpriester' bestimmte Zeremonien vornehmen, dann kommt der Ahn und nimmt darin Wohnung. Genaugenommen ist das Verhältnis noch inniger: Die Figur wird der Ahn. Sie wird daher behandelt, als ob sie der im Jenseits lebende Ahn wäre.

Als die Europäer – es waren die Portugiesen – die Verehrung der Statuetten in Westafrika zum ersten Mal sahen, waren sie der Meinung, die Neger beteten das von Hand Gemachte an; sie nannten die Objekte 'Fetische' (von feitiço, Gemachtes, Zauber). Heute wissen wir, daß sich die damaligen Portugiesen geirrt haben, aber mangels eines besseren europäischen Ausdrucks behalten wir – zumal in populärer Literatur – den Ausdruck Fetisch bei; wir müssen nur wissen, daß er grundfalsch ist.

b) Es sind natürlich nicht alle Masken und Statuetten in unseren Museen Ahnenfiguren. Häufig sind kleinere und nur lokal verehrte Fetische Behälter für unpersönliche Kräfte, welche nur für ein engumgrenztes Aufgabengebiet aktiviert werden können. So gibt es Fetische für Husten, Bauchweh, Beinbruch, Baumfällen etc. Alle diese unendlich vielen Fetische – kein Mensch kann sie auch nur von einer Ethnie kennen – können auch als Menschenfigur dargestellt werden, aber offensichtlich geschieht dies nur in Analogie zu den Ahnenfiguren.

Es gibt aber auch mächtige und über eine ganze Ethnie verbreitete Fetische, welche von den Afrikanern oft als mächtige Geistwesen ausgegeben werden.

Für den Bereich Zentralafrika konnte ich bei verschiedenen Ethnien nachweisen, daß sich hinter den 'mächtigen Geistwesen' weit entfernte und deshalb entpersönlichte Ahnen verbergen (1972, 1977b). Da der Ahn umso mächtiger ist, je näher er sich dem Ursprung befindet, kann der Urahn eines Stammes so mächtig sein, daß er vom Schöpfergott kaum noch abhebbar ist. Der Schöpfergott selbst wird aber in Afrika nur selten bildlich dargestellt.

c) Dies vorausgeschickt, können wir nun kurz die Funktion von Maske und Statuette in Schwarzafrika beschreiben. Afrika kennt selbstverständlich auch Masken zur Belustigung, zur Maskerade, doch ist dies eher die Ausnahme. Im Bantugebiet, also etwa von Kamerun bis Südafrika, rechnet man die Masken wie die Statuetten zu den *nkisi*. Inhaltlich sieht man zwischen beiden keinen wesentlichen Unterschied. Maske wie Statuette können einen Ahn repräsentieren, aber auch einen Naturgeist oder einen Kulturheros. — Bei den Basuku im Südwest-Zaïre z. B. stellt die große Kakungu-Maske den Urahn dar, vor dem die Jugendlichen in der Buschschule beschnitten werden und der sie dann als Erwachsene in den Stamm aufnimmt. — Die berühmte Antilopenmaske der Bambara in Mali stellt den Urahn und Kulturheros Tyi-wara in Antilopen-Gestalt vor. Er hat die ersten Saatkörner von Gott gebracht, deshalb werden auch zur Aussaat wie zur Ernte die Maskentänze aufgeführt, um die Tat des Urahns zu wiederholen.

Man könnte unendlich viele ob ihres Aussehens oder ihres Gehalts berühmte Masken aufführen, doch wesentlich Neues dürfte dabei nicht herauskommen. — Ganz besonders unbehaglich ist einem, wenn man als Ethnologe über Masken als Kunstobjekte unserer Museen redet, weil die Maske, die in einem Museum hängt, tot ist. Nicht nur, daß von der ursprünglichen Vollmaske nur mehr der harte Holzkern übrig ist, sondern die wichtigsten Funktionen sind bei einer Museumsmaske inexistent: Sie tanzt nicht mehr und singt nicht mehr, sie wird nicht beopfert und spendet keine Fruchtbarkeit, sie hat keinen Maskenträger mehr und greift nicht ins soziale Geschehen ihrer Gruppe ein, ja sie hat gar keine Gruppe mehr. Eine solche Museumsmaske kann im Grunde nur mehr unter dem Blickwinkel der Ästhetik gesehen werden – und der ist, wie wir bereits erwähnt haben, ganz unafrikanisch –, alles andere an ihr ist durch die Loslösung aus ihrem Milieu verlorengegangen.

Da die Maske in ihrem natürlichen Milieu spricht, singt und tanzt, vermittelt sie noch stärker als die Statuette den Eindruck, daß die Person, welche sie darstellt, real existent ist. Der Maskenträger verschmilzt je nach Ethnie ganz oder teilweise mit der Maske, die er führt, bzw. er hört auf, er selbst zu sein.

Die Statuette kennt naturgemäß weniger spektakuläre Auftritte. Der Sippenälteste oder ein verantwortlicher Zauberpriester verwahrt sie in einem Kulthaus, das man bisweilen auch Fetischhütte nennt. In Neuguinea werden Statuetten und Masken meist im Männerhaus aufbewahrt.

Bei wichtigen Anlässen werden die Statuetten beopfert und verehrt, und dann erwartet man ihre Hilfe. Solche Anlässe können sein: Krankheit, Heirat, Aussaat, Krieg, Treibjagd und tausende andere. Manche Statuetten haben eigene Priester, für andere ist das Familienoberhaupt zuständig.

Wenn eine Statuette oder Maske trotz vorschriftsmäßiger Verehrung wiederholt nicht hilft, stellt ein Wahrsager fest, daß die dargestellte Persönlichkeit sich aus dem Objekt zurückgezogen hat. Nach der Entsakralisierung wird das Objekt wertlos. Früher warf man es in den Wald, auf den Misthaufen oder verbrannte es.

4. Kurze Zusammenfassung

Porträts oder allgemeiner: Darstellungen lebender Personen sind bei Naturvölkern äußerst selten. Wenn der Mensch dargestellt wird, dann in seinem überhöhten Ahnenstatus. Da aufgrund der Altershierarchie der im Diesseits Lebende dem Ahn im Jenseits immer Unterwürfigkeit zu demonstrieren hat, kommt ihm niemals vollkommenes Sein zu. Nicht dem Lebenden kommt das Leben in Fülle zu, sondern paradoxerweise dem Verstorbenen, insofern er Ahn ist. Der Verstorbene aber, der nicht den Ahnenstatus erreicht, wie etwa Jugendliche, Selbstmörder, Taugenichtse, Unfruchtbare, an ansteckender Krankheit Verstorbene, ist nach ein bis zwei Generationen vergessen. Es würde niemandem einfallen, ihn in irgendeiner Weise zu verewigen.

Dadurch, daß der Ahn als Typus dargestellt wird, wird er kaum einmal in Beziehung zu anderen Ahnengestalten gesetzt. Und wenn einmal auf einer Maske – wie etwa auf der Epa-Maske der Yoruba – oder einem Opferaltar mehrere Personen nebeneinander abgebildet werden, dann steht doch jede Person für sich. In der alten Kunst hat man praktisch nie den Eindruck, daß die Personen miteinander dialogieren. — Eine Änderung dieser Haltung brachte erst die neuere Kunst, die seit der Kolonisation bei den früheren Naturvölkern Eingang findet. Doch auf diesen wichtigen Umwandlungsprozeß kann hier nicht weiter eingegangen werden. Dennoch bin ich nicht der Ansicht vieler Museumsethnologen, welche der modernen Kunst dieser Ethnien keine Beachtung schenken.

ANHANG I
Ethnologische Zeitschriften

I. Vorbemerkungen

Zum wichtigsten Handwerkszeug eines Ethnologen gehört ein gutes Dutzend Zeitschriften, welche die allgemeine Ethnologie behandeln. Wer wissen will, was in der Ethnologie vor sich geht, wer die tonangebenden Autoren und welche Themen aktuell sind, muß diese Zeitschriften regelmäßig durchgehen. Der Vorlesungsbetrieb kann dem Studenten diese Information niemals bieten. Leider sind die Bibliotheken mancher Universitätsinstitute derart spezialisiert, daß die allgemeine Ethnologie zu kurz kommt. Doch gerade diese theoretische Vorbildung ist für den Anfänger von großer Wichtigkeit.

Jeder Student sollte deshalb die wichtigsten der hier aufgeführten Zeitschriften durchblättern, und zwar nicht nur den Artikelteil, sondern auch die kleinen Nachrichten und besonders die Rezensionen. Hier erfährt er von den Neuerscheinungen auf dem Büchermarkt.

Zeitschriften vermitteln nicht nur Fachwissen, sondern man lernt durch sie auch die neuesten Ideen und Themen der Ethnologie kennen. Es gibt ja auch in der Ethnologie so etwas wie Modethemen. Plötzlich ist etwas 'in' und alle Welt schreibt davon. In den letzten zwei Jahrzehnten war z. B. die politische Ethnologie eine viel diskutierte Frage, dann der Strukturalismus, 'Frauen-Ethnologie' (von Frauen über Frauen), Tourismus-Ethnologie, kognitive Anthropologie etc.

Wer sich zu früh auf ein Spezialgebiet einengen läßt, wird eindimensional. Dies ist um so gefährlicher, als man heute kaum davon ausgehen kann, daß man in seinem ureigensten Spezialgebiet eine Anstellung findet. Man muß offen und variabel sein; das erfordert aber auch, daß man einen breiten Unterbau legt. Man bereut diese geistige Enge spätestens, wenn man Vorlesungen zu geben hat.

Ein wichtiger Hinweis auf das Zeitschriften-Lesen: Es erweist sich als nützlich, wenn man alle bibliographischen Angaben von jenen Artikeln auf Karteikarten niederschreibt, die man liest. Wichtige Stellen exzerpiert man am besten gleich oder macht sich wenigstens genaue Angaben, damit man die Stelle wiederfindet. Man kann in den Angaben nicht zu genau sein! Die Zeit, die man an der Karteikarte einspart, vertut man später um ein Vielfaches beim Suchen der Stelle!

II. Zeitschriften allgemein-ethnologischen Inhalts

American Anthropologist (Washington)
Die Zeitschrift erscheint viermal im Jahr, ist 1983 im 85. Jahrgang (der jetzigen 'New Series' sind zwei alte Serien 'American Anthropologist' von 1888 bis 1898

und 'Transactions of the Anthropological Society of Washington' von 1879 bis 1885 vorausgegangen). Der *American Anthropologist* ist das Organ der American Anthropological Association. Er ist eine der wenigen Zeitschriften, die noch einen umfangreichen Rezensionsteil bringen. Sie gehört vom Redaktionellen wie vom Umfang wie von der Auflagenstärke zu den größten ethnologischen Zeitschriften überhaupt. Manuskripte, die im *American Anthropologist* angenommen werden, werden auch relativ schnell publiziert, allerdings ist die Ablehnungsquote recht hoch, wie der Jahresbericht der Association für das Jahr 1976 ausweist. Der *American Anthropologist* will nur solche Artikel publizieren, die nicht ethnographischen Charakters sind, also wissenschaftliche Studien und Analysen. Einfache Beschreibungen und unkommentiertes Forschungsmaterial sollen in der 1973 gegründeten Zeitschrift 'American Ethnologist' erscheinen.

American Ethnologist (Washington)
Auch diese Zeitschrift wird von der American Anthropological Association herausgegeben. Sie soll den ethnographischen Bereich abdecken. Gegenwärtig erscheint der 10. Jahrgang. Sie hat vier Hefte im Jahr und einen Rezensionsteil.

Current Anthropology (Chicago)
Diese Zeitschrift wird von der University of Chicago Press herausgegeben und von der Wenner-Gren Foundation finanziell unterstützt. Sie erscheint in einer für unsere Fachzeitschriften hohen Auflage; man ist Studenten und finanzschwachen Ethnologen, vor allem aus der Dritten Welt, im Abonnement sehr entgegenkommend. Die Zeitschrift hat keinen Rezensionsteil. Die Artikel werden vor ihrer Publikation Fachwissenschaftlern zugeschickt, die ihren Kommentar dazu schreiben, der dann mitveröffentlicht wird. Der Autor kann dann noch einmal Stellung dazu nehmen. Die Zeitschrift erscheint in sechs großformatigen Heften; sie ist 1983 im 24. Jahrgang.

Journal of Anthropological Research (Albuquerque)
Diese Publikation gehört nicht mehr zu den ganz großen amerikanischen ethnologischen Zeitschriften von internationalem Format. Sie erscheint in vier Heften im Jahr, welche zusammen etwa 400 Seiten ausmachen (1982 erschien der 38. Jahrgang). Sie wird von der University of New Mexico in Albuquerque herausgebracht. Sie besitzt keinen Rezensionsteil. — Bei den vier bisher genannten Zeitschriften ist einzige Publikationssprache Englisch.

Bulletin of the School of Oriental and African Studies ('BSOAS', University of London)
BSOAS gehört zu den großen englischen ethnologischen und linguistisch-philologischen Zeitschriften. Sie erscheint dreimal im Jahr. 1983 erscheint sie im 46. Jahrgang. Sie hat einen umfangreichen Rezensionsteil, in dem auch Bücher aus der nicht-englischen Welt sehr häufig und meist von recht kompetenten Rezensenten besprochen werden. Sie publiziert gerne sprachwissenschaftlich orientierte Artikel, aber kaum einmal Zeitfragen betreffende Analysen. Neben BSOAS wäre in England vor allem die folgende Zeitschrift zu nennen.

Man. *The Journal of the Royal Anthropological Institute* (London)

Bis einschließlich 1965 waren *Man* und 'The Journal of the Royal Anthropological Institute of Great Britain and Ireland' zwei getrennte Zeitschriften, die beide vom Royal Anthropological Institute herausgegeben wurden. Das Journal war 1965 im 95. Jahrgang (es hatte zwei Vorläufer), *Man* erschien damals im 65. Jahrgang. Seit 1966 wird als New Series gezählt, 1983 also Band 18. Im Editorial von 1966 heißt es bezüglich der Redaktionspolitik der Neuen Folge: „... the Journal of the Royal Anthropological Institute and *Man* have continued to be concerned with every aspect of the science of man. Such, too, will be the aim of this Journal." — Ganze Generationen britischer Ethnologen haben in diesen Zeitschriften ihre Forschungen veröffentlicht. Sie sind denn auch für die Ethnologie jedweder Richtung unentbehrlich. Vier Hefte pro Jahr mit umfangreichem Rezensionsteil.

Acta Ethnographica Academiae Scientiarum Hungaricae (Budapest)
Sie ist die eigentliche ethnologische Zeitschrift Ungarns. Da aber in den osteuropäischen Ländern Ethnologie und Volkskunde zusammengelegt wurden, erscheinen in dieser Zeitschrift auch volkskundliche Artikel. Viele Beiträge haben ethnographischen Charakter. Obwohl die Zeitschrift in Budapest erscheint und von Ungarn redigiert wird, sind die meisten Artikel in westlichen Sprachen, viele in Deutsch gehalten. Häufig werden auch Resümees geboten in Russisch und westeuropäischen Sprachen. Sie hat einen guten Rezensionsteil. Ein Band umfaßt gewöhnlich zwei Hefte. 1982 erschien der 30. Band (für das Jahr 1981).

Cultures et développement (Löwen)
Die Ethnologie war früher in Belgien eine sehr gepflegte Wissenschaft. Seit aber der Kongo als Kolonie verlorenging (1960), hat in Belgien die Ethnologie nicht mehr das Gewicht wie früher. Bekannte Wissenschaftler sind abgewandert. *Cultures et développement* will in etwa die Nachfolge der berühmten Afrika-Zeitschrift 'Zaïre' (1947—1961) sein, die ihr Erscheinen 1961 einstellte. Sie war ihrerseits wieder die Nachfolgerin von 'Congo' (1920—1940), ihrerseits wieder Nachfolgerin von 'Onze Kongo' (1910—1912). Waren die drei Vorläuferinnen Afrika-Zeitschriften mit Schwerpunkt Kongo-Kolonie, so bemüht sich *Cultures et développement* um einen überregionalen Charakter. Die Zeitschrift ist vor allem auf gegenwartsbezogene Probleme ausgerichtet, wobei die traditionelle Ethnologie nicht ausgeschlossen wird. Herausgeber ist die Universität Löwen; es erscheinen vier Hefte im Jahr; vom 13. Jahrgang (1981) sind drei Hefte erschienen. Sprachen: Französisch und Englisch. Der Rezensionsteil ist gut und wurde von Jahr zu Jahr erweitert.

Bijdragen *tot de Taal-, Land- en Volkenkunde* (Leiden)
Diese Veröffentlichung ist das Organ des Königlichen Instituts für Sprach-, Länder- und Völkerkunde mit Sitz in Leiden. Viele Artikel sind in Englisch. Durch Hollands Verbindung mit Indonesien werden gerade die Völker dieses Gebietes besonders beachtet. Es erscheinen vier Hefte pro Jahr, es gibt einen Rezensionsteil. 1982 im 138. Band.

L'Homme.*Revue française d'anthropologie* (Paris)

Sie wird herausgegeben von einer Gruppe bekannter französischer Ethnologen, so von P. Gourou, A. Haudricourt, A. Leroi-Gourhan, C. Lévi-Strauss ... Sie erscheint in vier Heften im Jahr. 1982 der 22. Band. In französischer Sprache, mit Rezensionsteil. Deutschsprachige Bücher werden nur sehr sporadisch besprochen. Bisweilen gewinnt man den Eindruck, daß die zu Wort kommenden Autoren einem elitären Kreis angehören.

L'Ethnographie. *Revue de la société d'ethnographie de Paris*
Erscheint in zwei Heften im Jahr, 1982 erschien der 78. Band (1859 von Claude Bernard begründet). Inhaltlich sehr weit gefächert, behandelt traditionelle wie moderne Themen. Wenige Rezensionen. Die Zeitschrift umfaßt im Jahr etwa 250 Seiten.

Ethnos (Stockholm)
Ist das Organ des Ethnographischen Museums von Stockholm. Erscheint in vier Faszikeln, die aber meist in einer Lieferung herauskommen. Nicht sehr umfangreiche, aber wissenschaftlich gute Arbeiten. Hauptpublikationssprache ist Englisch. Leider zwei Jahre im Verzug. Der 46. Jahrgang (für 1981) ist im Erscheinen.

III. Zeitschriften regionalen Inhalts

Für die einzelnen Erdteile oder Regionen gibt es teilweise hervorragende Zeitschriften, die hier unmöglich einzeln aufgezählt werden können. Hat man aber über ein regional begrenztes Gebiet zu arbeiten, so sollte man sich auf jeden Fall vorher vergewissern, ob es für das betreffende Gebiet nicht eine Spezialzeitschrift gibt. So z. B. gibt es für viele Gebiete Schwarzafrikas Spezialzeitschriften: Sudan, Tanzania, Zaïre, Äthiopien etc. Vor allem ist auch nach bereits eingestellten Zeitschriften zu forschen. Viele haben mit der Unabhängigkeit der Kolonialstaaten ihr Erscheinen eingestellt. Zahlreich sind auch jene Zeitschriften, die nach der Unabhängigkeit aus einer präzisen Idee heraus konzipiert wurden, dann aber nicht die nötige ruhige Entwicklung fanden und nach einigen Nummern wieder eingegangen sind. Es seien daher hier nur einige wenige große Regionalzeitschriften aufgezählt:

Africa (London)
Ist die bekannteste und eine der besten Afrika-Zeitschriften. Erscheint seit 1928; herausgegeben wird sie vom International African Institute in London. Sprachen: Englisch und Französisch. Im Jahr vier Hefte. Umfangreicher Rezensionsteil. Ohne regelmäßige Konsultation dieser Zeitschrift kann eine ernsthafte Afrika-Ethnologie nicht betrieben werden. Jahrgang 1982 scheint noch nicht erschienen zu sein.

Présence Africaine (Paris)
Erscheint seit 1947; die einzige von Afrikanern herausgegebene Zeitschrift von internationalem Rang. Früher nur in Französisch, jetzt auch mehr und mehr in Englisch. Ist weniger als ethnologische denn als kulturpolitische Zeitschrift anzusehen. War lange Zeit das Sprachrohr der 'Négritude'. 1982 erschien bereits das Heft Nr. 123. L. Senghor, Aimé Césaire u. a. gehören zu den Gründern von *Présence Africaine*.

Cahiers d'Etudes Africaines (Paris)
Begannen ihr Erscheinen 1960. Sprachrohr der zahlreichen französischen Afrikanisten: Balandier, Paulme, Mercier, Sautter, Dieterlen etc. Bringen auch englische Artikel. Insgesamt mehr auf Ethnosoziologie ausgerichtet und auf Gegenwartsfragen der Ethnologie. Vier Hefte pro Jahr. 1982 erschien Band 21 (für 1981). Kleiner Rezensionsteil.

Journal of African History (Cambridge)
Erscheint seit 1960. Die Beiträge über afrikanische Geschichte sind von hohem wissenschaftlichem Rang. Vier Hefte im Jahr. Sprache ist Englisch. 1982 erschien der 23. Band. Sehr guter Rezensionsteil.

African Studies (Johannesburg)
Erscheinen seit 1942. Die Vorläuferin 'Bantu Studies' erschien von 1921 bis 1941. Die Zeitschrift umfaßt das gesamte Gebiet der Kulturanthropologie (Sprache, Religion, Ethnographie usw.) der Völker des südlichen Afrika.

African Affairs (London)
Die seit 1901 erscheinende Zeitschrift 'Journal of the African Society' wurde mit dem Juli-Heft 1944 in *African Affairs* umbenannt. Sie ist das Organ der englischen Afrika-Gesellschaft. Eine von gediegener Tradition getragene Zeitschrift.

Man in India (Ranchi, Bihar)
Von dem berühmten indischen Rechtsanwalt Sarat Chandra Roy 1921 begründet. Die Zeitschrift ging aus der Sorge Roys für die Rechte der Nicht-Hochkulturvölker, der sogenannten 'Adivasi', hervor. Unter den vielen ethnologischen Zeitschriften Indiens nimmt *Man in India* einen hervorragenden Platz ein. Seit dem Tode des Gründers wird die Zeitschrift vor allem von seiner Tochter betreut.

Oceania (Sydney)
Die Zeitschrift führt den Untertitel: *A Journal Devoted to the Study of the Native Peoples of Australia, New Guinea and the Islands of the Pacific Ocean*. Sie wurde 1930 begründet, verfügt über einen eingehenden Rezensionsteil und zählt zu den besten Zeitschriften dieses Gebietes.

The Journal of the Polynesian Society (Wellington)
Die Zeitschrift wird von der University of Auckland, Neuseeland herausgegeben. Nach eigenen Angaben ist ihr Ziel: „Discussion of the history, ethnology, physical anthropology, sociology, archeology and linguistics of the New Zealand Maori and other Pacific Island peoples."

Journal of American Folklore (Washington)
Organ der American Folklore Society, die 1888 gegründet wurde. Die Zeitschrift erscheint in vier Heften und war 1982 im 95. Jahrgang. Sehr viel Material über nordamerikanische Indianer ist in ihr zu finden.

América Indígena (Mexico)
Die Zeitschrift weist sich aus als „a quarterly publication designed to foster the

interchange of information on the life of Indians today and the policies and programs being developed on their behalf."

Revista de Indias (Madrid)
Organ des Instituto Gonzalo Fernandez de Oviedo.

Anales de Antropologia (Mexico)
1980 erschien Band 17.

Revista de Historia de America (Mexico)
Sie wird vom Instituto Panamericano de Geografia e Historia herausgegeben. Sie besitzt einen Rezensionsteil und bringt eine ausführliche Bibliographie zur Geschichte Amerikas.

IV. Zeitschriften des deutschen Sprachraumes

Anthropos. *Internationale Zeitschrift für Völker- und Sprachenkunde*
Sie wurde 1906 von W. Schmidt in Mödling bei Wien gegründet. Sie erscheint im Jahr in drei Faszikeln mit einem Gesamtumfang von über 1000 Seiten. Früher diente sie als Sprachrohr der Kulturhistorischen Schule. Seit dem Tode W. Schmidts hat sich *Anthropos* nach und nach für alle Richtungen geöffnet, wenn auch die Zeitschrift, durch ihren großen Umfang bedingt, häufig Artikel mit ethnographischem Archivcharakter veröffentlicht. Publikationssprachen sind Deutsch, Englisch und Französisch, wobei Englisch überwiegt. Prinzipiell kann aber in jeder westeuropäischen Sprache publiziert werden. Seit 1962 ist die Anthropos-Redaktion in St. Augustin bei Bonn beheimatet. Zur Zeit erscheint Band 78 (für 1983).

Zeitschrift für Ethnologie (Berlin)
Organ der deutschen Gesellschaft für Völkerkunde und der Berliner Gesellschaft für Anthropologie, Ethnologie und Urgeschichte. Sie gehört zu den ältesten ethnologischen Zeitschriften der Welt; Band 108 (für 1983) soll demnächst erscheinen. In den letzten Jahren hat es manche Diskussion um die geistige Ausrichtung der Zeitschrift gegeben. Vielleicht vermißt man bei ihr das Engagement zahlreicher Mitglieder der beiden Gesellschaften.

Paideuma. *Mitteilungen zur Kulturkunde* (Frankfurt)
Die Zeitschrift wurde zwar noch von Frobenius geplant, aber er hat nur mehr das erste Heft erlebt. Sie diente der Kulturmorphologischen Schule als Sprachrohr, heute ist sie allen Richtungen zugänglich. 1982 erschien der 28. Band.

Sociologus. *Zeitschrift für empirische Ethnosoziologie und Ethnopsychologie* (Berlin)
Sociologus ist die Fortsetzung der 'Zeitschrift für Völkerpsychologie und Soziologie'. In der neuen Folge erschien 1982 der Jahrgang 32. Jeder Jahrgang hat zwei Hefte. Begründer der Zeitschrift ist R. Thurnwald. Die Beiträge haben vielfach mehr soziologischen als ethnologischen Charakter.

Zeitschriften

Von den bundesdeutschen Museumszeitschriften wären vor allem zu erwähnen:

Tribus (Lindenmuseum Stuttgart)
Jährlich erscheint ein gut redigierter Band mit ethnologischen Artikeln und Rezensionsteil. 1982 erschien Band 31.

Baessler-Archiv. *Beiträge zur Völkerkunde* (Berlin)
Herausgegeben vom Museum für Völkerkunde Berlin. Es erscheinen zwei Hefte pro Jahr. Band 29 (für 1981) ist im Erscheinen.

Ethnologica (Köln)
Diese Museumsschrift wurde 1909 vom damaligen Direktor des Rautenstrauch-Joest-Museums W. Foy gegründet. 1959 hat Prof. M. Heydrich eine neue Folge eingeleitet. Seit einigen Jahren erscheinen die *Ethnologica* vorübergehend als ausführliche Kataloge neuer Sammlungen des Museums.

Globus. *Illustrierte Zeitschrift für Länder- und Völkerkunde* (Braunschweig)
Wenn von deutschen ethnologischen Zeitschriften die Rede ist, sollte *Globus* nicht unerwähnt bleiben. Diese Zeitschrift (1861—1910) existiert zwar nicht mehr, aber in ihr wurde eine unglaubliche Fülle ethnologischen Primärmaterials veröffentlicht. Für ein gründliches Quellenstudium sollte dieses Material mitverwertet werden.

— — —

Als wichtigste österreichische ethnologische Zeitschriften können folgende bezeichnet werden:

Mitteilungen der Anthropologischen Gesellschaft in Wien
Die Zeitschrift erschien 1981 im 111. Band. Neben physischer Anthropologie und Archäologie kommt auch die Ethnologie zu Wort.

Archiv für Völkerkunde (Wien)
Diese Zeitschrift wird in Form von Jahresbänden vom Museum für Völkerkunde der Stadt Wien herausgegeben. Band 36 erschien 1982.

Wiener Ethnohistorische Blätter
Sie erscheinen seit 1970. Dazu kommen in unregelmäßigen Abständen Beihefte heraus. Beides ist ganz geprägt von Prof. W. Hirschbergs Ethnohistorie.

Unter den kleineren Zeitschriften wären *Review of Ethnology* und *Wiener völkerkundliche Mitteilungen* zu nennen.

— — —

Ethnologische Zeitschrift Zürich
Sie erschien von 1970/71 bis 1980. In der letzten Nummer heißt es, man wolle sie „in eine Publikationsreihe mit lockerer Erscheinungsfolge verwandeln." Eine ethnologische Zeitschrift von besonderem Rang besitzt die Schweiz keine; dagegen gibt es in der Schweiz eine Reihe erstklassiger ethnologischer Museen. Die verschiedenen Museums- und Ausstellungsführer sind von ganz besonderem ethnologischem Interesse, so z. B. die Führer des Museums von Basel, der Museen von Zürich, Genf, Neuenburg usw.

Die Deutsche Demokratische Republik verfügt über mehrere Zeitschriften und Museumsjahrbücher (so z. B. die der Museen von Dresden und Leipzig). Als Zeitschrift wäre anzuführen:

Ethnographisch-Archäologische Zeitschrift (Berlin)
Herausgegeben von der Sektion Geschichte der Humboldt-Universität. Jahrgang 23 (für 1982) ist im Erscheinen.

— — —

Neben den ausgesprochen ethnologischen Zeitschriften gibt es zahlreiche andere, welche unter anderem auch viele ethnologische Arbeiten publizieren und häufig recht wertvolle. Es ist daher sehr anzuraten, auch weitere Spezialzeitschriften zu konsultieren. So z. B. allgemeine Kulturzeitschriften. Hier wäre vor allem *Saeculum* (Freiburg i. Br.) zu nennen oder auch *Antaios*. Unter den sprachwissenschaftlichen Zeitschriften: *Afrika und Übersee* (Hamburg) und *Africana Marburgensia* (Marburg). Die Religion betreffend: *Archives de Sciences Sociales des Religions* (Paris), *Numen* (Leiden), *Religion* (London) und *Religion and Society* (Bangalore).

Wer diese Zeitschriften regelmäßig konsultiert, sollte, was Ethnologie angeht, auf dem laufenden sein. Für die Ausarbeitung größerer Studien wie Magister- und Doktorarbeiten müssen selbstverständlich auch alle entsprechenden Spezialzeitschriften herangezogen werden.

ANHANG II
Biographien
der im Text genannten Autoren

Lebende deutsche Ethnologen, die im Ethnologenverzeichnis von 1981 aufgeführt sind, wurden mit wenigen Ausnahmen nicht in diesen Anhang aufgenommen. Auch lebende ausländische Ethnologen wurden nur dann aufgenommen, wenn ihr Lebenswerk schon als abgerundet zu betrachten ist.

Ankermann, Bernhard (Tapian, Ostpreußen 1859—1943 Berlin)
Ankermann arbeitete in der Afrika-Abteilung des Berliner Museums für Völkerkunde, deren Leiter er 1917 wurde. Er wurde von Friedrich Ratzel und Leo Frobenius angeregt und begann kulturhistorisch zu arbeiten. Am 19. November 1904 hielten er und Fritz Graebner in der Berliner 'Gesellschaft für Anthropologie, Ethnologie und Urgeschichte' zwei denkwürdige Referate über die Kulturkreise und Kulturschichten in Afrika und Ozeanien. Dieses Datum gilt als der offizielle Beginn der Kulturkreislehre, welche später vor allem von der 'Wiener Schule' vertreten wurde. Ankermann fügte sich jedoch nie so ganz in das Schema und in die Vorstellungen von W. Schmidt, dem Haupt der Wiener Schule. — L. Frobenius, der beide Referate gehört hatte, distanzierte sich in der anschließenden Aussprache von der Kulturkreislehre und bezeichnete „seine früheren Arbeiten z. T. selbst als unrichtig" (Zeitschrift für Ethnologie 1938: 129).

Arndt, Paul (10.1.1886—20.11.1962)
Zunächst Missionar in Togo (1913—1917); nach dem ersten Weltkrieg bis 1962 Missionar und Ethnograph auf Flores (Indonesien). Seine Untersuchungen galten besonders der Ethnie der Ngadha. Arndt war Mitglied des Anthropos-Instituts.

Bachofen, Johann Jakob (22.12.1815—25.11.1887)
Geboren und gestorben in Basel. Er war Jurist; von 1841 bis 1845 lehrte er an der Universität Basel Geschichte des römischen Rechts und von 1842 bis 1866 war er Richter. Bachofens Name ist mit seinem Werk *Das Mutterrecht* verbunden. Er stützte sich stark auf Material der Antike, seit 1869 plante er eine revidierte Ausgabe auf breiterer Materialbasis.

Balandier, Georges (21.12.1920)
Seine Lehrer waren Marcel Mauss und der Soziologe Georges Gurvitch. Er ist Professor für Soziologie an der Universität René Descartes, Paris V, und Directeur d'Etudes an der Ecole Pratique des Hautes Etudes, Abteilung Sciences Sociales. Balandier hat sich vor allem einen Namen gemacht als Soziologe des Umbruchs und der Entkolonisierung Afrikas.

Baldus, Herbert (14.3.1899—24.10.1970)
Geboren in Wiesbaden; schon früh begeisterte er sich für Südamerika. Macht mehrere Reisen zu südamerikanischen Ethnien (Guayakí). 1941 nimmt er die bra-

silianische Staatsangehörigkeit an. Baldus war Feldforscher, Lehrer und Schriftsteller. Seine wissenschaftlichen Arbeiten umfassen über 80 Titel; es sind fast ausschließlich ethnographische Beschreibungen südamerikanischer Ethnien.

Barth, Heinrich (Hamburg 16.2.1821—25.11.1865 Berlin)
Einer der ersten deutschen Afrikaforscher; in der Zeit zwischen 1850 und 1855 durchquerte er die Sahara von Tripolis aus und erforschte das Gebiet zwischen Tschadsee und Niger. 1863 wurde Barth Professor für Geographie in Berlin. In fünf Bänden hat er die Ergebnisse seiner Reisen festgehalten in *Reisen und Entdeckungen in Nord- und Zentralafrika* (1855—1858).

Bastian, Adolf (Bremen 1826—1905 Trinidad)
Man kann die deutsche Ethnologie mit dem Bremer Schiffsarzt Adolf Bastian beginnen lassen. Er war der erste deutsche Feldforscher, welcher systematische Untersuchungen machte. Zusammen mit R. Virchow und C. Vogt gründete er 1870 in Berlin die 'Gesellschaft für Anthropologie, Ethnologie und Urgeschichte'. Bereits 1869 war von Bastian die 'Zeitschrift für Ethnologie' als Organ der genannten Gesellschaft begründet worden. Von seinen zahlreichen und ausgedehnten Auslandsreisen brachte Bastian viele Ethnographica mit, welche den Grundstock zu dem Königlichen Museum für Völkerkunde in Berlin bildeten. Er gilt dann auch als der Begründer des Berliner Museums für Völkerkunde. Seine Lehre vom 'Elementar-' und 'Völkergedanken' ist noch stark von evolutionistischen Ideen beherrscht, ohne daß man aber Bastian als echten Evolutionisten bezeichnen könnte. Er war vor allem ein großer Sammler und Anreger.

Bastide, Roger (1898—1974)
Professor an der Ecole Pratique des Hautes Etudes (Paris) im Fach Religionswissenschaft. Bastide war spezialisiert auf die afro-amerikanischen Religionen, besonders jene Brasiliens.

Baumann, Hermann (9.2.1902—30.6.1972)
Baumann wurde in Freiburg im Breisgau geboren. Sein erster Lehrer war Ernst Grosse, der ihn zur Ethnologie brachte. Doch bald schon wechselte Baumann nach Berlin und Leipzig, wo seine Lehrer F. von Luschan, K.Th. Preuß und D. Westermann waren. 1925 promovierte er in Leipzig, 1935 habilitierte er sich in Berlin mit der sehr bekannt gewordenen Arbeit *Schöpfung und Urzeit des Menschen im Mythus der afrikanischen Völker* (1936). 1939 wurde er Koppers' Nachfolger in Wien (bis 1945) und 1955 wurde er Professor in München. Größere Feldforschungen führte Baumann 1930, 1954 und 1972 in Angola, besonders bei den Tshokwe durch. Wenige Stunden nach der Rückkehr von seiner letzten Angola-Reise starb Baumann an Malaria. Er war der letzte deutsche Afrikaforscher mit universaler Kenntnis und Zielsetzung. Seine *Völkerkunde von Afrika* (1940) fand in dem zweibändigen Werk *Die Völker Afrikas und ihre traditionellen Kulturen* (1975 und 1979) eine Erweiterung und Fortsetzung.

Benedict, Ruth (5.6.1887—17.9.1948)
Benedict, geborene Fulton, studierte zunächst englische Literatur und publizierte poetische Werke bis in die dreißiger Jahre unter dem Pseudonym Anne Singleton.

1923 machte sie ihr Doktorat bei F. Boas an der Columbia-Universität. Ihre Feldforschungen führte sie bei den Serrano Kaliforniens und den kanadischen Schwarzfußindianern durch. Ihr bekanntestes Werk wurde *Patterns of Culture* (1934; es wurde in 14 Sprachen übersetzt). Seit 1930 war sie Assistant Professor an der Columbia-Universität und erst in ihrem Todesjahr wurde sie ebendort Professor.

Birket-Smith, Kaj (20.1.1893— ?)
Direktor des dänischen Nationalmuseums, Eskimoforscher; machte aber auch Feldforschungen auf den Philippinen und Salomonen. Einige Werke: *The Caribau Eskimos*, 2 Bde. (1929) und *Die Eskimos* (1948).

Boas, Franz (9.7.1858—22.12.1942)
Boas war in Minden in Westfalen geboren. Er studierte Geographie in Heidelberg, Bonn und Kiel. 1883—1884 nahm er an einer geographischen Baffinland-Expedition teil. Er begann, sich für die Eskimo zu begeistern. Zurückgekehrt arbeitete er am Berliner Museum für Völkerkunde. 1886 machte er eine Forschungsreise zu Indianern Nordamerikas. Er blieb in den Vereinigten Staaten. Nach verschiedenen Tätigkeiten wurde er 1896 Lecturer für physische Anthropologie an der Columbia-Universität in New York, 1899 wurde er Professor für Anthropologie dortselbst. Hier wirkte er bis zu seiner Emeritierung im Jahre 1936.

Breuil, *Henri*-Edouard-Prosper (28.2.1877—14.8.1961)
Französischer Prähistoriker und Archäologe, wurde 1897 zum Priester geweiht, daher wird er auch häufig 'Abbé Breuil' genannt. Er beschäftigte sich intensiv mit Archäologie und wurde einer der besten Kenner der oberen Altsteinzeit in Südfrankreich, Spanien und Afrika. Besonders hervorgetan hat sich Breuil in der Analyse der Eiszeitkunst Europas und der Felsmalereien Afrikas. Er war seit 1910 Professor in Paris am Institut de Paléontologie Humaine und war von 1929 bis 1947 am Collège de France.

Codrington, Robert Henry (15.9.1830—11.9.1922)
Codrington war anglikanischer Priester; er wanderte 1860 nach Neuseeland aus, schloß sich der Melanesien-Mission an und wirkte von 1871—1877 als Missionar. Er machte seine Beobachtungen hauptsächlich auf den Neuen Hebriden, den Salomonen und auf kleineren Inseln. Nach England zurückgekehrt arbeitete er diese Daten genau aus: über Sprachen, Sozialstruktur, Folklore und vor allem über die Religion. Für uns besonders wichtig ist das Werk *The Melanesians: Studies in Their Anthropology and Folklore* (1891), weil er hier den Mana-Begriff eingehend darstellt.

Cole, Fay-Cooper (8.8.1881—3.9.1961)
Geboren in Michigan wuchs Cole in Kalifornien auf. Machte sein Examen an der Northwestern University (1903) und erhielt eine Stelle im Field Museum. Zur weiteren ethnologischen Ausbildung schickte man ihn aber noch ein Semester zu Boas an die Columbia-Universität und nach Berlin zu Felix von Luschan. 1907 begann er mit seiner Frau Feldforschungen auf der Insel Luzon (Philippinen), 1910—1912 auch auf Mindanao, 1922—1923 in Indonesien. Er wurde einer der

besten Kenner der Völker und Kulturen Malaysias. 1924 wurde er Professor an der University of Chicago. Cole las nun auch Archäologie und publizierte seine Forschungsmaterialien, so *The Peoples of Malaysia* (1945).

Comte, Isidore-*Auguste*-Marie-François-Xavier (19.1.1798—5.9.1857)
Geboren in Montpellier, gestorben in Paris. Philosoph, Soziologe, Begründer des Positivismus. Zunächst lehrte er Mathematik; Schüler von Saint-Simon. In seinem *Cours de philosophie positive* (1830—1842) sind die wesentlichen Prinzipien seines Positivismus grundgelegt; so sein Drei-Stadien-Gesetz: das theologische, das metaphysische und das positive Stadium. Das letzte stellt die höchste Stufe des Fortschritts dar. Ab 1844 entwickelt Comte eine Religion des Humanismus und macht sich zu ihrem Oberpriester. Unter seinen zahlreichen Werken könnte noch sein *Catéchisme positiviste* (1852) genannt werden, in welchem er die Moral auf den Altruismus einengt.

Delafosse, E.-F.-Maurice (20.12.1870—13.11.1926)
Geboren in dem kleinen Dorf Sancergues (Département Cher, Zentralfrankreich). Staatsdienst; Aufenthalt in Westafrika, besonders im Senegal, Elfenbeinküste und Mali. Eine Reihe guter ethnographischer Werke über diese Gebiete. Er starb in Paris. Seine Tochter Louise Delafosse hat sein Leben und sein Werk eingehend beschrieben (Paris 1976). Delafosse war nach seinem Dienst in Afrika eine Reihe von Jahren Professor in Paris für afrikanische Sprachen und Kulturen. Sein Nachfolger in diesem Amte wurde Labouret.

Dieterlen, Germaine (1903)
Professor an der Ecole Pratique des Hautes Etudes und enge Mitarbeiterin Griaules. Sie brachte 1965 ihr gemeinsames Werk *Le renard pâle* heraus, welches Religion und Weltanschauung der Dogon im Detail beschreibt. Eine weitere gemeinsame Studie ist *The Dogon* in 'African Worlds' von Daryll Forde (1954). Ihr alleiniges Werk ist *Essai sur la religion bambara* (1951).

Douglas, Mary (25.3.1921)
Zunächst studierte M. Douglas Philosophie und Politik, dann arbeitete sie von 1943 bis 1946 im Kolonialdienst in Afrika. Sie kehrte nach Oxford zurück und studierte unter anderem bei Evans-Pritchard Anthropologie. 1951 beendete sie ihren Ph.D. Ab 1949 machte sie mehrere Feldforschungen bei den Lele im Zaïre. 1970 wurde sie Professor in London. M. Douglas schrieb eine Reihe von Büchern, so *The Lele of the Kasai* (1963), *Purity and Danger: An analysis of concepts of pollution and taboo* (1966) und *Natural Symbols: Exploration in Cosmology* (1970, ²1973; deutsch: 'Ritual, Tabu und Körpersymbolik' 1974).

Dumont, Louis (1911)
Dumont fand über die Museumsarbeit zur Ethnologie. Er wurde 1936/37 Schüler von Mauss. Als Kriegsgefangener bei Hamburg lernte er Sanskrit. Nach dem Krieg studierte er an der Ecole des Langues Orientales noch Tamil und Hindi. 1948 begann er mit seinen Forschungsreisen nach Indien. Von 1951 bis 1955 erhielt er eine Professur in Oxford. Dumont ist Vertreter des Strukturalismus, besonders was die Verwandtschaftsethnologie betrifft. Dumont sagte einmal in

einem Gespräch: „... Lévi-Strauss gave me a key which, with slight modifications, allowed me to capture immediately Tamil representations and preoccupations" (in Contributions to Indian Sociology 1981, Vol.15: 17). Für Dumont ist die Allianz grundlegender als die Filiation. Als sein Hauptwerk ist anzusehen: *Homo hierarchicus. Essai sur le système des castes* (1967).

Durkheim, Emile (15.4.1858—15.11.1917)
Geboren in Epinal in Lothringen; seit 1896 Professor in Bordeaux, seit 1902 an der Sorbonne; 1913 wird diese Stelle in Lehrstuhl für Soziologie umbenannt. Durkheim war überzeugter Evolutionist und Agnostiker. Er suchte den 'fait social' auf wissenschaftlichem Wege als real existierendes Ding zu erweisen und zu behandeln. Die Gesellschaft nahm bei ihm absolute Züge an. In dem kollektiven Bewußtsein ging das Individuum unter. In seinem berühmten Werk *Les formes élémentaires de la vie religieuse* (1912) zeigt er anhand des australischen Totemismus auf, daß das einzig Absolute die Gesellschaft selbst ist. Die Annahme eines Höchsten Wesens ist nichts als Projektion der sozialen Wirklichkeit. Sein bekanntester Schüler ist sein Neffe Marcel Mauss.

Eberhard, Wolfram (17.3.1909)
Geboren in Potsdam; Professor an der Universität von Kalifornien, Berkeley, bis zu seiner Emeritierung im Jahre 1976. Sinologe und Historiker Chinas.

Ehrenreich, Paul (27.12.1855—4.4.1914)
Geboren in Berlin; 1880 Doktor der Medizin; unternahm 1884—1887 und 1892 völkerkundliche Reisen zu brasilianischen Ethnien. Ehrenreich war vor allem Mythologe. Er hing lange der Naturmythologischen Schule an, schloß sich aber mit seiner Arbeit *Götter und Heilbringer* (1906) den Thesen von Lang und Schmidt an.

Eliade, Mircea (9.3.1907)
Religionswissenschaftler und Schriftsteller. In Bukarest geboren, studierte in seiner Vaterstadt und von 1928 bis 1931 in Calcutta. Er promovierte 1933 in Bukarest mit dem Thema: *Yoga: Essai sur les origines de la mystique indienne.* Er war Assistenzprofessor in Bukarest und während des Krieges Kulturattaché in London und Lissabon. 1945 wurde er Gastprofessor an der Sorbonne und 1957 Professor für Religionsgeschichte an der Universität von Chicago. 1961 gründete er die Zeitschrift 'History of Religions' und z. Z. wirkt er an der Herausgabe einer großen Enzyklopädie über die Religionen mit. Zahlreich sind seine Buchveröffentlichungen, mehrere sind auch ins Deutsche übersetzt worden.

Elwin, Verrier (1902—22.2.1964)
Ging zunächst als Missionar nach Indien; trennte sich aber später vom kirchlichen Dienst und wurde unabhängiger Sozialarbeiter. Er gründete Schulen und Leproserien für die Stammesbevölkerung. Er wurde indischer Bürger und heiratete ein Adivasi-Mädchen aus Mittelindien. Obgleich er niemals Ethnologie studierte, wurde er einer der besten Kenner der indischen Stammesbevölkerung. Er schrieb zahlreiche Bücher über verschiedene Ethnien. Fürer-Haimendorf reiht die beiden Werke *The Muria and their Ghotul* (1947) und *The Religion of an Indian*

Tribe (1955) „unter die Klassiker der ethnographischen Literatur" ein (in Man 1964, Nr.135).

Evans-Pritchard, Edward Evan (21.9.1902—11.9.1973)
Geboren in Sussex als Sohn eines anglikanischen Pfarrers. Studierte von 1921 bis 1924 moderne Geschichte in Oxford. 1927 macht er seinen Ph.D. an der London School of Economics bei C.G. Seligman über die soziale Organisation der Azande (Sudan). 1928—1931 Lecturer an der London School of Economics. Von 1930 bis 1936 mit Unterbrechungen Feldforschungen bei den Nuer und angrenzenden Ethnien (Sudan). 1932 Professor an der Fuad I. Universität in Kairo. 1935—1940 Research Lecturer in Afrikanischer Soziologie in Oxford. 1940 Militärdienst in Äthiopien, Sudan und Libyen. 1945 Readership in Anthropology an der Universität Cambridge, 1964 Professor für Social Anthropology an der Universität Oxford. 1970 emeritiert, 1971 geadelt. Eine Woche vor seinem Tod schrieb Evans-Pritchard: „I have never had ambitions or feelings of competition; and though it may seem odd to you, I have always taken it for granted that any contribution I have made to knowledge is not mine but God's through me. *Nisi dominus*" (Beidelman, in Anthropos 1974: 555).

Firth, Raymond William (1901)
Geboren in Neuseeland, wuchs Firth in Auckland auf. Er machte zwar seinen Master in Wirtschaftswissenschaften, zeigte aber großes Interesse an der Kultur der Maori. 1924 ging er nach England und studierte bei Malinowski in London. 1927 machte er seinen Ph.D. und ging anschließend nach Tikopia. Seine Studie *We the Tikopia, a Sociological Study of Kinship in Primitive Polynesia* (1936) wurde ein Klassiker der Ethnographie und der Beginn einer ganzen Serie von Tikopia-Bänden. — 1933 wurde er Professor in Sydney, wo gerade auch Radcliffe-Brown lehrte. 1933 erhielt er eine Stelle an der London School of Economics und 1944 den Lehrstuhl von Malinowski, welchen er bis 1968 innehatte. Seit seiner Emeritierung liest er an vielen Universitäten der Welt als Gastprofessor (Hawaii, British Columbia, Berkeley, Cornell, New York u.a.). Die theoretischen Werke von Firth haben vor allem die soziale Organisation zum Thema: *Elements of Social Organisation* (1951) und *Essays on Social Organization and Values* (1964).

Forde, Daryll (16.3.1902—3.5.1973)
Forde studierte zunächst Geographie; 1928 machte er seinen Ph.D. in Prähistorischer Archäologie (London). Von 1928 bis 1930 weilte er an der Universität von Kalifornien in Berkeley, wo er mit Kroeber und Lowie arbeitete. Er machte auch Feldforschungen bei den Yuma und den Hopi-Indianern. 1935 begann er seine Forschungen bei den Yako in Nigerien. 1934 hatte Forde sein auch heute noch aktuelles Buch *Habitat, Economy and Society* veröffentlicht. 1945 wurde er Professor für Anthropologie in London, wo er bis zu seiner Emeritierung im Jahre 1969 blieb. Für Forde war 'Anthropology' eine Globalwissenschaft, welche 'social anthropology', Archäologie, physische Anthropologie und Linguistik einschloß. Forde war eng mit dem International African Institute verbunden; er war seit 1944 dessen Direktor.

Fortes, Meyer (1906)
Geboren in Südafrika. Studium in Kapstadt und in England. Studierte zusammen mit Schapera. Bekannt wurden seine Forschungen und Bücher über die Tallensi in Ghana (1934—1937); dann machte er auch Feldforschungen bei den Ashanti. Von seinen zahlreichen Publikationen seien erwähnt: *The Dynamics of Clanship Among the Tallensi* (1945, ²1969), *The Web of Kinship Among the Tallensi* (1949), *African Political Systems*, (edit., 1940), *Oedipus and Job in West African Religion* (1959).

Foucauld, Charles Eugène, vicomte de (15.9.1858—1.12.1916)
Geboren in Straßburg, wurde Foucauld zunächst Offizier; 1883—1884 zog er als Jude verkleidet in wissenschaftlicher Mission durch Marokko. 1886 Bekehrung; er wird Trappistenmönch. 1901 wird er Priester und läßt sich in der algerischen Oase El Golea nieder. 1905 zieht er weiter in die Sahara nach Tamanrasset. Später schlägt er seine Einsiedelei Assekrem im Ahaggar-Gebirge auf. Hier im Süden lebt er mit den Tuareg; er veröffentlicht mehrere wissenschaftliche Werke über Sprache und Dichtung der Tuareg. Er wird von plündernden Senussi ermordet.

Frazer, Sir James George (1.1.1854—7.5.1941)
Geboren in Glasgow, gestorben in Cambridge. 1907 wurde er zum Professor für Social Anthropology in Liverpool ernannt, er ging aber nach kurzer Zeit für den Rest seines Lebens nach Cambridge zurück. Sein Hauptwerk ist *The Golden Bough* ab 1890, Neuausgabe von 1907 bis 1915 in zwölf Bänden. Das eigentliche Anliegen Frazers ist evolutionistisch: von der Magie über die Religion zur Wissenschaft.

Friedrich, Adolf (22.4.1914—25.4.1956)
Friedrich gehörte zum Kreis um Frobenius. Er promovierte mit der bekannt gewordenen Arbeit *Afrikanische Priestertümer* (1939). Während einer kurzen Beurlaubung vom Militärdienst habilitierte er sich 1942 bei H. Baumann in Wien mit der Arbeit *Knochen und Skelett in der Vorstellungswelt Nordasiens*. 1947 erhielt er den Lehrstuhl an der Universität Mainz. Friedrich erkrankte in Pakistan und starb im Krankenhaus zu Rawalpindi.

Frobenius, Leo Viktor (29.6.1873—9.8.1938)
Frobenius war geborener Berliner und starb am Lago Maggiore (Italien). Er hatte keinen akademischen Abschluß gemacht. Mit zwanzig Jahren publizierte er bereits über Afrika. Er brachte als Erster das Wort 'Kulturkreis' in dem Sinn in die Ethnologie ein, in welchem es später gebraucht wurde. Er distanzierte sich ab 1904 von den Kulturkreisen. Zwischen 1904 und 1935 machte Frobenius zwölf Expeditionen nach Afrika. Frobenius war ein großer Sammler und Anreger mit vielen neuen Ideen; er verstand es, seine Mitarbeiter zu faszinieren. Es sind vor allem seine ethnographischen Arbeiten, die heute noch Bestand haben. Seine kulturphilosophischen Schriften sind durchweg überholt. Er erhielt zwar in Frankfurt den Titel eines Professors, hielt aber keine Vorlesungen. Trotzdem hatte er zahlreiche hervorragende Schüler um sich gesammelt. Frobenius besaß großes Organisationstalent. Er bereitete nicht nur seine zwölf großen Expeditionen vor,

sammelte Museumsobjekte, Märchen und Daten, sondern gründete auch das Kulturmorphologische Institut (heute Frobenius-Institut) und die Zeitschrift 'Paideuma'. Er gehört zu den ganz großen deutschen Afrikaforschern.

Fürer-Haimendorf, Christoph von (27.7.1909)
Geboren in Wien; studierte in Wien Ethnologie. Von 1931 bis 1939 hielt er Vorlesungen in Wien. Von 1939 bis 1943 war er auf einer Forschungsreise in Indien, danach trat er in indische Staatsdienste. 1952 wurde er Professor an der Universität in London. Fürer-Haimendorf hat zahlreiche Werke über indische Stammesvölker veröffentlicht, welche hier auch nicht annähernd aufgezählt werden können.

Fustel de Coulanges, Numa Denis (1830—1889)
Professor für Geschichte, zunächst in Straßburg, ab 1870 in Paris. Er versuchte, größtmögliche Objektivität zu erreichen: durch eine rigorose Dokumentation, eine totale Objektivität und einen perfekten, kritischen Geist. In der *Cité antique* (1864) illustrierte er diese Prinzipien. Für ihn war das religiöse Gefühl das konstitutive Prinzip sowohl der Familie wie der Stadt der Antike.

Gennep, Arnold van (1873—1957)
Französischer Volkskundler, geboren in Ludwigsburg. Als er sechs Jahre alt war, zog die Familie nach Savoyen. Er studierte in Paris orientalische Sprachen, auch Geschichte und Religionswissenschaft. Van Gennep hat in Frankreich nie einen akademischen Posten bekleidet. Die 'Durkheimianer' beherrschten damals derart die Universität und die entsprechenden Institutionen, daß van Gennep von ihnen sagt: „Anyone who was not a member of their group, was 'a marked man'" (in: N. Belmont, Arnold Van Gennep 1979: 2). Unter seinen zahlreichen wissenschaftlichen Arbeiten ist vor allem das Werk *Les rites de passage* (1909) zu nennen.

Goldenweiser, Alexander (29.1.1880—6.7.1940)
Geboren in Kiew, kam er schon in jungen Jahren in die Vereinigten Staaten. 1910 macht er seinen Ph.D. bei Boas an der Columbia-Universität; er wird aber niemals ordentlicher Professor an einer Universität. Er macht zwar kurze Zeit Feldforschungen bei den Irokesen, aber für Feldforschungen hat Goldenweiser nicht viel übrig, er ist Theoretiker. Einem Freund soll er einmal anvertraut haben, er würde lieber schlechte als gar keine Theorie vortragen. Die Kultur spielte in Goldenweisers Beschäftigung eine wichtige Rolle. Seine Zeitgenossen empfanden ihn nicht selten als eine exzentrische Persönlichkeit. Er stand dem Diffusionismus nahe.

Griaule, Marcel (1898—25.2.1956)
Griaule diente in beiden Weltkriegen als Soldat. Seine erste Expedition machte er 1928/29 nach Äthiopien. 1931—1933 organisierte er die berühmt gewordene Dakar-Djibouti-Expedition. Hierbei kam er mit den Dogon der Bandiagara-Berge zusammen, denen fortan sein ganzes Interesse galt. Ab 1946 bis zu seinem Tod besuchte er sie jährlich. Es war vor allem der 'Älteste' und Priester Ogotemmeli (gestorben am 29.6.1947), der Griaule in die Weltanschauung der Dogon

einführte. Unter den zahlreichen Publikationen Griaules seien genannt: *Masques Dogons* (1938), *Dieu d'eau, entretiens avec Ogotemmeli* (1948) (deutsch von J. Jahn unter dem Titel 'Schwarze Genesis', 1970) und *Le renard pâle* (1965) in Zusammenarbeit mit G. Dieterlen. Griaule hatte großen Einfluß auf das Ethnologiestudium in Frankreich. Seit 1942 war er Professor für Ethnologie an der Sorbonne. Mit ihm erst wird das Ethnologiestudium ein eigener und selbständiger Beruf in Frankreich.

Grosse, Ernst (29.7.1862—26.1.1927)
Geboren in Stendal bei Magdeburg, gestorben in Freiburg. Als Ethnologe arbeitete er über die Grundlagen der Familie bei den Naturvölkern; er betonte die Wechselwirkung von Wirtschaft und Familie in nicht-evolutionistischer Weise. Grosse war auch Kunstforscher; sein Spezialgebiet war die Kunst Ostasiens. Er war Professor in Freiburg; H. Baumann war sein Schüler. Wichtige Werke sind: *Die Formen der Familie und der Wirtschaft* (1896) und *Die Anfänge der Kunst* (1894).

Gusinde, Martin (29.10.1886—18.10.1969)
Geboren in Breslau; schloß sich schon in frühen Jahren dem Orden der Steyler Missionare an. Seine Ausbildung erhielt er in St. Gabriel bei Wien, unter anderen auch bei W. Schmidt. 1912 ging er als Biologie-Lehrer nach Santiago de Chile. Dort wurde er Professor für physische Anthropologie. Zwischen 1918 und 1924 machte er vier Reisen zu den Feuerlandindianern. 1934-1935 reiste er mit Schebesta zu den Bambuti-Pygmäen. 1950 und 1953 machte er Feldforschungen bei den Buschmännern. 1954 war er bei venezolanischen Indianern, 1956 bei Zwergwüchsigen Neuguineas. Gusinde war Mitglied des Anthropos-Institutes. Neben seinen Feuerland-Publikationen fallen die anderen hinsichtlich ihrer Wissenschaftlichkeit ab, so vor allem seine Werke *Die Twiden* (1956) und *Von Gelben und Schwarzen Buschmännern* (1966).

Haddon, Alfred Cort (24.5.1855—20.4.1940)
Er war in London geboren und wirkte dreißig Jahre in Cambrigde, wo er auch starb. Haddon war zunächst Anatom und Zoologe. 1880 wurde er Professor für Zoologie in Dublin. 1888 reiste er zur Torresstraße, um meeresbiologische Beobachtungen zu machen, doch er kehrte mit großem Interesse für jene Völker zurück. Er lehrte jetzt physische Anthropologie. 1898 organisierte er die britische Expedition zur Torresstraße und nach Neuguinea, auf welcher er mit seinen Kollegen wichtige Prinzipien der Feldforschung erarbeitete, so etwa den Gebrauch von Genealogien. Bei seiner Rückkehr erhielt er eine Stelle in Cambridge; von 1909 bis 1926 war Haddon 'Reader in Ethnology' in Cambridge. Seine über 600 wissenschaftlichen Arbeiten sind interessensmäßig breitgestreut.

Haekel, Josef (17.6.1907—2.11.1973)
Geboren in Wien; studierte bei W. Koppers und promovierte 1935 bei ihm mit einer Arbeit über Nordamerika. Auch seine Habilitation (1941) ging über ein nordamerikanistisches Thema; danach wurde er zur Wehrmacht eingezogen. Nach dem Krieg hatte Haekel maßgeblichen Anteil am Neuaufbau des Wiener

Instituts. Koppers und Heine-Geldern, welche vor den Nazis weichen mußten, kehrten wieder zurück. 1957 wurde Haekel Koppers' Nachfolger. In den sechziger Jahren leitete Haekel drei österreichische Expeditionen nach Zentralindien. Nach W. Schmidt und W. Koppers, den beiden Hauptvertretern der Kulturkreislehre, war es für Haekel nicht einfach, im Wiener Institut eine neue Richtung einzuschlagen. Haekel arbeitete vor allem über Fragen der Religionsethnologie. Obgleich er erst in späten Jahren im eigentlichen Sinne Feldforschung machte, war er kein ausgesprochener Theoretiker. Sein großes ethnologisches Sachwissen hat ihm die Wertschätzung vieler Fachkollegen eingebracht.

Heine-Geldern, Robert Freiherr von (16.7.1885—25.5.1968)
Geboren in Niederösterreich; war während des Zweiten Weltkrieges Professor in den Vereinigten Staaten. Heine-Geldern war ein vorzüglicher Kenner südostasiatischer Kulturen. Er beschäftigte sich unter anderem mit transpazifischen Kulturbeziehungen. Zur Kulturkreislehre der Wiener Schule wußte er immer einen gewissen Abstand zu wahren. Einer der besten Beiträge in G. Buschans dreibändigem Werk 'Illustrierte Völkerkunde' ist Heine-Gelderns Beitrag über Südostasien (1923). In zahlreichen Studien befaßte sich Heine-Geldern mit diffusionistischen Ideen, so in dem Artikel *Urheimat und früheste Wanderungen der Austronesier* (in Anthropos 1932).

Hermanns, Matthias (31.5.1899—5.1.1972)
Missionar und Ethnograph in Westchina und Tibet; später machte er Feldforschungen unter der Stammesbevölkerung Indiens. Er war vor allem am Schamanismus interessiert. Zahlreiche, aber nicht immer stringente Publikationen. Mitglied des Anthropos-Institutes.

Herrmann, Ferdinand (20.9.1904—22.4.1974)
Leiter des Museums der von Portheim-Stiftung in Heidelberg. Hielt Vorlesungen an der Universität Heidelberg über Religion und Kunst der Naturvölker sowie über Volkskunde. Für unsere Fragestellung ist von besonderem Interesse sein Werk *Symbolik in den Religionen der Naturvölker* (1961).

Herskovits, Melville Jean (10.9.1895—25.2.1963)
Geboren in Ohio; studierte zunächst in Chicago, kam später zu Boas an die Columbia-Universität, wo er 1923 promovierte. Er war von 1924 bis 1927 Lecturer an der Columbia-Universität. 1927 ging er an die Northwestern University (Evanston, Ill.); hier wurde er 1935 Ordinarius und wirkte auch bis zu seinem Tode daselbst. Sein erstes Forschungsobjekt befaßte sich mit physischer Anthropologie. Er wurde einer der Vorreiter für die Erforschung der Neger in Amerika. Er machte Expeditionen nach Surinam (1928—1929), Dahomey (heute Volksrepublik Benin), Nigeria, Ghana, Brasilien (1941—1942). In seinen theoretischen Werken hat Herskovits vor allem dem Kulturwandel Aufmerksamkeit gewidmet.

Hirschberg, Walter (17.12.1904)
Hirschberg ist zwar in der Wiener Kulturhistorischen Ethnologie aufgewachsen — er war Schüler von Schmidt und Koppers —, aber er versuchte schon frühzeitig, eigene Wege zu gehen. Als 1931 die Wiener Kulturhistorie im Zenit ihres Wir-

kens stand, gründete er die 'Arbeitsgemeinschaft für Afrikanische Kulturgeschichte'. Hirschbergs Anliegen war es, exakte Geschichte zu erstellen. So geriet er in Opposition zu der damals in Wien herrschenden Kulturhistorie. Als nach dem Krieg Hirschberg einen Lehrstuhl erhielt, benannte er seine geschichtliche Arbeitsweise 'Ethnohistorie'. Hirschberg hat zahlreiche Schüler gefunden, welche seine Ideen kritisch weiterverfolgen.

Höltker, Georg (22.5.1895—22.1.1976)
Höltker war Schmidt-Schüler und zeitweilig Redakteur der Zeitschrift Anthropos. Er machte in den dreißiger Jahren Feldforschungen auf Neuguinea; er war Professor an der Universität Fribourg. Höltker war ein guter und fruchtbarer Ethnograph.

Hultkrantz, Ake Gunnar (1.4.1920)
Religionsgeschichtler und Religionsethnologe an der Universität Stockholm. Studierte an der Universität Stockholm und ist seit 1958 dort Professor. Er arbeitet vor allem über die Religionen nordamerikanischer Indianer und der Eskimo.

Jakobson, Roman (11.10.1896)
Einer der großen Linguisten dieses Jahrhunderts, Begründer der strukturalen Linguistik in Europa, der sogenannten Prager Schule. Geboren in Moskau, wirkte er in Brünn und Prag. Mußte vor den Nationalsozialisten fliehen, zunächst in die skandinavischen Länder und 1941 in die Vereinigten Staaten. Hier lehrte er an der Columbia- (1943—1949) und an der Harvard-Universität (1949—1967). Lévi-Strauss lernte Jakobson in New York kennen und bezog viele Anregungen von ihm für seinen späteren Strukturalismus.

Jensen, Adolf Ellegard (1.1.1899—20.5.1965)
In Kiel geboren, studierte Jensen in Kiel und Bonn Naturwissenschaften; er wurde mit einem naturphilosophischen Thema zum Dr. phil. promoviert. 1923 kam er zu Leo Frobenius nach München. 1928—1930 nahm er an der Südafrika-Expedition teil, 1932 an einer nach Libyen; 1933 habilitierte er sich in Frankfurt, 1936 wurde er Kustos am Städtischen Museum für Völkerkunde; 1937 machte er eine Forschungsreise auf die Molukkeninsel Ceram. Nach dem Tod von Frobenius (1938) erhoben die Nationalsozialisten Einspruch gegen seine Nachfolge, 1940 wurde ihm sogar die Lehrbefähigung aberkannt. Er mußte zum Militär. 1945 wurde er Direktor des Museums und 1946 Ordinarius an der Universität. In den fünfziger Jahren unternahm er noch zwei Forschungsreisen nach Südäthiopien. Von seinen zahlreichen Schriften gehören sicher seine religionsethnologischen zu den besten, so vor allem *Das religiöse Weltbild einer frühen Kultur* (^{2}1949) und *Mythos und Kult bei Naturvölkern* (^{2}1960).

King, John H.
Der Brite King setzte anstelle des Animismus den Zauber an den Beginn der religiösen Entwicklung. Seine Theorie über den Ursprung der Religion legt er in seinem Werk *The Supernatural, its Origin, Nature and Evolution* (2 Bde., London 1892) dar.

Kohl-Larsen, Ludwig (5.4.1884—12.11.1969)
Arzt, Prähistoriker und Forschungsreisender. Professor in Tübingen. Macht in Ostafrika Funde des afrikanischen Vormenschen. Lebte bei den Tindiga, einer Wildbeuter-Ethnie Ostafrikas; er beschrieb ihre Kultur und sammelte ihr Erzählgut.

Koppers, Wilhelm (8.2.1886—23.1.1961)
Koppers wurde zwar am Niederrhein, in Menzeln unweit von Xanten, geboren, doch sein ganzes Wirken, ausgenommen während des Zweiten Weltkrieges, vollzog sich in Wien. Er war einer der ältesten Mitarbeiter W. Schmidts. Seit 1905 hörte er bei Schmidt Ethnologie; 1913 wurde er der Anthropos-Redaktion zugewiesen, 1929 übertrug man ihm den Lehrstul für Ethnologie an der Universität Wien. 1922 machte er mit Martin Gusinde eine Reise zu den Feuerland-Indianern. Im Jahr darauf übernahm er bis 1931 die Redaktion der Zeitschrift Anthropos. 1938 wurde er infolge der politischen Ereignisse in den Ruhestand versetzt. Er ging zu Forschungen nach Indien. 1945 erhielt er seinen Lehrstuhl wieder zurück. Josef Haekel wurde 1957 sein Nachfolger. Koppers war neben W. Schmidt immer der zweite Mann. Er konnte noch weniger eigene Wege gehen als Schebesta, Gusinde oder Höltker. Seine Publikationen haben daher zum großen Teil die Theorie der Kulturhistorie und der Kulturkreislehre zum Inhalt; den kleineren Teil machen seine Feldforschungsberichte aus.

Krause, Fritz (23.4.1881—1.6.1963)
Geboren in Moritzburg bei Dresden, studierte er bei Ratzel und Karl Weule in Leipzig. Distanzierte sich von der Kulturkreislehre und entwickelte seine 'Strukturlehre'. Er habilitierte sich mit der Arbeit *Die Kultur der kalifornischen Indianer in ihrer Bedeutung für die Ethnologie und die nordamerikanische Völkerkunde* (1920). Krause war Direktor am Museum für Völkerkunde zu Leipzig.

Kroeber, Alfred Louis (11.6.1876—5.10.1960)
Kroeber wurde im Staate New York geboren und starb auf einer Reise in Paris. Er war eine der einflußreichsten Persönlichkeiten der Ethnologie in der ersten Hälfte dieses Jahrhunderts. Er war Boas' erster Student. Er promovierte 1901 und wurde gleich Professor an dem neu gegründeten ethnologischen Institut an der Universität von Kalifornien in Berkeley. Seine Feldforschungen galten vor allem den Indianern Nordamerikas, aber auch Mittelamerikas sowie den alten Kulturen Perus. Von seinen über 500 Werken wurde vielleicht seine *Anthropology* (1923, überarbeitet 1948) am bekanntesten. Sein Hauptinteresse galt aber der Kultur als einer universalen menschlichen Wesensbestimmung.

Labouret, Henri (27.5.1878—4.6.1959)
Neben Delafosse einer der bekanntesten der 'Coloniaux'. Geboren wurde er in Laon, gestorben ist er in Paris. Zunächst wurde er Soldat und nahm als Leutnant der berühmten 'Tirailleurs Sénégalais' an der Eroberung Westafrikas teil. Durch eine schwere Verwundung wurde ihm die militärische Laufbahn versperrt, er trat in den kolonialen Verwaltungsdienst. Er vertiefte sich in die Ethnologie und in die Erlernung westafrikanischer Sprachen. Acht Jahre verbrachte er im Gebiet

der Lobi. In dem Gebiet, „wo früher eine fast totale Unsicherheit herrschte, und wo Morde und Racheakte an der Tagesordnung waren", trat allmählich Ruhe ein. Der Historiker H. Deschamps sagt: „Das war der Triumph der praktischen Ethnologie" (in Africa 1959: 333). 1926 wird Labouret der Nachfolger von Delafosse als Professor in Paris. 1935 tritt er in den freiwilligen Ruhestand und lebt fortan seinen ethnologischen Forschungen. Sein wichtigstes Werk wurde *Les tribus du rameau lobi* (1931). Weitere Werke sind *Les Manding et leur langue* (1933) und *Monteil, explorateur et soldat* (1937).

Lang, Andrew (31.3.1844—20.7.1912)
Schottischer Mythologe und Religionsforscher. Er hatte in Edinburgh und Oxford studiert. Berühmt wurde Lang vor allem durch sein Buch *The Making of Religion* (1898), in welchem er aufzuweisen suchte, daß die ältesten lebenden Völker einen Eingottglauben haben und dieser nach und nach degenerierte. W. Schmidt machte diese These zu seiner eigenen und gestaltete sie in seinem zwölfbändigen Werke 'Ursprung der Gottesidee' aus.

Leach, Edmund Ronald (1910)
Britischer Anthropologe; von 1947 bis 1953 Professor an der London School of Economics, seit 1953 an der Universität Cambridge. Leach machte Feldforschungen in Burma und Ceylon. Seine wichtigsten Werke sind: *Political Systems of Highland Burma* (1954); *Pul Eliya: A Village in Ceylon* (1961); *Rethinking Anthropology* (1961) und *Lévi-Strauss* (1970). Im letzten Werk setzt er sich kritisch mit dem französischen Strukturalismus auseinander und zeigt unter anderem die Unterschiede zu ähnlichen britischen Bestrebungen auf.

Leeuw, Gerardus van der (18.31890—18.11.1950)
Niederländischer Theologe und Religionswissenschaftler. Nach van der Leeuw liegt der Entwicklung der Religion eine nicht-rationale mystische Tradition zugrunde. Sein Werk *Phänomenologie der Religion* (1933) ist 1956 in zweiter Auflage erschienen.

Lehmann, F. Rudolf (Dresden 13.4.1887—1969 München)
Berühmt wurde seine Dissertation (Leipzig 1915) *Mana. Eine begriffsgeschichtliche Untersuchung auf ethnologischer Grundlage*, in welcher er unter anderem nachwies, daß bereits James Cook den Begriff Mana notierte. Lehmann war während des Zweiten Weltkrieges Professor in Südafrika.

Leroi-Gourhan, André (1911)
Französischer Prähistoriker und Ethnologe. Geboren in Paris. Er studierte zunächst Orientalistik (Chinesisch, Russisch, Japanisch). In diese Zeit fällt seine *Civilisation du renne*, wo bereits sein ethnologisches wie prähistorisches Wissen und Interesse aufscheinen. Leroi-Gourhan ist ein enzyklopädischer Gelehrter mit sehr breitem Interessengebiet. Er ist Professor am Collège de France.

Le Roy, Alexandre-Louis-Victor-Aimé (19.1.1854—21.4.1938)
Msgr. Le Roy war Missionar, zunächst in Pondicherry (Südost-Indien), dann an der afrikanischen Ostküste (Zanzibar) und schließlich Bischof in Gabun. Er

gehörte dem Orden der 'Väter vom Heiligen Geiste' an. Er hat sich sehr dafür eingesetzt, daß seine Missionare die Lokalkulturen kennenlernen und darauf eingehen. Für die Ethnologiegeschichte sind heute von Interesse seine Werke *Les Pygmées* (1887—1898) und *La religion des Primitifs* (1908, ⁵1926). Hier sind vor allem seine Aussagen über die Bantu und die Gabun-Pygmäen von Wert.

Leser, Paul (23.2.1899)
Leser wurde in Frankfurt am Main geboren. Machte Militärdienst im Ersten Weltkrieg und begann 1917/18 sein Studium in Bonn. Er habilitierte sich 1929 für Ethnologie in Darmstadt und war bis 1933 ebendort Privatdozent. Wegen der Naziherrschaft floh er nach Schweden und 1942 nach den Vereinigten Staaten. Leser ist Graebner-Schüler und ein Verfechter der Kulturhistorischen Ethnologie. Unter den diversen Publikationen ist vor allem sein Werk *Entstehung und Verbreitung des Pfluges* (1931) zu erwähnen, 1971 in Dänemark als Nachdruck aufgelegt.

Lévi-Strauss, Claude (28.11.1908)
Geboren in Brüssel; studierte zunächst Rechtswissenschaft und Philosophie (1927—1932). Lehrte an der Universität von Sao Paulo (1934—1937). Feldforschungen unter den Indianern des Mato Grosso. 1941—1945 Professor in New York, hier lernt er den Linguisten Roman Jakobson kennen. 1950 wird er Directeur d'Etudes an der Ecole Pratique des Hautes Etudes in Paris, und 1959 wird er Professor am Collège de France. Der Name von Lévi-Strauss und der Strukturalismus sind heute fast identisch. Das große wissenschaftliche Anliegen des Strukturalismus ist leider zur Modeerscheinung geworden.

Lévy-Bruhl, Lucien (19.4.1857—13.3.1939)
Geboren und gestorben in Paris. Er war Professor für Philosophie an der Sorbonne von 1899 bis 1927. Er war stark vom Positivismus Auguste Comte's beeinflußt. Später griff er auch die 'représentations collectives' von E. Durkheim auf. Er ist heute als der Erfinder der 'mentalité primitive' und vor allem als der Autor des 'prälogischen Denkens' bekannt. Evans-Pritchard sagt, man habe Lévy-Bruhls Bücher kritisiert, weil man sie mißverstanden habe (siehe ⁶1964: 53).

Lips, Julius (1895—21.1.1950)
Geboren in Saarbrücken; sein Vater war kleiner Beamter. Schüler von Wundt in Leipzig. 1929 Direktor am Rautenstrauch-Joest-Museum zu Köln. Emigrierte 1934 in die USA, bis 1948 dort Professor. Mehrere Reisen zu Indianern Nordamerikas. Prägte den Begriff der 'Erntevölker'. Ging im September 1948 nach Leipzig, starb aber schon bald. Seine Frau Eva Lips, ebenfalls Ethnologin, wurde seine Nachfolgerin an dem nach ihm benannten Institut in Leipzig.

Lowie, Robert Harry (12.6.1883—21.9.1857)
Lowie wurde in Wien geboren und kam mit zehn Jahren in die Vereinigten Staaten. Er studierte bei Franz Boas an der Columbia-Universität in New York und promovierte dort 1908. Von 1908 bis 1921 arbeitete Lowie am American Museum of Natural History in New York. Feldforschungen machte er bei den Plains-Indianern. Sehr bekannt wurden seine Forschungen über die Crow-

Indianer (1935). 1921 wurde Lowie Associate Professor für Anthropologie an der Universität von Kalifornien und 1950 wurde er emeritiert. Er gab aber weiter bis zu seinem Tode Vorlesungen. Lowie war zeitlebens an geschichtlichen Fragen seines Faches interessiert. Er blieb Deutschland eng verbunden und schrieb ein Werk *Toward Understanding Germany* (1954). Seine Autobiographie erschien posthum.

Lubbock, Sir John (30.4.1834—28.5.1913)
Er entstammt einer wohlhabenden Bankiersfamilie. In London geboren, begann seine Erziehung in Eton, er mußte aber mit fünfzehn Jahren in die väterliche Bank eintreten. Lubbock zeigte viele außerordentliche Begabungen. Darwins Bekanntschaft — er war seines Vaters Freund — hatte großen Einfluß auf ihn. Lubbock war einer der führenden Bankiers, er war liberaler Parlamentsabgeordneter (1874 und 1880). Er hatte zahlreiche Aufgaben, machte Studien über das Verhalten von Tieren. Unter vielen anderen Werken findet sich auch das ethnologisch interessante Werk *The Origin of Civilization and the Primitve Condition of Man* (1870).

Maine, Sir *Henry* James Sumner (15.8.1822—3.2.1888)
Maine war Jurist und beschäftigte sich vor allem mit vergleichendem Recht. Er war Professor in Cambridge. Er hielt auch in London Vorlesungen über römisches Recht; diese bildeten die Grundlage für sein Werk *Ancient Law: Its Connection with the Early History* (1861). Das Werk übte großen Einfluß auf die politische Theorienbildung aus.

Mair, Lucy (1901)
Geboren bei London, studierte sie zunächst Klassische Philologie in Cambridge. Malinowski brachte sie zur Anthropologie. L. Mair übernahm eine Stelle an der London School of Economics. Sie machte Feldforschungen in ehemaligen englischen Kolonien Afrikas.

Malinowski, Bronislaw (7.4.1884—16.5.1942)
Geboren in Krakau (damals gehörte es zu Österreich); sein Vater war Professor für Slavische Philologie. In seiner Vaterstadt promovierte Malinowski im Jahre 1908 in Physik und Mathematik. Da er von schwacher Gesundheit war, mußte er die Naturwissenschaften aufgeben. Er studierte bei Wundt in Leipzig, dann in London bei Westermarck und vor allem bei Seligman. 1914 machte er seine erste Expedition in das Gebiet von Neuguinea. 1916 erhielt er ein Doktorat von der London School of Economics. 1915 und 1917 war er auf den Trobriand-Inseln. 1923 erhielt er eine feste Anstellung an der London School of Economics. 1938 reiste er zu einem Forschungsfreijahr in die Vereinigten Staaten; wegen des Krieges blieb er in den Staaten und lehrte in Yale bis zu seinem Tode. Ob Malinowski wirklich der Begründer der modernen Feldforschung und des Funktionalismus ist, darüber streitet man sich; auf jeden Fall gehört er zu den großen Ethnologen unseres Jahrhunderts.

Mauss, Marcel (10.5.1872—10.2.1950)
Mauss ist wie sein Onkel E. Durkheim in Epinal in Lothringen geboren. Er

besaß ein enzyklopädisches Wissen und war ein universaler Gelehrter. Obgleich er sich sehr stark soziologischen Fragen widmete, galt seine Vorliebe doch den sogenannten Naturreligionen. Es gibt kaum ein namhaftes religionsethnologisches Werk seiner Zeit, das er nicht kritisch durcharbeitete und vielfach in dem von ihm redigierten 'Année Sociologique' besprach. 1902 wurde er Professor für Naturreligionen in Paris. 1925 gründete er das Institut d'Ethnologie an der Sorbonne; von 1931 bis 1939 war er Professor am Collège de France. Mauss betrieb niemals Feldforschung. Durch seine Vorlesungen und seine zahlreichen Artikel – Bücher schrieb er keine – übte er auf die Ethnologen seiner Zeit großen Einfluß aus, besonders auch auf die kritischen Funktionalisten. Eine fast vollständige Sammlung seiner Aufsätze und Buchbesprechungen sind in drei Bänden erschienen unter dem Titel 'Oeuvres' (Paris, 1968—1969).

McLennan, John Ferguson (14.10.1827—16.6.1881)
Britischer Rechtsanwalt und Ethnologe. Seine Arbeiten über Ursprungsfragen der Verwandtschaft und Religion haben die Ethnologie nachhaltig beeinflußt. In seiner Studie *Primitive Marriage* (1885) stellt er eine Theorie der sozialen Entwicklung auf. Die Ausdrücke 'Exogamie' und 'Endogamie' gehen auf ihn zurück. Für McLennan war der Totemismus ein Überbleibsel des Fetischismus; sein Schüler Robertson Smith sollte ihn ja dann zur Urform der Religion machen. Freud, Durkheim und Frazer wurden von McLennan bezüglich ihrer Totemismus-Theorien beeinflußt.

Mead, Margaret (16.12.1901—1978)
Sie wurde in Philadelphia geboren, studierte an der Columbia-Universität (New York) zunächst Psychologie (1924 Master) und dann Ethnologie (1929 Ph.D.). Sie machte zahlreiche Expeditionen, so nach Samoa (1925—1926), den Admiralitäts-Inseln (1928—1929), Neuguinea (1931—1933) und nach Bali und Neuguinea (1936—1939). 1926 wurde sie Kurator für Ethnologie am American Museum of Natural History, und 1954 wurde sie Associate Professor für Anthropologie an der Columbia-Universität. — Margaret Mead fand eine große Leserschaft für ihre Publikationen, sie hatte Einfluß auf Schule und Frauenbewegung. In Fachkreisen stießen ihre Publikationen wiederholt auf Skepsis.

Menghin, Oswald (19.4.1888—29.11.1973)
Menghin wurde in Meran geboren und starb in Buenos Aires. Nach dem Abitur begann er das Studium der Urgeschichte in Wien. Bereits 1910 wurde er promoviert und 1913 habilitierte er sich. 1918 wurde er Professor für Prähistorische Archäologie, 1922 Ordinarius. Die Verbindung der Kulturhistorischen Ethnologie zur Urgeschichte war damals in Wien eng, so daß die meisten Ethnologie-Studenten auch Urgeschichte hörten. Menghin fühlte sich von der Ordnung der Schmidt'schen Kulturfolgen ('Urkultur – Grundkulturen – Primär- und Sekundärkulturen') angezogen. In seiner *Weltgeschichte der Steinzeit* (1931) suchte er, „die von der kulturhistorischen Ethnologie postulierte theoretische Zeittiefe bis an den Beginn der Menschheitsgeschichte auch mit konkreten Gegebenheiten aufzufüllen" (Pittioni, in Mitteilungen der Anthropologischen Gesellschaft in Wien

1975: 120). Nach dem Zweiten Weltkrieg ließ sich Menghin in Südamerika nieder und wurde Titularprofessor an der Universität Buenos Aires.

Mercier, Paul (3.1.1922—1976)
Vertreter der 'Sociologie Africaine' in Paris; Feldforschungen, teils zusammen mit Balandier. Directeur d'Etudes an der Ecole Pratique des Hautes Etudes, Abteilung Sciences Sociales, Paris.

Monteil, Charles (22.2.1871—20.4.1949)
Monteil gehört zu den großen Gestalten des französischen Kolonialreiches in Afrika. Zunächst machte er als Soldat an der Elfenbeinküste Karriere. Von 1893 bis 1903 ist er Chef im Gebiet der Baule, dann in Medine und schließlich in Djenné. Von 1903 bis 1904 wird er Chef der Finanzen des Französischen Sudan. Von 1904 bis 1909 ist er Professor an der Ecole des Langues Orientales in Paris. Später wird er Chef der Finanzen von Französisch-Marokko. M.Th. Monod, einer der großen Afrikakenner Frankreichs, nannte Monteil „notre plus sûre autorité pour l'histoire du Soudan occidental" und die Redaktion der Zeitschrift IFAN (1949: 543) fügt hinzu: „l'un des derniers témoins de l'état ancien de ce continent, l'un des pionniers de l'Afrique française". Eines seiner bekanntesten Werke wurde *Les Bambara de Ségou et du Kaarta* (1924; neuaufgelegt 1976). — Sein Sohn Vincent trat in die Fußstapfen seines Vaters; er hat auch dessen Nachlaß publiziert.

Morgan, Lewis Henry (21.11.1818—17.12.1881)
Geboren im Staate New York, gestorben in Rochester, N.Y.; von Beruf Rechtsanwalt. Er hat ethnologisch über das Verwandtschaftssystem und über die Familie gearbeitet. Er war Evolutionist. Dadurch, daß Engels seine Ideen aufgriff, ist er bis heute als Theoretiker aktuell. Er huldigte der Drei-Stadien-Theorie: Wildheit – Barbarei – Zivilisation. Von größerem Interesse als seine theoretischen Werke sind seine Forschungen über die Irokesen, welche einen für die damalige Zeit hohen Stand aufweisen.

Mühlmann, Wilhelm Emil (1.10.1904)
Geboren in Düsseldorf; studierte physische Anthropologie, Ethnologie und Soziologie. Promovierte und habilitierte sich in Berlin. Neben Richard Thurnwald der Hauptvertreter der deutschen Ethnosoziologie. Von 1950 bis 1960 war Mühlmann Professor in Mainz, von 1960 bis zu seiner Emeritierung im Jahre 1970 Professor in Heidelberg für Soziologie und Ethnologie. — Mühlmann stand und steht auch heute noch häufig im Gegensatz zur herrschenden ethnologischen Meinung, trägt aber dadurch viel zur Bereicherung der Ethnologie bei und war sicher immer ein großer Anreger für die deutschsprachige Ethnologie. Die Bibliographie, welche zu seinem 60. Geburtstag erschien, zeigt das breite und reichhaltige Arbeitsgebiet Mühlmanns auf. Die Herausgeber der 'Bibliographie 1928—1964' schreiben im Vorwort: „Sie spiegelt die Bedeutung, Weite und Lebendigkeit des geistigen Schaffens und Wirkens eines leidenschaftlich Forschenden und Suchenden ..." (1964: 1).

Müller, Friedrich *Max* (6.12.1823—28.10.1900)
Geboren in Dessau als Sohn des Dichters der Romantik Wilhelm Müller (von ihm stammen die Textvorlagen für Schuberts 'Winterreise' und 'Die schöne Müllerin'). In Oxford tätig als Sprach- und Religionsforscher. Begründer der vergleichenden Religionswissenschaft auf der Grundlage der vergleichenden Sprachforschung. Seine Hauptleistungen sind die Herausgabe des Rig-Veda (6 Bde., London 1849—1874) und der Sammlung von 51 Bänden *The Sacred Books of the East* (1879—1904). Einer der Hauptvertreter der Naturmythologischen Schule.

Murdock, George Peter (1897)
Amerikanischer Ethnologe; bis 1960 Professor an der Yale-Universität, danach an der Universität von Pittsburgh. Berühmt wurde Murdock wegen seiner rein quantitativen Aufschlüsselung Hunderter von Ethnien und ihrer Kulturen. Aufgrund dieser Aufgliederungen zahlreicher Kulturen können statistische Aussagen gemacht werden z. B. über Polyandrie oder Matrilinearität. Verständlich, daß diese Methode viele Kritiker auf den Plan gerufen hat, denn Murdock zerlegt die Kulturen in Elemente und vergleicht dann ähnliche Elemente und addiert sie. Aber ist z. B. Polyandrie in Indien und im Zaïre miteinander vergleichbar?

Paulme, Denise (1909)
Geboren in Paris, studierte sie zunächst Jura. Da sie sich für das Recht der Naturvölker interessierte, kam sie mit Marcel Mauss in Kontakt, wurde von dieser Persönlichkeit fasziniert und studierte Ethnologie. 1935 machte sie mit M. Griaule und ihrem späteren Mann, André Schaeffner, ihre erste Reise zu den Dogon. Nach dem Krieg folgten mehrere Feldforschungen in Westafrika, teils mit ihrem Mann. Ihre Forschungen hat sie in zahlreichen Publikationen niedergelegt. Denise Paulme war Directeur d'Etudes an der Ecole Pratique des Hautes Etudes in Paris.

Pettazzoni, Raffaele (1883—8.12.1959)
Italienischer Religionsgeschichtler; 1914 Professor in Bologna, von 1924 bis 1958 in Rom. Hatte ein sehr weites Betätigungsfeld. War ein vehementer Gegner der Schmidt'schen Monotheismus-These. Er hat den Eingottglauben der Naturvölker vom geschichtlichen Monotheismus und erst recht vom Urmonotheismus abgegrenzt. Besonders bekannt geworden ist sein Werk *L'essere supremo nelle religioni primitive. L'onniscienza di Dio* (1957); deutsche Ausgabe: 'Der allwissende Gott' (1960).

Plancquaert, Michel (8.4.1897)
Seit 1924 als Jesuitenmissionar im Zaïre, vor allem im Gebiet der Yaka und Suku, über die er ethnographisch arbeitete.

Ponette, Peter (1910)
Geboren in Belgien, Jesuitenmissionar in Indien seit 1931 unter den Munda und Oraon. Er ist damit beschäftigt, den letzten Band der 'Encyclopaedia Mundarica' von Johannes Hoffmann herauszugeben. Er lebt in Ranchi (Bihar). Er ist Herausgeber von *The Munda World. Hoffmann Commemoration Volume* (Ranchi 1978).

Radcliffe-Brown, Alfred Reginald (17.1.1881—24.10.1955)
Geboren in Birmingham. Einer der Hauptvertreter des britischen Funktionalismus. Radcliffe-Brown war in seinen Ideen stark von Durkheim beeinflußt. So konzentrieren sich denn auch seine Forschungen in der Hauptsache auf soziologische Fragen. — Berühmt wurde seine Feldforschung von 1906 bis 1908 auf den Andamanen; 1910—1912 in Westaustralien. Radcliffe-Brown lehrte an mehreren Universitäten: 1920—1925 in Kapstadt, 1925—1931 in Sydney, 1931—1937 in Chicago und 1937—1946 an der Universität Oxford.

Radin, Paul (2.4.1883—21.2.1959)
Radin wurde im russisch-polnischen Lodsch geboren. Er kam bereits im Kindesalter nach den Vereinigten Staaten, doch er blieb innerlich zeitlebens Europäer. Radin studierte in New York und in Berlin. Er besuchte ein halbes Jahrhundert lang die Winnebago-Indianer. Sein Hauptforschungsgebiet bildete die Religionsethnologie. Aus seiner tiefen Kenntnis einer naturvolklichen Gesellschaft kam er zu der Einsicht, daß es auch in der einfachsten Gesellschaft Monotheisten geben kann und tatsächlich gibt, weil einige Individuen immer geborene Philosophen und Theologen sind und somit zu Erkenntnissen vorstoßen, zu denen ihre Mitbewohner praktisch niemals gelangen.

Rasmussen, Knud Johan Victor (7.6.1879—21.12.1933)
Geboren in Jakobshavn auf Grönland. Vater Däne, Mutter Eskimo. Er hat praktisch alle Eskimo-Gruppen mit dem Hundeschlitten besucht und überwinterte sogar bei den nördlichsten Völkern der Erde, den Polar-Eskimo, auf Nordwest-Grönland (1902—1904). Vom 7.9.1921 bis zum 23.5.1924 durchquerte er das ganze Eskimo-Gebiet bis Point Barrow auf Alaska. Seine Forschungen hat er in einer Reihe von Büchern veröffentlicht.

Rattray, Robert Sutherland (1882—18.5.1938)
Rattray hatte in Oxford Ethnologie studiert; er ging jedoch zum Militär. Er nahm am Burenkrieg in Südafrika teil. Von 1902 bis 1907 war er im Seengebiet Ostafrikas stationiert. 1907 trat er in den britischen Kolonialdienst. 1924 erhielt er eine gehobene Stellung im Ashanti-Gebiet, der damaligen Goldküste. Alle seine wichtigen Werke schrieb Rattray über die Ashanti. Er beherrschte eine Reihe westafrikanischer Sprachen (Hausa, Twi, Ashanti u.a.). Rattray war in der Hauptsache Ethnograph, Theorien lagen ihm fern. Er versuchte sich auch mit einigem Erfolg als Schriftsteller. Er war der erste Mensch, der von England nach Ghana flog. Er verunglückte mit einem Segelflugzeug tödlich.

Ratzel, Friedrich (30.8.1844—9.8.1904)
Er stammte aus Karlsruhe; er war ein universaler und innovatorischer Geist. Er begann als Apothekerlehrling, wurde Zoologe und kam über den Beruf eines erfolgreichen Reiseberichterstatters für die 'Kölnische Zeitung' zur Geographie. Er wurde Professor in München und später in Leipzig. In seinen etwa 1200 wissenschaftlichen Publikationen hat Ratzel kaum ein Gebiet der Geographie unberücksichtigt gelassen. Besonders hervorzuheben sind seine *Anthropogeographie* (2 Bde., 1882 und 1891), seine *Völkerkunde* (3 Bde., 1885—1888), seine *Politische*

Geographie (1897) und seine kleine Schrift *Der Lebensraum* (1901); letztere wurde vor allem von Nationalisten mißbraucht. Ratzels Verdienst um die Ethnologie besteht vor allem darin, daß er alle Ethnien und Stämme jedweder Kulturstufe in die gesamte Anthropogeographie einbaute, so daß ihre Wirtschaftssysteme und ihre politischen Strukturen bei großangelegten Studien mitzuberücksichtigen seien.

Redfield, Robert (4.12.1897—16.10.1958)
Redfield studierte zunächst Rechtswissenschaft in Chicago und war kurze Zeit als Rechtsanwalt tätig. Ein Besuch Mexikos im Jahre 1923 brachte ihn zur Ethnologie. Er begann sein Studium in Chicago bei Leslie White. 1928 promovierte er; 1934 wurde er Professor für Ethnologie in Chicago. Seine Forschungen waren auf Mexiko und Mittelamerika konzentriert; sie galten den 'folk [später 'peasant'] communities' und dem Einfluß der 'urban society' auf diese.

Ricoeur, Paul (1913)
Französischer Philosoph, geboren in Valence. Stark von Jaspers' Existentialismus und Husserls Phänomenologie beeinflußt. Ricoeur versteht sich als christlicher Denker.

Rivers, William Halse (12.3.1864—4.6.1922)
Rivers war Arzt und Psychologe. Zunächst wirkte er an der Universität von London, später an der von Cambridge. Er war bereits ein bekannter Psychologe, als er sich 1898 der britischen Expedition in die Torresstraße anschloß. In der Ethnologie wurde er vor allem bekannt durch seine Werke *The Todas* (1906), *Kinship and Social Organisation* (1914) und *History of Melanesian Society* (2 Bde., 1914). Er starb in Cambridge.

Rivet, Paul (7.5.1876—21.3.1958)
Militärarzt, physischer Anthropologe und Ethnologe. Als Mauss 1926 das Institut d'Ethnologie gründete, wurde Rivet dessen Generalsekretär. 1928 wurde er Titularprofessor für Anthropologie und Direktor des 'Musée d'Ethnographie du Trocadéro'. Rivet gelang es, alle Ethnographica in einem Zentrum zu sammeln. Dies führte 1937 zur Gründung des 'Musée de l'Homme'. Rivet engagierte sich in der Résistance, floh noch gerade rechtzeitig über Spanien nach Bogotá, gründete dort das Ethnologische Institut, lebte bis 1944 in Mexiko. Nach der Befreiung wurde er wieder Direktor des Musée de l'Homme. Von 1946 bis 1951 war er Mitglied der Nationalversammlung. — Rivets wissenschaftliche Arbeiten handeln vor allem über physische Anthropologie, Linguistik und Archäologie, häufig in bezug auf Südamerika.

Ruben, Walter (26.12.1899—7.11.1892)
Geboren in Hamburg; machte Forschungen in Indien, unter anderem über die Schmiede. Während des Krieges Professor an der Geschichtsfakultät in Ankara. Nach dem Krieg Professor an der Humboldt-Universität in Berlin. Sein Werk *Eisenschmiede und Dämonen in Indien* (1939) ist für die Ethnologie von besonderem Wert.

Saint-Simon, Henri de (17.10.1760—19.5.1825)
Geboren und gestorben in Paris. Sozialreformer mit teils utopischen Ideen; er suchte eine Religion des Sozialismus zu gründen. Erst nach seinem Tod gewinnt er Anhänger, die sogenannten 'Saint-Simonisten'.

Sapir, Edward (26.1.1884—4.2.1939)
Geboren in Lauenburg, Pommern; gestorben in New Haven, Connecticut. Sapir kam mit fünf Jahren in die USA, studierte an der Columbia-Universität und kam unter den Einfluß von Boas. 1931 wurde er Professor an der Yale-Universität. Er beschäftigte sich vor allem mit Indianersprachen Nordamerikas. Er gilt als einer der Begründer der Ethnolinguistik; er berücksichtigt die Beziehung der Kultur zur Sprache. Er gilt auch als Promotor der amerikanischen strukturalen Linguistik.

Saussure, Ferdinand de (26.11.1857—22.2.1913)
Bedeutender Linguist aus Genf. Lehrte in Paris (1881—1891) und Genf. Sein Buch *Cours de linguistique générale* von 1916 wurde von seinen Schülern anhand seiner Vorlesungen, Aufzeichnungen und anderer Materialien herausgegeben. Seine Unterscheidung zwischen 'parole' – Sprache des Individuums – und 'langue' – die systematische und strukturierte Sprache – wurde Allgemeingut der Linguisten.

Schapera, Isaak (23.6.1905)
Schapera ist in Südafrika geboren; seine Eltern sind aus Osteuropa eingewandert. Er studierte zusammen mit Meyer Fortes in Kapstadt bei Radcliffe-Brown. 1926 ging er an die London School of Economics und studierte bei Seligman und Malinowski. Nach seinem Doktorat ging er wieder nach Südafrika. 1930 erhielt er eine Stelle an der Universität von Witwatersrand und 1935 in Kapstadt. 1950 wurde er Professor an der London School of Economics. 1969 trat er in den Ruhestand. Schapera hat im südlichen Afrika Feldforschungen gemacht; ein Frühwerk heißt *The Khoisan Peoples* (1930); sehr bekannt wurden dann seine Forschungen unter den Tswana, etwa *Handbook of Tswana Law and Custom* (1938, ²1955) und *Rainmaking Tribes of the Tswana Tribes* (1971). Fortes berichtet, daß die Idee zu seinem (zusammen mit Evans-Pritchard) Buch 'African Political Systems' (1940) von Schapera kam (siehe 'Studies in African Social Anthropology 1975: 5-6).

Schebesta, Paul Joachim (20.3.1887—17.9.1967)
Schebesta entstammt einer mährischen Familie aus Schlesien; erst in der Grundschule erlernte er die deutsche Sprache. Früh schloß er sich dem Orden der Steyler Missionare an. 1911 ging er als Missionar nach Sambesien (heute Moçambique). 1918 wurde er zum Anthropos-Kreis berufen. Da W. Schmidt an der Erforschung der 'Urvölker', wie er sie nannte, interessiert war, vor allem an ihrer Religion, sandte er seine Schüler aus, die alten Wildbeuter-Ethnien zu erforschen. Schebesta machte zwei Reisen zu den Zwergvölkern Südost-Asiens und vier zu den Pygmäen Zentralafrikas. Schebesta war vor allem Ethnograph und Feldforscher; er besaß eine sehr gute Sprachbegabung. Obgleich er sich mit der Kultur-

kreislehre niemals richtig identifizierte, konnte er doch nicht ganz eigene, von Schmidt verschiedene Wege gehen. Ein Blick z. B. in seine Beschreibung der Religion der Bambuti-Pygmäen zeigt dies. Alle seine Publikationen sind Berichte über seine Feldforschungen. Schebesta hat zahlreiche Schüler ausgebildet, welche heute weltweit tätig sind.

Schmidt, Wilhelm (16.2.1868—10.2.1954)
Geboren in Hörde, Westfalen. Mit fünfzehn Jahren schloß sich Schmidt den Steyler Missionaren an. Ein staatliches Abschlußexamen hat Schmidt weder am Gymnasium noch an der Universität gemacht. 1895 kam Schmidt nach St. Gabriel, Mödling bei Wien. Dort gründete er 1906 die internationale Zeitschrift 'Anthropos' und 1931 das 'Anthropos-Institut'. 1938 übersiedelte Schmidt wegen der politischen Verhältnisse mit Zeitschrift und Institut in die Schweiz nach Fribourg. Seit 1962 sind Zeitschrift und Institut in St. Augustin bei Bonn beheimatet. — Schmidt hat niemals Feldforschungen betrieben. Er hat auf vielen Gebieten erstaunliche Leistungen hervorgebracht; meist kennt man ihn nur als Vertreter der Kulturkreislehre, doch er war nicht nur Ethnologe, sondern auch Sprachwissenschaftler, Staatsrechtler, Theologe, Religionswissenschaftler und Komponist. Es fällt schwer, unter den über 700 Literaturnummern ein Hauptwerk auszumachen, aber wahrscheinlich ist es doch das zwölfbändige Werk *Ursprung der Gottesidee*. Heute ist es allerdings in den meisten Teilen überholt. Die Literatur über Schmidt ist zahlreich. Die beste Arbeit über ihn ist bis heute 'P. Wilhelm Schmidt S.V.D.' von J. Henninger (in Anthropos 1956: 19-60). Die Schmidt-Biographie von Fritz Bornemann (1982) ist zum einen privat erschienen und nicht allgemein zugänglich, zum anderen ist sie nicht frei von Voreingenommenheit.

Schmitz, Carl August (4.8.1920—17.11.1966)
Geboren in Köln, studierte Schmitz in seiner Vaterstadt Völkerkunde. Er promovierte 1954 mit einer Arbeit über den *Tanz- und Kultplatz in Melanesien* und habilitierte sich 1958 mit einem Thema über Neuguinea. 1960 kam er an das Museum in Basel, wurde 1962 an der dortigen Universität Extraordinarius und 1964 Direktor des Museums. 1965 wurde er der Nachfolger von Jensen in Frankfurt. 1955—1956 hatte er eine Forschungsreise nach Nordost-Neuguinea durchgeführt. Schmitz' Hauptinteresse lag in der Religion und bildenden Kunst der Ethnien Neuguineas.

Schröder, Dominik (4.9.1910—25.12.1974)
Schröder war Missionar in Westchina und gehörte dem Anthropos-Kreis an. Die meisten seiner Feldforschungen im chinesisch-tibetischen Grenzgebiet konzentrierten sich auf den Schamanismus. In den sechziger Jahren war Schröder Professor an der katholischen Universität Nagoya (Japan). Er machte mehrere Forschungsreisen zu den Puyuma, einer Ureinwohner-Ethnie auf Taiwan.

Schulien, Michael (21.5.1888—4.4.1968)
Schulien gehörte dem Anthropos-Kreis an; zuerst Missionar in Moçambique, dann Direktor am Pontificio Museo Missionario-Etnologico in Rom.

Seligman, Charles Gabriel (24.12.1873—19.12.1940)
Seligman wurde in London geboren und starb in Oxford. Er war Arzt und nahm als solcher an der berühmten Expedition in die Torresstraße teil (1898). Fortan wurde die Anthropologie sein bevorzugtes Betätigungsfeld. 1904 ging er wieder nach Neuguinea. Sein Werk *The Melanesians of British New Guinea* (1910) wurde für Malinowski wegweisend. Im Jahre 1904 heiratete Seligman Brenda Z. Salaman, die in seinen künftigen Forschungen eine große Rolle spielen sollte. 1907—1908 forschten sie bei den Wedda auf Ceylon (*The Veddas*, 1911), doch ihre Hauptaufgabe sollten ihre Forschungen im anglo-ägyptischen Sudan werden. Evans-Pritchard hat ihre Arbeit im Sudan einer sehr harten Kritik unterzogen (siehe Cahiers d'Etudes Africaines 1971: 145ff.).

Smith, William Robertson (8.11.1846—31.3.1894)
Schottischer Religionswissenschaftler. Smith war anglikanischer Priester und Professor für orientalische Sprachen und Exegese des Alten Testamentes. Aufgrund seiner Lehren wurde er 1877 von seinen Lehrverpflichtungen entbunden. Seine Lehren wurden indiziert, und 1881 ging er seines Lehrstuhls verlustig. Er war ein enger Mitarbeiter der 'Encyclopaedia Britannica'; sein Beitrag über das Opfer (s.v. Sacrifice 1886) hat besondere Aufmerksamkeit erfahren. Seine Vorliebe für den Totemismus kommt jedoch am stärksten zum Tragen in *Lectures on the Religion of the Semites* (1889). Er starb in Cambridge.

Söderblom, Nathan (15.1.1866—12.7.1931)
Theologe, vergleichender Religionswissenschaftler und Erzbischof von Uppsala. Er erhielt 1930 den Friedensnobelpreis für seine ökumenische Tätigkeit. Er war Professor in Uppsala und von 1912 bis 1914 in Leipzig. Söderblom betonte in der Religionsbeschreibung mehr den Begriff der Heiligkeit als die Gottesidee. Sein für die Religionsethnologie wichtigstes Werk heißt *Das Werden des Gottesglaubens* (1926): Söderblom distanziert sich von der Schmidt'schen Monotheismus-These; er sieht in den Wesen der Altvölker 'Urheber' und 'Former', aber keine Gottheiten.

Strehlow, Carl (23.12.1871—20.10.1922)
Strehlow war Missionar der Neuendettelsauer Missionsgesellschaft. Seit 1892 lebte er unter den Ureinwohnern Australiens. Zunächst bis 1895 bei den Dieri im Südosten des Eyre-Sees, danach auf der Missionsstation Hermannsburg in Zentralaustralien bei den Aranda und bei den Loritja. Er kannte die Sprachen beider Ethnien. Baron M. von Leonhardi hat eine Reihe von Veröffentlichungen nach Unterlagen von Carl Strehlow über die Aranda und Loritja herausgebracht (ab 1907).

Tait, David (1912—7.4.1956)
Bald nach seiner Graduierung an der Universität in London wurde Tait Professor an der Universität von Legon (Ghana, damals noch Goldküste). Er machte Feldforschungen bei den Dagomba und Konkomba im Norden Ghanas. Tait verunglückte tödlich in Accra. Bekannt wurde vor allem sein Beitrag in 'Tribes Without Rulers' (1958). Middleton vermerkt allerdings im Vorwort dieses Werkes, daß Tait im März 1955 starb.

Thurnwald, Richard (18.91869—19.1.1954)
Geboren in Wien; studierte Jura; im Staatsdienst tätig. 1901 Übersiedlung nach Berlin, orientalistische Studien. Assistent am Museum für Völkerkunde. Von 1906 bis 1909 Forschungsreise nach Mikronesien und Melanesien. 1912 Expedition nach Neuguinea (Sepik). In den dreißiger Jahren Gastprofessor in Berkeley und Harvard. Thurnwald war Ethnologe und Soziologe. Er hatte große Reserven gegenüber der Kulturhistorischen Schule.

Torday, Emil (1875—9.5.1932)
Ein ungarischer Ethnograph, der in belgischen und später britischen Diensten Afrika bereiste, besonders Zentralafrika. Torday soll sieben europäische und acht zentralafrikanische Sprachen gesprochen haben. Einige seiner Werke sind von großer Wichtigkeit für die Ethnologie des Zaïre, so *Les Bushongo* (1910), *Peuplades de la forêt – peuplades des prairies* (1922) und *Causeries congolaises* (1925), dazu einige Zeitschriftenartikel.

Trilles, Henri (13.6.1867—3.1.1949)
Trilles wurde zu Clermont-Ferrand geboren. Er schlug zunächst die Offizierslaufbahn ein und wurde Hauptmann. 1893 wurde er Missionar bei den 'Vätern vom Heiligen Geist'. Er arbeitete von 1893 bis 1907 mit einigen Unterbrechungen in Gabun, vor allem im Gebiet der Fang, über welche er mehrere Bücher und Artikel schrieb. Trilles schrieb auch Werke über die Gabun-Pygmäen, so vor allem *Les Pygmées de la forêt équatoriale* (1932); das Werk erwies sich jedoch als Fälschung. Sein Orden sprach von „un cas étonnant de mythomanie" (siehe hierzu K. Piskaty, in Anthropos 1957: 33-58).

Tylor, Sir Edward Burnett (2.10.1832—2.1.1917)
Britischer Ethnologe, „often regarded as the founder of cultural anthropology" (Encyclopaedia Britannica, s. v. Tylor). Tylor reiste in den Vereinigten Staaten und Mexiko. Er wurde bekannt durch seine Schrift *Researches into the Early History of Mankind and the Development of Civilization* (1865). Sein Hauptwerk wurde aber *Primitive Culture* (1871), in welchem er seine evolutionistischen Thesen niederlegte. 1883 wurde er Leiter des Museums von Oxford und 1886 erster Professor für Anthropologie. Tylor ist der Urheber des Animismus.

Van Caeneghem, Raphaël (5.7.1891—15.2.1958)
Geboren in Flandern; er wurde 1912 Scheutisten-Missionar und ging 1921 als Missionar nach dem Kongo (heute Zaïre) zu den Luba. Seine ethnologischen Publikationen beziehen sich vorwiegend auf dieses Volk und ihre Religion.

Van Wing, Joseph (1.4.1884—30.7.1970)
Geboren in der Provinz Limburg. Trat 1904 dem Jesuitenorden bei. Er ging 1911 als Missionar in den Kongo (heute Zaïre). Zunächst arbeitete er in der Gegend der Yansi und Buma (Mission Wombali), später im Gebiet der Kongo. Van Wing gilt neben dem schwedischen Missionar Karl Laman als die Autorität bezüglich der Kultur der Kongo.

Wach, Joachim (15.1.1898—27.8.1955)
Geboren in Chemnitz, gestorben in der Schweiz. Theologe und Religionswissen-

schaftler. Von 1929 bis 1933 Professor für Religionsgeschichte in Leipzig. Wegen der politischen Verhältnisse mußte er Deutschland verlassen. Von 1945 bis 1955 Professor in Chicago. Wachs Schriften sind von hohem wissenschaftlichem Rang. Bei uns wurde seine *Sociology of Religion* (1944) am bekanntesten.

White, Leslie Alvin (19.1.1900—31.3.1975)
White war Amerikaner; in Salida, Colorado geboren. Er lehrte von 1932 bis 1975 an der Universität von Michigan. White machte sich vor allem einen Namen durch seine Theorien über Kultur und Kulturentwicklung. Er sah in der Kultur einen Prozeß sui generis, d. h. Kultur ist mehr als die sie konstituierenden Teile; deshalb konnte er auch den Kulturwandel losgelöst von den in ihn involvierten Menschen betrachten. White verknüpfte auch die Kulturentwicklung der Menschheit mit der Entwicklung ihrer Energie, und soziale und philosophische Systeme machte er abhängig von technologischen Systemen.

Worms, Ernst (21.8.1891—13.8.1963)
Geboren in Bochum, gestorben in Sydney; Worms wurde 1920 bei den Pallottinern zum Priester geweiht; 1930 ging er als Missionar nach Australien, wo er bis zu seinem Tode im Norden und Nordwesten mit der Urbevölkerung zusammenlebte. Seine ethnographischen Beobachtungen veröffentlichte er in einer Reihe von Artikeln unter anderem in den 'Annali Lateranensi' und im 'Anthropos'.

Wundt, Wilhelm (16.8.1832—31.8.1920)
Wundt war Physiologe und Psychologe. 1858 wurde er der Assistent von Wilhelm von Helmholtz in Heidelberg. 1874 ging er für ein Jahr an die Universität in Zürich, und ein Jahr später wurde er Professor in Leipzig (bis 1917), wo er das erste psychologische Institut mit mehreren Laboratorien einrichtete. Hier entstand die für die Ethnologie so wichtige zehnbändige *Völkerpsychologie* (1900ff.).

Bibliographie

Zitierte und weiterführende Werke. Die halbfette Zahl in eckiger Klammer zeigt das Kapitel an, zu dem das Werk gehört.

— — —

    1966   Baststoffe und Gewebe. Ozeanien, Indien, Indonesien, Amerika. Frankfurt, Museum für Völkerkunde. **[13]**

    1874   Notes and Queries on Anthropology. London, Routledge and Kegan Paul. (1951^6) **[1]**

    1977   Stones, Bones and Skin. Ritual and Shamanic Art. Toronto, The Society for Art. **[4]**

— — —

Anderson, Richard L.
    1979   Art in Primitive Societies. Englewood Cliffs, N. J., Prentice Hall. **[13]**

Bailey, G. (ed.)
    1983   Hunter-Gatherer Economy in Prehistory. A European Perspective. Cambridge, Cambridge University Press. **[3]**

Balandier, Georges
    1969^2 Anthropologie politique. Paris, Presses Universitaires de France. **[9]**

Baldus, Herbert
    1972   Die Guayakí von Paraguay nach Angaben von F.C. Maintzhusen und eigenen Beobachtungen. In: *Anthropos* 67: 465-529. **[3]**

Bandi, Hans-Georg
    1951   Die vorgeschichtlichen Felsbilder der spanischen Levante und die Frage ihrer Datierung. In: *Jahrbuch der Schweizerischen Gesellschaft für Urgeschichte* 41: 156-171. **[13]**

Bandi, Hans-Georg / Maringer, Johannes
    1952   Kunst der Eiszeit – Levantekunst – Arktische Kunst. Basel, Holbein-Verlag. **[13]**

Bandi, Hans-Georg et al.
    1960   Die Steinzeit. Vierzigtausend Jahre Felsbilder. Baden-Baden, Holle-Verlag. (1962^2) **[13]**

Bascom, William
    1973   African Art in Cultural Perspective. An Introduction. New York, W.W. Norton. **[13]**

Baumann, Hermann
    1932   Die Mannbarkeitsriten bei den Tshokwe und ihren Nachbarn. In: *Baessler-Archiv* 15: 1-54. **[8]**

Baumann, Hermann
- 1936 Schöpfung und Urzeit des Menschen im Mythus der afrikanischen Völker. Berlin, Dietrich Reimer. **[11]**
- 1938 Afrikanische Wild- und Buschgeister. In: Zeitschrift für Ethnologie: 208-239. **[3]**
- 1950-54 Das Tier als Alter ego in Afrika. Zur Frage des afrikanischen Individualtotemismus. In: *Paideuma* 5: 167-188. **[3]**
- 1980² Das doppelte Geschlecht. Ethnologische Studien zur Bisexualität in Ritus und Mythos. Berlin, Dietrich Reimer. **[3]**

Baumann, Hermann / Thurnwald, Richard / Westermann, Diedrich
- 1940 Völkerkunde von Afrika. Mit besonderer Berücksichtigung der kolonialen Aufgabe. Essen, Essener Verlagsanstalt. **[3]**

Beidelman, T.O.
- 1974 Sir Edward Evan Evans-Pritchard (1902—1973). An Appreciation. In: *Anthropos* 69: 553-567. **[2]**

Benzing, Brigitta
- 1978 Das Ende der Ethnokunst. Studien zur ethnologischen Kunsttheorie. Wiesbaden, B. Heymann. (Studien und Materialien der anthropologischen Forschung, I,4) **[13]**

Bernsdorf, Wilhelm (ed.)
- 1972 Wörterbuch der Soziologie. 3 Bde. Frankfurt, Fischer Taschenbuch Verlag. **[1, 5]**

Best, Günter
- 1978 Vom Rindernomadismus zum Fischfang. Der sozio-kulturelle Wandel bei den Turkana am Rudolfsee, Kenia. Wiesbaden, Steiner. (Studien zur Kulturkunde, 46) **[4]**

Birket-Smith, Kai
- 1948 Die Eskimos. Zürich, Orell Füssli. **[7]**

Bornemann, Fritz
- 1938 Die Urkultur in der kulturhistorischen Ethnologie. Eine grundsätzliche Studie. Mödling bei Wien. (St. Gabrieler Studien, 6) **[2]**

Boutiller, Jean Louis
- 1964 Les structures foncières en Haute-Volta. In: Etudes Voltaïques, No.5. **[4]**

Breuil, Henri / Lantier, Raymond
- 1959² Les hommes de la pierre ancienne (paléolithique et mésolithique). Paris, Plon. **[13]**

Codrington, R.H.
- 1891 The Melanesians. Studies in their Anthropology and Folk-Lore. Oxford. **[10]**

DeVore, I. (ed.)
- 1968 Siehe Lee 1968.

Dietrich, Albrecht
- 1913² Mutter Erde. Ein Versuch über Volksreligion. Berlin. **[4]**

Dittmer, Kunz
   1954   Allgemeine Völkerkunde. Formen und Entwicklung der Kultur. Braunschweig, Fr. Vieweg. **[1]**
Dobbelmann, Th.A.H.M.
   1976   Der Ogboni-Geheimbund. Berg en Dal, Afrika Museum. **[8]**
Douglas, Mary
   1967   The Meaning of Myth, with Special Reference to 'La geste d'Asdival'. In: The Structural Study of Myth and Totemism. Leach, Edmund (ed.), pp. 49-69. London. **[2]**
   1980   Evans-Pritchard. Glasgow, Fontana Paperbacks. **[2]**
Dumont, Louis
   1971   Introduction à deux théories d'anthropologie sociale. Groupes de filiation et alliance de mariage. Paris, Mouton. **[6]**
   1981   Dumont-Festschrift. In: *Contribution to Indian Sociology* N.S. 15, Nr.1/2. **[2]**
Durkheim, Emile
   1912   Les formes élémentaires de la vie religieuse. Paris. **[10]**
Eberhard, Wolfram
   1942   Lokalkulturen im alten China. 1. Teil: Die Lokalkulturen des Nordens und Westens. Leiden, Brill. **[4]**
Ehrenreich, Paul
   1906   Götter und Heilbringer. In: *Zeitschrift für Ethnologie* 38: 536-610. **[2]**
Eibl-Eibesfeldt, Irenäus
   1973   Territorialität und Aggression bei Wildbeutern. In: *Anthropos* 68: 272-278. **[3]**
   1975   Territorialität und Aggression bei Wildbeutern. In: *Anthropos* 70: 265-269. **[3]**
Eickelpasch, Rolf
   1972   Struktur oder Inhalt? Wissenschaftstheoretische Überlegungen zur strukturalen Anthropologie. In: *Paideuma*: 16-41. **[2]**
Eisenstadt, S.N.
   1956   From Generation to Generation. London. **[8]**
Eliade, Mircea
   1951   Le chamanisme et les techniques archaïques de l'exstase. Paris, Payot. (1968^2) **[11]**
   1961   Mythen, Träume und Mysterien. Salzburg, Otto Müller. **[11]**
Elwin, Verrier
   1947   The Muria and their Ghotul. Bombay, Oxford University Press. **[8]**
Evans-Pritchard, E.E.
   1934   Lévy-Bruhl's Theory of Primitive Mentality. In: *Bulletin of the Faculty of Arts* vol.II, part I. Kairo. **[2]**
   1946   Applied Anthropology. In: *Africa* 16: 92-98. **[1]**
   1951   Social Anthropology. London, Cohen & West. (1964^6) **[1]**

Evans-Pritchard, E.E.
   1962   Essays in Social Anthropology. London, Faber and Faber. **[1, 2]**
   1971   Sources, with Particular Reference to the Southern Sudan. In: *Cahiers d'Etudes Africaines* 11:129-179. **[2]**
   1978   Siehe Fortes 1978.

Evans-Pritchard, E.E. (ed.)
   1940   Siehe Fortes 1940.

Findeisen, Hans
   1957   Schamanentum. Stuttgart. (Urban-Bücher, 28) **[11]**

Firth, Raymond
   1981   Bronislaw Malinowski. In: Totems and Teachers. Perspectives on the History of Anthropology. Silverman, Sydel (ed.), 101-137. New York, Columbia University Press. **[2]**

Fitch, Bob
   1970   Les communes et la culture hippies. In: *Esprit* 495-514. **[7]**

Forde, Daryll (ed.)
   1950   Siehe Radcliffe-Brown 1950.

Fortes, Meyer / Evans-Pritchard, E.E.
   1978   Afrikanische politische Systeme — Einleitung. In: Gesellschaften ohne Staat. Bd. I: Gleichheit und Gegenseitigkeit. Kramer, Fritz / Sigrist, Christian (eds.), 150-174. Frankfurt, Syndikat. **[9]**

Fortes, Meyer / Evans-Pritchard, E.E. (eds.)
   1940   African Political Systems. London. **[9]**

Fortes, Meyer / Patterson, Sheila (eds.)
   1975   Studies in African Social Anthropology. London. **[2]**

Frazer, James
   1936   The Golden Bough. Part III: The Dying God. London, Macmillan. **[9]**

Freud, Sigmund
   1913   Totem und Tabu. Wien. (1922³) **[10]**

Freudenfeld, Burghard (ed.)
   1960   Völkerkunde. Zwölf Vorträge zur Einführung in ihre Probleme. München, Beck Verlag. **[1]**

Friedrich, Adolf
   1941-43 Die Forschung über das frühzeitliche Jägertum. In: *Paideuma* 2: 20-43. **[3]**

Frobenius, Leo
   1905   Diskussionsbeitrag. In: *Zeitschrift für Ethnologie* 37: 88-90. **[2]**
   1925²   Paideuma. In: Erlebte Erdteile. Vom Völkerstudium zur Philosophie. Bd. IV: 35-336. Frankfurt. **[2]**

Fürer-Haimendorf, Christoph von
   1941   Seasonal Nomadism and Economics of the Chenchus of Hyderabad. In: *The Journal of the Royal Asiatic Society of Bengal* 7: 175-196. **[3]**
   1943   The Chenchus. Jungle Folk of the Deccan. London, Macmillan. **[3]**

Fürer-Haimendorf, Christoph von
- 1950 Youth-Dormitories and Community-Houses in India. In: *Anthropos* 45: 119-144. **[8]**

Gaboriau, Marc
- 1963 Anthropologie structurale et histoire. In: *Esprit*: 579-595. **[2]**

Girard, René
- 1972 La violence et le sacré. Paris, Grasset. **[9]**

Goldenweiser, Alexander A.
- 1922 Early Civilization. An Introduction to Anthropology. New York, Alfred Knopf. **[1, 10]**

Grosse, Ernst
- 1896 Die Formen der Familie und die Formen der Wirtschaft. Freiburg, Mohr (Siebeck). **[3]**

Guidoni, Enrico
- 1976 Architektur der primitiven Kulturen. Stuttgart, Belser Verlag. (Original: 1975) **[13]**

Gurvitch, Georges
- 1958-60 Traité de sociologie. 3 Bde. Paris. **[2]**

Gusinde, Martin
- 1931-74 Die Feuerlandindianer. Mödling bei Wien, St. Gabriel. **[3]**

Haberland, Eike
- 1960 Das heilige Königtum. In: Völkerkunde. Freudenfeld, B. (ed.), pp. 77-89. München, Beck Verlag. **[9]**
- 1962-64 Zum Problem der Jäger und besonderen Kasten in Nordost- und Ost-Afrika. In: *Paideuma* 8: 136-155. **[3]**

Haberland, Eike (ed.)
- 1973 Leo Frobenius. An Anthology. Wiesbaden, Steiner. (Studien zur Kulturkunde, 32) **[2]**

Harlan, Jack R. et al.
- 1976 Origins of African Plant Domestication. Den Haag, Mouton. **[3]**

Harrer, Heinrich
- 1977 Die letzten Fünfhundert. Expedition zu den Zwergvölkern auf den Andamanen. Berlin, Ullstein. **[3]**

Hauser-Schäublin, Brigitta
- 1973a Aufwachsen in einer zweigeteilten Kultur. In: Jugend und Gesellschaft, pp. 33-35. Basel, Museum für Völkerkunde. **[7]**
- 1973b Kindheitserinnerungen einer Iatmul-Frau. In: Jugend und Gesellschaft, p. 36. Basel, Museum für Völkerkunde. **[7]**
- 1977 Frauen in Kararau. Zur Rolle der Frau bei den Iatmul am Mittelsepik in Papua New Guinea. Basel, Ethnologisches Seminar der Universität und Museum für Völkerkunde. (Basler Beiträge zur Ethnologie, 18) **[7]**

Heintze, Beatrix
- 1970 Besessenheits-Phänomene im mittleren Bantu-Gebiet. Wiesbaden,

Steiner. (Studien zur Kulturkunde, 25) **[11]**

Herrmann, Ferdinand
1961 Symbolik in den Religionen der Naturvölker. Stuttgart, Anton Hiersemann. **[10]**

Herskovits, Melville J.
1939 Robert Sutherland Rattray. In: *American Anthropologist* 41: 130-131. **[2]**

Heusch, Luc de et al.
1962 Le pouvoir et le sacré. Bruxelles. (Annales du Centre d'Etude des Religions, 1) **[9]**

Hirschberg, Walter
1965 Wörterbuch der Völkerkunde. Stuttgart, Kröner. **[1]**

Hirschberg, Walter / Janata, Alfred
1980² Technologie und Ergologie in der Völkerkunde. Berlin, Dietrich Reimer. **[1]**

Hoffmann, John
1931-79 Encyclopaedia Mundarica. 15 Bde. Patna, Bihar Government Press. **[12]**

Hultkrantz, Ake
1962 Die Religion der amerikanischen Arktis. In: Die Religionen Nordeurasiens und der amerikanischen Arktis. Paulson, Ivar / Hultkrantz, Ake / Jettmar, Karl (eds.), pp. 357-415. Stuttgart, Kohlhammer. **[3, 11, 12]**
1973 A Definition of Shamanism. In: *Temenos* 9: 25-37. **[11]**

Hultkrantz, Ake / Vorren, Ornulf (eds.)
1982 The Hunters. Their Culture and Way of Life. Tromso, Universitetsforlaget. (Tromso Museum Skrifter, 18) **[3]**

Janata, Alfred
1980 Siehe Hirschberg 1980.

Janzen, John M.
1982 Lemba, 1650—1930. A Drum of Affliction in Africa and the New World. New York, Garland Publishing. **[8]**

Jensen, Adolf E.
1944 Das Weltbild einer frühen Kultur. In: *Paideuma* 3: 1-83. **[3, 11]**
1948 Das religiöse Weltbild einer frühen Kultur. Stuttgart, August Schröder Verlag. (1949²) **[3, 11]**
1951 Mythos und Kult bei Naturvölkern. Wiesbaden, Steiner. (1960²) **[3, 11]**
1954 Das Gada-System der Konso und die Altersklassen-Systeme der Niloten. In: *Ethnos* 19: 1-23. **[8]**
1954-58 Der Ursprung des Bodenbaus in mythologischer Sicht. Bemerkungen zu H. Baumann, 'Das doppelte Geschlecht'. In: *Paideuma* 6: 169-180. **[3]**

King, John H.

  1892 The Supranatural: Its Origin, Nature, and Evolution. 2 Bde. London. **[10]**

Kohler, Jean-Marie
  1967 Régime foncier de Dakola. Paris, ORSTOM. **[4]**

Köhler, Oswin
  1973 Die rituelle Jagd bei den Kxoe-Buschmännern von Mutsiku. In: Festschrift zum 65. Geburtstag von Helmut Petri. Tauchmann, Kurt (ed.), pp. 215-257. Köln. **[3]**

Kohl-Larsen, Ludwig
  1958 Wildbeuter in Ostafrika. Die Tindiga. Berlin, Dietrich Reimer. **[3]**

König, Franz (ed.)
  1956 Religionswissenschaftliches Wörterbuch. Die Grundbegriffe. Wien, Herder. **[11, 12]**

König, Wolfgang
  1973 Nomaden in Wüste, Steppe und Gebirge. In: Hirtennomaden und Viehzüchter, pp. 3-14. Leipzig, Museum für Völkerkunde. **[4]**

Kroeber, Alfred
  1920 Totem und Tabu: An Ethnologic Psychoanalysis. In: *American Anthropologist* 22: 48-55. **[10]**

Kuper, Adam
  1973 Anthropologists and Anthropology. The British School 1922—1972. London, Allen Lane. **[2]**
  1977 The Social Anthropology of Radcliffe-Brown. London, Routledge and Kegan Paul. **[2]**

Lajoux, Jean-Dominique
  1962 Merveilles du Tassili N'Ajjer. Paris, Editions du Chêne. **[13]**

Langham, Ian
  1981 The Building of British Social Anthropology. W.H.R. Rivers and his Cambridge Disciples in the Development of Kinship Studies, 1898—1931. Dordrecht, D. Reidel Publishing. **[2]**

Lantier, Raymond
  1959 Siehe Breuil 1959.

Laude, Jean
  1966 Les Arts de l'Afrique noire. Paris, Le Livre de Poche. **[13]**

Leach, Edmund
  1970 Lévi-Strauss. London, Fontana/Collins. **[2]**
  1982 Social Anthropology. Glasgow, William Collins. **[1]**

Lee, R.B. / DeVore, I. (eds.)
  1968 Man the Hunter. Chicago, Aldine. **[3]**

Lehmann, F.R.
  1922 Mana. Der Begriff des 'außerordentlich Wirkungsvollen' bei Südseevölkern. Leipzig, Institut für Völkerkunde. **[10]**

Leroi-Gourhan, André
  1973^2 Milieu et techniques. Paris, Albin Michel. **[1]**

Leser, Paul
  1963   Zur Geschichte des Wortes Kulturkreis. In: *Anthropos* 58: 1-36. [2]
Lesser, Alexander
  1981   Franz Boas. In: Totems and Teachers. Silverman, Sydel (ed.), pp. 1-31. New York, Columbia University Press. [2]
Levi Makarius, Laura
  1974   Le sacré et la violation des interdits. Paris, Payot. [6, 9]
Lévi-Strauss, Claude
  1955   Tristes tropiques. Paris, Plon. [2]
  1958   Anthropologie structurale. Paris, Plon. [2]
  1963   Réponses à quelques questions. In: *Esprit*: 628-653. [2]
Lienhardt, Godfrey
  1964   Social Anthropology. London, Oxford University Press. [1, 2]
Lindig, Wolfgang
  1981   Völker der Vierten Welt. Ein Lexikon fremder Kulturen in unserer Zeit. München, Fink/Schöningh. [1, 3]
Lips, Eva
  1965   Zwischen Lehrstuhl und Indianerzelt. Aus dem Leben und Werk von Julius Lips. Berlin, Rütter und Loening. [2]
Lips, Julius
  1928   Die Anfänge des Rechts an Grund und Boden bei den Naturvölkern und der Begriff der Erntevölker. In: Festschrift für P. W. Schmidt. Koppers, W. (ed.), pp. 485-494. Wien. [3]
  1953   Die Erntevölker, eine wichtige Phase in der Entwicklung der menschlichen Wirtschaft. Berlin, Akademie-Verlag. [3]
Lohfink, Norbert
  1977   Unsere großen Wörter. Freiburg, Herder. [12]
Lowie, Robert
  1954   Richard Thurnwald. In: *Sociologus* 4: 2-5. [2]
Lubbock, John
  1870   The Origin of Civilization and the Primitive Condition of Man. Mental and Social Condition of Savages. London. (1875³) [2]
Mair, Lucy
  1962   Primitive Government. Harmondsworth, Penguin Books. [1, 9]
  1965   An Introduction to Social Anthropology. Oxford, Clarendon Press. (1972²) [1, 2]
Maquet, Jacques J.
  1961   The Premise of Inequality in Ruanda. A Study of Political Relations in a Central African Kingdom. London, Oxford University Press. [2]
  1962   Afrique. Les civilisations noires. Horizons de France. [4]
Maringer, Johannes
  1952   Siehe Bandi 1952.
Markov, G.E.
  1973   Probleme der Entstehung des Nomadismus. In: Hirtennomaden und

Viehzüchter, pp. 15-22. Leipzig, Museum für Völkerkunde. [4]

Marschall, Wolfgang
1976 Der Berg des Herrn der Erde. Alte Ordnung und Kulturkonflikt in einem indonesischen Dorf. München, DTV. (Wissenschaftliche Reihe, 4181) [8]

Mauss, Marcel
1923-24 Essai sur le don. Forme archaïque de l'échange. In: *Année sociologique*: 30-186. (Deutsch bei Suhrkamp unter dem Titel 'Die Gabe', 1968) [2]
1947 Manuel d'ethnographie. Paris, Payot. [2]

Meinhof, Carl
1932 Introduction to the Phonology of the Bantu Languages. Berlin. [12]

Middleton, John / Tait, David (eds.)
1958 Tribes without Rulers. Studies in African Segmentary Systems. London, Routledge and Kegan Paul. [9]

Moulin, Raoul-Jean
1966 Ursprung der Malerei. Lausanne, Editions Rencontre. [13]

Mühlmann, Wilhelm E.
1938 Entgegnung auf die Besprechung des 'Lehrbuchs der Völkerkunde' von K.Th. Preuss. In: *Zeitschrift für Ethnologie*: 298-300. [2]
1962 Homo creator. Abhandlungen zur Soziologie, Anthropologie und Ethnologie. Wiesbaden. [1]
1964 Rassen, Ethnien, Kulturen. Neuwied, Luchterhand. (Soziologische Texte, 24) [5]

Mühlmann, Wilhelm E. / Müller, Ernst W. (eds.)
1966 Kulturanthropologie. Köln, Kiepenheuer und Witsch. [1, 2]

Müller, Ernst W.
1966 Über Grundformen der Verwandtschaft. In: *Kölner Zeitschrift für Soziologie und Sozialpsychologie* 18: 337-354. [5]
1981 Der Begriff 'Verwandtschaft' in der modernen Ethnosoziologie. Berlin, Dietrich Reimer. (Mainzer Ethnologica, 2) [5]

Müller, Ernst W. (ed.)
1966 Siehe Mühlmann 1966.

Müller, Werner
1964 Ethnologie und Soziologie. Grundsätzliches zu drei Veröffentlichungen W.E. Mühlmanns. In: *Anthropos* 59: 1-19. [1]

Münzel, Mark
1983 Gejagte Jäger. Teil 1: Die Aché in Ostparaguay. Frankfurt, Museum für Völkerkunde. [3]

Nachtigall, Horst
1958 Das sakrale Herrschertum bei Naturvölkern und die Entstehung früher Hochkulturen. In: *Zeitschrift für Ethnologie* 83: 34-44. [9]

Nansen, Fridtjof
1903 Eskimoleben. Leipzig. [7]

Narr, Karl J.
1954-58 Archäologische Hinweise zur Frage des ältesten Getreideanbaus und seiner Beziehungen zur Hochkultur und Megalithik. In: *Paideuma* 6: 244-250. **[3]**

Obayashi, Taryo / Paproth, Hans-Joachim R.
1966 Das Bärenfest der Oroken auf Sachalin. In: *Zeitschrift für Ethnologie* 91: 211-236. **[3]**

Ohlmarks, A.
1939 Studien zum Problem des Schamanismus. Lund. **[11]**

Panoff, Michel
1972 Bronislaw Malinowski. Paris, Payot. **[2]**

Panoff, Michel / Perrin, Michel
1975 Tachenwörterbuch der Ethnologie. Begriffe und Definitionen zur Einführung. Berlin, Dietrich Reimer. (1982²) **[1, 5]**

Paproth, Hans-Joachim R.
1966 Siehe Obayashi 1966.
1976 Studien über das Bärenzeremoniell. Bd. I: Bärenjagdriten und Bärenfeste bei den tungusischen Völkern. Uppsala. **[3]**

Patterson, Sheila (ed.)
1975 Siehe Fortes 1975.

Paulme, Denise
1971 Classes et associations d'âge en Afrique de l'Ouest. Paris, Plon. **[8]**
1973-76 Quelques souvenirs. In: *Cahiers d'Etudes Africaines* 19: 1-4. **[2]**

Perrin, Michel
1975 Siehe Panoff 1975.

Pettazzoni, Raffaele
1960 Der allwissende Gott. Zur Geschichte der Gottesidee. Frankfurt, Fischer Bücherei. (Original: 1957) **[4]**

Pina, Rui de
1950 Croniqua del Rey Dom Joham II. Martins de Carvalho, Alberto (ed.). Coimbra. **[9]**

Pittioni, Richard
1975 Oswald Menghin + 1888—1973. In: *Mitteilungen der Anthropologischen Gesellschaft in Wien* 105: 118-121. **[2]**

Plancquaert, Michel
1930 Les sociétés secrètes chez les Bayaka. Louvain, Bibliothèque du Congo. **[8]**

Poirier, Jean
1974 Histoire de l'ethnologie. Paris, Presses Universitaires de France. (Que sais-je? 1338) **[2]**

Ponette, P.
1978 The Munda World. Hoffmann Commemoration Volume. Ranchi, Catholic Press. **[4, 12]**

Radcliffe-Brown, A.R.
    1940   On Social Structure. In: *The Journal of the Royal Anthropological Society* 70: 1-12. [2]
Radcliffe-Brown, A.R. / Forde, Daryll (eds.)
    1950   African Systems of Kinship and Marriage. London, Oxford University Press. [5]
Radin, Paul
    1954   Monotheism Among Primitive Peoples. Basel, Völkerkundemuseum. [2, 12]
Randles, W.G.L.
    1968   L'ancien royaume du Congo des origines à la fin du XIX siècle. Paris, Mouton. [9]
Ranke-Graves, Robert von
    1960   Griechische Mythologie. Quellen und Deutung. 2 Bde. Reinbek, Rowohlt. (1974^7) [4]
Rasmussen, Knud
    1929   Intellectual Culture of the Iglulik Eskimos. Report of the Fifth Thule Expedition 1921—1924. Kopenhagen. [3]
    1930   Observations on the Intellectual Culture of the Caribou Eskimos. Kopenhagen. [11]
Ravenstein, E.G.
    1901   The Strange Adventures of Andrew Battell of Leigh. Hakluyt Society. [9]
Redfield, Robert
    1966   Die 'Folk'-Gesellschaft. In: Kulturanthropologie. Mühlmann, W. / Müller, E. (eds.), pp. 327-355. Köln, Kiepenheuer und Witsch. [1]
Richard, Madeleine
    1970   Histoire, tradition et promotion de la femme chez les Batanga (Cameroun). In: *Anthropos* 65: 369-443 und 881-947. [8]
    1977   Traditions et coutumes matrimoniales chez les Mada et Mouyeng (Nord-Cameroun). St. Augustin, Haus Völker und Kulturen. [7]
Ricoeur, Paul
    1963   Structure et herméneutique. In: *Esprit*: 596-627. [2]
Rivinius, Karl
    1981   Die Anfänge des Anthropos'. St. Augustin, Steyler Verlag. [2]
Ruben, Walter
    1939   Eisenschmiede und Dämonen. Leiden, Brill. [5]
Schebesta, Paul
    1941   Die Bambuti-Pygmäen vom Ituri. Bd. II, Teil 1: Die Wirtschaft der Ituri-Bambuti. Brüssel. [3]
    1947   Tore, le dieu forestier des Bambuti. In: *Zaïre* 1: 181-195. [3]
    1948   Die Bambuti-Pygmäen vom Ituri. Bd. II, Teil 2: Das soziale Leben. Brüssel. [7]
    1952-57 Die Negrito Asiens. 3 Bde. Mödling, St. Gabriel. (Studia Instituti

Anthropos, 6, 12, 13) **[3]**
- 1954 Die Negrito Asiens. Bd. II, Teil 1: Wirtschaft und Soziologie. Mödling, St. Gabriel. **[7]**
- 1957 Die Negrito Asiens. Bd. II, Teil 2: Religion und Mythologie. Mödling, St. Gabriel. **[11]**

Schlesier, Erhard
- 1956 Die Grundlagen der Klanbildung. Göttingen, Musterschmidt-Verlag. **[5]**
- 1958 Die melanesischen Geheimkulte. Untersuchungen über ein Grenzgebiet der ethnologischen Religions- und Gesellschaftsforschung Melanesiens. Göttingen, Musterschmidt-Verlag. **[8]**

Schmidbauer, Wolfgang
- 1973 Territorialität und Aggression bei Jägern und Sammlern. In: *Anthropos* 68: 548-558. **[3]**

Schmidt, Wilhelm
- 1912-55 Ursprung der Gottesidee. 12 Bde. Münster, Aschendorff. **[12]**

Schmied-Kowarzik, Wolfdietrich
- 1968 Die Grundprobleme der strukturalen Ethnologie. Kritisches zu Lévi-Strauss' Strukturalismus. In: *Paideuma* 14: 155-169. **[2]**
- 1971 Die Entstehung von Herrschaft und Staat. In: *Anthropos* 66: 559-568. **[9]**

Schmitz, C.A.
- 1964 Grundformen der Verwandtschaft. Basel. (Basler Beiträge zur Geographie und Ethnologie. Ethnologische Reihe, 1) **[5]**

Schmitz, C.A. (ed.)
- 1967 Historische Ethnologie. Frankfurt, Akademische Verlagsgesellschaft. **[2]**

Schott, Rüdiger
- 1966 Lebensweise, Wirtschaft und Gesellschaft einfacher Wildbeuter. In: Handbuch der Urgeschichte. Narr, Karl J. (ed.), pp. 173-192. Bern, Francke Verlag. **[3]**

Schröder, Dominik
- 1964 Zur Struktur des Schamanismus. In: Religionsethnologie. Schmitz, C.A. (ed.), pp. 296-334. Frankfurt, Akademische Verlagsgesellschaft. **[11]**

Seiler-Baldinger, Annemarie
- 1973 Systematik der Textilien Techniken. Nach den 'Grundlagen zur Systematik der Textilien Techniken' von Alfred und Kristin Bühler-Oppenheim erweitert und neu gefaßt. Basel, Pharos-Verlag. (Basler Beiträge zur Ethnologie, 14) **[13]**

Seitz, Stefan
- 1977 Die zentralafrikanischen Wildbeuterkulturen. Wiesbaden, Franz Steiner. (Studien zur Kulturkunde, 45) **[3]**

Seligman, C.G.

> 1934 Egypt and Negro Africa: A Study in Divine Kingship. London. [9]

Sigrist, Christian
> 1967 Regulierte Anarchie. Untersuchungen zum Fehlen und zur Entstehung politischer Herrschaft in segmentären Gesellschaften Afrikas. Olten, Walter-Verlag. [9]

Silverman, Sydel (ed.)
> 1981 Totems and Teachers. Perspectives on the History of Anthropology. New York, Columbia University Press. [2]

Smith, Robertson
> 1889 Lectures on the Religion of the Semites. London. [10]

Söderblom, Nathan
> 1926^2 Das Werden des Gottesglaubens. Untersuchungen über die Anfänge der Religion. Leipzig, Hinrich. [12]

Sousberghe, Léon de
> 1960 Pactes de sang et pactes d'union dans la mort chez quelques peuplades du Kwango. Bruxelles, Académie Royale des Sciences d'Outre-Mer. [8]
> 1976 Note sur les pactes d'union dans la mort. In: *Anthropos* 71: 275-282. [8]

Stagl, Justin
> 1970 Demokratie in Geschlossenen Gesellschaften. Wien. (Acta Ethnologica et Linguistica, 17) [9]
> 1974 Kulturanthropologie und Gesellschaft. Eine wissenschaftssoziologische Darstellung der Kulturanthropologie und Ethnologie. Berlin, Dietrich Reimer. (1981^2) [1, 2]

Starcke, C.N.
> 1888 Die primitive Familie in ihrer Entstehung und Entwicklung. Leipzig, Brockhaus. [7]

Straube, Helmut
> 1969 Der frühe Feldbau, Wirtschaft und Weltbild. In: Völkerkunde. Freudenfeld, B. (ed.), pp. 41-51. München, Beck. [4]

Strehlow, Carl
> 1913 Die Aranda- und Loritja-Stämme in Zentralaustralien. Teil 4: Das soziale Leben der Aranda und Loritja. Frankfurt. [7]

Tait, David (ed.)
> 1958 Siehe Middleton 1958.

Taniuchi, Naobumi
> 1944 Karafuto fubutsu sho. Tokio. [3]

Thiel, Josef Franz
> 1972 La situation religieuse des Mbiem. Bandundu, CEEBA. [12, 13]
> 1977a Zu Baumanns Kulturprovinzen Afrikas. In: *Anthropos* 72: 610-613. [2]
> 1977b **Ahnen, Geister, Höchste Wesen.** St. Augustin, Anthropos. (Studia Instituti Anthropos, 26) [12, 13]

Thiel, Josef Franz
    1981   Die Schlange als Ahnentier. In: Festschrift zum 60. Geburtstag von P. Anton Vorbichler. Hofmann, Inge (ed.), pp. 178-205. Wien. (Beiträge zur Afrikanistik, 11-12) **[4]**
    1983   Zur Dichotomie des Nzambi-Namens in Bantu-Afrika. In: *Zeitschrift für Ethnologie* 108: 105-131. **[7]**

Thurnwald, Richard
    1940   Siehe Baumann 1940.
    1950   Der Mensch geringer Naturbeherrschung. Sein Aufstieg zwischen Vernunft und Wahn. Berlin, W. de Gruyter. **[1]**

Torday, Emil
    1925   On the Trail of the Bushongo. London. **[9]**

Trimborn, Hermann (ed.)
    1971[4]   Lehrbuch der Völkerkunde. Stuttgart, Enke Verlag. **[1]**

Turnbull, Colin M.
    1962   The Forest People. A Study of the Pygmies of the Congo. New York, Simon & Schuster. **[3]**

Tylor, Edward Burnett
    1871   Primitive Culture. Researches into the Development of Mythology and Philosophy, Religion, Art and Custom. 2 Bde. London. **[10]**

Vajda, László
    1964   Zur phaseologischen Stellung des Schamanismus. In: Religionsethnologie. Schmitz, C.A. (ed.), pp. 265-295. Frankfurt, Akademische Verlagsgesellschaft. **[11]**
    1968   Untersuchungen zur Geschichte der Hirtenkulturen. Wiesbaden, Otto Harrassowitz. **[4]**
    1973   Leo Frobenius heute. In: *Zeitschrift für Ethnologie* 98: 19-29. **[2]**

Van Exem, A.
    1982   The Religious System of the Munda Tribe: An Essay in Religious Anthropology. St. Augustin, Haus Völker und Kulturen. **[12]**

Van Roy, Hubert
    1973   Les Bambwiiti, peuplade préhistorique du Kwango (République du Zaïre). In: *Anthropos* 68: 815-880. **[3]**

Vansina, Jan
    1966   Kingdoms of the Savanna. Madison, The University of Wisconsin Press. **[9]**

Van Wing, Joseph
    1920[?]   De geheime sekte van't Kimpasi. Brüssel. (Congo-Bibliotheek, 4) **[8, 9]**

Vasilev, B.A.
    1948   Medvezij prazdnik. In: *Sovjetskaja Etnografija* 4. **[3]**

Vivelo, Frank Robert
    1981   Handbuch der Kulturanthropologie. Stuttgart, Klett/Cotta. **[1, 5]**

Vorren, Ornulf
    1982   Siehe Hultkrantz 1982.

Wach, Joachim
    1931   Einführung in die Religionssoziologie. Tübingen, Mohr. **[12]**
    1944   Sociology of Religion. Chicago, Phoenix Books. (1964^{10}) **[9, 12]**
Weatherwax, Paul
    1954   Indian Corn in Old America. New York, Macmillan. **[4]**
Westermann, Diedrich
    1940   Siehe Baumann 1940.
Widengren, Geo
    1969   Religionsphänomenologie. Berlin. **[9]**
Willett, Frank
    1977   African Art. An Introduction. London, Thames & Hudson. **[13]**
Winick, Charles
    1970   Dictionary of Anthropology. Totowa, N.J., Littlefield & Adams. **[5]**
Woodburn, James
    1970   Hunters and Gatherers. The Material Culture of the Nomadic Hadza. London, The British Museum. **[3]**
Worms, Ernest A.
    1950   Djamar, the Creator. In: *Anthropos* 45: 641-658. **[8]**
Wundt, Wilhelm
    1900-20 Völkerpsychologie. Eine Untersuchung der Entwicklungsgesetze von Sprache, Mythus und Sitte. Bd. I: Die Sprache. (2 Teile, 1911—1912^3) **[10]**
Zahan, Dominique
    1980   Antilopes du soleil. Arts et rites agraires d'Afrique noire. Wien, Schendl. **[4]**
Zerries, Otto
    1954   Wild- und Buschgeister in Südamerika. Eine Untersuchung jägerzeitlicher Phänomene im Kulturbild südamerikanischer Indianer. Wiesbaden, Franz Steiner. (Studien zur Kulturkunde, 11) **[3]**

Index

Abelam 199
Aché 46; s. Guayaki
Ackerbauer 65-70
Aëta 28, 52
Afonso 142
Afrikanische Proportion 202
Ahnen 57, 173, 203-207
 – Ahnenkult 188
 – Gründerahn 141, 144
 – Urahn 155, 185
Ainu 55
Aleuten 53
Algonkin 153
Allianz 99f., 105; s. Verwandtschaft
Altamira 196; s. Eiszeitkunst
Alter ego 57, 75, 153
Alternierende Generationen 96f., 144, 185
Altershierarchie 126, 134, 204
Altersklassen 125-128
Altersverbände 126
Anarchie 137
Andamaner 51
Animismus 19f., 151f.
Ankermann, B. 24f., 27, 217
Anthropologie 2, 11
Aranda 36, 105f., 109-111, 155, 162, 239; s. Australier
Arktische Kunst 197
Arndt, P. 28, 217
Ashanti 15, 223, 235
Atheismus 19, 27, 190
Australier 52, 60, 103f., 110, 125, 147, 149, 161, 167f., 199, 241
Azande 222

Bachofen, J.J. 17, 21, 89, 103, 217
Bailey, G. 54
Balandier, G. 4f., 38, 131, 213, 217, 233
Baldus, H. 46, 217
Bambara 38, 69f., 84, 164, 206, 233
Bambuti 28, 47-50, 55, 103, 157, 184, 225, 238; s. Pygmäen
Bandi, H.-G. 194-196
Barth, H. 197, 218
Bastian, A. 14, 17, 24, 28, 218
Bastide, R. 38, 218
Batak 86
Battell, A. 144
Baumann, H. 30, 51, 57, 59, 124, 162, 165, 218, 223, 225
Beidelman, T.O. 222
Belmont, N. 224
Benedict, R. 33-35, 218
Bernsdorf, W. 8, 86
Bhil 27
Birket-Smith, K. 105, 108f., 219
Bloch, M. 18
Blutsbrüderschaft 125
Boas, F. 6, 20, 22, 32-34, 219, 224, 226, 228, 230, 237
Bodenbau 58-60, 65-69
Bornemann, F. 29, 238
Boutiller, J. L. 69
Brautpreis 114-117
Brettstil 203; s. Plastik
Breuil, H. 195f., 219
Buma 240
Bumba 145; s. Gottesnamen
Bundu 129; s. Bundwesen
Bundwesen 128-130
Buschmänner 28, 47, 49, 50f., 225

Cavazzi, J.A. 143
Césaire, A. 212
Chaka 137
Chenchu 51

Christentum 113, 117, 121f., 138, 142, 145, 148-150, 160-164, 166, 169, 173f., 181, 185, 191-193, 203
Codrington, R.H. 156, 219
Cole, F.-C. 33, 219f.
Comte, A. 13, 35, 220, 230
Cook, J. 229
Cortier 197
Crow 230
Cultural Anthropology 11, 33
Dagomba 239
Darwin, Ch. 18, 20, 231
Deismus 190, 193
Delafosse, M. 35, 220, 228f.
Dema-Gottheit 64, 67, 170
Derassa 66
Deschamps, H. 229
Diachronie 31f., 40f.
Dieri 239; s. Australier
Dieterlen, G. 38, 213, 220, 225
Dobbelmann, Th. 129
Dogon 38, 84, 220, 224f.
Dorf 119-122
Douglas, M. 40, 220
Dual-System 121, 127f.; s. Hälften
Dumont, L. 99f., 220f.
Durkheim, E. 13, 23, 34-39, 78, 101, 132, 141, 154-157, 221, 230-232, 235
Dynamismus 156-159
Dzing 94
Eberhard, W. 65, 221
Efe 55; s. Bambuti
Ego 79f.; s. Verwandtschaft
Ehe 103-118
— Eheschließung 105-107
— Ehebruch 109, 111
— Ehescheidung 110, 116f.
Ehrenreich, P. 34, 221
Eibl-Eibesfeldt, I. 46
Eickelpasch, R. 40f.
Eisenstadt, S.N. 126
Eiszeitkunst 194-196

Ekstase 175-178
Eliade, M. 161, 173, 176f., 221
Elwin, V. 123, 221f.
Endogamie 84
Engels, Fr. 20, 233
Erde 58, 61-63, 70f.
Erdherren 102, 114, 143f.
Erlösungsreligion 149-151, 159
Erntevölker 47f., 58
Erstbesitzer 144
Eskimo 32, 53, 55-57, 60, 103-105, 108f., 178f., 184, 219, 227, 235
Ethik 157
Ethnie 85-87
Ethnographie 10
Ethnohistorie 31
Ethnosoziologie 11-16
Ethnozentrismus 4, 43
Evans-Pritchard, E.E. 5, 15, 17, 36f., 100, 131, 133, 181, 220, 222, 230, 237, 239
Evolutionismus 18-21, 150f.
Ewenken 57
Exogamie 20, 81f., 154
Falascha 45
Familie 103-118
Fang 240
Fetischismus 19, 152, 186-188, 205-207
Feuerland-Indianer 19, 27f., 52, 167, 225
Filiation 88-90; s. Verwandtschaft
Findeisen, H. 176
Firth, R. 22, 222
Fitch, B. 105
Fluch 129
Forde, D. 222
Fortes, M. 99, 131, 133, 223, 237
Foucauld, Ch. 35, 223
Foy, W. 215
Frau 21, 60-63, 66f., 70, 108-113; s. Geschlechter
Frazer, J. 17, 20, 40, 139f., 223, 232

Freud, S. 101, 154, 168, 232
Friedrich, A. 55, 223
Frobenius, L. 24-27, 30, 214, 217, 223f., 227
Fruchtbarkeit 62, 115f., 129, 168-170, 188, 191
Funktionalismus 19, 21-23
Fürer-Haimendorf, C. 51, 123, 224
Fustel de Coulanges, N.D. 17, 224

Gaboriau, M. 40
Gelede 129; s. Bundwesen
Gemeinschaft 78f., 155, 184
Gennep, A. van 156, 224
Germanen 9, 84
Geschlechter 45, 48, 67, 70f.
Gesellschaft 36, 155f.
Giljaken 55
Girard, R. 140f.
Glaubensakt 148f, 182
Goetz, J. 174
Goldenweiser, A. 6, 33f., 155, 224
Goody, J. 99
Gottesnamen 168, 184, 192
Gott − Götter 150, 155, 159, 181, 183, 189-193
Gourou, P. 212
Graebner, F. 24f., 27, 217, 230
Griaule, M. 38, 220, 224f., 234
Griechen 163
Grosse, E. 53, 218, 225
Großeltern 97, 99, 104; s. Alternierende Generationen
Großfamilie 80f., 104; s. Familie
Guayakí 46, 48, 217
Gurvitch, G. 36, 217
Gusii 135
Gusinde, M. 28, 52, 225, 228
Haberland, E. 45, 138f.
Haddon, A.C. 23, 225
Hadza 51; s. Tindiga
Haekel, J. 31, 191, 225f., 228
Hälften 121, 127f.
Handwerkertum 67, 75
Haram 192; s. Gottesnamen

Harrer, H. 51f.
Haudricourt, A. 212
Häuptlingstum 57, 133-135
Hauser-Schäublin, B. 107, 111-113
Haustiere 58, 69, 74f., 140
Heine-Geldern, R. 31, 226
Heintze, B. 178
Heinz, H.-J. 46
Henninger, J. 238
Henotheismus 190
Herero 42, 114
Hermanns, M. 28, 178, 226
Herr(in) der Tiere 55f., 152
Herrmann, F. 153, 226
Herskovits, M. 33, 35, 226
Hertz, R. 36
Heusch, L. de 131, 138, 189
Heydrich, M. 215
Hima 75
Himmel 62, 67, 70; s. Erde
Hirschberg, W. 31, 215, 226f.
Hirten 44f., 65, 71-77
Hochgott 189; s. Gott − Götter
Höchstes Wesen 189-193; s. Gott − Götter
Hoffmann, J. 192, 234
Höltker, G. 28, 227f.
Hopi 222
Hottentotten 50
Hubert, H. 36
Hultkrantz, A. 53, 56f., 176-179, 184, 227
Humbu 94
Hunnen 76
Hutu 31, 45, 161

Iatmul 107, 111-113
Individuum 78f., 155; s. Gemeinschaft
Initiation 123f., 144
Inzest 89, 98, 100-102, 111, 136, 140f., 154, 158, 167
Irokesen 157, 224, 233
Isansu 45
Islam 122, 149, 192f., 203

Israeliten 164, 168f., 190
Jakobson, R. 39, 227, 230
Jäger 53-58
Janzen, J. 128f.
Jenseits 61, 203-205, 207
Jensen, A. 26, 59f., 62-64, 66, 69, 121, 127f., 160, 169f., 227, 238
joint family 81; s. Großfamilie
Jugendvereinigungen 122-124

Kalunga 192; s. Gottesnamen
Kamel 74f., 198
Karibu 178f.; s. Eskimo
Kasachen 76f.
Kaste 84
Kernfamilie 80, 104, 114; s. Familie
Khoisan 50; s. Buschmänner
King, J. 157, 227
Kirdi 105
Klan 81f., 135
Klasse 84
Kohler, J.-M. 69
Köhler, O. 51
Kohl-Larsen, L. 51, 228
Kolonisation 3, 122, 207
Kongo 42, 86f., 90, 136f., 142-145, 240
Kongoreich 128, 136, 142-145, 192
König, F. 174, 191
König, W. 76f.
Königtum 136-142, 144
Konkomba 239
Konso 121, 127f.
Koppers, W. 27, 31, 75, 218, 225f., 228
Krause, F. 39, 228
Kroeber, A. 33f., 153f., 222, 228
Kuba 145
Kult 160, 165-180, 188
Kultur 3, 7-9, 26, 28, 30, 62f., 65f.
Kulturheros 59, 69
Kulturhistorie 14, 24-32
Kulturkreislehre 24-26, 28-30
Kuper, A. 22
Kxoe 51; s. Buschmänner

Labouret, H. 35, 220, 228f.
Lajoux, J.-D. 198
Laman, K. 240
Lang, A. 27, 34, 221, 229
Langham, I. 22f.
Lascaux 196; s. Eiszeitkunst
Leach, E. 42f., 229
Leeuw, G. van der 190, 229
Lehmann, F.R. 156, 229
Lele 220
Lemba 128; s. Bundwesen
Leonhardi, M. 239
Leopard 57
Leroi-Gourhan, A. 196, 212, 229
Le Roy, A. 35, 229f.
Leser, P. 24, 230
Lesser, A. 33
Levantekunst 194-197
Levi Makarius, L. 101, 140f.
Lévi-Strauss, C. 38-42, 99, 189, 212, 221, 227, 229f.
Lévy-Bruhl, L. 13, 35-39, 230
Lhote, H. 197f.
Lienhardt, G. 18-20
Lineage 66, 82f., 114
Lindig, W. 50
Lips, E. 230
Lips, J. 47, 58, 230
Lo 129; s. Bundwesen
Loango 128, 144; s. Reich
Lobi 229
Lohfink, N. 190
Loritja 109f., 239; s. Australier
Lowie, R.H. 22, 33, 39, 131, 222, 230f.
Luba 144, 193, 240
Lubbock, J. 19, 231
Lunda 144
Luschan, F. 218f.

Macht 131-134, 136f., 144
Magdalénien 195
Magie 89, 116, 174
Maine, H. 17, 231
Mair, L. 4, 12, 20, 131f., 135, 231

Malerei 194-199
Malinowski, B. 13, 21-23, 33, 222, 231, 237
Mamanua 52, 167f.
Mana 156, 158, 173; s. Dynamismus
Mangyanen 52
Manismus 19, 152, 156
Mann 60-63, 66f., 108, 112; s. Geschlechter
Männerhaus 61, 124
Männervereinigungen 124f.
Mannheim, K. 132
Maori 213, 222
Maquet, J. 31, 67, 76, 199
Marind-anim 64
Maringer, J. 194
Markov, G.E. 73-76
Marschall, W. 121
Marx 85
Masai 45
Maske 69f., 128f., 201-207; s. Fetischismus
Matriarchat 21; s. Frau
Matrilinearität 60, 62, 66, 89f.; s. Filiation
Mauss, M. 35-38, 78, 157, 217, 220f., 231f., 234, 236
Mbala 94
Mbiim 94, 102; s. Yansi
Mbundu 142f.
McLennan, J. 17, 20, 154, 232
Mead, M. 34f., 232
Megalith-Kulturen 120
Meinhof, C. 192
Melanesier 130, 156
Mende 129
Menghin, O. 29, 232f.
Mercier, P. 38, 213, 233
Middleton, J. 131f., 239
Migration 28f.
Mond 62
Mongolen 76
Monod, M.Th. 233

Monogamie 104, 117; s. Ehe
Monolatrie 190, 193
Monotheismus 27, 34, 152, 190f., 193
Monteil, Ch. 35, 229, 233
Montesarchio, J. de 143
Morgan, L.H. 17, 20f., 32, 233
Mossi 68f.
Moulin, R.-J. 196
Mühlmann, W. 6-8, 10-12, 22f., 35, 85f., 233
Müller, M. 156, 190, 234
Müller, W. 6
Mulungu 192; s. Gottesnamen
Munda 31f., 66, 84, 86, 120f., 192, 234
Murdock, G.P. 35, 234
Muria 123
Musik 199-200
Mythus 41f., 56, 61-71, 136, 160-165

Nachtigall, H. 140
Nambikwara 39
Nansen, F. 108
Narr, K. 58
Naturgeister 187-189
ndoki 157f.; s. Dynamismus
Neandertaler 194
Negrito 51f., 167f.
Ngadha 217
nganga 147, 175f.; s. Priestertum
Niaula 107
Nomadismus 72-77
Nuer 181, 222
Nzambi 42, 114, 144f., 192f.; s. Gottesnamen

Obayashi, T. 55f.
Ödipus-Komplex 154, 168
Offenbarungsreligion 149, 159
Ogboni 129; s. Bundwesen
Ogotemmeli 38, 224
Ohlmarks, A. 178
Ojibwa 58

Onge 52
Opfer 61, 154, 167-171, 187
Oraon 66, *234*
Oroken 55
Panoff, M. 22, 81f.
Paproth, H.-J. 55-57
Patriarchat 21; s. Mann
Patrilinearität 66, 89; s. Filiation
Paulme, D. 36-38, 126, 213, 234
Pepi II. 50
Perrin, M. 22, 81f.
Pettazzoni, R. 71, 234
Pfahlstil 203; s. Plastik
Pferd 76f., 198
Pflanzer 44f., 58-64, 66f.
Pina, Rui de 144
Piskaty, K. 240
Pittioni, R. 232
Plancquaert, M. 124, 234
Plastik 76, 194, 201-203, 205-207
Poirier, J. 37
Polygynie 104, 116, 118; s. Ehe
Polynesier 158, 199, 222
Polytheismus 152, 190f.
Ponnette, P. 66, 234
Portugiesen 142, 186, 205
Präferenz-Heirat 96; s. Verwandtschaft
Preuß, K. Th. 218
Priestertum 170-176
Privateigentum 48, 50, 68f.
Prostitution 116, 118, 122
Puyuna 238
Pygmäen 6, 19, 28f., 46-50, 53, 55, 103f., 108f., 184, 188, 200, 230, 237, 240

Radcliffe-Brown, A.R. 13, 21-23, 36, 39, 41, 82, 99, 222, 235, 237
Radin, P. 34, 190, 235
Randles, W.G.L. 131, 144f.
Ranke-Graves, R. 71
Rasmussen, K. 55f., 178, 235
Rattray, R.S. 15, 235
Ratzel, F. 24, 217, 228, 235f.

Raum 171-173
Ravenstein, E.G. 145
Redfield, R. 6, 35, 236
Reich 128, 134, 136f., 144, 173, 201; s. Königtum
Reichsgründung 136, 142, 162
Reinkarnation 144f.; s. Alternierende Generationen
Religionsethnologie 19, 27, 182
Religionssoziologie 181
Richard, M. 105, 129
Ricoeur, P. 40f., 236
Rind 76, 114f., 198
rites de passage 61, 127, 172, 204f.
Ritus 57, 118
Rivers, W.H. 22f., 99, 236
Rivet, P. 38, 236
Römer 9, 163
Röntgenstil 197; s. Arktische Kunst
Roy, S.Ch. 213
Ruben, W. 84, 236

Saatraubmotiv 59, 69; s. Mythus
Saint-Simon, H. 13, 220, 237
Sakrales Königtum 138-142; s. Königtum
Sammler 44f; s. Wildbeuter
Sapir, E. 33, 237
Saussure, F. 39, 42, 237
Sautter, G. 213
Schaeffner, A. 38, 234
Schamanismus 19, 176-180
Schapera, I. 132, 223, 237
Schebesta, P. 5, 28, 46-49, 52, 55, 109f., 168, 225, 228, 237f.
Scherzbeziehungen 96-99
Schindler, H. 46
Schlange 57, 70
Schlesier, E. 130
Schmidbauer, W. 46
Schmidt, W. 24, 27-29, 31, 37, 75, 177, 181, 191, 214, 217, 221, 225-229, 232, 234, 237-239
Schmiede 84
Schmied-Kowarzik, W. 131

Schmitz, C.A. 30, 238
Schöpferwesen 62, 192f.; s. Gott – Götter
Schröder, D. 176-178, 238
Schulien, M. 28, 239
Schutzgeist 178; s. Schamanismus
Schweifgebiet 46-48
Seele 151f., 159, 177
Seitz, S. 48f.
Seligman, C.G. 15, 23, 140, 222, 231, 237, 239
Semang 19, 28, 51f., 110, 167f
Semiten 154
Senghor, L. 212
Senoi 28, 110
Senufo 129
Serrano 219
Sigrist, C. 131
Silverman, S. 34
Singbonga 192; s. Gottesnamen
Sioux 158
Sippe 61, 83f.
Smith, W.R. 20, 154, 168, 232, 239
Social Anthropology 5, 11-13, 15
Söderblom, N. 189, 191, 239
Songo 94
Sousberghe, L. 125
Soziologismus 23, 155; s. Gesellschaft
Speck, F. 33
Speicherwirtschaft 66f., 69
Staat 131
Stagl, J. 11, 23, 131
Statuette 186, 201-207; s. Fetischismus
Straube, H. 65f.
Strehlow, C. 106, 110f., 239
Strukturalismus 38-43
Suku 144, 202, 206, 234
Sünde 150, 166
Symbol 62-63, 172, 185, 189, 203-204
Synchronie 31f., 40

Tabu 75, 154, 158; s. Dynamismus

Tacitus 9
Tait, D. 131f., 239
Tallensi 223
Taniuchi, N. 56
Tanz 199-200
Tasmanier 52
Tassili-Gebirge 196-198
Tataren 76
Teke 128
Territorium 132-134, 137
Thiel, J.F. 30, 57, 114, 206
Thurnwald, R. 3, 12, 14, 22f., 214, 233, 240
Tibeter 164, 178
Tindiga 45, 51, 228
Tod 91, 152, 163f., 172, 184, 187, 204-205
Toda 23, 236
Torday, E. 145, 240
Totemismus 19, 57f., 153-156, 159, 168
Trilles, H. 35, 240
Trois Frères 55, 196; s. Eiszeitkunst
Tshokwe 124, 218
Tswana 237
Tuareg 223
Tungusen 56, 176
Turnbull, C. 48f.
Tutsi 31, 44, 75, 161
Twa 31, 161
Tyiwara 69f., 164, 206; s. Maske
Tylor, E. 8, 17, 19f., 151f., 157, 183, 240

Urmonotheismus 27

Vajda, L. 26, 71-74, 177f., 180
Van Caeneghem, R. 240
Van Roy, H. 49
Vansina, J. 142
Van Wing, J. 124, 144, 240
Vasilev, B.A. 55
Verwandtschaft 78-107, 114-117
Vivelo, F.R. 4, 8, 84

Wach, J. 138, 181f., 240f.

Weber, M. 131f.
Wedda 19, 53, 239
Wemale 63
Westermann, D. 218
Westermarck, E. 231
Weule, K. 228
White, L.A. 34f., 236, 241
Widengren, G. 138
Wiener Schule 27, 29
Wildbeuter 44-53
Willendorf 195
Willett, F. 197f.
Winick, Ch. 81
Winnebago 34, 235
Wirtschaft 44-53, 58-61, 65-70, 71-77
Woodburn, J. 51
Worms, E. 125, 241
Wortkunst 76, 200-201
Wundt, W. 23, 153f., 230f., 241

Yaka 234
Yako 222
Yansi 86-88, 90-102, 106-108, 113f., 116, 118, 135, 162, 168, 185, 240
Yoruba 26, 86, 129, 207
Yuma 222

Zahl 113, 172
Zahlungsmittel 68, 114f.
Zeit 161-164, 171f.
Zerries, O. 54
Zerstückelungsmotiv 59, 69; s. Mythus
Zulu 137, 192
Zwillinge 109

Raum für Notizen

Raum für Notizen

Raum für Notizen

Raum für Notizen